1920 CENSUS

OF

FENTRESS COUNTY TENNESSEE

Transcribed by

Gerald R. Ramsey

Heritage Books
2024

HERITAGE BOOKS

AN IMPRINT OF HERITAGE BOOKS, INC.

Books, CDs, and more—Worldwide

For our listing of thousands of titles see our website
at
www.HeritageBooks.com

A Facsimile Reprint
Published 2024 by
HERITAGE BOOKS, INC.
Publishing Division
5810 Ruatan Street
Berwyn Heights, MD 20740

Originally published 1994

International Standard Book Number
Paperbound: 978-0-7884-8819-1

1920 Fentress Co. TN Census

Name		Relation-ship	House Own or Rent	Sex	Color or Race	Age	Married Single Widow	Birth Place	Fathers Birth Place	Mothers Birth Place	Trade
						Civil District No. 1					
Beaty,	Patrick	Head	R	M	W	22	M	TN	TN	TN	Farmer
	Mable	Wife		F	W	18	M	TN	TN	TN	
	Kenneth	Son		M	W	2-7/12	S	TN	TN	TN	
	Guy	Son		M	W	9/12	S	TN	TN	TN	
Conatser,	William K.	Head	O	M	W	43	M	TN	TN	TN	Farmer
	Tina	Wife		F	W	40	M	TN	TN	TN	
	Ray	Son		M	W	20	S	TN	TN	TN	Lumber Mill Labor
	James W.	Son		M	W	17	S	TN	TN	TN	Lumber Mill Labor
	Wieda	Dau.		F	W	14	S	TN	TN	TN	
	Casby	Son		M	W	10	S	TN	TN	TN	
	Edra	Dau.		F	W	6	S	TN	TN	TN	
	LeRoy	Son		M	W	4-1/12	S	TN	TN	TN	
Conatser,	Ross	Head	O	M	W	40	M	TN	TN	TN	Farmer
	Gilla	Wife		F	W	35	M	TN	TN	TN	
	Paris	Son		M	W	13	S	TN	TN	TN	
	Fred	Son		M	W	11	S	TN	TN	TN	
	Ruby	Dau.		F	W	9	S	TN	TN	TN	
	Garnet	Dau.		F	W	6	S	TN	TN	TN	
	Edith	Dau.		F	W	5	S	TN	TN	TN	
Conatser,	Wade H.	Head	O	M	W	48	M	TN	TN	TN	Farmer
	Laura E.	Wife		F	W	36	M	TN	TN	TN	
	Clyde B.	Son		M	W	28	M	TN	TN	TN	Farm Labor
	Fanny A.	D-L		F	W	19	M	KY	KY	TN	
Hyder,	Dillard B.	Head	O	M	W	35	M	TN	TN	KY	Stave Mill Labor
	Emma	Wife		F	W	36	M	TN	VA	TN	
	Arthur B.	Son		M	W	19	S	KY	TN	TN	Stave Mill Labor
	Melton	Son		M	W	17	S	TN	TN	TN	Stave Mill Labor
	Carson	Son		M	W	16	S	TN	TN	TN	Stave Mill Labor
	Mirl E.	Dau.		F	W	14	S	TN	TN	TN	
	Lanord	Son		M	W	11	S	TN	TN	TN	
	Fred	Son		M	W	10	S	TN	TN	TN	
	Loyd	Son		M	W	7	S	TN	TN	TN	
	Donald	Son		M	W	5	S	TN	TN	TN	
Reagan,	Pleas M.	Head	O	F	W	29	S	TN	TN	TN	Farmer
	Cordell A.	Bro.		M	W	13	S	TN	TN	TN	
	Isabell	Moth.		F	W	50	W	TN	TN	TN	
	Alice W.	Sis.		F	W	17	S	TN	TN	TN	
Sells,	Ann	Head	O	F	W	47	D	TN	TN	TN	Farm Operator
	Willie A.	Son		M	W	24	S	TN	TN	TN	Farm Labor
	Alma	Dau.		F	W	17	S	TN	TN	TN	
	Wilborn C.	Son		M	W	14	S	TN	TN	TN	
	Oney O.	Son		M	W	9	S	TN	TN	TN	
Rains,	Thomas D.	Head	O	M	W	53	M	KY	KY	KY	Farmer
	Martha	Wife		F	W	58	M	KY	KY	KY	
	Lizzie	Dau.		F	W	29	S	TN	KY	KY	Teacher
	Maude	Dau.		F	W	27	S	TN	KY	KY	Teacher
Smith,	Asa	Head		M	W	76	M	TN	TN	TN	Farmer
	Nancy J.	Wife		F	W	56	M	TN	TN	TN	
	Dora	Dau.		F	W	26	S	TN	TN	TN	Teacher
	Cora	Dau.		F	W	17	S	TN	TN	TN	
	Luther	Son		M	W	15	S	TN	TN	TN	
Miller,	Al	Servant		M	W	56	W	KY	KY	KY	Servant

1920 Fentress Co. TN Census

Name		Relation -ship	House Own or Rent	Sex	Color or Race	Age	Married Single Widow	Birth Place	Fathers Birth Place	Mothers Birth Place	Trade
							Civil District No. 1				
Reagan,	Henry J.	Head	O	M	W	45	M	TN	TN	TN	Farmer
	Erman	Wife		F	W	45	M	TN	TN	TN	
	Lilly M.	Dau.		F	W	16	S	TN	TN	TN	
	Mirtie E.	Dau.		F	W	11	S	TN	TN	TN	
	Fred A.	Son		M	W	5	S	TN	TN	TN	
	Hazle	Dau.		F	W	3-5/12	S	TN	TN	TN	
Bowden,	Alexander	Head	R	M	W	55	M	TN	TN	TN	Farm Labor
	Nancy J.	Wife		F	W	48	M	TN	TN	TN	
	Audie	Dau.		F	W	18	S	TN	TN	TN	
	Earl C.	Son		M	W	12	S	TN	TN	TN	
Peavyhouse,	Abe A	Head	O	M	W	46	M	TN	TN	TN	Farmer
	Martha	Wife		F	W	38	M	TN	TN	TN	
	Stanley H.	Son		M	W	24	S	TN	TN	TN	Teacher
	Willie C.	Son		M	W	18	S	TN	TN	TN	
	Avo P.	Dau.		F	W	15	S	TN	TN	TN	
	Clyde O.	Son		M	W	12	S	TN	TN	TN	
	Kinnith A.	Son		M	W	9	S	TN	TN	TN	
	Joel I.	Son		M	W	2-2/12	S	TN	TN	TN	
Bowden,	Bessie	Step-Dau.		F	W	5	S	TN	TN	TN	
Peavyhouse,	John M.	Head	R	M	W	49	M	TN	TN	TN	Farmer
	Thursy A.	Wife		F	W	45	M	TN	TN	TN	
	Cordus B.	Son		M	W	23	S	TN	TN	TN	Stave Mill Labor
	Claude A.	Son		M	W	21	S	TN	TN	TN	
	Willie O.	Son		M	W	18	M	TN	TN	TN	Stave Mill Labor
	Flonnie	Dau.		F	W	9	S	TN	TN	TN	
	Odus W.	Son		M	W	7	S	TN	TN	TN	
	Cordie D.	Dau.-in-law		F	W	19	M	TN	TN	TN	
Beaty,	Carson P.	Head	R	M	W	24	M	TN	TN	TN	Farmer
	Ora P.	Wife		F	W	23	M	TN	TN	TN	
	Octavia M.	Dau.		F	W	2-9/12	S	TN	TN	TN	
	Grace M.	Dau.		F	W	5/12	S	TN	TN	TN	
Smith,	Joel R.	Head	R	M	W	57	M	KY	KY	TN	Grist Mill Operater
	Artema J.	Wife		F	W	64	M	TN	TN	TN	
	Mary A.	Dau.		F	W	38	S	KY	KY	TN	
	Porter O.	Son		M	W	19	S	KY	KY	TN	Stave Mill Labor
	Robert S.	Son		M	W	9	S	KY	KY	TN	
Richardson,	Willie P.	Head	R	M	W	33	M	TN	TN	TN	Farmer
	Laura E.	Wife		F	W	30	M	TN	TN	TN	
	Epsie A.	Dau.		F	W	10	S	TN	TN	TN	
	Velma E.	Dau.		F	W	8	S	TN	TN	TN	
	Esco R.	Son		M	W	6	S	TN	TN	TN	
	Forast W.	Son		M	W	2-9/12	S	TN	TN	TN	
Alred,	Dema	M-in law		F	W	68	W	TN	TN	TN	
Delk,	Woodson J.	Head	O	M	W	36	M	TN	TN	TN	Stave Mill Labor
	Alice	Wife		F	W	30	M	TN	KY	TN	
	Cletus P.	Son		M	W	16	S	TN	TN	TN	Stave Mill Labor
	Lucy A.	Dau.		F	W	10	S	TN	TN	TN	
	Reba E.	Dau.		F	W	8	S	TN	TN	TN	
	Genevia M.	Dau.		F	W	6	S	TN	TN	TN	
	Clyde E.	Son		M	W	3-4/12	S	TN	TN	TN	
	Noble W.	Son		M	W	6/12	S	TN	TN	TN	

1920 Fentress Co. TN Census

Name		Relation-ship	House Own or Rent	Sex	Color or Race	Age	Married Single Widow	Birth Place	Fathers Birth Place	Mothers Birth Place	Trade

Civil District No. 1

Name		Relation-ship	House Own or Rent	Sex	Color or Race	Age	Married Single Widow	Birth Place	Fathers Birth Place	Mothers Birth Place	Trade
Smith,	Ed L.	Head	O	M	W	37	M	TN	TN	TN	Farmer
	Mallie A.	Wife		F	W	21	M	TN	KY	TN	
	Sarah E.	Mother		F	W	67	S	TN	TN	TN	
Reynolds,	Rasa G.	Niece		F	W	19	S	TN	TN	TN	
	Mary P.	Niece		F	W	18	S	TN	TN	TN	
	Maude M.	Niece		F	W	16	S	TN	TN	TN	
	Lilly B.	Niece		F	W	15	S	TN	TN	TN	
Price,	James A.	Head	O	M	W	78	M	TN	TN	TN	Farmer
	Sarah A.	Wife		F	W	77	M	TN	TN	TN	
	Thurman E.	Son		M	W	29	S	TN	TN	TN	Farm Labor
	Bessie E.	Grandaughter		F	W	17	S	TN	KY	TN	
Stephens,	Emly B.	Head	R	F	W	33	W	TN	TN	TN	
	Wheeler D.	Son		M	W	8	S	TN	TN	TN	
Richardson,	Wade H.	Head	O	M	W	34	M	TN	TN	TN	Stave Mill Labor
	Janey S.	Wife		F	W	30	M	TN	TN	TN	
	Dalce D.	Dau.		F	W	4-9/12	S	TN	TN	TN	
	Vonna A	Dau.		F	W	4-9/12	S	TN	TN	TN	
	Ratha	Dau.		F	W	8/12	S	TN	TN	TN	
Tipton,	Tadum L.	Head	O	M	W	67	M	TN	TN	TN	Farmer
	Ara B.	Wife		F	W	57	M	TN	TN	TN	
	Dillard T.	Son		M	W	35	M	TN	TN	TN	Driver Lumber
	Anna	Dau.-in-law		F	W	19	M	TN	TN	TN	
	Grace S.	Dau.		F	W	17	S	TN	TN	TN	
Beaty,	Putman	Head	O	M	W	48	W	TN	TN	TN	Farmer
	Arlenia	Dau.		F	W	16	S	TN	TN	TN	
	Orpha	Dau.		F	W	14	S	TN	TN	TN	
	Stella	Dau.		F	W	12	S	TN	TN	TN	
	Viana	Dau.		F	W	10	S	TN	TN	TN	
	Holland	Son		M	W	7	S	TN	TN	TN	
	Ernest	Son		M	W	5	S	TN	TN	TN	
	Elyie	Son		M	W	3-7/12	S	TN	TN	TN	
Davis,	Harry	Head	O	M	W	51	W	TN	TN	OH	Farmer
	Wayne H.	Son		M	W	16	S	TN	TN	TN	
	Raymon S.	Son		M	W	15	S	TN	TN	TN	
	Allen W.	Son		M	W	13	S	TN	TN	TN	
	Julia A.	Dau.		F	W	10	S	TN	TN	TN	
	Herman E.	Son		M	W	7	S	TN	TN	TN	
	Gilbert C.	Son		M	W	5	S	TN	TN	TN	
Stanley,	Elmer	Head	R	M	W	26	M	KY	KY	KY	Farmer
	Maude F.	Wife		F	W	25	M	TN	TN	TN	
	Bonoan R.	Son		M	W	4-1/12	S	TN	KY	TN	
Wright,	Sam	Head	O	M	W	47	M	TN	TN	TN	Well Driller
	Martha K.	Wife		F	W	50	M	TN	TN	TN	
	Minnie E.	Dau.		F	W	25	S	TN	TN	TN	
	Dewey	Son		M	W	21	S	TN	TN	TN	
	Delpha	Dau.		F	W	19	S	TN	TN	TN	
	Iva J.	Dau.		F	W	17	S	TN	TN	TN	
	Floyd R.	Son		M	W	15	S	TN	TN	TN	
	Estelle	Dau.		F	W	13	S	TN	TN	TN	
	Charlie R.	Son		M	W	11	S	TN	TN	TN	

1920 Fentress Co. TN Census

Name		Relation-ship	House Own or Rent	Sex	Color or Race	Age	Married Single Widow	Birth Place	Fathers Birth Place	Mothers Birth Place	Trade

Civil District No. 1

Name		Relation-ship	House Own or Rent	Sex	Color or Race	Age	Married Single Widow	Birth Place	Fathers Birth Place	Mothers Birth Place	Trade
Bowden,	Clemie M.	Head	O	M	W	44	M	TN	TN	TN	Farmer
	Margarett A.	Wife		F	W	37	M	TN	TN	TN	
	Carlie	Dau.		F	W	8	S	TN	TN	TN	
	Cordie	Dau.		F	W	5	S	TN	TN	TN	
Beaty,	Elem	Head	O	M	W	57	M	TN	TN	TN	Farmer
	Sarah S.	Wife		F	W	42	M	TN	TN	TN	
	Haly M.	Son		M	W	15	S	TN	TN	TN	
	Raymond W.	Son		M	W	17	S	TN	TN	TN	
	Audie E.	Dau.		F	W	13	S	TN	TN	TN	
	Niva E.	Dau.		F	W	11	S	TN	TN	TN	
	Marie M.	Dau.		F	W	6	S	TN	TN	TN	
	Johny E.	Son		M	W	4-1/12	S	TN	TN	TN	
	Martha A.	Dau.		F	W	1-4/12	S	TN	TN	TN	
Beaty,	David T.	Head	O	M	W	46	M	TN	TX	TN	Lumber Mill Labor
	Nancy J.	Wife		F	W	45	M	TN	TN	TN	
	Tlman W.	Son		M	W	22	S	TN	TN	TN	Lumber Mill Labor
	Oscar D.	Son		M	W	19	S	TN	TN	TN	
	Andy D.	Son		M	W	17	S	TN	TN	TN	Farm Labor
	Cina	Dau.		F	W	13	S	TN	TN	TN	
	Anna R.	Dau.		F	W	2-4/12	S	TN	TN	TN	
Smith,	George H.	Head	R	M	W	42	M	TN	TN	TN	Farmer
	Ennia S.	Wife		F	W	40	M	TN	TN	TN	
	Lizzie C.	Dau.		F	W	18	S	TN	TN	TN	Farm Labor
	Eddie H.	Son		M	W	16	S	TN	TN	TN	
	Ida L.	Dau.		F	W	14	S	TN	TN	TN	
	Brady E.	Son		M	W	12	S	TN	TN	TN	
	Roxy O.	Dau.		F	W	10	S	TN	TN	TN	
	Willie C.	Son		M	W	3-5/12	S	TN	TN	TN	
	Ina M.	Dau.		F	W	1-11/12	S	TN	TN	TN	
Conatser,	Phillip H.	Head	O	M	W	53	M	TN	TN	TN	Farmer
	Nancy E.	Wife		F	W	48	M	TN	TN	TN	
	Osco	Son		M	W	24	S	TN	TN	TN	Lumber Mill Labor
	Minnie A.	Dau.		F	W	19	S	TN	TN	TN	
	Ada E.	Dau.		F	W	14	S	TN	TN	TN	
	Allie L.	Dau.		F	W	11	S	TN	TN	TN	
	Reba M.	Dau.		F	W	8	S	TN	TN	TN	
	Dock	Son		M	W	6	S	TN	TN	TN	
	Martha	Dau.		F	W	6	S	TN	TN	TN	
Choate,	Martha E.	Head	O	F	W	73	W	KY	KY	KY	
	Jasper C.	Son		M	W	38	M	TN	TN	KY	Laborer
	Martha L.	Dau.-in-Law		F	W	44	M	TN	TN	TN	
	Drucella	Grandaughter		F	W	15	S	TN	TN	TN	
Smith,	Al W.	Head	R	M	W	33	M	TN	TN	TN	Stave Mill Labor
	Liola	Wife		F	W	33	M	TN	TN	TN	
	Edna M.	Dau.		F	W	9	S	TN	TN	TN	
	Willard E.	Son		M	W	8	S	TN	TN	TN	
	Reliford L.	Son		M	W	6	S	TN	TN	TN	
	Tilford	Son		M	W	3-1/12	S	TN	TN	TN	
	Infant	Dau.		F	W	3/12	S	TN	TN	TN	
	Manual L.	Son		M	W	6	S	TN	TN	TN	

1920 Fentress Co. TN Census

Name		Relation-ship	House Own or Rent	Sex	Color or Race	Age	Married Single Widow	Birth Place	Fathers Birth Place	Mothers Birth Place	Trade
							Civil District No. 1				
Wright,	Granoil N.	Head	O	M	W	37	M	TN	TN	TN	Farmer
	Amilda	Wife		F	W	36	M	TN	TN	TN	
	Raymond	Son		M	W	11	S	TN	TN	TN	
	Clara	Dau.		F	W	10	S	TN	TN	TN	
	Cora	Dau.		F	W	7	S	TN	TN	TN	
	Clara E.	Dau.		F	W	5	S	TN	TN	TN	
Rum,	Walter J.	Head	R	M	W	32	M	TN	TN	TN	Corn Mill Operator
	Laura	Wife		F	W	31	M	TN	TN	TN	
	Flossie	Dau.		F	W	10	S	TN	TN	TN	
	Lena	Dau.		F	W	5	S	TN	TN	TN	
Delk,	Oathy	Head	O	M	W	25	M	TN	TN	TN	Stave Mill Labor
	Ada P.	Wife		F	W	19	M	TN	TN	TN	
	Weneta	Dau.		F	W	1-5/12	S	TN	TN	TN	
Delk,	Deed D.	Head	O	M	W	60	M	TN	TN	TN	Farmer
	Tennesse A.	Wife		F	W	60	M	TN	TN	TN	
Bowden,	Albert	Son-in-law		M	W	26	M	TN	TN	TN	Stave Mill Labor
	Ines M.	Dau.		F	W	23	M	TN	TN	TN	
	Nerva	Grandaughter		F	W	2-1/12	S	TN	TN	TN	
Beaty,	Porter S.	Head	R	M	W	27	M	TN	TN	TN	Gereral Store Salesman
	Stella M.	Wife		F	W	24	M	TN	TN	TN	
	Leta W.	Dau.		F	W	3-7/12	S	TN	TN	TN	
	Elsie O.	Dau.		F	W	2-3/12	S	TN	TN	TN	
Wood,	Thursey J.	Head	R	F	W	59	D	TN	TN	KY	
	Janey M.	Dau.		F	W	20	S	TN	TN	TN	
	Ray	Son		M	W	18	S	TN	TN	TN	
	Herman L.	Son		M	W	24	S	TN	TN	TN	Wholesale Store
	Hobson P.	Son		M	W	22	S	TN	TN	TN	Train Fireman
	Effie E.	Dau.		F	W	28	S	TN	TN	TN	Teacher
	Hettie E.	Dau.		F	W	24	S	TN	TN	TN	Millinary Saleslady
Garrett,	Porter S.	Head	R	M	W	36	M	TN	TN	KY	Farmer
	Ada C.	Wife		F	W	35	M	TN	TN	TN	
	Wilma	Dau.		F	W	10	S	TN	TN	TN	
	Willis E.	Son		M	W	7	S	TN	TN	TN	
Richardson,	Oscar	Head	R	M	W .	58	M	TN	TN	TN	Farmer
	Nettie E.	Wife		F	W	55	M	TN	TN	TN	
	Nora	Dau.		F	W	16	S	TN	TN	TN	
	Roy O.	Son		M	W	19	S	TN	TN	TN	
Choate,	Christopher	Head	O	M	W	70	M	TN	TN	TN	Farmer
	Mandy	Wife		F	W	69	M	TN	TN	KY	
	Carrie E.	Dau.		F	W	30	S	TN	TN	TN	
Bow,	Arvel D.	Head	R	M	W	57	M	TN	KY	KY	Farmer
	Nettie E.	Wife		F	W	39	M	TN	TN	TN	
	Leo C.	Son		M	W	14	S	TN	TN	TN	Farm Labor
	Ira A.	Son		M	W	13	S	TN	TN	TN	
	Dow C.	Son		M	W	10	S	TN	TN	TN	
	Clarence	Son		M	W	7	S	TN	TN	TN	
	Fred O.	Son		M	W	3-1/12	S	TN	TN	TN	
	John A.	Son		M	W	29	M	TN	TN	TN	Lumber Mill Labor
	Sofa A.	Dau.-in-law		F	W	28	M	KY	KY	KY	
	Richard S.	Grandson		M	W	8	S	TN	TN	KY	
	Willie F.	Grandson		M	W	6	S	TN	TN	KY	
	Laura B.	Grandaughter		F	W	4-7/12	S	KY	TN	KY	

1920 Fentress Co. TN Census

Name		Relation-ship	House Own or Rent	Sex	Color or Race	Age	Married Single Widow	Birth Place	Fathers Birth Place	Mothers Birth Place	Trade
				Civil District No. 1							
Sewell,	James A.	Head	R	M	W	53	M	TN	TN	TN	Farmer
	Sarah L.	Wife		F	W	50	M	TN	TN	TN	
Dishman,	Ben W.	Step-son		M	W	25	S	KY	KY	TN	Lumber Mill Labor
	Etta	Step-dau.		F	W	22	S	KY	KY	TN	
	Oswell L.	Step-son		M	W	20	S	TN	TN	TN	Farm Labor
Hammock,	William F.	Head	R	M	W	31	M	TN	TN	TN	Farmer
	Winnie E.	Wife		F	W	28	M	TN	TN	TN	
	Laura A.	Dau.		F	W	11	S	TN	TN	TN	
	Eschol G.	Son		M	W	8	S	TN	TN	TN	
	Maude A.	Dau.		F	W	0/12	S	TN	TN	TN	
Allred,	Porter S.	Head	R	M	W	35	M	TN	TN	TN	General Store Salesman
	Milda	Wife		F	W	29	M	KY	TN	TN	
	Gomer O.	Son		M	W	6	S	TN	TN	KY	
	Earnest	Son		M	W	3-0/12	S	TN	TN	KY	
Bow,	Carlise R.	Head	R	M	W	26	M	TN	TN	KY	Lumber Mill Labor
	Alta A.	Wife		F	W	26	M	TN	TN	TN	
	Ruby E.	Dau.		F	W	3-6/12	S	TN	TN	TN	
	Hooper M.	Son		M	W	10/12	S	TN	TN	TN	
Reagan,	Willie B.	Bro.-in-law		M	W	19	S	TN	TN	TN	Lumber Mill Labor
Reagan,	Ambros J.	Head	R	M	W	46	M	TN	TN	NC	Log Woods
	Sarah J.	Wife		F	W	42	M	TN	TN	TN	
	Ada M.	Dau.		F	W	15	S	TN	TN	TN	
	Lora A.	Dau.		F	W	13	S	TN	TN	TN	
	James E.	Son		M	W	10	S	TN	TN	TN	
	Anna R.	Dau.		F	W	6	S	TN	TN	TN	
	Francias E.	Dau.		F	W	5	S	TN	TN	TN	
	Willie E.	Dau.		F	W	2-1/12	S	TN	TN	TN	
Conatser,	Oren C.	Head	O	M	W	24	M	TN	TN	TN	Farmer
	Rachael C.	Wife		F	W	21	M	TN	KY	TN	
Cobb,	Jessie	Head	O	M	W	52	M	TN	TN	TN	Farmer
	Mandy C.	Wife		F	W	37	M	TN	TN	TN	
	John W.	Son		M	W	5	S	TN	TN	TN	
	Marie R.	Dau.		F	W	4-0/12	S	TN	Fathers	TN	
	Parisette L.	Dau.		F	W	1-8/12	S	TN	TN	TN	
Brannon,	Mary A.	Head	O	F	W	64	W	TN	TN	TN	Farm Operator
	Garfield M.	Son		M	W	37	S	TN	TN	TN	
Cobb,	Lindsey H.	Head	R	M	W	27	M	TN	TN	TN	Stave Mill Labor
	Nora B.	Wife		F	W	28	M	TN	TN	TN	
	Marie T.	Dau.		F	W	1-8/12	S	TN	TN	TN	
Cobb,	Henderson	Head	O	M	W	35	M	TN	TN	TN	Farmer
	Fanny E.	Wife		F	W	24	M	TN	TN	TN	
	Kelley	Son		M	W	7	S	TN	TN	TN	
	Effie M.	Dau.		F	W	5	S	TN	TN	TN	
	Obre A.	Son		M	W	2-7/12	S	TN	TN	TN	
Cobb,	Katy	Head	O	F	W	54	W	KY	KY	KY	Farm Operator
	Audie E.	Dau.		F	W	22	S	TN	KY	KY	
	Proctor	Son		M	W	21	S	TN	KY	KY	Farm Labor
	Fate	Son		M	W	17	S	TN	KY	KY	Farm Labor
	John M.	Son		M	W	13	S	TN	KY	KY	

1920 Fentress Co. TN Census

Name		Relation-ship	House Own or Rent	Sex	Color or Race	Age	Married Single Widow	Birth Place	Fathers Birth Place	Mothers Birth Place	Trade
						Civil District No. 1					
Franklin,	Dave	Head	R	M	W	48	M	TN	TN	TN	Farmer
	Laura A.	Wife		F	W	43	M	TN	TN	TN	
	Lesslie W.	Son		M	W	16	S	TN	TN	TN	Lumber Mill Labor
	Oscar R.	Son		M	W	14	S	TN	TN	TN	
	Charlie O.	Son		M	W	11	S	TN	TN	TN	
	Maggie G.	Dau.		F	W	7	S	TN	TN	TN	
Peercy,	William M.	Head	O	M	W	53	M	KY	KY	KY	Farmer
	Mary K.	Wife		F	W	44	M	TN	TN	TN	
	Wes	Son		M	W	16	S	TN	KY	TN	Farm Labor
	Eve	Dau.		F	W	14	S	TN	KY	TN	
	Edith	Dau.		F	W	11	S	TN	KY	TN	
	Alma	Dau.		F	W	8	S	TN	KY	TN	
	William	Son		M	W	2-8/12	S	TN	KY	TN	
Davis,	Mararette	M-in-law		F	W	78	W	PA	Ireland	NY	
Wood,	George W.	Head	O	M	W	50	M	TN	TN	TN	Farmer
	Emma A.	Wife		F	W	49	M	TN	TN	TN	
	Chloa B.	Dau.		F	W	21	S	TN	TN	TN	
	Minnie E.	Dau.		F	W	17	S	TN	TN	TN	
	Lilly B.	Dau.		F	W	15	S	TN	TN	TN	
	Willie G.	Son		M	W	13	S	TN	TN	TN	
	Ernest S.	Son		M	W	11	S	TN	TN	TN	
	Delta E.	Dau.		F	W	8	S	TN	TN	TN	
Beaty,	Louis C.	Head	O	M	W	61	M	TN	TN	TN	Farmer
	Winthie C.	Wife		F	W	57	M	TN	TN	TN	
	Lonzo J.	Son		M	W	25	S	TN	TN	TN	Farm Labor
Wood,	Charles C.	Head	O	M	W	67	S	TN	NC	TN	Farmer
	Sarah A.	Sister		F	W	75	S	TN	NC	TN	
Peercy,	Wade H.	Head	O	M	W	26	M	TN	KY	TN	Farmer
	Levada	Wife		F	W	23	M	TN	TN	TN	
	Odus W.	Son		M	W	4-8/12	S	TN	TN	TN	
	Ocie E.	Son		M	W	1-2/12	S	TN	TN	TN	
	William	Son		M	W	3-1/12	S	TN	TN	TN	
Franklin,	Isaac A.	Head	O	M	W	36	M	TN	TN	TN	Farmer
	Margarett U.	Wife		F	W	35	M	TN	TN	TN	
	Clurie	Son		M	W	14	S	TN	TN	TN	Farm Labor
	James S.	Son		M	W	12	S	TN	TN	TN	
	Ona	Son		M	W	10	S	TN	TN	TN	
	Ora E.	Dau.		F	W	8	S	TN	TN	TN	
	Erna L.	Dau.		F	W	6	S	TN	TN	TN	
	Isaac	Son		M	W	4-7/12	S	TN	TN	TN	
	Homer C.	Son		M	W	2-0/12	S	TN	TN	TN	
Pennycuff,	Isaac	Head	O	M	W	39	M	TN	TN	TN	Farm Labor
	Mary J.	Wife		F	W	32	M	TN	TN	TN	
	Willard L.	Son		M	W	12	S	TN	TN	TN	
	Cyntha J.	Dau.		F	W	9	S	TN	TN	TN	
	Wilma E.	Dau.		F	W	7	S	TN	TN	TN	
	Alma E.	Dau.		F	W	4-10/12	S	TN	TN	TN	
	Cwsrsby G.	Son		M	W	1-8/12	S	TN	TN	TN	
	Cyntha A.	Mother		F	W	78	W	TN	NC	TN	

1920 Fentress Co. TN Census

Name		Relation-ship	House Own or Rent	Sex	Color or Race	Age	Married Single Widow	Birth Place	Fathers Birth Place	Mothers Birth Place	Trade

Civil District No. 1

Name		Relation-ship	House Own or Rent	Sex	Color or Race	Age	Married Single Widow	Birth Place	Fathers Birth Place	Mothers Birth Place	Trade
South,	James B.	Head	R	M	W	75	M	KY	KY	KY	Farmer
	Samantha D.	Wife		F	W	71	M	NY	NY	NY	
	Isaac A.	Son		M	W	45	W	TN	KY	NY	Lumber Mill
	Gordon C.	Grandson		M	W	15	S	TN	TN	TN	
	Ocha B.	Grandaughter		F	W	11	S	TN	TN	TN	
	James C.	Grandson		M	W	9	S	TN	TN	TN	
	Virgil C.	Grandson		M	W	8	S	TN	TN	TN	
	Ratta Z.	Grandaughter		F	W	6	S	TN	TN	TN	
	Lola E.	Grandaughter		F	W	5	S	TN	TN	TN	
South,	Sam G.	Head	R	M	W	36	M	TN	TN	NY	Lumber Mill Labor
	Mary Ann	Wife		F	W	40	M	TN	TN	TN	
	Pearly E.	Dau.		F	W	9	S	TN	TN	TN	
	Sherman C.	Son		M	W	7	S	TN	TN	TN	
	Raymon E.	Son		M	W	3-9/12	S	TN	TN	TN	
	Osher C.	Son		M	W	8/12	S	TN	TN	TN	
Malone,	Daniel	Head	R	M	W	27	M	TN	TN	TN	Farmer
	Abbie	Wife		F	W	34	M	TN	TN	TN	
	Chloa	Dau.		F	W	4-1/12	S	TN	TN	TN	
	Elmer	Son		M	W	2-8/12	S	TN	TN	TN	
Mace,	Watson J.	Head	R	M	W	33	M	TN	TN	TN	Farm Labor
	Liza A.	Wife		F	W	28	M	TN	TN	TN	
Malone,	James M.	Head	O	M	W	55	M	TN	TN	TN	Lumber Mill Labor
	Polly Ann	Wife		F	W	66	M	TN	TN	AL	
	John M.	Son		M	W	24	S	TN	TN	TN	Lumber Mill Labor
Pennycuff,	Pete M.	Head	O	M	W	45	M	TN	TN	TN	Fox Trapper
	Minnie J.	Wife		F	W	43	M	KY	TN	TN	
	Bertha E.	Dau.		F	W	19	S	KY	TN	KY	Servant
	Roy C.	Son		M	W	15	S	KY	TN	KY	
	Escoe J.	Son		M	W	11	S	KY	TN	KY	
	James O.	Son		M	W	7	S	TN	TN	KY	
	Thurman E.	Son		M	W	1-8/12	S	TN	TN	KY	
Malone,	John M.	Head	O	M	W	30	M	TN	TN	TN	Lumber Mill Labor
	Alice	Wife		F	W	24	M	TN	TN	TN	
	Ruby E.	Dau.		F	W	5	S	TN	TN	TN	
	Ruth M.	Dau.		F	W	3-8/12	S	TN	TN	TN	
	Reda J.	Dau.		F	W	2-3/12	S	TN	TN	TN	
Malone,	Anderson A.	Head	O	M	W	46	M	TN	KY	IL	Teamster
	Mary Alice	Wife		F	W	47	M	TN	TN	TN	
	Delivine S.	Dau.		F	W	21	S	TN	TN	TN	
Downs,	William	Head	O	M	W	57	M	TN	NC	TN	Farmer
	Cyndia	Wife		F	W	38	M	TN	KY	NY	
	Ella M.	Dau.		F	W	19	S	TN	TN	TN	
Conatser,	William P.	Step-son		M	W	10	S	TN	TN	TN	
Downs,	William R.	Son		M	W	4-8/12	S	TN	TN	TN	
	Wyley W.	Son		M	W	3-2/12	S	TN	TN	TN	
	Walter O.	Son		M	W	1-3/12	S	TN	TN	TN	

1920 Fentress Co. TN Census

Name		Relation-ship	House Own or Rent	Sex	Color or Race	Age	Married Single Widow	Birth Place	Fathers Birth Place	Mothers Birth Place	Trade
						Civil District No. 1					
Bertram,	Robert T.	Head	O	M	W	36	M	TN	KY	KY	Farmer
	Etta M.	Wife		F	W	33	M	KS	KY	OH	
	Earl O.	Son		M	W	13	S	TN	TN	KS	
	Audie A.	Dau.		F	W	11	S	TN	TN	KS	
	Wilburn E.	Son		M	W	10	S	TN	TN	KS	
	Ray E.	Son		M	W	8	S	TN	TN	KS	
	Fred O.	Son		M	W	8	S	TN	TN	KS	
	Lester L.	Dau.		F	W	7	S	TN	TN	KS	
	Emma L.	Dau.		F	W	6	S	TN	TN	KS	
	Robert M.	Son		M	W	11/12	S	TN	TN	KS	
Pennycuff,	James M.	Head	O	M	W	37	M	TN	TN	TN	Timber Woods
	Molly A.	Wife		F	W	29	M	TN	TN	TN	
	Willie E.	Son		M	W	14	S	TN	TN	TN	
	Delmer C.	Son		M	W	11	S	TN	TN	TN	
	Alla M.	Dau.		F	W	8	S	TN	TN	TN	
	Grover M.	Son		M	W	6	S	TN	TN	TN	
	Arnold G.	Son		M	W	4-8/12	S	TN	TN	TN	
	Vonna E.	Dau.		F	W	1-6/12	S	TN	TN	TN	
	Mary M.	Dau.		F	W	6/12	S	TN	TN	TN	
Clayborn,	James L.	Head	R	M	W	30	M	TN	TN	TN	Stave Mill Labor
	Emaine K.	Wife		F	W	26	M	TN	TN	TN	
	Wilma L.	Dau.		F	W	7	S	TN	TN	TN	
	Flossie	Dau.		F	W	3-8/12	S	TN	TN	TN	
	Arey L.	Son		M	W	9/12	S	TN	TN	TN	
Duncan,	Thomas	Head	O	M	W	44	M	TN	TN	TN	Farmer
	Emma J.	Wife		F	W	38	M	TN	TN	TN	
	Oliver O.	Son		M	W	18	S	TN	TN	TN	Farm Labor
	Ova C.	Son		M	W	15	S	TN	TN	TN	
	Edgar P.	Son		M	W	11	S	TN	TN	TN	
	Martha E.	Dau.		F	W	8	S	TN	TN	TN	
	Buel H.	Son		M	W	6	S	TN	TN	TN	
	Charles H.	Son		M	W	3-10/12	S	TN	TN	TN	
	Beatris	Dau.		F	W	11/12	S	TN	TN	TN	
Davis,	Nasby C.	Head	R	M	W	31	M	TN	TN	TN	Farmer
	Bertha B.	Wife		F	W	31	M	TN	TN	TN	
	Genera	Dau.		F	W	3-5/12	S	TN	TN	TN	
	Dolphus B.	Dau.		F	W	2-4/12	S	TN	TN	TN	
	Doyle G.	Son		M	W	1-4/12	S	TN	TN	TN	
Bell,	Burges	Head	R	M	W	47	M	TN	TN	TN	Farmer
	Ella M.	Wife		F	W	26	M	TN	TN	TN	
	Jessie	Dau.		F	W	18	S	TN	TN	TN	Lumber Mill Labor
	Freddie	Son		M	W	17	S	TN	TN	TN	
	James C.	Son		M	W	9	S	TN	TN	TN	
	Elmer C.	Son		M	W	6	S	TN	TN	TN	
	Ruby E.	Dau.		F	W	3-8/12	S	TN	TN	TN	
Stephens,	William W.	Head	R	M	W	46	M	TN	TN	TN	Trainway Foreman
	Ava	Wife		F	W	47	M	TN	KY	TN	
	Elmer L.	Son		M	W	24	S	TN	TN	TN	
	Henry C.	Son		M	W	19	S	TN	TN	TN	Lumber Mill Labor
	Wheeler	Son		M	W	17	S	TN	TN	TN	Farm Labor
	Bessie L.	Dau.		F	W	15	S	TN	TN	TN	House Maid
	Pansy	Dau.		F	W	13	S	TN	TN	TN	
	Maxie	Dau.		F	W	10	S	TN	TN	TN	

1920 Fentress Co. TN Census

Name		Relation -ship	House Own or Rent	Sex	Color or Race	Age	Married Single Widow	Birth Place	Fathers Birth Place	Mothers Birth Place	Trade
						Civil District No. 1					
Delk,	John H.	Head	O	M	W	39	M	TN	TN	TN	Farmer
	Nany	Wife		F	W	25	M	TN	TN	TN	
	Clifton H.	Son		M	W	17	S	TN	TN	TN	Lumber Mill Labor
	Loui F.	Son		M	W	13	S	TN	TN	TN	
	Fred O.	Son		M	W	6	S	TN	TN	TN	
	Bart L.	Son		M	W	4-5/12	S	TN	TN	TN	
Wright,	William S.	Head	O	M	W	44	M	TN	TN	TN	Lumber Mill Logger
	Dice	Wife		F	W	40	M	TN	USA	TN	
	Marion C.	Son		M	W	21	S	TN	TN	TN	Lumber Mill Logger
	Arthie	Dau.		F	W	17	S	TN	TN	TN	
	Lonzo	Son		M	W	14	S	TN	TN	TN	
	Dumps	Son		M	W	8	S	TN	TN	TN	
	Hollins	Son		M	W	2-3/12	S	TN	TN	TN	
Malone,	John R.	Head	R	M	W	53	M	USA	KY	Ireland	Lumber Mill Labor
	Mary E.	Wife		F	W	53	M	USA	USA	USA	
Hardin,	Bill M.	Head	R	M	W	48	M	TN	KY	KY	Lumber Mill Labor
	Olie Ann	Wife		F	W	45	M	KY	KY	KY	
Moles,	James	Head	R	M	W	42	M	TN	TN	TN	Lumber Mill Labor
	Mary E.	Wife		F	W	35	M	TN	TN	TN	
	Johny C.	Son		M	W	5	S	TN	TN	TN	
Pennycuff,	John	Head	R	M	W	37	M	TN	TN	TN	Lumber Mill Labor
	Pearl	Dau.		F	W	9	S	KY	TN	TN	
	Lee	Son		M	W	7	S	TN	TN	TN	
Raper,	Virgil R.	Head	R	M	W	37	M	TN	TN	TN	Lumber Mill Fireman
	Maggie A.	Wife		F	W	22	M	TN	TN	TN	
	Lonnie R.	Son		M	W	15	S	TN	TN	TN	Lumber Mill Labor
	Clara B.	Dau.		F	W	13	S	TN	TN	TN	
	Sofa J.	Dau.		F	W	11	S	TN	TN	TN	
	Orndell	Son		M	W	8	S	TN	TN	TN	
	Jasper R.	Son		M	W	7	S	TN	TN	TN	
	Adell	Dau.		F	W	6	S	TN	TN	TN	
	Reba	Dau.		F	W	4-6/12	S	TN	TN	TN	
	Leona	Dau.		F	W	2-2/12	S	TN	TN	TN	
	Eula H.	Dau.		F	W	3/12	S	TN	TN	TH	
Pennycuff,	Samson A.	Head	R	M	W	57	M	TN	TN	TN	Lumber Mill Labor
	Rhoda E.	Wife		F	W	59	M	TN	TN	TN	
	Dora D.	Dau.		F	W	5	S	TN	TN	TN	
Hyder,	Allen J.	Head	R	M	W	40	M	TN	TN	TN	Lumber Mill Labor
	Mary J.	Wife		F	W	32	M	TN	TN	TN	
	Orvin J.	Son		M	W	13	S	TN	TN	TN	Lumber Mill Labor
	Myrtle A.	Dau.		F	W	12	S	TN	TN	TN	
	Lue I.	Dau.		F	W	9	S	TN	TN	TN	
	Willie L.	Son		M	W	6	S	TN	TN	TN	
	Albert A.	Son		M	W	3-1/12	S	TN	TN	TN	
Cobb,	Mack T.	Head	R	M	W	24	M	TN	TN	TN	Lumber Mill Labor
	Delpha	Wife		F	W	22	M	TN			
Moore,	Harry C.	Head	R	M	W	29	M	KY	TN	TN	Lumber Mill Labor
	Tracy L.	Wife		F	W	18	M	TN	KY	KY	
	Paul R.	Son		M	W	0/12	S	TN	KY	KY	

1920 Fentress Co. TN Census

Name		Relation-ship	House Own or Rent	Sex	Color or Race	Age	Married Single Widow	Birth Place	Fathers Birth Place	Mothers Birth Place	Trade
						Civil District No. 5					
Pennycuff,	William	Head	O	M	W	69	M	TN	TN	TN	Lumber Mill Labor
	Beckie J.	Wife		F	W	41	M	TN	TN	TN	
Campbell,	Albert H.	Head	O	M	W	28	M	TN	TN	TN	Farmer
	Ollie B.	Wife		F	W	22	M	TN	TN	TN	
	Rosa F.	Dau.		F	W	1-10/12	S	TN	TN	TN	
Peercy,	Almarine A.	Head	R	M	W	27	M	TN	TN	TN	Lumber Mill Labor
	Tanie	Wife		F	W	30	M	TN	TN	TN	
	Porter R.	Son		M	W	2-1/12	S	TN	TN	TN	
	Martha E.	Dau.		F	W	1-7/12	S	TN	TN	TN	
	Mart	Father		M	W	55	W	KY	TN	TN	
Campbell,	Rufus L.	Head	O	M	W	46	M	TN	TN	TN	Farmer
	Madde J.	Wife		F	W	36	M	TN	TN	TN	
Pennycuff,	William H.	Step-son		M	W	15	S	TN	TN	TN	Lumber Mill Labor
	Bradley L.	Step-son		M	W	12	S	TN	TN	TN	
	Ruby D.	Step-dau.		F	W	5	S	TN	TN	TN	
	Ruey E.	Step-dau.		F	W	1-11/12	S	TN	TN	TN	
Reagan,	Ogle C.	Head	O	M	W	30	M	TN	TN	TN	Farmer
	Ardelia M.	Wife		F	W	25	M	TN	TN	TN	
	Beatrice D.	Dau.		F	W	4-5/12	S	TN	TN	TN	
	Thomas W.	Son		M	W	1-0/12	S	TN	TN	TN	
Hardin,	Major A.	Head	O	M	W	48	M	TN	KY	KY	Farmer
	Martha	Wife		F	W	43	M	TN	TN	TN	
	Kansada	Dau.		F	W	15	S	TN	TN	TN	
	Oakey T.	Son		M	W	1-7/12	S	TN	TN	TN	
Reagan,	Louis A.	Head	O	M	W	41	M	KY	TN	KY	Livery Stable Operator
	Lucy J.	Wife		F	W	34	M	KY	KY	IN	
	Willie L.	Son		M	W	17	S	KY	KY	KY	
	James L.	Son		M	W	15	S	KY	KY	KY	
	Eula A.	Dau.		F	W	12	S	MO	KY	KY	
	Beula M.	Dau.		F	W	10	S	KY	KY	KY	
	Allie L.	Dau.		F	W	8	S	KY	KY	KY	
	Charlie V.	Son		M	W	5	S	KY	KY	KY	
	Joe B.	Son		M	W	3-8/12	S	KY	KY	KY	
Swafford,	Bill	Head	O	M	W	80	M	TN	TN	TN	
	Mimmie M.	Wife		F	W	28	M	KY	KY	KY	
	Marion	Son		M	W	30	S	TN	TN	TN	Laborer
	Hubert	Son		M	W	5	S	TN	TN	KY	
	Mary E.	Dau.		F	W	2-6/12	S	TN	TN	KY	
Creselious,	George	Head	R	M	W	64	M	TN	TN	TN	Laborer
	Mary Ann	Wife		F	W	44	M	KY	KY	KY	Wash Woman
	Namatha F.	Dau.		F	W	25	S	TN	TN	KY	
	Susana C.	Dau.		F	W	24	S	TN	TN	KY	
	Eva J.	Dau.		F	W	9	S	TN	TN	KY	
Coleman,	James	Head	R	M	W	30	M	TN	TN	TN	U.S. Mail Carrier
	Mary A.	Wife		F	W	34	M	KY	KY	KY	
	Willie J.	Son		M	W	16	S	KY	TN	KY	Laborer
	Herbert G.	Son		M	W	14	S	KY	TN	KY	
	John H.	Son		M	W	9	S	KY	TN	KY	
	Lilly A.	Dau.		F	W	6	S	TN	TN	KY	
	Hooper B.	Son		M	W	3-0/12	S	TN	TN	KY	

1920 Fentress Co. TN Census

Name		Relation -ship	House Own or Rent	Sex	Color or Race	Age	Married Single Widow	Birth Place	Fathers Birth Place	Mothers Birth Place	Trade

Civil District No. 1

Name		Relation -ship	House Own or Rent	Sex	Color or Race	Age	Married Single Widow	Birth Place	Fathers Birth Place	Mothers Birth Place	Trade
Hurst,	James B.	Head	R	M	W	36	M	TN	TN	TN	Stave Mill Laborer
	Wytie L.	Wife		F	W	29	M	TN	KY	TN	
	Arnold E.	Son		M	W	9	S	TN	TN	TN	
	Alma E.	Dau.		F	W	8	S	TN	TN	TN	
	Beuna E.	Dau.		F	W	6	S	TN	TN	TN	
	Elma James	Son		M	W	4-2/12	S	TN	TN	TN	
	Ella M.	Dau.		F	W	2-0/12	S	TN	TN	TN	
Pyle,	William J.	Head	O	M	W	73	M	TN	TN	TN	Carpenter
	Jula I.	Wife		F	W	68	M	TN	TN	TN	
Buck,	Clabe P.	Head	R	M	W	71	M	TN	TN	TN	
	Sara J.	Wife		F	W	65	M	TN	TN	AL	
	Denton A.	Grandson		M	W	23	S	TN	TN	TN	
Storie,	Ruthie	None		F	W	80	W	TN	TN	TN	
Long,	Ray	None		M	W	2-8/12	S	TN	TN	TN	
Slaven,	McMinville	None		M	W	7	S	TN	TN	TN	
Blevens,	Laden B.	Head	O	M	W	67	M	KY	KY	TN	Farmer
	Polly	Wife		F	W	66	M	KY	KY	TN	
	Edna A	Dau.		F	W	22	S	TN	KY	KY	
Hilery,	John	None		M	W	20	S	TN	MI	TN	Farm Laborer
Mace,	Billie A.	Head	O	M	W	47	M	TN	TN	TN	Barber
	Roena C.	Wife		F	W	47	M	KY	TN	KY	
	Willie W.	Son		M	W	24	S	TN	TN	KY	Surveyor
	Hatcher H.	Son		M	W	18	S	TN	TN	KY	Carpenter
	Casher Lee	Son		M	W	16	S	TN	TN	KY	
	Loma P.	Dau.		F	W	13	S	TN	TN	KY	
Millsaps,	John S.	Head	O	M	W	52	M	TN	TN	TN	Farmer
	Mary L.	Wife		F	W	49	M	TN	TN	TN	
	Mary Alta	Dau.		F	W	28	S	TN	TN	TN	
	Mitchell C.	Son		M	W	25	S	TN	TN	TN	Lumber Mill Laborer
	Hubert J.	Son		M	W	21	S	TN	TN	TN	
	Carson M.	Son		M	W	18	S	TN	TN	TN	
	Vina P.	Dau.		F	W	14	S	TN	TN	TN	
	Lesslie H.	Son		M	W	12	S	TN	TN	TN	
	Lucie M.	Dau.		F	W	7	S	TN	TN	TN	
Crabtree,	Sherman W.	Head	R	M	W	54	M	TN	TN	TN	Stone Mason
	Sara I.	Wife		F	W	55	M	TN	TN	TN	
	Ida E.	Dau.		F	W	21	S	TN	TN	TN	
Mace,	Andrew J.	Head	O	M	W	71	M	TN	TN	TN	Farm Operator
	Sara E.	Wife		F	W	70	M	TN	TN	TN	
	Walter V.	Son		M	W	28	S	TN	TN	TN	Stave Mill Foreman
Conatser,	William P.	Head	O	M	W	62	M	TN	TN	TN	Farmer
	Lucenda	Wife		F	W	58	M	TN	TN	TN	Dress Maker
	Victoria L.	Dau.		F	W	19	S	TN	TN	TN	
Greer,	Otha O.	Head	O	M	W	23	M	TN	TN	TN	U.S. Mail Contractor
	Rebecca V.	Wife		F	W	20	M	TN	TN	TN	
	Edmond B.	Son		M	W	2-8/12	S	TN	TN	TN	
Garrett,	Clarence P.	Head	O	M	W	29	M	CA	TN	TN	Abstract Office Reporter
	Virgie M.	Wife		F	W	27	M	TN	KY	KY	
	Wesley P.	Son		M	W	5	S	TN	CA	TN	
	Dorothy J.	Dau.		F	W	1-7/12	S	TN	CA	TN	

1920 Fentress Co. TN Census

Name		Relation-ship	House Own or Rent	Sex	Color or Race	Age	Married Single Widow	Birth Place	Fathers Birth Place	Mothers Birth Place	Trade
						Civil District No. 1					
Case,	Ward R.	Head	O	M	W	43	M	OH	OH	OH	Lawyer
	Molly	Wife		F	W	40	M	TN	TN	KY	
	Arthur E.	Son		M	W	15	S	TN	OH	TN	
	Doris L.	Dau.		F	W	11	S	TN	OH	TN	
	Edith	Dau.		F	W	3-7/12	S	TN	OH	TN	
	Ward R.	Son		M	W	1-2/12	S	TN	OH	TN	
Albertson,	Ollie E.	M-in-law		F	W	80	W	KY	KY	KY	
Brier,	Abraham L.	Head	O	M	W	61	M	WI	OH	NY	Register of Deeds
	Ida Jane	Wife		F	W	50	M	TN	TN	TN	
	Bertha L.	Dau.		F	W	31	S	TN	WI	TN	Teacher
	Bell	Dau.		F	W	29	S	TN	WI	TN	
	Henry C.	Son		M	W	27	S	TN	WI	TN	Teacher
	Pansy	Dau.		F	W	21	S	TN	WI	TN	
	Maude	Dau.		F	W	18	S	TN	WI	TN	
Hurst,	Orien M.	Head	O	M	W	47	M	TN	TN	TN	Farmer
	Lola U.	Wife		F	W	33	M	TN	TN	TN	
	Vada M.	Dau.		F	W	16	S	TN	TN	TN	
	Elmer E.	Son		M	W	13	S	TN	TN	TN	
	Elmore H.	Son		M	W	9	S	TN	TN	TN	
	Raymond W.	Son		M	W	2-6/12	S	TN	TN	TN	
Reagan,	David	Head	O	M	W	56	D	TN	TN	TN	Farm Laborer
Crabtree,	Grant	Head	O	M	W	54	M	KY	TN	TN	Stone Cutter
	Vica W.	Wife		F	W	56	M	TN	TN	TN	
	Mosier J.	Son		M	W	20	S	TN	KY	TN	Stave Mill Laborer
Crabtree,	Chester P.	Head	O	M	W	29	M	TN	KY	TN	Stave Mill Laborer
	Minnie L.	Wife		F	W	29	M	TN	TN	TN	
Janes,	William D.	Head	O	M	W	40	M	TN	TN	TN	Farm Laborer
	Isabell L.	Wife		F	W	32	M	TN	TN	TN	
	Minnie B.	Dau.		F	W	15	S	TN	TN	TN	
	William V.	Son		M	W	13	S	TN	TN	TN	
	John H.	Son		M	W	11	S	TN	TN	TN	
	Proctor R.	Son		M	W	8	S	TN	TN	TN	
	Mary A.	Dau.		F	W	7	S	TN	TN	TN	
	Clara P.	Dau.		F	W	4-6/12	S	TN	TN	TN	
	Effie M.	Dau.		F	W	2-7/12	S	TN	TN	TN	
Mathews,	William C.	Step-son		M	W	13	S	TN	TN	TN	
	Flossie M.	Step-dau.		F	W	11	S	TN	TN	TN	
Hurst,	John R.	Head	O	M	W	51	M	TN	TN	TN	Farmer
	Lee F.	Wife		F	W	50	M	TN	TN	TN	
	William C.	Son		M	W	24	S	TN	TN	TN	
	Ova A.	Dau.		F	W	19	S	TN	TN	TN	Teacher
	Ona J.	Dau.		F	W	16	S	TN	TN	TN	
	Judge O.	Son		M	W	13	S	TN	TN	TN	
Wright,	Edman M.	Head	R	M	W	32	M	TN	TN	TN	Stave Mill Laborer
	Nannie C.	Wife		F	W	30	M	KY	TN	KY	
	Delmer M.	Son		M	W	11	S	TN	TN	KY	
	Elmer C.	Son		M	W	10	S	TN	TN	KY	
	Edmond A.	Son		M	W	6	S	IN	TN	KY	
	Emmet S.	Son		M	W	2-9/12	S	TN	TN	KY	
	Doye F.	Son		M	W	11/12	S	TN	TN	KY	
Crabtree,	Luso E.	Mother		F	W	59	S	TN	TN	TN	

1920 Fentress Co. TN Census

Name		Relation-ship	House Own or Rent	Sex	Color or Race	Age	Married Single Widow	Birth Place	Fathers Birth Place	Mothers Birth Place	Trade

Civil District No. 1

Name		Relation-ship	House Own or Rent	Sex	Color or Race	Age	Married Single Widow	Birth Place	Fathers Birth Place	Mothers Birth Place	Trade
Crabtree,	James W.	Head	O	M	W	40	M	TN	TN	TN	
	Kansas S.	Wife		F	W	37	M	TN	TN	TN	
	Kayley F.	Son		M	W	5	S	TN	TN	TN	
	Stella F.	Dau.		F	W	4-0/12	S	TN	TN	TN	
	Cletus M.	Son		M	W	1-7/12	S	TN	TN	TN	
Crabtree,	Benton M.	Head	O	M	W	33	M	TN	TN	TN	Stave Mill Laborer
	Famey M.	Wife		F	W	25	M	TN	TN	TN	
	Cora E.	Dau.		F	W	4-5/12	S	TN	TN	TN	
	Chloa I.	Dau.		F	W	2-7/12	S	TN	TN	TN	
	Cordie A.	Dau.		F	W	1/12	S	TN	TN	TN	
Crabtree,	Caleb	Head	O	M	W	61	M	TN	TN	TN	Stave Mill Laborer
	Nina S.	Wife		F	W	59	M	TN	TN	TN	
	Fanney L.	Dau.		F	W	14	S	TN	TN	TN	
West,	Mack H.	None		M	W	24	S	TN	KY	TN	Stave Mill Laborer
Evans,	Samuel C.	Head	R	M	W	26	M	TN	TN	TN	Mule Driver
	Orha E.	Wife		F	W	25	M	TN	TN	TN	
	Lilly O.	Dau.		F	W	4-10/12	S	TN	TN	TN	
	Flossie A.	Dau.		F	W	2/12	S	TN	TN	TN	
Wright,	Jasper D.	Head	R	M	W	22	M	TN	TN	TN	General Store Sales
	Ethel M.	Wife		F	W	21	M	TN	TN	Germany	
	Lola E.	Dau.		F	W	1-7/12	S	TN	TN	TN	
Wright,	James G.	Head	O	M	W	38	M	TN	TN	TN	Farmer
	Elizabeth	Wife		F	W		M	GA	GA	GA	
Crouch,	Elmore E.	Head	R	M	W	33	M	TN	TN	TN	Merchant
	Martha A.	Wife		F	W	30	M	TN	TN	TN	
	Freedman S.	Son		M	W	12	S	TN	TN	TN	
	Shirley E.	Son		M	W	10	S	TN	TN	TN	
	Boyd	Son		M	W	8	S	TN	TN	TN	
	Jessie W.	Son		M	W	5	S	TN	TN	TN	
	Dennis	Son		M	W	2-9/12	S	TN	TN	TN	
Sussner,	Ada	Head	O	F	W	46	W	TN	TN	TN	Teacher
	Amelia	Dau.		F	W	18	S	KY	England	TX	Teacher
	Charles A.	Son		M	W	15	S	TN	England	TX	
Brannon,	Lawrence	Head	?	M	W	52	M	TN	TN	TN	Livery Stable Laborer
	Lucy	Wife		F	W	57	M	TN	TN	TN	
	Emma M.	Dau.		F	W	19	S	TN	TN	TN	
	Hollins	Son		M	W	18	S	TN	TN	TN	
Reagan,	Claude O.	Head	R	M	W	25	M	TN	TN	TN	Well Driller
	Effie M.	Wife		F	W	18	M	TN	TN	TN	
Reagan,	Goel G.	Head	O	M	W	38	M	TN	TN	TN	Merchant
	Rhod E.	Wife		F	W	36	M	TN	TN	TN	
	Elva	Dau.		F	W	12	S	TN	TN	TN	
	Edna	Dau.		F	W	10	S	TN	TN	TN	
	Goel K.	Son		M	W	7	S	TN	TN	TN	
	Lela A.	Dau.		F	W	5	S	TN	TN	TN	

1920 Fentress Co. TN Census

Name		Relation-ship	House Own or Rent	Sex	Color or Race	Age	Married Single Widow	Birth Place	Fathers Birth Place	Mothers Birth Place	Trade
						Civil District No. 1					
Hatfield,	Andrew J.	Head	R	M	W	35	M	TN	TN	TN	Lumber Mill Laborer
	Minnie L.	Wife		F	W	34	M	TN	TN	TN	
	Berdell P.	Son		M	W	13	S	TN	TN	TN	
	John	Son		M	W	11	S	KY	TN	TN	
	William C.	Son		M	W	9	S	TN	TN	TN	
	Lucy G.	Dau.		F	W	1-6/12	S	TN	TN	TN	
Crutchfield,	Hiram A.	Head	O	M	W	76	M	TN	TN	TN	Physican
	Mary M.	Wife		F	W	35	M	TN	TN	TN	
	Robert D.	Son		M	W	13	S	TN	TN	TN	
Barnett,	Joseph	None		M	W	19	S	TN	TN	TN	Servant
Shapero,	Bernett D.	Head	R	M	W	40	M	Russia	Russia	Russia	Lumber Manufacturer
	Olie B.	Wife		F	W	37	M	TN	TN	TN	
	Georgia B.	Dau.		F	W	13	S	TN	Russia	TN	
	Bernett D.	Son		M	W	12	S	TN	Russia	TN	
Reagan,	William W.	Head	R	M	W	58	M	TN	TN	TN	U.S. Mail Contractor
	Berthenis	Wife		F	W	60	M	TN	VA	TN	
Hurst,	Lowery C.	Boarder		M	W	42	S	TN	TN	TN	County Court Clerk
	Louis C.	Boarder		M	W	65	W	TN	TN	TN	U.S. Mail Contractor
Bowden,	Horace V.	Head	R	M	W	21	M	TN	TN	TN	Blacksmith Shop Laborer
	Ester	Wife		F	W	22	M	TN	TN	TN	
	Clyde W.	Son		M	W	3-9/12	S	TN	TN	TN	
Delk,	Rutherford B.	Head	O	M	W	43	M	TN	TN	TN	Live Stock Dealer
	Gertie E.	Wife		F	W	33	M	KY	TN	TN	
	Vera V.	Dau.		F	W	15	S	TN	TN	KY	
	Jessie W.	Son		M	W	13	S	TN	TN	KY	
	Rosa E.	Dau.		F	W	10	S	KY	TN	KY	
	Ruby A.	Dau.		F	W	8	S	TN	TN	KY	
	Noble R.	Son		M	W	6	S	TN	TN	KY	
	Patton E.	Son		M	W	3-9/12	S	TN	TN	KY	
	Jack	Son		M	W	1-7/12	S	TN	TN	KY	
Beaty,	Dillard O.	Head	O	M	W	29	M	TN	TN	TN	Stave Lumber Accountant
	Martha E.	Wife		F	W	30	M	TN	TN	TN	
	Dillard O.	Son		M	W	4-6/12	S	TN	TN	TN	
	Luther L.	Son		M	W	3-3/12	S	TN	TN	TN	
	Houston R.	Son		M	W	1-3/12	S	TN	TN	TN	
Rankin,	David H.	Head	O	M	W	60	M	KY	Scotland	KY	Retail Store Merchant
	Ermine	Wife		F	W	52	M	TN	TN	TN	
	Flossie T.	Dau.		F	W	21	S	TN	KY	TN	Bank Recorder
Bowden,	Johny S.	Head	O	M	W	49	M	TN	TN	TN	Bank Bookeeper
	Ova A.	Wife		F	W	46	M	TN	TN	TN	
	Vera M.	Dau.		F	W	14	S	TN	TN	TN	
	Elsa G.	Dau.		F	W	9	S	TN	TN	TN	
Browne,	Garfield	Head	R	M	W	38	M	KY	VA	KY	Bank Cashier
	Anna N.	Wife		F	W	36	M	AL	AL	MI	
	Ludia C.	Dau.		F	W	6	S	AL	KY	AL	
	Anna M.	Dau.		F	W	3-6/12	S	AL	KY	AL	
	Byron H.	Son		M	W	1-0/12	S	AL	KY	AL	
Storie,	William R.	Head	O	M	W	28	W	TN	TN	TN	Schools Superintant

1920 Fentress Co. TN Census

Name		Relation-ship	House Own or Rent	Sex	Color or Race	Age	Married Single Widow	Birth Place	Fathers Birth Place	Mothers Birth Place	Trade
				Civil District No. 1							
Frogge,	Stephen E.	Head	O	M	W	53	M	TN	TN	TN	General Store Merchant
	Sarah I.	Wife		F	W	24	M	TN	TN	TN	
	Stephen W.	Son		M	W	18	S	TN	TN	TN	Horse Teamster
	Maxine E.	Son		F	W	11	S	TN	TN	TN	
	Justine E.	Dau.		F	W	6	S	TN	TN	TN	
Mullinix,	William E.	Head	O	M	W	36	M	TN	TN	TN	Dentist
	Deeta	Wife		F	W	26	M	TN	TN	TN	
	Lucile K.	Dau.		F	W	7	S	TN	TN	TN	
Stephens,	Laura M.	Servant		F	W	25	S	TN	TN	TN	Servant
Norris,	William S.	Head	O	M	W	57	M	TN	TN	TN	Laborer
	Hairitt	Wife		F	W	55	M	TN	TN	TN	
	Virgil L.	Son		M	W	23	S	TN	TN	TN	General Store Sales
Garrett,	Luther B.	Head	O	M	W	42	M	TN	TN	TN	Barber
	Margarett C.	Wife		F	W	27	M	TN	TN	TN	
	Victor H.	Son		M	W	7	S	TN	TN	TN	
	Syliva A.	Dau.		F	W	5	S	TN	TN	TN	
	Denver M.	Son		M	W	3-1/12	S	TN	TN	TN	
	Luther G.	Son		M	W	1-1/12	S	TN	TN	TN	
Reagan,	James L.	Head	R	M	W	29	M	TN	TN	TN	Water Well Driller
	Bell V.	Wife		F	W	31	M	TN	TN	TN	
	Thelmei R.	Dau.		F	W	7	S	TN	TN	TN	
	Morris C.	Son		M	W	4-3/12	S	TN	TN	TN	
	Charles F.	Son		M	W	3-8/12	S	TN	TN	TN	
Allred,	James A.	Head	R	M	W	64	M	TN	TN	TN	Lawyer
	Henrietta S.	Wife		F	W	52	M	TN	IN	TN	Author
Taylor,	Thomas P.	Head	O	M	W	29	M	TN	TN	TN	Blacksmith
	Emma F.	Wife		F	W	27	M	TN	TN	TN	
	Blanche	Dau.		F	W	1-1/12	S	TN	TN	TN	
Greer,	Benjamine A.	Head	O	M	W	46	M	TN	TN	TN	Farmer
	Martha P.	Wife		F	W	43	M	TN	TN	TN	
	Jessie H.	Grandson		F	W	3-8/12	S	TN	TN	TN	
Campbell,	Timothy A.	Head	O	M	W	32	M	TN	TN	TN	Farmer
	Ruby B.	Wife		F	W	22	M	TN	Ireland	TN	
	Robert T.	Son		M	W	2-8/12	S	TN	TN	TN	
	Warren H.	Son		M	W	1-3/12	S	TN	TN	TN	
Pile,	Jason L.	Head	O	M	W	39	M	TN	TN	TN	Farmer
	Myrtie M.	Wife		F	W	34	M	TN	TN	TN	
	Ernia H.	Dau.		F	W	13	S	TN	TN	TN	
	Ermine G.	Mother		F	W	70	W	TN	TN	TN	
Coakey,	Smith G.	Head	R	M	W	19	M	TN	KY	KY	Lumber Mill Laborer
	Valen V.	Wife		F	W	18	M	TN	TN	KY	
	Gladys E.	Dau.		F	W	2/12	S	TN	TN	TN	
Hurst,	General O.	Head	O	M	W	40	M	TN	TN	TN	Farmer
	Bertha	Wife		F	W	29	M	TN	TN	TN	
	Delta	Dau.		F	W	15	S	TN	TN	TN	
	Delmer	Son		M	W	14	S	TN	TN	TN	
	Fonya	Dau.		F	W	10	S	TN	TN	TN	
	Thelma	Dau.		F	W	1-11/12	S	TN	TN	TN	

16

1920 Fentress Co. TN Census

Name		Relation-ship	House Own or Rent	Sex	Color or Race	Age	Married Single Widow	Birth Place	Fathers Birth Place	Mothers Birth Place	Trade

Civil District No. 1

Name		Relation-ship	House Own or Rent	Sex	Color or Race	Age	Married Single Widow	Birth Place	Fathers Birth Place	Mothers Birth Place	Trade
Delk,	James A.	Head	O	M	W	35	M	TN	TN	TN	Carpenter
	Zona	Wife		F	W	27	M	TN	TN	TN	
	Alma	Dau.		F	W	9	S	TN	TN	TN	
	Roland	Son		M	W	4-9/12	S	TN	TN	TN	
	Deva	Dau.		F	W	2-8/12	S	TN	TN	TN	
	Ruth	Dau.		F	W	1-11/12	S	TN	TN	TN	
Reagan,	Travis A.	Head	R	M	W	22	M	TN	TN	TN	Freight Driver
	Myrtie	Wife		F	W	18	M	TN	TN	TN	
Smith,	Patrick H.	Head	O	M	W	47	M	TN	TN	TN	Land Dealer
	Buena	Wife		F	W	43	M	TN	TN	TN	
Bowden,	Ovid V.	Head	R	M	W	24	M	TN	TN	TN	Blacksmith
	Alma P.	Wife		F	W	19	M	TN	TN	TN	
	Edgar C.	Son		M	W	1-9/12	S	TN	TN	TN	
Delk,	Albert	Head	R	M	W	36	M	TN	TN	TN	Farmer
	Dell	Wife		F	W	38	M	TN	TN	TN	
	Reba	Sister		F	W	13	S	TN	TN	TN	
Reagan,	George W.	Head	O	M	W	48	M	TN	TN	TN	Timber Dealer
	Nancy A.	Wife		F	W	46	M	TN	TN	TN	
	Lena E.	Dau.		F	W	14	S	TN	TN	TN	
	Louise F.	Dau.		F	W	10	S	TN	TN	TN	
Frogge,	Oswell	Servant		M	W	17	S	TN	TN	TN	
Ledbetter,	Andrew V.	Head	R	M	W	40	M	TN	TN	TN	General Store Sales
	Lola	Wife		F	W	27	M	TN	TN	TN	
Reagan,	James T.	Head	O	M	W	30	M	TN	TN	TN	Farmer
	Alta M.	Wife		F	W	25	M	TN	KY	TN	
	Cullam W.	Son		M	W	7	S	TN	TN	TN	
	Edna	Dau.		F	W	6	S	TN	TN	TN	
	Lola B.	Dau.		F	W	2-5/12	S	TN	TN	TN	
Rankin,	Don M.	Head	O	M	W	24	M	TN	KY	TN	Pool Room Proprietor
	Bessie M.	Wife		F	W	25	M	TN	TN	TN	
	Flossie E.	Dau.		F	W	3-8/12	S	TN	TN	TN	
	Edith M.	Dau.		F	W	2-0/12	S	TN	TN	TN	
Pyle,	James	Head	O	M	W	70	M	TN	TN	TN	Farmer
	Lena	Wife		F	W	44	M	TN	TN	TN	
	Hagle	Dau.		F	W	4-8/12	S	TN	TN	TN	
Johnson,	William M.	Head	O	M	W	58	M	TN	TN	TN	General Store Merchant
	Rebecca A.	Wife		F	W	51	M	TN	TN	TN	Hotel Keeper
	Alice L.	Dau.		F	W	16	S	TN	TN	TN	
	Kirby A.	Son		M	W	15	S	TN	TN	TN	
	Willard M.	Son		M	W	13	S	TN	TN	TN	
	Fred M.	Son		M	W	11	S	TN	TN	TN	
	Lois M.	Dau.		F	W	9	S	TN	TN	TN	
Crockett,	William J.	Head	R	M	W	54	M	KY	TN	TN	Farm Laborer
	Anna J.	Wife		F	W	50	M	KY	KY	KY	
	James M.	Son		M	W	24	S	TN	KY	KY	Lumber Mill Laborer
	David S.	Son		M	W	22	S	TN	KY	KY	Lumber Mill Laborer
	Verta E.	Dau.		F	W	17	S	TN	KY	KY	
	Lola M.	Dau.		F	W	15	S	TN	KY	KY	
	Arnold L.	Son		M	W	12	S	TN	KY	KY	

1920 Fentress Co. TN Census

Name		Relation -ship	House Own or Rent	Sex	Color or Race	Age	Married Single Widow	Birth Place	Fathers Birth Place	Mothers Birth Place	Trade

Civil District No. 1

Name		Relation -ship	House Own or Rent	Sex	Color or Race	Age	Married Single Widow	Birth Place	Fathers Birth Place	Mothers Birth Place	Trade
Clark,	James N.	Head	O	M	W	52	M	MI	VT	PA	Farmer
	Nancy J.	Wife		F	W	59	M	TN	TN	TN	
	Metta E.	Dau.		F	W	28	S	TN	MI	TN	Teacher
	Orpha R.	Dau.		F	W	25	S	TN	MI	TN	Teacher
Dodson,	Harry H.	Head	R	M	W	38	M	TN	TN	IL	Stave Mill Laborer
	Sarah L.	Wife		F	W	33	M	TN	KY	TN	
	Verna	Dau.		F	W	15	S	TN	TN	TN	
	Mamie M.	Dau.		F	W	13	S	TN	TN	TN	
	Bessie M.	Dau.		F	W	10	S	TN	TN	TN	
	Edna P.	Dau.		F	W	7	S	TN	TN	TN	
	Liza L.	Dau.		F	W	4-9/12	S	TN	TN	TN	
	Harry H.	Son		M	W	2-0/12	S	TN	TN	TN	
Goudin,	William J.	Head	O	M	W	60	M	TN	Switzerland	Switzerland	General Store Merchant
	Jennie A.	Wife		F	W	44	M	TN	TN	TN	
	Ruth L.	Dau.		F	W	11	S	TN	TN	TN	
	Neva P.	Dau.		F	W	9	S	TN	TN	TN	
	Edith E.	Dau.		F	W	6	S	TN	TN	TN	
Mynatt,	Adelia	Mother		F	W	77	W	Switzerland	Switzerland	Switzerland	
Rains,	Wylie P.	Head	O	M	W	47	M	TN	TN	NC	Circuit Court Clerk
	Margarett F.	Wife		F	W	38	M	KY	TN	KY	
	Isaac A.	Son		M	W	19	S	TN	TN	KY	Lumber Mill Laborer
	Roy L.	Son		M	W	17	S	TN	TN	KY	
	Arzonia	Dau.		F	W	16	S	TN	TN	KY	
	Raymon S.	Son		M	W	14	S	TN	TN	KY	
	Margie E.	Dau.		F	W	12	S	TN	TN	KY	
	William P.	Son		M	W	11	S	TN	TN	KY	
	James L.	Son		M	W	6	S	TN	TN	KY	
	Virgil H.	Son		M	W	3-6/12	S	TN	TN	KY	
Smith,	George T.	Head	O	M	W	47	M	TN	TN	TN	Farmer
	Jane	Wife		F	W	36	M	TN	TN	TN	
	Ida P.	Dau.		F	W	19	S	TN	TN	TN	
	Willford F.	Son		M	W	15	S	TN	TN	TN	
	Maude M.	Dau.		F	W	13	S	TN	TN	TN	
	Arthur C.	Son		M	W	12	S	TN	TN	TN	
	Vonnie M.	Dau.		F	W	9	S	TN	TN	TN	
	Oliver E.	Son		M	W	5	S	TN	TN	TN	
Turner,	Roscoe	Head	R	M	W	24	M	TN	TN	TN	U.S. Mail Carrier
	Zimma M.	Wife		F	W	20	M	TN	TN	TN	
	Cliford	Son		M	W	4-10/12	S	TN	TN	TN	
	Album M.	Dau.		F	W	1-0/12	S	TN	TN	TN	
Taylor,	Warren E.	Head	O	M	W	41	M	TN	TN	TN	Lumber Manufacturer
	Mary D.	Wife		F	W	38	M	Germany	Germany	Germany	
	Charlie O.	Son		M	W	18	S	TN	TN	Germany	
Garrett,	Ben T.	Head	O	M	W	45	M	TN	TN	TN	Teacher
	Pansy P.	Wife		F	W	35	M	WA	TN	TN	
	Wilod E.	Dau.		F	W	14	S	TN	TN	TN	
	Isaac D.	Son		M	W	13	S	TN	TN	TN	
	Kermit J.	Son		M	W	10	S	TN	TN	TN	
	Roxie L.	Dau.		F	W	8	S	TN	TN	TN	
	Myrtle M.	Dau.		F	W	6	S	TN	TN	TN	
	Harrold	Son		M	W	3-8/12	S	TN	TN	TN	
	Cleury A.	Dau.		F	W	1-1/12	S	TN	TN	TN	

1920 Fentress Co. TN Census

Name		Relation-ship	House Own or Rent	Sex	Color or Race	Age	Married Single Widow	Birth Place	Fathers Birth Place	Mothers Birth Place	Trade

Civil District No. 1

Name		Relation-ship	House Own or Rent	Sex	Color or Race	Age	Married Single Widow	Birth Place	Fathers Birth Place	Mothers Birth Place	Trade
Wright,	Edmond J.	Head	O	M	W	54	M	TN	TN	TN	Farmer
	Alice A.	Wife		F	W	50	M	TN	TN	TN	
	Ray V.	Son		M	W	15	S	TN	TN	TN	
	Ruby	Dau.		F	W	12	S	TN	TN	TN	
Wright,	Oakey E.	Head	R	M	W	24	M	TN	TN	TN	Freight Driver
	Christenia B.	Wife		F	W	22	M	TN	TN	TN	
	Hazel L.	Dau.		F	W	3-7/12	S	TN	TN	TN	
	Wilma M.	Dau.		F	W	2-1/12	S	TN	TN	TN	
	Elmo O.	Son		M	W	3/12	S	TN	TN	TN	
Downs,	John E.	Head	R	M	W	24	M	KY	TN	TN	Stave Mill Fireman
	Sarah E.	Wife		F	W	24	M	KY	TN	TN	
Mullinix,	John B.	Head	O	M	W	45	M	TN	TN	TN	General Store Salesman
	Lee Ann	Wife		F	W	37	M	TN	TN	TN	
	Verden	Dau.		F	W	3-0/12	S	TN	TN	TN	
	Willard W.	Son		M	W	10/12	S	TN	TN	TN	
Beaty,	Isaac M.	Head	R	M	W	67	M	TN	TN	TN	Farmer
	Martha E.	Wife		F	W	43	M	TN	KY	MO	
	Lesslie	Son		M	W	27	S	TN	TN	TN	Coal Miner
	Ules R.	Son		M	W	9	S	TN	TN	TN	
	Comer C.	Son		M	W	7	S	TN	TN	TN	
	Donald P.	Son		M	W	4-8/12	S	TN	TN	TN	
Ingram,	James I.	Step-son		M	W	25	S	TN	KY	TN	Lumber Mill Laborer
	Walter L.	Step-son		M	W	24	S	TN	KY	TN	Sign Painter
	Oakley O.	Step-son		M	W	22	S	TN	KY	TN	Lumber Mill Laborer
Lynch,	George W.	F-in-law		M	W	72	M	KY	VA	KY	
	Marie M.	M-in-law		F	W	49	M	KY	TN	KY	
Bowden,	Bailey W.	Head	R	M	W	52	M	TN	TN	TN	Blacksmith
	Lena A.	Wife		F	W	41	M	TN	KY	TN	
	Roy W.	Son		M	W	19	S	TN	TN	TN	Stave Mill Laborer
	Blanche L.	Dau.		F	W	10	S	TN	TN	TN	
	Orpha M.	Dau.		F	W	7	S	TN	TN	TN	
	Ruth M.	Dau.		F	W	5	S	TN	TN	TN	
	Poly A.	Mother		F	W	88	W	TN	TN	TN	
Smith,	Manson J.	Head	R	M	W	46	M	TN	TN	TN	Carpenter
	Aloa M.	Wife		F	W	24	M	TN	TN	TN	
	Pansy E.	Dau.		F	W	5	S	TN	TN	TN	
	Manson W.	Son		M	W	5	S	TN	TN	TN	
	Myrtile M.	Dau.		F	W	1-0/12	S	TN	TN	TN	
Conatser,	George W.	Head	R	M	W	79	M	TN	KY	KY	Farmer
	Sarah A.	Wife		F	W	50	M	TN	VA	TN	
	George S.	Son		M	W	27	S	TN	TN	TN	
	Clay M.	Son		M	W	24	S	TN	TN	TN	Staves Driver
Stephens,	Joe D.	Son-in-law		M	W	27	M	TN	TN	TN	Freight Driver
	Maggie E.	Dau.		F	W	23	M	TN	TN	TN	
	Garland E.	Grandson		M	W	2-6/12	S	TN	TN	TN	
Reagan,	Joel H.	Head	O	M	W	58	M	TN	TN	TN	Farmer
	Matta J.	Wife		F	W	51	M	TN	TN	TN	
	Onie O.	Son		M	W	24	S	TN	TN	TN	
	Vinnis D.	Son		M	W	22	S	TN	TN	TN	
	Earnie M.	Dau.		F	W	12	S	TN	TN	TN	

1920 Fentress Co. TN Census

Name		Relation -ship	House Own or Rent	Sex	Color or Race	Age	Married Single Widow	Birth Place	Fathers Birth Place	Mothers Birth Place	Trade
							Civil District No. 1				
Evans,	Jess W.	Head	O	M	W	58	M	TN	TN	TN	Lawyer
	Ester C.	Wife		F	W	45	M	KY	KY	TN	
	Palmer M.	Son		M	W	21	S	TN	TN	TN	Lumber Mill Laborer
	Willard	Son		M	W	20	S	TN	TN	TN	Lumber Mill Laborer
	Gladys	Dau.		F	W	17	S	TN	TN	TN	
Milligan,	Elis M.	Head	O	M	W	27	M	TN	TN	TN	Stave Mill Laborer
	Vina	Wife		F	W	21	M	TN	TN	TN	
	Vona I.	Dau.		F	W	2-9/12	S	TN	TN	TN	
	Ruth	Dau.		F	W	2-9/12	S	TN	TN	TN	
Guffey,	Lee V.	Head	O	F	W	72	W	TN	TN	IL	
	William B.	Son		M	W	53	D	TN	TN	TN	
Smith,	Luther T. Jr.	Head	O	M	W	36	M	TN	TN	TN	Lumber-Stave Manager
	Margarett E.	Wife		F	W	36	M	TN	TN	TN	
	Edna	Dau.		F	W	10	S	TN	TN	TN	
	Martha E.	Dau.		F	W	9	S	TN	TN	TN	
	Walter G.	Son		M	W	7	S	TN	TN	TN	
	Virginia	Dau.		F	W	5	S	TN	TN	TN	
Hurst,	Vina J.	Head	O	F	W	71	W	TN	TN	TN	Farm Laborer
	Buena V.	Dua.		F	W	38	S	TN	TN	TN	
	Loren M.	Son		M	W	27	S	TN	TN	TN	
Lynch,	Myrtie	None		F	W	17	S	TN	TN	TN	
Dahuff,	Ira F.	Head	R	M	W	49	M	MI	IN	IN	Lumber Millman
	Permelia A.	Wife		F	W	38	M	TN	USA	TN	
	Peace A.	Son		M	W	10	S	TN	MI	TN	
	Iris E.	Dau.		F	W	8	S	TN	MI	TN	
	Marion A.	Dau.		F	W	6	S	TN	MI	TN	
	Charles M.	Son		M	W	4-6/12	S	TN	MI	TN	
	Myrtle O.	Dau.		F	W	2-7/12	S	TN	MI	TN	
	Arthur H.	Son		M	W	10/12	S	TN	MI	TN	
Garrett,	William A.	Head	O	M	W	41	M	TN	TN	TN	Lawyer
	Mary F.	Wife		F	W	41	M	TN	KY	TN	
	Floyd D.	Son		M	W	15	S	AR	TN	TN	
	Willie D.	Dau.		F	W	10	S	TN	TN	TN	
	Gayson K.	Son		M	W	5	S	TN	TN	TN	
	Clara M.	Dau.		F	W	3-3/12	S	TN	TN	TN	
Smith,	Luther T.	Head	O	M	W	73	M	TN	NC	TN	Lawyer
	Francis L.	Wife		F	W	64	M	TN	TN	KY	
	William J.	Brother		M	W	65	S	TN	NC	KY	Stave Dealer
McDonald,	Martha E.	M-in-law		F	W	101	W	KY	NC	NC	
Smith,	Sam M.	Head	O	M	W	26	M	TN	TN	TN	Stave Manager
	Ellen W.	Wife		F	W	25	M	TN	TN	TN	
	Sam M.	Son		M	W	1-7/12	S	TN	TN	TN	
Sims,	John T.	Head	R	M	W	65	M	GA	GA	GA	Blacksmith
	Rhoda A.	Wife		F	W	52	M	TN	TN	Ireland	
	John H.	Son		M	W	22	S	TN	GA	TN	Freight Teamster
	Roy J.	Son		M	W	15	S	TN	GA	TN	
	Lee F.	Dau.		F	W	33	S	TN	GA	TN	
	Mary A.	Dau.		F	W	16	S	MO	GA	TN	
Chism,	John N.	Head	O	M	W	65	M	KY	KY	KY	Physican
	Marth J.	Wife		F	W	55	M	TN	TN	TN	

1920 Fentress Co. TN Census

Name		Relation -ship	House Own or Rent	Sex	Color or Race	Age	Married Single Widow	Birth Place	Fathers Birth Place	Mothers Birth Place	Trade

Civil District No. 1

Name		Relation -ship	House Own or Rent	Sex	Color or Race	Age	Married Single Widow	Birth Place	Fathers Birth Place	Mothers Birth Place	Trade
Stewart,	Talitha C.	Head	O	F	W	61	W	TN	TN	TN	
	Cosby	Son		M	W	30	S	TN	TN	TN	Wire Factory Laborer
	Bell	Dau.		F	W	27	S	TN	TN	TN	
	Robert	Son		M	W	26	S	TN	TN	TN	
	Cora	Dau.		F	W	24	S	TN	TN	TN	
	Reba	Dau.		F	W	21	S	TN	TN	TN	
Evans,	Drew	Head	O	M	W	68	M	TN	TN	TN	
	Isabell	Wife		F	W	53	M	KY	TN	TN	
	Sherman	Son		M	W	18	S	TN	TN	KY	Laborer
	Pat	Son		M	W	9	S	TN	TN	KY	
Huff,	Dillard W.	Head	R	M	W	37	M	TN	TN	TN	Freight Teamster
	Mary E.	Dau.		F	W	38	M	TN	TN	TN	
	Louise E.	Dau.		F	W	10	S	TN	TN	TN	
	Frances A.	Dau.		F	W	9	S	TN	TN	TN	
	Ina E.	Dau.		F	W	7	S	TN	TN	TN	
	Herly O.	Son		M	W	5	S	TN	TN	TN	
Crocket,	Bob C.	Head	O	M	W	65	M	TN	TN	TN	Farmer
	Nervy J.	Wife		F	W	64	M	TN	TN	TN	
	Mary R.	Dau.		F	W	26	S	TN	TN	TN	Telephone Operator
Mace,	Lytha H.	Head	O	F	W	56	D	TN	TN	TN	
Delk,	James A.	Head	O	M	W	60	M	TN	TN	TN	Farmer
	Alice L.	Wife		F	W	25	M	TN	TN	TN	
	Zelb L.	Dau.		F	W	8	S	TN	TN	TN	
	Edna M.	Dau.		F	W	5	S	TN	TN	TN	
	Cora H.	Dau.		F	W	2-6/12	S	TN	TN	TN	
	Virgil O.	Cousin		M	W	17	S	TN	TN	TN	Lumber Mill Laborer
Gunter,	James J.	Head	O	M	W	47	M	TN	TN	TN	Farmer
	Liza A.	Wife		F	W	49	M	TN	TN	TN	
	Orpha A.	Dau.		F	W	16	S	TN	TN	TN	
	Lilly M.	Dau.		F	W	10	S	TN	TN	TN	
Pryer,	Parker Y.	Head	O	M	W	67	M	TN	TN	TN	Lumber Mill Laborer
	Abagine	Wife		F	W	52	M	TN	TN	TN	
Bowden,	Emma	Mother-in-law		F	W	78	W	TN	TN	TN	
Stinson,	Marion F.	Head	O	M	W	54	M	TN	TN	TN	Farmer
	Azline	Wife		F	W	52	M	TN	TN	TN	
	Willie D.	Son		M	W	14	S	TN	TN	TN	
Gould,	Hiser H.	Head	O	M	W	27	S	TN	NY	TN	Farmer
	Nancy E.	Mother		F	W	59	W	TN	TN	TN	
Franklin,	Willie F.	Head	O	M	W	38	M	TN	TN	TN	Coal Miner
	Sada R.	Wife		F	W	31	M	TN	NY	TN	
	Arden O.	Son		M	W	13	S	TN	TN	TN	
	Cashier C.	Son		M	W	9	S	TN	TN	TN	
	Lonzo H.	Son		M	W	7	S	TN	TN	TN	
Garrett,	Elizah S.	Head	O	M	W	48	M	TN	TN	TN	Lumber Mill Laborer
	Sarah J.	Wife		F	W	35	M	TN	TN	TN	
	Albert L.	Son		M	W	15	S	TN	TN	TN	
	Delpha M.	Dau.		F	W	13	S	TN	TN	TN	
	Lela E.	Dau.		F	W	9	S	TN	TN	TN	
	Elmo W.	Son		M	W	5	S	TN	TN	TN	

1920 Fentress Co. TN Census

Name		Relation-ship	House Own or Rent	Sex	Color or Race	Age	Married Single Widow	Birth Place	Fathers Birth Place	Mothers Birth Place	Trade

Civil District No. 1

Name		Relation-ship	House Own or Rent	Sex	Color or Race	Age	Married Single Widow	Birth Place	Fathers Birth Place	Mothers Birth Place	Trade
Gunter,	Walter M.	Head	O	M	W	19	M	TN	TN	TN	Timber Woods Laborer
	Carrie	Wife		F	W	21	M	TN	TN	TN	
Crabtree,	Rosier W.	Head	R	M	W	25	M	TN	TN	TN	Stone Cutter
	Alta M.	Wife		F	W	22	M	TN	TN	TN	
	Kennith M.	Son		M	W	3-7/12	S	TN	TN	TN	
	Hazle A.	Dau.		F	W	1-11/12	S	TN	TN	TN	
	Emos E.	Son		M	W	4/12	S	TN	TN	TN	
Winningham,	Jess E.	Head	R	M	W	47	M	TN	TN	TN	Farm Laborer
	Alice	Wife		F	W	36	M	TN	TN	TN	
	Jessie O.	Son		M	W	13	S	TN	TN	TN	
	Lola A.	Dau.		F	W	10	S	TN	TN	TN	
	Zola A.	Dau.		F	W	8	S	TN	TN	TN	
	Golda V.	Dau.		F	W	7	S	TN	TN	TN	
	Haskil J.	Son		M	W	4-5/12	S	TN	TN	TN	
	Hazard K.	Son		M	W	2-7/12	S	TN	TN	TN	
Cravens,	Dee	Head	O	M	W	46	M	TN	TN	TN	General Store Merchant
	Mary A.	Wife		F	W	38	M	TN	TN	TN	
	Dee Jr.	Son		M	W	8	S	TN	TN	TN	
Tays,	Beve	Grandson		M	W	5	S	TN	TN	TN	
	Alien	Grandaughter		F	W	2-2/12	S	TN	TN	TN	
Sells,	Audie	House Maid		F	W	18	D	TN	TN	TN	
Blevens,	Andrew J.	Head	O	M	W	26	M	TN	TN	TN	Teacher
	Margarett L.	Wife		F	W	23	M	TN	TN	KY	
	Leva H.	Dau.		F	W	5	S	TN	TN	TN	
Garrett,	Thomas A.	Head	O	M	W	48	M	TN	TN	TN	Farmer
	Mary E.	Wife		F	W	33	M	TN	TN	TN	
	Jennette	Mother		F	W	85	W	TN	TN	TN	
Hill,	Benton G.	Head	R	M	W	58	M	TN	TN	TN	County Sheriff
	Emarine E.	Wife		F	W	61	M	TN	TN	TN	
West,	Case O.	Prisoner		M	W	32	M	TN	TN	TN	
West,	Carlie	Head	O	F	W	27	M	TN	TN	TN	
	Knox	Son		M	W	5	S	TN	TN	TN	
	Millie	Dau.		F	W	3-8/12	S	TN	TN	TN	
Blevens,	John B.	Head	R	M	W	25	M	TN	TN	TN	Log Woods Laborer
	Liza D.	Wife		F	W	37	M	TN	TN	TN	
	Gordon	Son		M	W	9	S	TN	TN	TN	
	Oscar L.	Son		M	W	8	S	TN	TN	TN	
	Isaac B.	Son		M	W	7	S	TN	TN	TN	
	Fred J.	Son		M	W	1-0/12	S	TN	TN	TN	
Conatser,	James	Head	O	M	W	39	M	TN	TN	TN	Log Wood Teamster
	Nancy E.	Wife		F	W	41	M	TN	TN	TN	
	Horace	Son		M	W	16	S	TN	TN	TN	
	Roy R.	Son		M	W	13	S	TN	TN	TN	
	Helen E.	Dau.		F	W	7	S	TN	TN	TN	
	Woodrow W.	Son		M	W	5	S	TN	TN	TN	

1920 Fentress Co. TN Census

Name		Relation-ship	House Own or Rent	Sex	Color or Race	Age	Married Single Widow	Birth Place	Fathers Birth Place	Mothers Birth Place	Trade
						Civil District No. 1					
Asberry,	Lee A.	Head	R	M	W	41	M	KY	KY	KY	Farmer
	Anna	Wife		F	W	41	M	KY	KY	KY	
	William C.	Son		M	W	20	S	KY	KY	KY	
	Dave L.	Son		M	W	19	S	KY	KY	KY	
	Rewbon P.	Son		M	W	17	S	KY	KY	KY	
	Tanna A	Dau.		F	W	14	S	KY	KY	KY	
	Georgie A.	Son		M	W	8	S	KY	KY	KY	
	Anna L.	Dou.		F	W	3-9/12	S	KY	KY	KY	
Duvail,	Bettie A.	Mother-in-law		F	W	72	W	KY	KY	KY	
Owen,	James A.	Head	R	M	W	33	M	TN	TN	TN	Lumber Mill Laborer
	Bertha D.	Wife		F	W	29	M	TN	MI	TN	
	Aubrey C.	Son		M	W	8	S	TN	TN	TN	
	Ruby	Dau.		F	W	4-6/12	S	TN	TN	TN	
Crockett,	Dock H.	Head	R	M	W	27	M	TN	TN	KY	Lumber Mill Laborer
	Lina	Wife		F	W	27	M	TN	TN	TN	
Wallick,	Charles F.	Head	R	M	W	24	M	TN	TN	TN	Lumber Mill Laborer
	Mary H.	Wife		F	W	24	M	TN	TN	TN	
Tipton,	William M.	Head	O	M	W	63	M	TN	TN	TN	Lumber Mill Laborer
	Mary E.	Wife		F	W	56	M	TN	TN	TN	
	Dan	Son		M	W	38	S	TN	TN	TN	Farm Laborer
	Callie	Dau.		F	W	20	S	KY	TN	TN	
	Blanche	Dau.		F	W	17	S	TN	TN	TN	
	Beloa	Dau.		F	W	16	S	TN	TN	TN	
	Merle	Dau.		F	W	14	S	TN	TN	TN	
	Holley	Son		M	W	12	S	TN	TN	TN	
Tipton,	Zorel	Head	O	M	W	33	M	TN	TN	TN	
	Myra D.	Wife		F	W	21	M	TN	KY	TN	
	Geneva	Dau.		F	W	3-6/12	S	TN	TN	TN	
Conatser,	Isaac D.	Head	R	M	W	58	M	TN	TN	TN	Farm Laborer
	Martha T.	Wife		F	W	39	M	TN	TN	TN	
	Phillip T.	Son		M	W	18	S	TN	TN	TN	Farm Laborer
	Charlie W.	Son		M	W	14	S	TN	TN	TN	
	Dennis A.	Son		M	W	12	S	TN	TN	TN	
	Pansy E.	Dau.		F	W	10	S	TN	TN	TN	
	Mary P.	Dau.		F	W	7	S	TN	TN	TN	
	Camie A.	Dau.		F	W	4-9/12	S	TN	TN	TN	
Conatser,	Andrew J.	Head	O	M	W	48	M	TN	TN	TN	Farm Laborer
	Laura K.	Wife		F	W	30	M	TN	TN	TN	
	Lucy V.	Dau.		F	W	9	S	GA	TN	TN	
	Jewel E.	Dau.		F	W	7	S	TN	TN	TN	
	William J.	Son		M	W	3-9/12	S	TN	TN	TN	
	Ernest G.	Son		M	W	2-3/12	S	TN	TN	TN	
Conatser,	Sarah S.	Head	O	F	W	25	W	TN	TN	TN	
	Lumy E.	Son		M	W	23	S	TN	TN	TN	Farm Laborer
	Bertha V.	Dau.		F	W	21	S	TN	TN	TN	
	Carlise A.	Son		M	W	19	S	TN	TN	TN	
	Myrtile F.	Dau.		F	W	17	S	TN	TN	TN	
	Ada L.	Dau.		F	W	15	S	TN	TN	TN	
	Ivey E.	Son		M	W	8	S	TN	TN	TN	
	Oakley D.	Son		M	W	7	S	TN	TN	TN	
	Shelby A.	Son		M	W	3-11/12	S	TN	TN	TN	
	Ruby E.	Dau.		F	W	1-3/12	S	TN	TN	TN	

1920 Fentress Co. TN Census

Name		Relation-ship	House Own or Rent	Sex	Color or Race	Age	Married Single Widow	Birth Place	Fathers Birth Place	Mothers Birth Place	Trade
						Civil District No. 1					
Hobert,	Roscoe	Head	O	M	W	21	M	TN	TN	TN	Lumber Mill Laborer
	Fanny	Wife		F	W	21	M	TN	TN	TN	
	Zolly M.	Dau.		F	W	4/12	S	TN	TN	TN	
Hutchison,	Elizah C.	Head	O	M	W	57	W	KY	KY	KY	Farmer
Wheaton,	Thornton H.	Head	O	M	W	33	M	TN	MI	TN	Lumber Mill Laborer
	Mary A.	Wife		F	W	31	M	TN	TN	TN	
	Don C.	Son		M	W	12	S	TN	TN	TN	
	Royal D.	Son		M	W	8	S	TN	TN	TN	
	Zollie G.	Dau.		F	W	5	S	TN	TN	TN	
	Oscar D.	Son		M	W	3-9/12	S	TN	TN	TN	
	Clyde C.	Son		M	W	5/12	S	TN	TN	TN	
Delk,	John	Head	R	M	W	48	M	TN	TN	TN	Lumber Mill Laborer
	Bettie	Wife		F	W	42	M	TN	TN	TN	
	Dallas D.	Son		M	W	14	S	TN	TN	TN	Lumber Mill Laborer
	Thursey	Dau.		F	W	3-11/12	S	TN	TN	TN	
Cook,	Opelis	Step-son		F	W	6	S	TN	TN	TN	
	Robert	Step-son		M	W	22	S	TN	TN	TN	Stave Mill Laborer
	Elzie	Step-son		M	W	17	S	TN	TN	TN	Stave Mill Laborer
Fowler,	Hamiah	Head	R	F	W	59	W	TN	NC	TN	
	William	Son		M	W	27	D	KY	TN	TN	Lumber Mill Laborer
Gernt,	Brune	Head	O	M	W	64	M	Germany	Germany	Germany	Real Estate Dealer
	Selma	Wife		F	W	62	M	Germany	Germany	Germany	
	Walter	Son		M	W	27	S	TN	Germany	Germany	Coal Mine Engineer
	Hilda	Dau.		F	W	24	S	TN	Germany	Germany	
	Carmen	Dau.		F	W	22	S	TN	Germany	Germany	
Colditz,	Max	Head	O	M	W	58	M	Germany	Germany	Germany	General Store Merchant
	Emma	Wife		F	W	50	M	Germany	Germany	Germany	
	Hulda	Dau.		F	W	24	S	TN	Germany	Germany	
	Oscar	Son		M	W	20	S	TN	Germany	Germany	Lumber Dealer Bookeeper
	Rudolf	Son		M	W	18	S	TN	Germany	Germany	
	Hugo	Son		M	W	12	S	TN	Germany	Germany	
Holbert,	James L.	Head	O	M	W	45	M	TN	TN	TN	Mule Teamster
	Minnie B.	Wife		F	W	35	M	TN	TN	TN	
	Arnold L.	Son		M	W	19	M	TN	TN	TN	
	Ama L.	Dau.		F	W	14	S	TN	TN	TN	
	Dillard C.	Son		M	W	7	S	TN	TN	TN	
	Nona	Dau.		F	W	3-6/12	S	TN	TN	TN	
	Ellen	Dau.-in-law		F	W	19	M	TN	TN	TN	
Galyean,	James S.	Head	O	M	W	63	M	TN	TN	TN	Farmer
	Mary E.	Wife		F	W	50	M	TN	VA	VA	
	William A.	Son		M	W	22	S	TN	TN	TN	Depot Bookeeper
	Walter	Son		M	W	17	S	TN	TN	TN	Depot Laborer
	Zella M.	Dau.		F	W	11	S	TN	TN	TN	
	Raymon H.	Son		M	W	9	S	TN	TN	TN	
	Gladys L.	Dau.		F	W	3-10/12	S	TN	TN	TN	
Rogers,	Mary H.	Grandaughter		F	W	6	S	TN	TN	TN	
Crockett,	Dean L.	Head	O	M	W	33	M	TN	TN	TN	Lumber Mill
	Cynda	Mother		F	W	55	W	TN	TN	TN	
	Hubert L.	Son		M	W	9	S	TN	TN	TN	
	Cecil A.	Dau.		F	W	8	S	TN	TN	TN	

1920 Fentress Co. TN Census

Name		Relation-ship	House Own or Rent	Sex	Color or Race	Age	Married Single Widow	Birth Place	Fathers Birth Place	Mothers Birth Place	Trade

Civil District No. 1

Name		Relation-ship	House Own or Rent	Sex	Color or Race	Age	Married Single Widow	Birth Place	Fathers Birth Place	Mothers Birth Place	Trade
Steinert,	Emil	Head	O	M	W	64	M	Germany	Germany	Germany	Carpenter
	Martha	Wife		F	W	51	M	Switzerland	Switzerland	Switzerland	
	Ernest	Son		M	W	28	S	TN	Germany	Switzerland	
	Lydia	Dau.		F	W	16	S	TN	Germany	Switzerland	
Wheaton,	Henry T.	Head	O	M	W	65	M	MI	OH	NY	Farmer
	Susa A.	Wife		F	W	66	M	TN	TN	TN	
	May	Dau.		F	W	43	W	TN	MI	TN	
	Edna M.	Grandaughter		F	W	12	S	TN	TN	TN	
Hutchinson,	Sherman	Head	O	M	W	25	M	KY	KY	KY	Farmer
	Lelia M.	Wife		F	W	20	M	KY	KY	KY	
	Edith R.	Dau.		F	W	3-10/12	S	KY	KY	KY	
	Leon	Dau.		F	W	2-8/12	S	TN	KY	KY	
McGowan,	Anna L.	Head	O	F	W	38	W	KY	KY	KY	Farmer
Ford,	Doolin D.	Head	R	M	W	36	M	KY	KY	KY	Minister
	Winnie D.	Wife		F	W	28	M	KY	KY	KY	
Bradford,	Arthur B.	Head	O	M	W	72	M	PA	PA	PA	Farmer Retired
	Maria R.	Wife		F	W	66	M	TN	Scotland	Scotland	
	Donald D.	Son		M	W	32	S	TN	PA	TN	Farmer
Duerr,	George	Head	O	M	W	66	M	Germany	Germany	Germany	Farmer
	Hamiah H.	Wife		F	W	54	M	Germany	Germany	Germany	
Lawton,	Florence K.	Dau.		F	W	29	W	IN	Germany	Germany	
	Ruth E.	Grandaughter		F	W	4-9/12	S	KY	KY	IN	
Yahnig,	Dora	Head	O	F	W	65	W	Germany	Germany	Germany	
	Brund F.	Son		M	W	31	S	TN	Germany	Germany	Farmer
	Alford	Son		M	W	29	S	TN	Germany	Germany	Teamster
	Albert W.	Son		M	W	27	S	TN	Germany	Germany	Automobile Laborer
	Olga E.	Dau.		F	W	25	S	TN	Germany	Germany	
Reed,	Rosier C.	Head	O	M	W	28	M	TN	TN	TN	Farmer
	Martha B.	Wife		F	W	28	M	TN	TN	TN	
	Alma V.	Dau.		F	W	8	S	TN	TN	TN	
	Arza M.	Dau.		F	W	6	S	KY	TN	TN	
	Welba S.	Son		M	W	3-7/12	S	TN	TN	TN	
	Wilma G.	Dau.		F	W	1-0/12	S	TN	TN	TN	
Fritzsche,	Fred	Head	O	M	W	75	W	Germany	Germany	Germany	Farmer
	Otto W.	Son		M	W	48	M	Germany	Germany	Germany	Lumber Dealer
	Katy G.	Dau.-in-law		F	W	45	M	OH	Germany	Germany	
	Walter O.	Grandson		M	W	17	S	TN	Germany	OH	Teamster
	Clara K.	Grandaughter		F	W	13	S	TN	Germany	OH	
	Clifford E.	Grandson		M	W	9	S	TN	Germany	OH	
Hinds,	Pleasant E.	Servant		M	W	34	S	TN	TN	KY	Servant
Hutchinson,	Thomas	Head	O	M	W	47	M	KY	KY	KY	Live Stock Dealer
	Sarah L.	Wife		F	W	43	M	KY	KY	KY	
	Carl	Son		M	W	22	S	KY	KY	KY	Truck Driver
	Wendle	Son		M	W	20	S	KY	KY	KY	Lumber Teamster
	Grace	Dau.		F	W	11	S	KY	KY	KY	
Crabtree,	Slena M.	Head	R	F	W	53	S	TN	USA	TN	Farmer
	Mary V.	Dau.		F	W	15	S	TN	USA	TN	
	General D.	Son		M	W	17	S	TN	USA	TN	
	Margarett E.	Dau.		F	W	14	S	TN	USA	TN	
	Peggey	Mother		F	W	89	W	TN	TN	TN	

1920 Fentress Co. TN Census

Name		Relation-ship	House Own or Rent	Sex	Color or Race	Age	Married Single Widow	Birth Place	Fathers Birth Place	Mothers Birth Place	Trade

Civil District No. 1

Name		Relation-ship	House Own or Rent	Sex	Color or Race	Age	Married Single Widow	Birth Place	Fathers Birth Place	Mothers Birth Place	Trade
Crabtree,	Alfred A.	Head	R	M	W	23	M	TN	TN	TN	Lumber Mill Laborer
	Fanny E.	Wife		F	W	23	M	TN	TN	TN	
	Edith P.	Dau.		F	W	3-1/12	S	TN	TN	TN	
	James M.	Son		M	W	1-8/12	S	TN	TN	TN	
Depperman,	Henry	Head	O	M	W	72	M	Germany	Germany	Germany	Farmer
	Charolotte	Wife		F	W	70	M	Germany	Germany	Germany	
McCauley,	Arthemorn	Head	O	M	W	70	M	OH	NY	PA	Farmer
	Wallace R.	Son		M	W	22	S	WI	OH	Canada	Mule Teamster
Zachery,	William B.	Head	O	M	W	52	M	TN	TN	TN	Farmer
	Nancy M.	Wife		F	W	51	M	TN	TN	TN	
	Marion E.	Son		M	W	21	S	TN	TN	TN	Railroad Laborer
	Sadia K.	Dau.		F	W	19	S	TN	TN	TN	
	Sherman M.	Son		M	W	16	S	TN	TN	TN	
	Ezra T.	Son		M	W	14	S	TN	TN	TN	
	Lizzie M.	Dau.		F	W	10	S	TN	TN	TN	
Mullins,	John	Head	R	M	W	36	M	TN	TN	KY	Railroad Laborer
	Ethel	Wife		F	W	29	M	TN	TN	TN	
	Edna A.	Dau.		F	W	8	S	TN	TN	TN	
	Viren B.	Son		M	W	6	S	TN	TN	TN	
	Virgie M.	Dau.		F	W	6	S	TN	TN	TN	
Beaty,	Tilman	Head	O	M	W	56	M	TN	TN	TN	Farmer
	Mary E.	Wife		F	W	51	M	TN	TN	TN	
	Virgie	Son		M	W	20	S	TN	TN	TN	
Rosenbaum,	Nancy	Head	O	F	W	79	W	VA	TN	TN	
Powley,	Caroline	Head	O	F	W	79	W	Germany	Germany	Germany	
Moody,	Violona	Head	R	F	W	54	W	TN	TN	TN	Boarding House Keeper
	Mandy E.	Dau.		F	W	26	S	TN	TN	TN	Boarding House Cook
	Harvy L.	Son		M	W	19	S	TN	TN	TN	Machine Shop Laborer
	Cahrlie L.	Son		M	W	15	S	TN	TN	TN	
	Lena P.	Dau.		F	W	11	S	TN	TN	TN	
	Henry A.	Grandson		M	W	6	S	TN	TN	TN	
Hutchinson,	Grover C.	Servant		M	W	21	S	TX	KY	KY	Servant
Taylor,	Pleasant A.	Head	O	M	W	51	M	TN	TN	TN	Farmer
	Armilda	Wife		F	W	53	M	TN	TN	TN	
	Addie	Dau.		F	W	26	S	TN	TN	TN	Teacher
Wilson,	Edward	Head	R	M	W	66	M	KY	USA	USA	Blacksmith
Asberry,	Shelby	Head	O	M	W	38	M	KY	KY	KY	Lumber Mill Laborer
	Laura E.	Wife		F	W	31	M	KY	KY	KY	
	Homer S.	Son		M	W	10	S	KY	KY	KY	
Asberry,	Jonathon	Head	O	M	W	48	M	KY	KY	KY	Farmer
	Hailey C.	Wife		F	W	49	M	KY	KY	KY	
	Lee S.	Son		M	W	22	M	KY	KY	KY	Farm Laborer
	Jessie E.	Dua. in law		F	W	19	M	KY	TN	KY	
	Hallie M.	Grandson		F	W	8/12	S	TN	KY	KY	
Reno,	James	Head	R	M	W	72	W	TN	TN	TN	

1920 Fentress Co. TN Census

Name		Relation-ship	House Own or Rent	Sex	Color or Race	Age	Married Single Widow	Birth Place	Fathers Birth Place	Mothers Birth Place	Trade
							Civil District No. 1				
Smith,	James R.	Head	R	M	W	53	M	TN	TN	TN	Log Woods Laborer
	Mary J.	Wife		F	W	49	M	TN	TN	TN	
	Robert M.	Son		M	W	22	S	KY	TN	TN	Log Woods Laborer
	William C.	Son		M	W	20	S	TN	TN	TN	Log Woods Laborer
	Oscar A.	Son		M	W	13	S	KY	TN	TN	Log Woods Laborer
	Verna M.	Dau.		F	W	11	S	TN	TN	TN	
	Arnold W.	Son		M	W	7	S	TN	TN	TN	
	Mirtie E.	Dau.		F	W	4-11/12	S	TN	TN	TN	
Massingale,	Andy M.	Head	R	M	W	35	M	TN	TN	TN	Timber Woods Laborer
	Mary B.	Wife		F	W	29	M	TN	NY	TN	
	Luie A.	Son		M	W	9	S	TN	TN	TN	
	Mamie M.	Dau.		F	W	2-5/12	S	TN	TN	TN	
Kring,	David	Head	O	M	W	79	M	Canada	NY	NY	Blacksmith
	Lizza	Wife		F	W	65	M	TN	VA	VA	
Tipton,	Myrtile	Dau.		F	W	29	M	TN	Canada	TN	
	Christerpher	Son-in-law		M	W	25	M	TN	TN	TN	Farmer
	Christerpher M.	Grandson		M	W	10/12	S	TN	TN	TN	
Parker,	Henry M.	Head	R	M	W	33	M	TN	TN	TN	Log Woods Laborer
	Mandy I.	Wife		F	W	30	M	TN	TN	TN	
	Odus O.	Son		M	W	5	S	TN	TN	TN	
	Roe C.	Son		M	W	3-3/12	S	TN	TN	TN	
	Edgar T.	Son		M	W	1-3/12	S	TN	TN	TN	
Parker,	William R.	Head	O	M	W	37	M	TN	TN	TN	Farmer
	Ada D.	Wife		F	W	35	M	TN	TN	TN	
	Bertha O.	Dau.		F	W	18	S	TN	TN	TN	Teacher
	Molly J.	Dau.		F	W	14	S	TN	TN	TN	
	Silvia S.	Dau.		F	W	11	S	TN	TN	TN	
	Virgie E.	Dau.		F	W	9	S	TN	TN	TN	
	Andrew W.	Son		M	W	2-7/12	S	TN	TN	TN	
Wheaton,	John N.	Head	O	M	W	41	M	TN	MI	TN	Log Woods Contractor
	Lena M.	Wife		F	W	31	M	IN	Germany	Germany	
	Raymond	Son		M	W	11	S	TN	TN	IN	
	Herald	Son		M	W	10	S	TN	TN	IN	
	Clarence	Son		M	W	7	S	TN	TN	IN	
	Howard	Son		M	W	5	S	TN	TN	IN	
	George	Son		M	W	3-5/12	S	TN	TN	IN	
Riggley,	Edmond	Head	O	M	W	46	M	TN	VA	KY	Lumber Mill Laborer
	Dealy A.	Wife		F	W	34	M	KY	KY	KY	
	Willie F.	Son		M	W	17	S	KY	TN	KY	
	Ida	Dau.		F	W	18	S	KY	TN	KY	
	Byrdine	Son		M	W	14	S	KY	TN	KY	
	John A.	Son		M	W	11	S	KY	TN	KY	
Gentry,	Joseph A.	Head	O	M	W	27	M	TN	TN	KY	Lumber Mill Laborer
	Vianah	Wife		F	W	27	M	TN	USA	TN	
	Mary A.	Mother		F	W	59	W	KY	KY	KY	
Ross,	Charles E.	Head	O	M	W	74	M	Canada	Canada	Canada	Lumber Manufacturer
	Agnes	Wife		F	W	45	M	MI	Ireland	Ireland	

1920 Fentress Co. TN Census

Name		Relation-ship	House Own or Rent	Sex	Color or Race	Age	Married Single Widow	Birth Place	Fathers Birth Place	Mothers Birth Place	Trade
						Civil District No. 1					
Phillipps,	William R.	Head	R	M	W	31	M	TN	TN	Canada	Farmer
	Stella O.	Wife		F	W	24	M	TN	KY	TN	Post Master
	William D.	Son		M	W	6	S	TN	TN	TN	
	Benjaman S.	Son		M	W	5	S	TN	TN	TN	
	Helen A.	Dau.		F	W	3-4/12	S	TN	TN	TN	
	Hazle	Dau.		F	W	1-10/12	S	TN	TN	TN	
Stephens,	Porter	Head	R	M	W	37	M	TN	TN	TN	Farmer
	Cora E.	Wife		F	W	33	M	TN	TN	TN	
	Carrie	Dau.		F	W	16	S	TN	TN	TN	
	Hattie	Dau.		F	W	14	S	TN	TN	TN	
	Ray	Son		M	W	10	S	TN	TN	TN	
	Hazle	Dau.		F	W	4-3/12	S	TN	TN	TN	
Jones,	Tarnie	Head	O	M	W	32	M	KY	KY	KY	Farmer
	Mirtie	Wife		F	W	28	M	TN	TN	TN	
	Hayden	Son		M	W	6	S	KY	KY	TN	
	Clarence	Son		M	W	4-3/12	S	TN	KY	TN	
	Floy	Dau.		M	W	1-11/12	S	TN	KY	TN	
Rains,	James	Head	R	M	W	45	M	TN	KY	TN	Farmer
	Newel L.	Wife		F	W	36	M	TN	IL	TN	
McBroom,	Comer K.	Head	O	M	W	41	M	TN	TN	TN	Lawyer
	Henriette	Wife		F	W	41	M	TN	TN	TN	
	Edrie J.	Dau.		F	W	14	S	TN	TN	TN	
	Thelma	Dau.		F	W	12	S	TN	TN	TN	
	Estalee	Dau.		F	W	10	S	TN	TN	TN	
	Nellie E.	Dau.		F	W	8	S	TN	TN	TN	
	Lidge H.	Son		M	W	5	S	TN	TN	TN	
Conatser,	James H.	Head	O	M	W	50	M	TN	TN	TN	Farmer
	Martha E.	Wife		F	W	52	M	KY	TN	TN	
Stephens,	Effie	Dau.		F	W	18	M	TN	TN	KY	
	Erwin F.	Grandson		M	W	2-8/12	S	TN	TN	TN	
Crabtree,	John M.	Head	R	M	W	39	M	TN	TN	TN	Log Woods Laborer
	Frankie	Wife		F	W	39	M	TN	TN	TN	
	Jessie	Dau.		F	W	8	S	TN	TN	TN	
	Hewey S.	Son		M	W	6	S	TN	TN	TN	
	Rosa L.	Dau.		F	W	3-5/12	S	TN	TN	TN	
Stockton,	Henry S.	Head	O	M	W	39	M	TN	TN	TN	Farmer
	Emma K.	Wife		F	W	40	M	TN	IN	TN	
	Ertsel B.	Son		M	W	11	S	TN	TN	TN	
	Loyd K.	Son		M	W	9	S	TN	TN	TN	
	Frank R.	Son		M	W	8	S	TN	TN	TN	
	Donald W.	Son		M	W	7	S	TN	TN	TN	
	Clara E.	Dau.		F	W	4-5/12	S	TN	TN	TN	
	Horace M.	Son		M	W	2-9/12	S	TN	TN	TN	
Smith,	Will	Head	R	M	B	47	M	OH	USA	USA	Railroad Laborer
	Francias	Wife		F	B	34	M	MS	VA	AL	
Morell,	Earnest	Head	R	M	B	25	M	TN	TN	TN	Railroad Laborer
	Charles B.	Son		M	B	8	S	TN	AL	TN	
Forgner,	Erastice	Head	R	M	B	40	M	NC	NC	NC	Railroad Laborer
	Sarah	Wife		F	B	30	M	KY	KY	KY	Boarding House Cook

28

1920 Fentress Co. TN Census

Name		Relation -ship	House Own or Rent	Sex	Color or Race	Age	Married Single Widow	Birth Place	Fathers Birth Place	Mothers Birth Place	Trade
							Civil District No. 1				
William,	John	Head	R	M	B	22	M	NC	NC	NC	Railroad Laborer
	Effie M.	Wife		F	B	21	M	TN	TN	AL	
Patrick,	Ansle	Head	R	M	W	35	M	TN	KY	KY	Railroad Crew Foreman
	Eliza B.	Wife		F	W	28	M	TN	TN	TN	
	Lawrence	Son		M	W	11	S	TN	TN	TN	
	Lena	Dau.		F	W	9	S	TN	TN	TN	
	Woodrow	Son		M	W	6	S	TN	TN	TN	
	Ireda	Dau.		F	W	4-0/12	S	KY	TN	TN	
	Maxine	Dau.		F	W	1-0/12	S	TN	TN	TN	
Duncan,	Dock	Head	R	M	W	24	M	TN	TN	TN	Mule Teamster
	Della M.	Wife		F	W	23	M	TN	TN	TN	
	Hazle E.	Dau.		F	W	2/12	S	TN	TN	TN	
Gale,	Fred	Head	R	M	B	20	M	USA	USA	USA	Railroad Laborer
	Eellen	Wife		F	B	18	M	AL	NC	NC	
	Flora	Dau.		F	B	5	S	AL	USA	NC	
Willaims,	George	Head	R	M	B	25	M	AL	AL	AL	Railroad Laborer
	Cora	Wife		F	B	21	M	AL	AL	AL	
Alexander,	Clifford	Head	R	M	B	36	M	GA	GA	GA	Railroad Laborer
	Lugenia	Wife		F	B	28	M	AL	GA	GA	
Stockton,	Grover C.	Head	R	M	W	30	M	TN	TN	TN	Retail Merchant
	Bertha F.	Wife		F	W	29	M	TN	TN	TN	
	Harold	Son		M	W	6	S	TN	TN	TN	
Carter,	James	Head	R	M	W	46	M	TN	TN	TN	Cross Ties Laborer
	Hassie W.	Wife		F	W	26	M	TN	TN	TN	
	Evalena	Dau.		F	W	13	S	TN	TN	TN	
	Roe H.	Son		M	W	7	S	TN	TN	TN	
	Addie F.	Dau.		F	W	5	S	TN	TN	TN	
Haffield,	Major P.	Head	R	M	W	28	M	TN	TN	TN	Lumber Mill Laborer
	Alice M.	Wife		F	W	28	M	TN	TN	TN	
	Alta M.	Dau.		F	W	4-5/12	S	TN	TN	TN	
Rosenbaum,	Ed	Head	R	M	W	37	M	KY	VA	VA	Survey Laborer
	Maude A.	Wife		F	W	25	M	TN	KY	TN	
	Dorman	Son		M	W	16	S	TN	KY	TN	Survey Laborer
	Donald	Son		M	W	13	S	TN	KY	TN	
	Clara B.	Dau.		F	W	10	S	TN	KY	TN	
	Slyvia	Dau.		F	W	10	S	TN	KY	TN	
Ward,	Raymond	Step-son		M	W	9	S	TN	TN	TN	
Greer,	John W.	Head	R	M	W	37	M	TN	TN	TN	Railroad Laborer
	Bettie	Wife		F	W	32	M	TN	TN	TN	
	Thena B.	Dau.		F	W	15	S	TN	TN	TN	
	Charlie F.	Son		M	W	12	S	TN	TN	TN	
	Guy L.	Son		M	W	10	S	TN	TN	TN	
Stockton,	George L.	Head	R	M	W	37	S	TN	TN	TN	General Store Merchant
	Richard	Son		M	W	9	S	TN	TN	WV	
	Ben R.	Father		M	W	76	W	TN	USA	TN	

1920 Fentress Co. TN Census

Name		Relation -ship	House Own or Rent	Sex	Color or Race	Age	Married Single Widow	Birth Place	Fathers Birth Place	Mothers Birth Place	Trade
						Civil District No. 1					
Yahnig,	Henry N.	Head	R	M	W	40	M	MI	Germany	Germany	Coal Miner
	Florance M.	Wife		F	W	24	M	KY	KY	KY	
	Luther A.	Son		M	W	8	S	KY	MI	KY	
	Lilly M.	Dau.		F	W	1-10/12	S	TN	MI	KY	
	Lena M.	Dau.		F	W	11/12	S	TN	MI	KY	
Tinch,	Ferry S.	Head	R	M	W	25	M	TN	TN	TN	Lumber Yard Laborer
	Myrtile A.	Wife		F	W	22	M	TN	TN	TN	
	Irene	Dau.		F	W	4-0/12	S	TN	TN	TN	
Tinch,	Dallas	Head	R	M	W	63	M	TN	TN	TN	Pole Road Laborer
	Sarah	Wife		F	W	75	M	TN	TN	TN	
Tinch,	Logan W.	Head	R	M	W	46	M	IN	TN	TN	Farm Laborer
	Myra C.	Wife		F	W	47	M	TN	TN	TN	
	William T.	Son		M	W	18	S	TN	IN	TN	
	Addie M.	Dau.		F	W	16	S	TN	IN	TN	
	Henry E.	Son		M	W	13	S	TN	IN	TN	
	Albert A.	Son		M	W	11	S	TN	IN	TN	
	Jessie L.	Dau.		F	W	8	S	TN	IN	TN	
	Sylvia E.	Dau.		F	W	4-5/12	S	TN	IN	TN	
Tinch,	Henry	Head	R	M	W	37	M	TN	TN	TN	Cross Ties Laborer
	Florance B.	Wife		F	W	31	M	TN	TN	KY	
	Laura L.	Dau.		F	W	11	S	TN	TN	TN	
	Lino E.	Dau.		F	W	7	S	KY	TN	TN	
	Henry M.	Son		M	W	4-5/12	S	TN	TN	TN	
	Logan J.	Son		M	W	1-7/12	S	TN	TN	TN	
Tinch,	Alex	Head	O	M	W	27	M	TN	TN	TN	Farmer
	Fanny	Wife		F	W	28	M	TN	TN	TN	
	Thelma L.	Dau.		F	W	6	S	TN	TN	TN	
	Perlina C.	Dau.		F	W	4-9/12	S	TN	TN	TN	
	Logan S.	Son		M	W	3-1/12	S	TN	TN	TN	
	Lenord L.	Son		M	W	1-0/12	S	TN	TN	TN	
Gilreth,	Ella	Head	R	F	W	33	M	TN	TN	TN	
Smith,	Clarence H.	Son		M	W	18	S	TN	TN	TN	Log Woods Teamster
	Lonzo	Son		M	W	16	S	TN	TN	TN	Log Woods Teamster
	Edna	Dau.		F	W	15	S	TN	TN	TN	
	Delta	Dau.		F	W	10	S	TN	TN	TN	
Gilreth,	Hollis H.	Son		M	W	2-1/12	S	TN	TN	TN	
Conatser,	Sid	Boarder		M	W	38	S	TN	TN	TN	Log Woods Teamster
Tabor,	Elizah	Head	R	M	W	30	M	TN	KY	TN	Log Woods Laborer
	Dovie M.	Wife		F	W	21	M	KY	KY	KY	
	Burl	Son		M	W	2-3/12	S	TN	TN	KY	
Shepherd,	Mark	Head	R	M	W	51	M	USA	USA	USA	Railroad Crew Foreman
	Edie	Wife		F	W	47	M	USA	USA	USA	
	Chester	Son		M	W	17	S	USA	USA	USA	Railroad Laborer
	Emma	Dau.		F	W	14	S	TN	USA	USA	
	Christle	Son		M	W	11	S	TN	USA	USA	
	Ray	Son		M	W	7	S	TN	USA	USA	
	Bennie	Son		M	W	4-3/12	S	TN	USA	USA	
	James	Son		M	W	1-2/12	S	TN	USA	USA	

1920 Fentress Co. TN Census

Name		Relation -ship	House Own or Rent	Sex	Color or Race	Age	Married Single Widow	Birth Place	Fathers Birth Place	Mothers Birth Place	Trade
						Civil District No. 1					
Jones,	Clabe	Head	R	M	W	51	M	TN	TN	TN	Section Laborer
	Tennessee	Wife		F	W	38	M	TN	TN	TN	
	Benton	Son		M	W	18	S	TN	TN	TN	Section Laborer
	Nova	Dau.		F	W	17	S	TN	TN	TN	
	Elmer	Son		M	W	14	S	TN	TN	TN	
	Arthur	Son		M	W	12	S	TN	TN	TN	
Sheperd,	Frank	Head	R	M	W	35	M	TN	TN	TN	Section Laborer
	Katherine	Wife		F	W	27	M	TN	TN	TN	
	Alvin	Son		M	W	13	S	OK	TN	TN	
	Elsie M.	Dau.		F	W	8	S	OK	TN	TN	
	Millard	Son		M	W	1-3/12	S	TN	TN	TN	
Goodman,	William C.	Head	R	M	W	28	M	TN	TN	TN	Lumber Mill Laborer
	Elza A.	Wife		F	W	31	M	TN	TN	TN	
	Carlie E.	Son		M	W	2-7/12	S	TN	TN	TN	
	Ella M.	Dau.		F	W	8/12	S	TN	TN	TN	
Brannon,	Joe B.	Head	O	M	W	46	M	TN	TN	TN	Log Woods Laborer
	Anna	Wife		F	W	38	M	TN	TN	TN	
	Earl	Son		M	W	21	S	TN	TN	TN	Lumber Mill Laborer
	Bessie E.	Dau.		F	W	18	S	TN	TN	TN	
	Carl	Son		M	W	16	S	TN	TN	TN	
	Elmer	Son		M	W	14	S	TN	TN	TN	
	Everett	Son		M	W	12	S	TN	TN	TN	
	Earnest	Son		M	W	9	S	TN	TN	TN	
Miles,	Charlie E.	Head	R	M	W	38	M	TN	USA	TN	Coal Miner
	Celia	Wife		F	W	43	M	KY	TN	USA	
	Hobert L.	Son		M	W	10	S	TN	TN	KY	
	Robert E.	Son		M	W	8	S	TN	TN	KY	
	Tannie G.	Dau.		F	W	3-8/12	S	TN	TN	KY	
	Homer C.	Son		M	W	9/12	S	TN	TN	KY	
Abbot,	Steve	Head	R	M	W	58	M	KY	KY	KY	Coal Miner
	Emma	Wife		F	W	47	M	KY	KY.	KY	
	Albert T	Son		M	W	21	S	TN	KY	KY	Coal Miner
	Bluford C.	Son		M	W	17	S	TN	KY	KY	
	Cora C.	Dau.		F	W	15	S	TN	KY	KY	
	Arlond R.	Son		M	W	13	S	TN	KY	KY	
	John W.	Son		M	W	11	S	TN	KY	KY	
	Ina B.	Dau.		F	W	9	S	TN	KY	KY	
	Bennie M.	Son		M	W	8	S	TN	KY	KY	
	Polly O.	Dau.		F	W	6	S	KY	KY	KY	
	Lomie K.	Dua.		F	W	4-5/12	S	KY	KY	KY	
Cooper,	Clabe G.	Head	R	M	W	44	M	KY	KY	KY	Coal Miner
	Viana	Wife		F	W	40	M	KY	KY	TN	
	Fred	Son		M	W	23	S	TN	KY	KY	Coal Miner
	Ed	Son		M	W	20	S	TN	KY	KY	Coal Miner
	Dester	Son		M	W	17	S	TN	KY	KY	Coal Miner
	Zona	Dau.		F	W	14	S	TN	KY	KY	
	Bonnie	Dau.		F	W	12	S	TN	KY	KY	
	Dorthy	Dau.		F	W	10	S	TN	KY	KY	
	Howard	Son		M	W	4-7/12	S	TN	KY	KY	

1920 Fentress Co. TN Census

Name		Relation -ship	House Own or Rent	Sex	Color or Race	Age	Married Single Widow	Birth Place	Fathers Birth Place	Mothers Birth Place	Trade
						Civil District No. 1					
Coffee,	Jay	Head	R	M	W	32	M	TN	TN	TN	Coal Miner
	Jane	Wife		F	W	20	M	TN	TN	TN	
	Beatrice	Dau.		F	W	4-10/12	S	TN	TN	TN	
	Roy	Son		M	W	11	S	TN	TN	TN	
	Archie	Son		M	W	9	S	TN	TN	TN	
	George	Son		M	W	6	S	TN	TN	TN	
Vale,	Henry	Head	R	M	W	59	M	Germany	Germany	Germany	Coal Miner
	Maloney	Wife		F	W	49	M	TN	IL	England	
	Louise C.	Son		M	W	22	S	KY	Germany	TN	Coal Miner
	Carl H.	Son		M	W	13	S	KY	Germany	TN	
	George H.	Son		M	W	9	S	KY	Germany	TN	
Slaven,	Rice	Boarder		M	W	17	S	KY	KY	KY	Coal Miner
Vale,	Thomas F.	Head	R	M	W	27	M	TN	Germany	TN	Coal Miner
	Cordie M.	Wife		F	W	19	M	TN	TN	TN	
	Lena E.	Dau.		F	W	3-8/12	S	TN	TN	TN	
	William H.	Son		M	W	2-11/12	S	TN	TN	TN	
	Claude L.	Son		M	W	11/12	S	TN	TN	TN	
Lackey,	Earnest	Head	R	M	W	26	M	TN	TN	TN	Coal Miner
	Feirzina	Wife		F	W	21	M	TN	TN	TN	
	Alfred	Son		M	W	3/12	S	TN	TN	TN	
Applegate,	John C.	Head	R	M	W	52	M	KY	VA	KY	Fireman
	Agatha A.	Wife		F	W	44	M	MI	NY	MI	Teacher
	Dessie W.	Dau.		F	W	12	S	TN	KY	MI	
	Aurelia E.	Dau.		F	W	9	S	TN	KY	MI	
	Audrey F.	Dau.		F	W	4-10/12	S	TN	KY	MI	
Mills,	Floyd	Head	R	M	W	18	M	KY	KY	KY	Coal Miner
	May	Wife		F	W	17	M	TN	TN	TN	
Ledford,	John E.	Head	R	M	W	29	M	TN	NC	TN	General Store Salesman
	Maude S.	Wife		F	W	26	M	TN	VA	TN	Coal Mine Bookeeper
	Hilma F.	Dau.		F	W	5	S	TN	TN	TN	
Taylor,	Flossie	Boarder		F	W	18	S	TN	TN	TN	
Millard,	John C.	Head	R	M	W	55	M	TN	TN	TN	Coal Miner
	Susan L.	Wife		F	W	50	M	TN	TN	TN	
	Byron W.	Son		M	W	23	S	TN	TN	TN	Coal Miner
	Horton S.	Son		M	W	18	S	TN	TN	TN	Coal Miner
	Molly	Dau.		F	W	16	S	TN	TN	TN	
	Joe A.	Son		M	W	14	S	TN	TN	TN	
	Pearl	Dau.		F	W	12	S	TN	TN	TN	
Cole,	Beuie C.	Head	R	M	W	34	M	TN	TN	TN	Coal Miner
	Hattie	Wife		F	W	29	M	TN	TN	TN	
	Willie M.	Dau.		F	W	12	S	TN	TN	TN	
	Oliver L.	Son		M	W	10	S	TN	TN	TN	
	Marvin J.	Son		M	W	7	S	TN	TN	TN	
McClellan,	Frank	Head	R	M	W	44	M	IN	Switzerland	IN	Coal Miner
	Mattie M.	Wife		F	W	34	M	WV	WV	WV	
	Frank J.	Son		M	W	13	S	TN	IN	WV	
	David F.	Son		M	W	10	S	TN	IN	WV	
	Louie M.	Son		M	W	3-8/12	S	KY	IN	WV	
	Margie E.	Dau.		F	W	1-4/12	S	TN	IN	WV	

1920 Fentress Co. TN Census

Name		Relation-ship	House Own or Rent	Sex	Color or Race	Age	Married Single Widow	Birth Place	Fathers Birth Place	Mothers Birth Place	Trade
							Civil District No. 1				
Smith,	Josh	Head	R	M	W	44	M	TN	USA	WV	Coal Miner
	Polly M.	Wife		F	W	25	M	TN	LA	TN	
Burchfield,	Joe D.	Head	R	M	W	19	M	TN	TN	TN	Blacksmith
	Nevada	Wife		F	W	37	M	TN	TN	TN	
Brown,	Berdet B.	Head	R	M	W	35	M	TN	TN	TN	Coal Miner
	Polly	Wife		F	W	35	M	TN	TN	TN	
	Archie	Son		M	W	9	S	TN	TN	TN	
	Lawrence	Son		M	W	8	S	TN	TN	TN	
	Castle	Dau.		F	W	2-2/12	S	TN	TN	TN	
Slaven,	Jack	Head	R	M	W	56	M	TN	TN	TN	Coal Miner
	Avoannie	Wife		F	W	50	M	TN	TN	TN	
	Dillman	Son		M	W	15	S	TN	TN	TN	Coal Miner
	Girtie B.	Dau.		F	W	10	S	TN	TN	TN	
	Imman	Son		M	W	19	S	KY	TN	TN	Coal Miner
Summers,	Handy M.	Head	R	M	W	44	M	TN	TN	TN	Coal Miner
	Anna B.	Wife		F	W	37	M	TN	TN	TN	
	Carlie J.	Son		M	W	17	S	TN	TN	TN	Coal Miner
	Alvin H.	Son		M	W	14	S	TN	TN	TN	
	Mimie J.	Dau.		F	W	11	S	TN	TN	TN	
	Elevy G.	Son		M	W	6	S	TN	TN	TN	
	Basle F.	Son		M	W	3-11/12	S	TN	TN	TN	
	Ora L.	Dau.		F	W	10/12	S	TN	TN	TN	
Sammons,	Willie M.	Head	R	M	W	34	M	KY	KY	KY	Coal Miner
	Savannah	Wife		F	W	37	M	TN	TN	TN	
	Elizabeth	Dau.		F	W	12	S	TN	KY	TN	
	Andrew	Son		M	W	10	S	TN	KY	TN	
	Sherman G.	Son		M	W	7	S	TN	KY	TN	
	Delmer L.	Son		M	W	6	S	TN	KY	TN	
	Delta	Dau.		F	W	3-7/12	S	TN	KY	TN	
	Luella	Dau.		F	W	2-0/12	S	TN	KY	TN	
Smith,	Hasten D.	Head	R	M	W	26	M	TN	TN	TN	Coal Miner
	Rilda	Wife		F	W	27	M	TN	TN	TN	
	Howard	Son		M	W	5	S	TN	TN	TN	
	Othel	Son		M	W	2-6/12	S	TN	TN	TN	
Slaven,	Ewel	Head	R	M	W	38	M	TN	TN	TN	Coal Miner
	Tammie	Wife		F	W	19	M	KY	KY	KY	
	Sylester	Son		M	W	18	S	TN	TN	TN	Coal Miner
	Girtie E.	Dau.		F	W	15	S	TN	TN	TN	
	Frona	Dau.		F	W	12	S	TN	TN	TN	
	Della	Dau.		F	W	10	S	TN	TN	TN	
	Letha	Dau.		F	W	9	S	TN	TN	TN	
	Nella	Dau.		F	W	7	S	TN	TN	TN	
Summers,	Everett	Head	R	M	W	17	M	TN	TN	TN	Coal Miner
	Lilly M.	Wife		F	W	20	M	TN	TN	TN	
Slaven,	Harland	Head	R	M	W	34	M	TN	TN	TN	Coal Miner
	Cora	Wife		F	W	19	M	TN	TN	TN	
Slaven,	Jeff	Head	R	M	W	22	M	TN	TN	TN	Coal Miner
	Gertie	Wife		F	W	21	M	TN	TN	TN	
	Estell	Son		M	W	1-11/12	S	TN	TN	TN	

1920 Fentress Co. TN Census

Name		Relation-ship	House Own or Rent	Sex	Color or Race	Age	Married Single Widow	Birth Place	Fathers Birth Place	Mothers Birth Place	Trade
						Civil District No. 1					
Lackey,	Fount	Head	R	M	W	27	M	TN	TN	TN	Coal Miner
	Mary	Wife		F	W	26	M	TN	TN	TN	
	Paul B.	Son		M	W	7	S	TN	TN	TN	
	Pearl A.	Dau.		F	W	5	S	TN	TN	TN	
	Clarence O.	Son		M	W	3-6/12	S	TN	TN	TN	
	Harry S.	Son		M	W	2-0/12	S	TN	TN	TN	
Rtrunk,	Oliver	Head	R	M	W	25	M	TN	TN	TN	Coal Miner
	Ida	Wife		F	W	25	M	TN	TN	TN	
	Edna	Dau.		F	W	5	S	OH	TN	TN	
	Thurstin	Son		M	W	4-2/12	S	TN	TN	TN	
	Lucile	Dau.		F	W	3-0/12	S	TN	TN	TN	
Burchfield,	Jessie	Head	R	M	W	38	M	TN	TN	TN	Coal Miner
	Luverna	Wife		F	W	26	M	TN	TN	TN	
	Russell	Son		M	W	13	S	TN	TN	TN	
	Betsie E.	Dau.		F	W	12	S	TN	TN	TN	
	John L.	Son		M	W	7	S	TN	TN	TN	
	Luther	Son		M	W	4-8/12	S	TN	TN	TN	
	Genevia	Dau.		F	W	1-2/12	S	TN	TN	TN	
Anderson,	Willie P.	Head	R	M	W	29	M	KY	USA	USA	Coal Miner
	Biddie L.	Wife		F	W	17	M	KY	KY	KY	
	Christene	Dau.		F	W	5/12	S	TN	KY	KY	
Layne,	Bennie	Head	R	M	W	28	M	TN	TN	KY	Coal Miner
	Zella	Wife		F	W	24	M	TN	TN	TN	
	Ralph	Son		M	W	3-1/12	S	TN	TN	TN	
Lackey,	Walter	Head	R	M	W	36	M	KY	TN	TN	Coal Miner
	Maggie	Wife		F	W	27	M	TN	TN	TN	
Cesil,	Rewhen C.	Head	R	M	W	33	M	TN	TN	TN	Coal Miner
	Poppy	Wife		F	W	29	M	TN	TN	TN	
	Ernest M.	Son		M	W	10	S	TN	TN	TN	
	Essie G.	Dau.		F	W	8	S	KY	TN	TN	
	Cassel	Dau.		F	W	7/12	S	TN	TN	TN	
Foster,	Richard	Head	R	M	W	28	M	TN	TN	TN	Carpenter
	Emely	Wife		F	W	28	M	TN	TN	TN	
	Edward	Son		M	W	5	S	TN	TN	TN	
Slaven,	Robertson	Head	R	M	W	25	M	TN	TN	TN	Coal Miner
	Ora E.	Wife		F	W	28	M	TN	MI	TN	
Jones,	Manson	Head	R	M	W	40	M	TN	TN	TN	Carpenter
	Addie	Wife		F	W	43	M	TN	TN	TN	Boarding House Keeper
	Stella L.	Dau.		F	W	17	S	TN	TN	TN	
	Dester E.	Son		M	W	12	S	TN	TN	TN	
	Andrew A.	Son		M	W	9	S	TN	TN	TN	
	Orpha L.	Son		M	W	7	S	TN	TN	TN	
	Carlie F.	Son		M	W	5	S	TN	TN	TN	
	Berta E.	Dau.		F	W	2-8/12	S	TN	TN	TN	
Goad,	Ernest E.	Head	R	M	W	24	M	TN	TN	TN	Coal Miner
	Alma E.	Wife		F	W	25	M	TN	TN	TN	
Ligon,	Peyton F.	Head	R	M	W	42	M	TN	USA	TN	Coal Mine Manager
	Elizabeth B.	Wife		F	W	40	M	TN	CT	TN	
	Joe P.	Son		M	W	8	S	TN	TN	TN	

1920 Fentress Co. TN Census

Name		Relation-ship	House Own or Rent	Sex	Color or Race	Age	Married Single Widow	Birth Place	Fathers Birth Place	Mothers Birth Place	Trade
						Civil District No. 1					
Tipton,	Richard	Head	R	M	W	25	M	TN	TN	TN	Coal Mine Superintent
	Hester	Wife		F	W	18	M	TN	TN	TN	
Ellis,	Pharo H	Head	R	M	W	26	M	TN	TN	TN	Coal Miner
	Fanny E.	Wife		F	W	21	M	TN	KY	TN	
	Bailey M.	Son		M	W	3-7/12	S	TN	TN	TN	
Bow,	Raymond F.	Head	R	M	W	26	M	TN	TN	TN	Coal Miner
	Flora	Wife		F	W	23	M	TN	TN	KY	
	Clark O.	Son		M	W	4-9/12	S	TN	TN	TN	
	Lesslie L.	Son		M	W	2-4/12	S	TN	TN	TN	
Condra,	Wilson S.	Head	R	M	W	39	M	TN	TN	TN	Lumberman
	Ada B.	Wife		F	W	40	M	TN	TN	TN	
Norman,	Will H.	Head	R	M	W	28	M	TN	TN	TN	General Store Salesman
	Ova C.	Wife		F	W	19	M	TN	TN	TN	
Murey,	Leah	Mother-in-law		F	W	44	W	TN	TN	TN	
King,	Sam H.	Head	R	M	W	35	M	KY	TN	KY	Lumber Teamster
	Pearl A.	Wife		F	W	18	M	KY	TN	KY	
	Sarah E.	Dau.		F	W	0/12	S	TN	KY	KY	
SheildS,	Sam B.	Head	R	M	W	41	M	TN	KY	TN	Lumber Mill Laborer
	Clemmie	Wife		F	W	33	M	TN	TN	TN	
	Harry H.	Son		M	W	11	S	TN	TN	TN	
Byrdine,	John F.	Head	R	M	W	45	M	KY	KY	KY	Lumber Mill Laborer
	Pearlee	Wife		F	W	46	M	KY	KY	KY	
	Bloncho	Son		M	W	17	S	KY	KY	KY	Lumber Mill Laborer
	Flora E.	Dau.		F	W	16	S	KY	KY	KY	
	Vernie L.	Dau.		F	W	10	S	KY	KY	KY	
	Ivie L.	Dau.		F	W	7	S	KY	KY	KY	
	Vertie	Dau.		F	W	2-8/12	S	TN	KY	KY	
Upchurch,	Arthur R.	Head	R	M	W	36	M	TN	TN	TN	Pole Road Laborer
	Plena E.	Wife		F	W	31	M	TN	TN	TN	
	Delta M.	Dau.		F	W	13	S	TN	TN	TN	
	Hiley E.	Dau.		F	W	11	S	TN	TN	TN	
	Jasper E.	Son		M	W	8	S	TN	TN	TN	
	Vuel F.	Son		M	W	5	S	TN	TN	TN	
	Sarah O.	Dau.		F	W	2-8/12	S	TN	TN	TN	
Upchurch,	Lum C.	Head	R	M	W	48	M	TN	TN	TN	Pole Road Laborer
	Mirtie	Wife		F	W	31	M	TN	TN	TN	
	Delpha J.	Dau.		F	W	19	S	TN	TN	TN	
	Monta E.	Dau.		F	W	16	S	TN	TN	TN	
	Sarah A.	Dau.		F	W	13	S	TN	TN	TN	
	Joseph F.	Son		M	W	9	S	TN	TN	TN	
	Horace E.	Son		M	W	6	S	TN	TN	TN	
	Arnold H.	Son		M	W	3-8/12	S	TN	TN	TN	
	Corman M.	Dau.		F	W	8/12	S	TN	TN	TN	
	Lustine F.	Grandaughter		F	W	3-2/12	S	TN	TN	TN	
	William H.	Grandson		M	W	8/12	S	TN	TN	TN	
Owen,	Sam P.	Head	R	M	W	32	M	TN	TN	TN	Lumber Inspector
	Disa	Wife		F	W	30	M	TN	TN	TN	
	Leda	Dau.		F	W	5	S	TN	TN	TN	
	Harold	Son		M	W	1-2/12	S	TN	TN	TN	

1920 Fentress Co. TN Census

Name		Relation-ship	House Own or Rent	Sex	Color or Race	Age	Married Single Widow	Birth Place	Fathers Birth Place	Mothers Birth Place	Trade
						Civil District No. 1					
Coulder,	John P.	Head	R	M	W	37	M	TN	VA	TN	Lumber Mill Laborer
	Frances	Wife		F	W	28	M	TN	TN	TN	
	Orion B.	Son		M	W	14	S	TN	TN	TN	
	Johny P.	Son		M	W	12	S	TN	TN	TN	
	Elsie P.	Dau.		F	W	10	S	TN	TN	TN	
	Bessie	Dau.		F	W	7	S	TN	TN	TN	
	Thema O.	Dau.		F	W	4-1/12	S	TN	TN	TN	
Reed,	Jim S.	Head	R	M	W	35	M	TN	TN	TN	Lumber Mill Laborer
	Rosa F.	Wife		F	W	21	M	KY	TN	KY	
	Lola I.	Dau.		F	W	13	S	TN	TN	KY	
	Ova G.	Dau.		F	W	10	S	TN	TN	KY	
	General O.	Son		M	W	7	S	KY	TN	KY	
	Valma I.	Dau.		F	W	6	S	KY	TN	KY	
	Densil L.	Dau.		F	W	3-1/12	S	TN	TN	KY	
Waters,	George W.	Head	R	M	W	50	M	TN	USA	TN	Tramway Foreman
	Lottie J.	Wife		F	W	41	M	TN	TN	TN	
	Cordell W.	Son		M	W	21	S	TN	TN	TN	Lumber Mill Laborer
	Ira H.	Son		M	W	19	S	TN	TN	TN	Lumber Mill Laborer
	Ruby	Dau.		F	W	16	S	TN	TN	TN	
	Clarence	Son		M	W	13	S	TN	TN	TN	
	Wilma G.	Dau.		F	W	8	S	TN	TN	TN	
Winningham,	Virgil H.	Head	R	M	W	26	M	TN	TN	TN	Commisary Manager
	Alma L.	Wife		F	W	24	M	TN	TN	TN	
	Evelyn	Dau.		F	W	4-7/12	S	TN	TN	TN	
	Wida E.	Dau.		F	W	3-0/12	S	TN	TN	TN	
	Eugenia	Dau.		F	W	5/12	S	TN	TN	TN	
Johnson,	John W.	Head	R	M	W	53	M	KY	KY	KY	Incline Laborer
	Lestie	Wife		F	W	35	M	KY	KY	KY	
	Homer L.	Son		M	W	14	S	KY	KY	KY	
	Lula	Dau.		F	W	12	S	KY	KY	KY	
	Carrie E.	Dau.		F	W	8	S	AL	KY	KY	
	William B.	Son		M	W	5	S	KY	KY	KY	
Hutchinson,	Charlie	Head	R	M	W	34	M	KY	KY	KY	Log Woods Laborer
	Gertie J.	Wife		F	W	30	M	TN	TN	TN	
	Carlise	Son		M	W	10	S	TN	KY	TN	
	Rosa	Dau.		F	W	6	S	TN	KY	TN	
	Sadie	Dau.		F	W	4-7/12	S	TN	KY	TN	
	Allie	Dau.		F	W	2-11/12	S	TN	KY	TN	
Blevens,	George W.	Head	R	M	W	29	M	TN	TN	TN	Carpenter
	Balza J.	Wife		F	W	29	M	TN	TN	TN	
	Osval O.	Son		M	W	6	S	TN	TN	TN	
	George C.	Son		M	W	3-5/12	S	TN	TN	TN	
Hall,	Lee	Head	R	M	W	55	M	TN	TN	TN	Skidder
	Mirtle	Wife		F	W	42	M	TN	TN	TN	
	Whitley	Son		M	W	21	S	TN	TN	TN	Skidder
	Lester S.	Son		M	W	19	S	TN	TN	TN	Steam Engineer
	Carrie L.	Dau.		F	W	19	S	TN	TN	TN	
	Linnie L.	Dau.		F	W	16	S	TN	TN	TN	
	Ruth	Dau.		F	W	12	S	TN	TN	TN	
	Henry L.	Son		M	W	9	S	TN	TN	TN	

1920 Fentress Co. TN Census

Name		Relation-ship	House Own or Rent	Sex	Color or Race	Age	Married Single Widow	Birth Place	Fathers Birth Place	Mothers Birth Place	Trade
						Civil District No. 1					
Crouch,	Daniel W.	Head	R	M	W	24	M	TN	TN	KY	Log Woods Teamster
	Minnie	Wife		F	W	25	M	TN	TN	TN	
	James L.	Son		M	W	1-2/12	S	TN	TN	TN	
Hale,	Thomas J.	Boarder		M	W	52	M	KY	KY	KY	Lumber Mill Laborer
Lee,	Joe B.	Head	R	M	W	53	M	TN	USA	USA	Lumber Haul Teamster
	Permelia F.	Wife		F	W	40	M	TN	TN	TN	
	James D.	Son		M	W	21	S	TN	USA	TN	Log Wood Teamster
	Mary M.	Dau.		F	W	19	S	TN	USA	TN	
	Dewey B.	Son		M	W	16	S	TN	USA	TN	Pole Car Teamster
	Albert R.	Son		M	W	14	S	TN	USA	TN	
	Oliver H.	Son		M	W	9	S	TN	USA	TN	
	Pearlie J.	Dau.		F	W	7	S	TN	USA	TN	
	Bonnie M.	Dau.		F	W	2-3/12	S	TN	USA	TN	
Croggins,	Bail	Head	R	M	W	45	W	TN	TN	TN	Stationary Engineer
	Jimmie R.	Son		M	W	19	S	TN	TN	TN	Laborer
	Fanny L.	Dau.		F	W	15	S	TN	TN	TN	
	Robert C.	Son		M	W	13	S	TN	TN	TN	
Barr,	Alvin H.	Head	R	M	W	34	M	TN	TN	TN	Incline Laborer
	Nova B.	Wife		F	W	20	M	TN	TN	TN	
	Alvin W.	Son		M	W	1-4/12	S	TN	TN	TN	
Morrow,	William H.	Head	R	M	W	29	M	TN	TN	TN	Timber Woods Foreman
	Myrtle	Wife		F	W	24	M	TN	TN	TN	
	Mary E.	Dau.		F	W	8	S	TN	TN	TN	
Robinson,	Novella,	Head	R	F	W	34	D	TN	TN	TN	Boarding House Keeper
	Price E.	Son		M	W	12	S	TN	TN	TN	
	Leona	Dau.		F	W	9	S	TN	TN	TN	
	Clyde W.	Son		M	W	7	S	TN	TN	TN	
Pennycuff,	John U.	Head	R	M	W	60	M	TN	TN	TN	Blacksmith
	Sarah W.	Wife		F	W	79	M	TN	TN	TN	
Hailey,	James B.	Head	R	M	W	56	M	TN	TN	TN	Skidder Fireman
	Alice E.	Wife		F	W	53	M	TN	TN	TN	
	Clifford	Son		M	W	20	S	TN	TN	TN	
	Charlie L.	Son		M	W	14	S	TN	TN	TN	
	Elison	Son		M	W	10	S	TN	TN	TN	
Stinson,	Jasper C.	Head	R	M	W	34	M	KY	KY	TN	General Store Salesman
	May	Wife		F	W	22	M	KY	KY	KY	
	Woodrow	Son		M	W	3-5/12	S	TN	KY	KY	
	Welda E.	Dau.		F	W	9/12	S	TN	KY	KY	
Couch,	James N.	Head	R	M	W	32	M	TN	GA	GA	Lumber Yard Manager
	Bessie B.	Wife		F	W	25	M	IN	IN	IN	
	Martha C.	Sister		F	W	36	S	GA	GA	GA	
Easterly,	George W.	Head	R	M	W	28	M	TN	TN	TN	Laborer
	Irene C.	Wife		F	W	23	M	TN	TN	TN	
Wilson,	Cordell A.	Head	R	M	W	23	M	TN	TN	TN	Skidder Engineer
	Millie E.	Wife		F	W	17	M	TN	TN	TN	
	Clarence E.	Son		M	W	3/12	S	TN	TN	TN	

1920 Fentress Co. TN Census

Name		Relation -ship	House Own or Rent	Sex	Color or Race	Age	Married Single Widow	Birth Place	Fathers Birth Place	Mothers Birth Place	Trade

Civil District No. 1

Name		Relation -ship	House Own or Rent	Sex	Color or Race	Age	Married Single Widow	Birth Place	Fathers Birth Place	Mothers Birth Place	Trade
Wilson,	Isaac	Head	R	M	W	42	M	TN	TN	TN	Skidder Foreman
	Bemette J.	Wife		F	W	39	M	TN	TN	KY	
	William E.	Son		M	W	16	S	TN	TN	TN	
Stephens,	John D.	Head	R	M	W	33	M	TN	TN	TN	Timber Woods Laborer
	Easter C.	Wife		F	W	26	M	TN	TN	TN	
	Lola I.	Dau.		F	W	12	S	TN	TN	TN	
	Verna E.	Dau.		F	W	10	S	TN	TN	TN	
	Noa T.	Son		M	W	7	S	TN	TN	TN	
	Lonzo R.	Son		M	W	3-8/12	S	TN	TN	TN	
Clark,	Willie M.	Head	R	M	W	23	M	TN	TN	TN	Lumber Mill Laborer
	Edith	Wife		F	W	18	M	TN	TN	TN	
Stephens,	Erastice	Head	R	M	W	33	M	TN	TN	TN	Timber Woods Laborer
	May	Wife		F	W	29	M	TN	TN	TN	
	Chester A.	Son		M	W	10	S	TN	TN	TN	
	James E.	Son		M	W	8	S	TN	TN	TN	
	Harold C.	Son		M	W	7	S	TN	TN	TN	
	Ova P.	Dau.		F	W	5	S	TN	TN	TN	
	Johny L.	Son		M	W	3-8/12	S	TN	TN	TN	
	Lela B.	Dau.		F	W	1-11/12	S	TN	TN	TN	
	Clarice E.	Dau.		F	W	3/12	S	TN	TN	TN	
Smith,	Charlie	Head	R	M	W	59	M	TN	USA	USA	Lumber Haul Teamster
	Margarette	Wife		F	W	58	M	TN	TN	TN	
	Jasper V.	Son		M	W	23	M	TN	TN	TN	Lumber Mill Laborer
	Vada	Dau.-in-law		F	W	19	M	TN	TN	TN	
Roeark,	Harrison G.	Head	R	M	W	30	M	TN	TN	TN	Timber Woods Laborer
	Mary D.	Wife		F	W	26	M	KY	TN	KY	
	William H.	Son		M	W	7	S	KY	TN	KY	
	Elbert L.	Son		M	W	5	S	KY	TN	KY	
	Maude E.	Dau.		F	W	3-7/12	S	KY	TN	KY	
Polston,	Will	Head	R	M	W	22	M	TN	USA	USA	Lumber Mill Laborer
	Alla M.	Wife		F	W	23	M	TN	KY	TN	
	Jasper A.	Son		M	W	2-8/12	S	TN	TN	TN	
	James A.	Son		M	W	7/12	S	TN	TN	TN	
Waters,	Anderson,	Head	R	M	W	42	M	TN	TN	TN	Skidder Laborer
	Epsie	Wife		F	W	26	M	TN	TN	TN	
	Eva	Dau.		F	W	9	S	TN	TN	TN	
	Newel	Dau.		F	W	6	S	TN	TN	TN	
	Asherd	Son		M	W	4-11/12	S	TN	TN	TN	
Beaty,	Yelton G.	Head	R	M	W	28	M	TN	TN	TN	Lumber Mill Laborer
	Parisette	Wife		F	W	26	M	TN	TN	TN	
	Wonnie H.	Dau.		F	W	6	S	TN	TN	TN	
	Arnie B.	Son		M	W	4-3/12	S	TN	TN	TN	
	Donnie M.	Son		M	W	1-5/12	S	TN	TN	TN	
Selby,	Elijah A.	Head	R	M	W	29	M	TN	TN	TN	Lumber Mill Laborer
	Hemmie I.	Wife		F	W	23	M	TN	TN	TN	

1920 Fentress Co. TN Census

Name		Relation -ship	House Own or Rent	Sex	Color or Race	Age	Married Single Widow	Birth Place	Fathers Birth Place	Mothers Birth Place	Trade
						Civil District No. 1					
Beaty,	Cyus H.	Head	R	M	W	34	M	TN	TN	TN	Log Woods Laborer
	Margie	Wife		F	W	33	M	TN	TN	TN	
	Landson	Son		M	W	11	S	TN	TN	TN	
	Arthur E.	Son		M	W	10	S	TN	TN	TN	
	Kermit T.	Son		M	W	8	S	TN	TN	TN	
	Truman C.	Son		M	W	6	S	TN	TN	TN	
Hansford,	Robert E.	Head	R	M	W	26	M	KY	KY	KY	Lumber Mill Sawyer
	Hattie R.	Wife		F	W	23	M	TN	MI	TN	
	Grace E.	Dau.		F	W	4-8/12	S	TN	KY	TN	
Boles,	Robert	Head	R	M	W	24	M	TN	TN	TN	Log Woods Laborer
	Myrtle	Wife		F	W	20	M	KY	KY	KY	
	Robert D.	Son		M	W	1-7/12	S	TN	TN	KY	
Smith,	Christerphor	Head	R	M	W	35	W	KY	KY	KY	Lumber Mill Fireman
	Mattie L.	Dau.		F	W	14	S	KY	KY	KY	
	Benjamine F.	Son		M	W	12	S	KY	KY	KY	
	Dolly E	Dau.		F	W	10	S	KY	KY	KY	
	Nora M.	Dau.		F	W	5	S	TN	KY	KY	
Chase,	Duffy H.	Head	R	M	W	30	M	MI	USA	USA	Lumber Mill Laborer
	Amanda A.	Wife		F	W	20	M	KY	KY	KY	
	Perkins	Son		M	W	1-8/12	S	TN	MI	KY	
Beaty,	Mack M.	Head	R	M	W	23	M	TN	TN	TN	Lumber Yard Laborer
	Ollie E.	Wife		F	W	20	M	TN	TN	TN	
McMillen,	James	Head	R	M	W	38	M	USA	USA	USA	Lumber Mill Laborer
	Mary	Wife		F	W	24	M	TN	TN	TN	
	Beatrice	Dau.		F	W	3-1/12	S	TN	USA	TN	
	Boyter	Son		M	W	8/12	S	TN	USA	TN	
Hinds,	John S.	Head	R	M	W	33	M	TN	TN	TN	Pole Road Laborer
	Margaretta	Wife		F	W	35	M	TN	TN	TN	
Buck,	Ambros	Father-in-law		M	W	63	W	TN	TN	TN	Pole Road Laborer
Hinds,	James	Boarder		M	W	40	M	TN	TN	TN	Pole Road Foreman
Hinds,	Tinker D.	Head	R	M	W	24	M	TN	TN	TN	Pole Road Laborer
	Addie A.	Wife		F	W	24	M	KY	TN	TN	
Greenwood,	Dave D.	Head	R	M	W	30	M	TN	TN	TN	Lumber Mill Laborer
	Martha E.	Wife		F	W	29	M	KY	KY	TN	
Stover,	Millie L.	Step-dau.		F	W	7	S	TN	TN	KY	
Paterson	Percilla E.	Mother-in-law		F	W	66	W	TN	TN	TN	
Bowden,	Albert H.	Head	R	M	W	28	M	TN	TN	TN	Pole Road Laborer
	Laura J.	Wife		F	W	30	M	TN	TN	TN	
	Ernest V.	Son		M	W	7	S	TN	TN	TN	
	Okley H.	Son		M	W	5	S	TN	TN	TN	
	Charlie	Son		M	W	8/12	S	TN	TN	TN	

1920 Fentress Co. TN Census

Name		Relation-ship	House Own or Rent	Sex	Color or Race	Age	Married Single Widow	Birth Place	Fathers Birth Place	Mothers Birth Place	Trade

Civil District No. 1

Name		Relation-ship	House Own or Rent	Sex	Color or Race	Age	Married Single Widow	Birth Place	Fathers Birth Place	Mothers Birth Place	Trade
Price,	Miller P.	Head	R	M	W	43	M	TN	TN	TN	Blacksmith
	Ellen	Wife		F	W	40	M	TN	TN	TN	
	Fonsco C.	Son		M	W	21	S	TN	TN	TN	Pole Road Laborer
	Elmo	Son		S	W	18	S	TN	TN	TN	Freight Teamster
	Emma E.	Dau.		F	W	16	S	TN	TN	TN	
	Clemmons O.	Son		M	W	14	S	TN	TN	TN	
	Edna F.	Dau.		F	W	12	S	TN	TN	TN	
	Hollins G.	Son		M	W	9	S	TN	TN	TN	
	Eva	Dau.		F	W	4-2/12	S	TN	TN	TN	
	Edith	Dau.		F	W	3/12	S	TN	TN	TN	
	Nancy F.	Mother		F	W	67	W	TN	TN	TN	
Waters,	Curry W.	Head	R	M	W	35	M	TN	TN	TN	Lumber Mill Laborer
	Elsie E.	Wife		F	W	19	M	TN	TN	TN	
	Therion G.	Son		M	W	3/12	S	TN	TN	TN	
McBride,	Forby J.	Head	R	M	W	45	M	OH	OH	OH	Lumber Co. Gen. Manager
	Harriet	Wife		F	W	36	M	OH	OH	OH	
	Murrell	Son		M	W	17	S	OH	OH	OH	Lumber Yard Laborer
Gentry,	William J.	Head	R	M	W	39	M	TN	TN	TN	Band Mill Foreman
	Clarinda	Wife		F	W	33	M	TN	TN	TN	
	Frank R.	Son		M	W	11	S	TN	TN	TN	
	Thomas J.	Son		M	W	4-9/12	S	AL	TN	TN	
	John W.	Son		M	W	2-1/12	S	GA	TN	TN	
	Emma S.	Dau.		F	W	11/12	S	TN	TN	TN	
	James C.	Son		M	W	15	S	TN	TN	TN	
George,	Charlie W.	Head	R	M	W	45	M	TN	TN	TN	Lumber Mill Laborer
	Bessie V.	Wife		F	W	37	M	TN	TN	AL	
Storie,	Isaac R.	Head	R	M	W	42	M	WA	TN	TN	Physican
	Persus Z.	Wife		F	W	34	M	TN	Canada	TN	
	Leeta R.	Dau.		F	W	11	S	TN	WA	TN	
	Lynnie L.	Dau.		F	W	?	S	TN	WA	TN	
Choate,	Jasper C.	Head	R	M	W	39	M	TN	TN	KY	Stationary Engineer
	Martha E.	Wife		F	W	44	M	TN	TN	TN	
Hailey,	Lilly J.	Dau.		F	W	18	M	TN	TN	TN	
Choate,	Drucella	Dau.		F	W	15	S	TN	TN	TN	
	Vonnie M.	Dau.		F	W	10	S	TN	TN	TN	
Rayedin,	Louis J.	Head	O	M	W	57	M	TN	VA	VA	Farmer
	Nancy E.	Wife		F	W	48	M	KY	TN	KY	
	Netha M.	Dau.		F	W	32	S	KY	TN	KY	
	Joseph E.	Son		M	W	23	S	TN	TN	KY	Log Woods Laborer
	George D.	Son		M	W	21	S	TN	TN	KY	Farm Laborer
	Only C.	Son		M	W	17	S	TN	TN	KY	
	Porter C.	Son		M	W	14	S	TN	TN	KY	
	Flora E.	Dau.		F	W	12	S	TN	TN	KY	
	Isaac E.	Son		M	W	10	S	TN	TN	KY	
	Warden H.	Son		M	W	3-0/12	S	TN	TN	KY	
Crockett,	Pete C.	Head	R	M	W	34	M	TN	TN	TN	Lumber Mill Laborier
	Victoria	Wife		F	W	24	M	TN	TN	TN	
	Batts	Son		M	W	6	S	TN	TN	TN	
	Virgil	Son		M	W	5	S	TN	TN	TN	
	Gilbert	Son		M	W	2-9/12	S	TN	TN	TN	

1920 Fentress Co. TN Census

Name		Relation-ship	House Own or Rent	Sex	Color or Race	Age	Married Single Widow	Birth Place	Fathers Birth Place	Mothers Birth Place	Trade
						Civil District No. 1					
Roysden,	Thomas	Head	R	M	W	49	M	TN	TN	TN	Farmer
	Icie	Wife		F	W	49	M	TN	TN	TN	
	Sam	Son		M	W	19	M	TN	TN	TN	Lumber Mill Laborer
	William D.	Son		M	W	16	S	TN	TN	TN	Lumber Mill Laborer
	Albert	Son		M	W	11	S	TN	TN	TN	
	Maude F.	Dau.-in-law		F	W	18	M	KY	KY	KY	
Hicks,	John	Head	R	M	W	40	M	TN	TN	TN	Log Woods Teamster
	Bessie I.	Wife		F	W	36	M	TN	TN	TN	
	Gilbert E.	Son		M	W	16	S	TN	TN	TN	Lumber Mill Laborer
	Ernest R.	Son		M	W	14	S	TN	TN	TN	Log Woods Laborer
	Lester K.	Son		M	W	12	S	TN	TN	TN	
	Lena L.	Dau.		F	W	9	S	TN	TN	TN	
	Everett C.	Son		M	W	7	S	TN	TN	TN	
	Edward T.	Son		M	W	4-2/12	S	TN	TN	TN	
Taylor,	Albert L.	Head	R	M	W	37	M	TN	TN	TN	Log Woods Logger
	Enna R.	Wife		F	W	26	M	TN	TN	TN	
	Mary E.	Dau.		F	W	14	S	TN	TN	TN	
	Melvin C.	Son		M	W	11	S	TN	TN	TN	
	Earl L.	Son		M	W	10	S	TN	TN	TN	
	Sibyl E.	Dau.		F	W	7	S	TN	TN	TN	
	James H.	Son		M	W	4-3/12	S	TN	TN	TN	
	Himma E.	Dau.		F	W	2-2/12	S	TN	TN	TN	
Cobbly,	Willie I.	Head	R	M	W	25	M	TN	TN	TN	Log Woods Teamster
	Maude L.	Wife		F	W	22	M	TN	TN	TN	
	Strather E.	Son		M	W	4-8/12	S	TN	TN	TN	
	Ireland D.	Son		M	W	7/12	S	TN	TN	TN	
Roysden,	Jerry	Head	R	M	W	30	M	TN	TN	TN	Log Woods Logger
	Anna	Wife		F	W	22	M	TN	TN	TN	
	Jacob C.	Son		M	W	3-5/12	S	TN	TN	TN	
	Leon	Son		M	W	7/12	S	TN	TN	TN	
Roysden,	Dewey	Head	R	M	W	21	S	TN	TN	TN	Timber Woods Laborer
	Katherine	Mother		F	W	69	W	TN	TN	TN	
	Dolly	Sister		F	W	16	S	TN	TN	TN	
Perry,	George	Head	R	M	W	18	M	KY	KY	KY	Oxen Driver
	Mary B.	Wife		F	W	24	M	TN	TN	TN	
Hinds,	Willie C.	Son		M	W	4-8/12	S	TN	TN	TN	
Perry,	Carlie E.	Son		M	W	2/12	S	TN	TN	TN	
Perry,	Ree P.	Head	R	M	W	45	M	KY	KY	KY	Log Woods Logger
	Sarah	Wife		F	W	38	M	KY	KY	KY	
Taylor,	Horace B.	Head	R	M	W	44	M	TN	TN	TN	Log Woods Constractor
	Lydia M.	Wife		F	W	41	M	TN	TN	TN	
Taylor,	James P.	Head	R	M	W	64	M	TN	TN	TN	Blacksmith
	Sibyl C.	Wife		F	W	62	M	TN	NY	NY	
Hicks,	Mount	Head	R	M	W	38	M	TN	TN	TN	Lumber Teamster
	Eva D.	Wife		F	W	21	M	TN	TN	TN	
	Edna D.	Dau.		F	W	8	S	TN	TN	TN	
	Nora E.	Dau.		F	W	4-2/12	S	TN	TN	TN	
	Julia I.	Dau.		F	W	3-5/12	S	TN	TN	TN	

1920 Fentress Co. TN Census

Name		Relation-ship	House Own or Rent	Sex	Color or Race	Age	Married Single Widow	Birth Place	Fathers Birth Place	Mothers Birth Place	Trade
							Civil District No. 1				
Perry,	Harrison O.	Head	R	M	W	62	M	KY	KY	KY	Farm Laborer
	Evaline	Wife		F	W	56	M	LA	TN	KY	
Carter,	George W.	Head	R	M	W	55	M	TN	TN	TN	Lumber Mill Laborer
	Lunernia	Wife		F	W	45	M	TN	TN	TN	
	Lula L.	Dau.		F	W	6	S	TN	TN	TN	
Slaven,	Clifford L.	Head	R	M	W	24	M	TN	TN	TN	Lumber Mill Laborer
	Mumie	Wife		F	W	30	M	TN	TN	TN	
	Anthy A.	Dau.		F	W	3-5/12	S	TN	TN	TN	
	Cora A.	Dau.		F	W	1-4/12	S	TN	TN	TN	
Hamon,	James H.	Head	R	M	W	53	M	KY	USA	USA	Carpenter
	Isabelle C.	Wife		F	W	50	M	KY	VA	KY	
	John W.	Son		M	W	27	S	KY	KY	KY	
	Antha A.	Dau.		F	W	19	W	TN	KY	KY	
	Elbert A.	Son		M	W	13	S	TN	KY	KY	
Anderson,	Anna	Head	R	F	W	32	W	TN	KY	TN	Boarding House Keeper
	Ray O.	Son		M	W	9	S	TN	TN	TN	
	Opal E.	Dau.		F	W	1-9/12	S	TN	TN	TN	
Hutson,	James M.	Head	R	M	W	30	M	TN	TN	TN	Stave Mill Manager
	Sarah K.	Wife		F	W	25	M	TN	TN	TN	
	Ada J.	Son		F	W	8	S	TN	TN	TN	
	Frank A.	Son		M	W	5	S	TN	TN	TN	
	Florence L.	Dau.		F	W	2-11/12	S	TN	TN	TN	
Tye,	James F.	Head	R	M	W	30	M	GA	GA	GA	Commisary Salesman
	Zellva G.	Wife		F	W	21	M	GA	GA	GA	
Roysden,	Daniel	Head	R	M	W	29	M	KY	TN	KY	Timber Woods Laborer
	Ludie P.	Wife		F	W	22	M	KY	KY	KY	
	Arnom C.	Son		M	W	3-3/12	S	KY	KY	KY	
	Dalbys K.	Son		M	W	1-10/12	S	TN	KY	KY	
Johnson,	Walter F.	Head	R	M	W	38	M	TN	TN	TN	Stave Lumber Superintent
	Willie A.	Wife		F	W	35	M	TN	TN	TN	
	James B.	Son		M	W	12	S	TN	TN	TN	
	Roy F.	Son		M	W	11	S	TN	TN	TN	
	Jennings P.	Son		M	W	8	S	TN	TN	TN	
King,	William J.	Head	R	M	W	56	M	TN	USA	TN	Blacksmith
	Dora	Wife		F	W	54	M	KY	KY	USA	
	Lonzo C.	Son		M	W	17	S	TN	TN	KY	
	General B.	Son		M	W	14	S	TN	TN	KY	Lumber Mill Laborer
Voils,	James H.	Head	R	M	W	30	M	TN	TN	TN	Stave Mill Laborer
	Celia A.	Wife		F	W	28	M	KY	KY	KY	
	Mary A.	Dau.		F	W	10	S	TN	TN	KY	
	Melvin J.	Son		M	W	5	S	TN	TN	KY	
	Willard H.	Son		M	W	2-9/12	S	TN	TN	KY	
	Elmer P.	Son		M	W	8/12	S	TN	TN	KY	
Gracy,	Hubert	Head	R	M	W	51	M	TN	USA	USA	Stave Mill Laborer
	Mary E.	Wife		F	W	34	M	TN	TN	TN	
	Joseph C.	Son		M	W	10	S	TN	TN	TN	

1920 Fentress Co. TN Census

Name		Relation -ship	House Own or Rent	Sex	Color or Race	Age	Married Single Widow	Birth Place	Fathers Birth Place	Mothers Birth Place	Trade

Civil District No. 1

Name		Relation -ship	House Own or Rent	Sex	Color or Race	Age	Married Single Widow	Birth Place	Fathers Birth Place	Mothers Birth Place	Trade
King,	David	Head	R	M	W	35	M	TN	TN	TN	Stave Mill Laborer
	Tilda K.	Wife		F	W	32	M	TN	TN	TN	
	Bertha	Dau.		F	W	13	S	TN	TN	TN	
	Idus	Son		M	W	9	S	TN	TN	TN	
	Mirtie	Dau.		F	W	7	S	TN	TN	TN	
	Hershiy	Son		M	W	4-4/12	S	TN	TN	TN	
	Arnold	Son		M	W	3-1/12	S	TN	TN	TN	
	Earl	Son		M	W	3/12	S	TN	TN	TN	
King,	Telford	Head	R	M	W	29	M	TN	TN	TN	Lumber Mill Fireman
	Mary M.	Wife		F	W	30	M	TN	TN	TN	
	Oded L.	Son		M	W	12	S	TN	TN	TN	
	Cora M.	Dau.		F	W	6	S	TN	TN	TN	
	Raymond H.	Son		M	W	4-8/12	S	TN	TN	TN	
	Cletus E.	Son		M	W	2-4/12	S	TN	TN	TN	
Stephens,	William H.	Head	R	M	W	33	M	TN	TN	TN	Stave Woods Laborer
	Epsie P.	Wife		F	W	26	M	TN	TN	TN	
	Price P.	Son		M	W	4-5/12	S	TN	TN	TN	
	Loyd C.	Son		M	W	1-7/12	S	TN	TN	TN	
Shook,	Osar	Head	R	M	W	33	M	TN	TN	TN	Lumber Mill Laborer
	Tennessee	Wife		F	W	30	M	TN	TN	TN	
	Claude C.	Son		M	W	12	S	TN	TN	TN	Stave Mill Laborer
	Carrie S.	Dau.		F	W	9	S	TN	TN	TN	
	Edward S.	Son		M	W	6	S	TN	TN	TN	
	Novel E.	Son		M	W	3-7/12	S	TN	TN	TN	
Hatcher,	George	Head	R	M	B	45	W	TN	USA	USA	Stave Mill Laborer
	Nova	Dau.		F	B	15	S	TN	TN	TN	
	Joed	Son		M	B	13	S	TN	TN	TN	Stave Mill Laborer
	Mary E.	Dau.		F	B	12	S	TN	TN	TN	
	Elsie	Dau.		F	B	10	S	TN	TN	TN	
	Gladys	Dau.		F	B	6	S	TN	TN	TN	
King,	Smith	Head	R	M	W	37	M	TN	TN	TN	Lumber Mill Laborer
	Sarah L.	Wife		F	W	34	M	TN	TN	TN	
	Reba	Dau.		F	W	13	S	TN	TN	TN	
	Ina	Dau.		F	W	10	S	TN	TN	TN	
	Haskeel	Son		M	W	9	S	TN	TN	TN	
Roysden,	Jess	Head	O	M	W	65	M	TN	TN	TN	Farmer
	Anna	Wife		F	W	67	M	TN	TN	TN	
	William C.	Son		M	W	45	M	TN	TN	TN	Farm Laborer
	Mylissa A.	Dau.-in-law		F	W	42	M	TN	TN	TN	
Ross,	Floyd E.	Head	R	M	W	39	M	MI	Canada	MI	Lumber Manufacturer
	Anna	Wife		F	W	38	M	MI	England	Scotland	
	Helen E.	Dau.		F	W	14	S	TN	MI	MI	
	Lorena B.	Dau.		F	W	12	S	TN	MI	MI	
	Ralph R.	Son		M	W	7	S	TN	MI	MI	
	Eugenia M.	Dau.		F	W	4-5/12	S	TN	MI	MI	
	Thomas E.	Son		M	W	9/12	S	TN	MI	MI	
	Eward A.	Brother		M	W	36	S	MI	Canada	MI	Lumber Manufacturer
Davis,	Ben H.	Head	R	M	W	29	M	TN	TN	TN	Lumber Mill Laborer
	Cora	Wife		F	W	27	M	TN	TN	TN	
	Ab	Son		M	W	6/12	S	TN	TN	TN	
Bowling,	Marshall	Boarder		M	W	31	S	TN	TN	TN	Lumber Mill Laborer

1920 Fentress Co. TN Census

Name		Relation-ship	House Own or Rent	Sex	Color or Race	Age	Married Single Widow	Birth Place	Fathers Birth Place	Mothers Birth Place	Trade
						Civil District No. 1					
Bolse,	Otto F.	Head	R	M	W	42	S	OH	Germany	Germany	Lumber Mill Manager
	George H.	Brother		M	W	32	S	TN	Germany	Germany	Carpenter
Slaven,	John C.	Head	R	M	W	24	M	TN	USA	USA	Lumber Mill Laborer
	Octie L.	Wife		F	W	21	M	TN	TN	TN	
	Dorthy M.	Dau.		F	W	4-9/12	S	TN	TN	TN	
	Mary E.	Dau.		F	W	1-11/12	S	TN	TN	TN	
Anderson,	Proctor	Head	R	M	W	36	M	TN	TN	TN	Lumber Mill Laborer
	Ethel M.	Wife		F	W	30	M	TN	TN	TN	
	Olie E.	Dau.		F	W	9	S	TN	TN	TN	
	Bertha M.	Dau.		F	W	7	S	TN	TN	TN	
	William D.	Son		M	W	3-8/12	S	TN	TN	TN	
	Minnie O.	Dau.		F	W	11/12	S	TN	TN	TN	
Hughs,	Barte F.	Head	R	M	W	37	M	KY	KY	KY	Lumber Mill Laborer
	Susan L.	Wife		F	W	38	M	TN	TN	TN	
	Mary O.	Dau.		F	W	11	S	KY	KY	TN	
	Pearlie D.	Son		M	W	8	S	KY	TN	TN	
	Jessie W.	Son		M	W	7	S	KY	KY	TN	
	Merika C.	Dau.		F	W	5	S	KY	KY	TN	
	Orpha E.	Dau.		F	W	10/12	S	KY	KY	TN	
Slaven,	Jacob	Head	R	M	W	50	M	TN	TN	TN	Lumber Mill Laborer
	Mary C.	Wife		F	W	54	M	TN	TN	TN	
	Lattin	Son		M	W	22	S	TN	TN	TN	Lumber Mill Laborer
	James S.	Son		M	W	17	S	TN	TN	TN	Lumber Mill Laborer
	Beunella	Dau.		F	W	15	S	TN	TN	TN	
Tudor,	Aubrey	Head	R	M	W	26	M	TN	TN	TN	Lumber Mill Laborer
	Dora E.	Wife		F	W	21	M	TN	TN	TN	
	Floyd A.	Son		M	W	3-3/12	S	TN	TN	TN	
Upchurch,	Elmer	Head	R	M	W	23	M	KY	KY	TN	Stave Woods Laborer
	Victoria	Wife		F	W	23	M	TN	TN	KY	
Hinson,	Ed C.	Head	R	M	MU	31	M	NC	USA	USA	Log Woods Laborer
	Lilly M.	Wife		F	MU	30	M	TN	TN	TN	
	Magalene	Dau.		F	MU	16	S	TN	NC	TN	
	Emma D.	Dau.		F	MU	14	S	TN	NC	TN	
	Laura L.	Dau.		F	MU	12	S	TN	NC	TN	
	May S.	Dau.		F	MU	5/12	S	TN	NC	TN	
	Ules	Grandson		M	MU	2-9/12	S	TN	TN	TN	
Pearson, Manufacturer	James P.	Head	O	M	W	35	M	TN	TN	TN	Lumber & Stave
	Leona H.	Wife		F	W	31	M	TN	TN	TN	
Brown,	Evely H.	Step-dau.		F	W	10	S	TN	TN	TN	
Pearson,	James P.	Son		M	W	3/12	S	TN	TN	TN	
Evans,	Sherman	Head	R	M	W	28	M	TN	TN	TN	Stave Woods Laborer
	Anna L.	Wife		F	W	21	M	KY	USA	USA	
	Hattie G.	Dau.		F	W	6	S	TN	TN	KY	
	Shirley	Son		F	W	3-2/12	S	TN	TN	KY	

1920 Fentress Co. TN Census

Civil District No. 1

Name		Relation-ship	House Own or Rent	Sex	Color or Race	Age	Married Single Widow	Birth Place	Fathers Birth Place	Mothers Birth Place	Trade
Wright,	Cordell	Head	R	M	W	29	M	TN	TN	TN	Timber Woods Laborer
	Lola M.	Wife		F	W	26	M	TN	TN	KY	
	Oscar K.	Son		M	W	8	S	TN	TN	TN	
	Rosell	Dau.		F	W	7	S	TN	TN	TN	
	Claria`	Dau.		F	W	4-0/12	S	TN	TN	TN	
	Eva M.	Dau.		F	W	1-3/12	S	TN	TN	TN	
Wilson,	Delivine	Cousin		F	W	25	S	TN	TN	TN	
Wright,	Katie	Head	R	F	W	47	W	KY	TN	TN	
	Ogle O.	Son		M	W	21	S	TN	TN	KY	Stave Woods Teamster
	Margarette R.	Dau.		F	W	20	S	TN	TN	KY	
	Zeff	Son		M	W	18	S	TN	TN	KY	Stave Mill Teamster
	Alfred G.	Son		M	W	14	S	TN	TN	KY	Stave Mill Laborer
Wright,	Clene G.	Head	R	M	W	23	M	TN	TN	TN	Stave Woods Teamster
	Ada A.	Wife		F	W	29	M	TN	TN	TN	
	Scott	Son		M	W	11	S	TN	TN	TN	
	Travis R.	Son		M	W	8	S	TN	TN	TN	
	Bunette F.	Dau.		F	W	5	S	TN	TN	TN	
	Tolly	Son		M	W	2-6/12	S	TN	TN	TN	
Crabtree,	Rob	Head	R	M	W	60	M	TN	TN	TN	Stave Mill Laborer
	Liza	Wife		F	W	43	M	TN	TN	TN	Boarding House Keeper
	Ora P.	Dau.		F	W	19	S	TN	TN	TN	
	Cora E.	Dau.		F	W	15	S	TN	TN	TN	
	Claude B.	Son		M	W	12	S	TN	TN	TN	Stave Mill Laborer
	Alma M.	Dau.		F	W	8	S	TN	TN	TN	
Anderson,	Joe	Head	R	M	W	68	M	TN	TN	TN	Stave Woods Laborer
	Mandy J.	Wife		F	W	56	M	TN	TN	TN	
	Virgil	Son		M	W	24	S	TN	TN	TN	Stave Woods Laborer
	Joe L.	Son		M	W	19	S	TN	TN	TN	Stave Woods Laborer
	Mirtle M.	Dau.		F	W	13	S	TN	TN	TN	
Delk,	Columbus	Head	O	M	W	67	M	TN	TN	TN	Live Stock Dealer
	Delila	Wife		F	W	60	M	TN	TN	TN	
Craig,	Delila	Grandaughter		F	W	17	S	TN	TN	TN	
Brannon,	Gus	Head	O	M	W	51	M	TN	TN	TN	Farm Laborer
	Verna	Wife		F	W	43	M	KY	TN	TN	
	Lonzo	Son		M	W	22	S	TN	TN	KY	Stave Woods Laborer
	Porter	Son		M	W	20	S	TN	TN	KY	Timber Woods Laborer
	Pearl	Dau.		F	W	18	S	TN	TN	KY	
	Ollie	Dau.		F	W	15	S	TN	TN	KY	
	Ella	Dau.		F	W	11	S	TN	TN	KY	
	Virgil	Son		M	W	9	S	TN	TN	KY	
	Stirgil	Son		M	W	7	S	TN	TN	KY	
	Clyde	Son		M	W	2-5/12	S	TN	TN	KY	
Parris,	Joel G.	Head	R	M	W	61	M	TN	TN	TN	Merchant
	Adelie A.	Wife		F	W	59	M	TN	TN	TN	
	William T.	Son		M	W	34	S	TN	TN	TN	Carpenter
	James C.	Son		M	W	26	S	TN	TN	TN	Iron Worker

1920 Fentress Co. TN Census

Name		Relation-ship	House Own or Rent	Sex	Color or Race	Age	Married Single Widow	Birth Place	Fathers Birth Place	Mothers Birth Place	Trade
							Civil District No. 1				
Parris,	James T.	Head	O	M	W	37	M	TN	TN	TN	
	Lilly	Wife		F	W	31	M	TN	TN	TN	
	Carrie M.	Dau.		F	W	12	S	TN	TN	TN	
	John T.	Son		M	W	9	S	TN	TN	TN	
	Ruby E.	Dau.		F	W	7	S	TN	TN	TN	
	Woodrow	Son		M	W	5	S	TN	TN	TN	
	Ransom	Son		M	W	9/12	S	TN	TN	TN	
Copley,	Fannie	Head	R	F	W	39	W	TN	TN	TN	Pole Road Laborer
	Casto	Son		M	W	18	S	TN	TN	TN	
	Alston	Son		M	W	15	S	TN	TN	TN	
	Tracy H.	Son		M	W	10	S	TN	TN	TN	
	Ruby D.	Dau.		F	W	8	S	TN	TN	TN	
	Rolland L.	Bro.-in-law		M	W	33	S	TN	TN	TN	Stave Woods Laborer
Roysden,	Abraham	Head	R	M	W	59	M	KY	TN	TN	
	Martelia	Wife		F	W	57	M	TN	TN	TN	
	William A.	Son		M	W	18	S	TN	KY	TN	Farm Laborer
	Charlie C.	Son		M	W	16	S	TN	KY	TN	
	Bessie B.	Dau.		F	W	14	S	TN	KY	TN	
Delk,	Blain D.	Head	R	M	W	39	M	TN	TN	TN	Blacksmith
	Neatey A.	Wife		F	W	39	M	TN	TN	TN	
	Flossie E.	Dau.		F	W	13	S	TN	TN	TN	
	General L.	Son		M	W	11	S	TN	TN	TN	
	Lyna D.	Dau.		F	W	10	S	TN	TN	TN	
Delk,	John M.	Head	R	M	W	62	M	TN	TN	TN	Carpenter
	Zona	Wife		F	W	31	M	TN	TN	TN	
	Gertie M.	Dau.		F	W	9/12	S	TN	TN	TN	
Chitwood,	Louis E.	Head	R	M	W	25	M	KY	KY	KY	Commisary Salesman
	Sadie	Wife		F	W	19	M	KY	KY	KY	
	Edna M.	Dau.		F	W	1-8/12	S	KY	KY	KY	
Hays,	Odus	Head	R	M	W	23	M	TN	TN	TN	Log Woods Teamster
	Maggie E.	Wife		F	W	22	M	TN	TN	TN	
Pricthart,	Wheeler	Head	R	M	W	20	M	TN	TN	TN	Log Woods Teamster
	Martha L.	Dau.		F	W	9/12	S	TN	TN	TN	
Dishman,	John	Head	R	M	W	27	M	KY	KY	KY	Log Woods Laborer
	Artie W.	Wife		F	W	26	M	KY	KY	KY	
	Edgar	Son		M	W	6	S	KY	KY	KY	
Crabtree,	Willie	Boarder		M	W	19	S	KY	KY	KY	Log Woods Laborer
Crabtree,	Manual	Head	R	M	W	55	M	KY	USA	USA	Log Woods Laborer
	Myrtie	Wife		F	W	25	M	KY	KY	KY	
	Audrie	Dau.		F	W	17	S	KY	KY	KY	
	Rasier E.	Son		M	W	14	S	KY	KY	KY	
	Obed	Son		M	W	3-5/12	S	KY	KY	KY	
Conatser,	Balaam	Head	R	M	W	30	M	TN	TN	TN	Log Woods Teamster
	Lizie M.	Wife		F	W	35	M	TN	TN	TN	
	Dovey M.	Dau.		F	W	11	S	TN	TN	TN	
	Dillard	Son		M	W	7	S	TN	TN	TN	
	Donald D.	Son		M	W	5	S	TN	TN	TN	

1920 Fentress Co. TN Census

Name		Relation -ship	House Own or Rent	Sex	Color or Race	Age	Married Single Widow	Birth Place	Fathers Birth Place	Mothers Birth Place	Trade
						Civil District No. 1					
Anderson,	Henry F.	Head	R	M	W	29	M	TN	TN	TN	Timber Woods Laborer
	Belle	Wife		F	W	18	M	TN	TN	TN	
	Arnold J.	Son		M	W	3-7/12	S	TN	TN	TN	
Crockett,	Kansada	Sis.-in-law		F	W	7	S	TN	TN	TN	
Allred,	Willaim C.	Head	R	M	W	30	M	TN	TN	TN	Timber Woods Laborer
	Mary E.	Wife		F	W	30	M	TN	TN	TN	
	Robert R.	Son		M	W	6	S	TN	TN	TN	
	Montie D.	Dau.		F	W	4-3/12	S	TN	TN	TN	
	William D.	Son		M	W	1-6/12	S	TN	TN	TN	
Newberry,	Bettie H.	Sis.-in-law		F	W	28	M	TN	TN	TN	
Cravens,	Colier V.	Head	R	M	W	35	M	TN	TN	TN	Timber Woods Laborer
	Eliza W.	Wife		F	W	35	M	TN	TN	TN	
	William W.	Son		M	W	14	S	TN	TN	TN	
	Paulene	Dau.		F	W	1-8/12	S	TN	TN	TN	
Norris,	Grady A.	Head	R	M	W	26	M	TN	USA	USA	Timber Woods Laborer
	Nettie	Wife		F	W	22	M	TN	TN	TN	
	Ruby E.	Dau.		F	W	4-2/12	S	TN	TN	TN	
	Ada A.	Dau.		F	W	3-11/12	S	TN	TN	TN	
	Alma E.	Dau.		F	W	1-10/12	S	TN	TN	TN	
Taylor,	Raliegh L.	Head	R	M	W	25	M	TN	USA	USA	Timber Woods Laborer
	Juella	Wife		F	W	20	M	TN	TN	TN	
	Clyde R.	Son		M	W	1-11/12	S	TN	TN	TN	
Taylor,	Cooner	Head	R	M	W	36	M	KY	KY	KY	Timber Woods Laborer
	Hattie M.	Wife		F	W	26	M	TN	TN	TN	
Norris,	Lillian M.	Step-dau.		F	W	6	S	TN	TN	TN	
	Harry W.	Son		M	W	1-11/12	S	TN	TN	TN	
	Carl L.	Son		M	W	2/12	S	TN	TN	TN	
Hays,	Crate O.	Head	R	M	W	21	M	TN	TN	TN	Log Woods Teamster
	Hennie	Wife		F	W	15	M	TN	TN	TN	
South,	Louie	Head	R	M	W	38	M	TN	TN	TN	Log Woods Laborer
	Armitie	Wife		F	W	39	M	KY	TN	TN	
	Mirttle M.	Dau.		F	W	10	S	TN	TN	KY	
	Henry E.	Son		M	W	9	S	TN	TN	KY	
	Fred	Son		M	W	6	S	TN	TN	KY	
	Bessie	Dau.		F	W	2-5/12	S	TN	TN	KY	
Smith,	Hoy W.	Head	R	M	W	45	M	TN	TN	TN	Log Woods Laborer
	Beuna V.	Wife		F	W	36	M	TX	TN	TN	
	Dewey R.	Son		M	W	18	S	TN	TN	TX	Timber Woods Laborer
	Delpha A.	Dau.		F	W	14	S	TN	TN	TX	
	Edna K.	Dau.		F	W	12	S	TN	TN	TX	
	Becker	Son		M	W	8	S	TN	TN	TX	
	Isabelle	Dau.		F	W	1-7/12	S	TN	TN	TX	
	Russell	Son		M	W	1-7/12	S	TN	TN	TX	

1920 Fentress Co. TN Census

Name		Relation-ship	House Own or Rent	Sex	Color or Race	Age	Married Single Widow	Birth Place	Fathers Birth Place	Mothers Birth Place	Trade
						Civil District No. 1					
Jones,	Dell O.	Head	R	M	W	35	M	TN	TN	TN	Timber Woods Laborer
	Viavm	Wife		F	W	38	M	TN	TN	TN	
	Charlie	Son		M	W	17	S	TN	TN	TN	Timber Woods Laborer
	Bradley	Son		M	W	15	S	TN	TN	TN	Timber Woods Laborer
	Hadley	Son		M	W	14	S	TN	TN	TN	Timber Woods Laborer
	Ruby	Dau.		F	W	11	S	TN	TN	TN	
	Pansy	Dau.		F	W	10	S	TN	TN	TN	
	Donald	Son		M	W	8	S	TN	TN	TN	
	Oval	Dau.		F	W	5	S	TN	TN	TN	
	Doyl	Son		M	W	2/12	S	TN	TN	TN	
Milligan,	Lonzo H.	Head	R	M	W	41	M	TN	TN	TN	Log Woods Logger
	Noma A.	Wife		F	W	36	M	TN	VA	TN	Boarding House Keeper
	Maggie B.	Dau.		F	W	19	S	TN	TN	TN	
	Anna M.	Dau.		F	W	17	S	TN	TN	TN	
	Casto C.	Son		M	W	14	S	TN	TN	TN	
	Ruth M.	Dau.		F	W	12	S	TN	TN	TN	
	Hattie E.	Dau.		F	W	9	S	TN	TN	TN	
Hicks,	Fred	Head	R	M	W	47	M	TN	TN	TN	Timber Woods Laborer
	Ada	Wife		F	W	30	M	TN	TN	TN	
	James W.	Son		M	W	4-1/12	S	TN	TN	TN	
	Rosa A.	Dau.		F	W	2-8/12	S	TN	TN	TN	
Hicks,	Olliver	Head	R	M	W	40	M	TN	TN	TN	Stave Woods Laborer
	Ida C.	Wife		F	W	37	M	TN	TN	TN	
	Lilly	Dau.		F	W	14	S	TN	TN	TN	
Hammons,	Cinley	Grandson		M	W	3-3/12	S	TN	TN	TN	
Pitman,	Edgar M.	Head	R	M	W	27	M	TX	KY	KY	Stave Woods Laborer
	? Mirtle E.	Wife		F	W	20	M	TN	TN	TN	
	? Falore G.	Dau.		F	W	2-8/12	S	KY	TX	TN	
Whittenbury, Henry F.		Head	R	M	W	40	M	TN	TN	TN	Stave Woods Teamster
	Hora E.	Wife		F	W	32	M	TN	TN	TN	
Bates,	Afrey T.	Head	R	M	W	23	M	KY	KY	KY	Stave Woods Laborer
	Josie E.	Wife		F	W	21	M	KY	KY	KY	
Daniel,	Abraham R.	Head	R	M	W	40	M	KY	KY	KY	Stave Woods Laborer
	Lizze B.	Wife		F	W	37	M	KY	KY	KY	
	Leona F.	Dau.		F	W	16	S	KY	KY	KY	House Maid
	Flora B.	Dau.		F	W	14	S	KY	KY	KY	
	Cordell A.	Son		M	W	10	S	KY	KY	KY	
	Dorthy	Dau.		F	W	7	S	TN	KY	KY	
	Mattie J.	Dau.		F	W	5	S	TN	KY	KY	
	Hattie E.	Dau.		F	W	5	S	TN	KY	KY	
	Daisy F.	Dau.		F	W	2-8/12	S	KY	KY	KY	
Daniel,	Cooner S.	Head	R	M	W	38	M	KY	KY	KY	Stave Woods Laborer
	Ethel L.	Wife		F	W	30	M	KY	KY	KY	
	Ruby	Dau.		F	W	7	S	TN	TN	TN	
Owen,	Bailey	Head	R	M	W	24	M	TN	TN	TN	Timber Woods Laborer
	Dolly	Wife		F	W	21	M	TN	TN	TN	
	Anna L.	Dau.		F	W	3-9/12	S	TN	TN	TN	
Owen,	Willis R.	Head	R	M	W	34	M	TN	TN	TN	Timber Woods Laborer
	Maude C.	Wife		F	W	20	M	TN	TN	TN	
Bowlin,	Ova	Niece		F	W	9	S	TN	TN	TN	

1920 Fentress Co. TN Census

Name		Relation-ship	House Own or Rent	Sex	Color or Race	Age	Married Single Widow	Birth Place	Fathers Birth Place	Mothers Birth Place	Trade
						Civil District No. 1					
Davis,	Call C.	Head	R	M	W	27	M	TN	TN	TN	Timber Woods Laborer
	Myrtle L.	Wife		F	W	25	M	TN	TN	KY	
	Maude M.	Dau.		F	W	3-9/12	S	TN	TN	TN	
Roysden,	James	Head	R	M	W	28	M	TN	TN	TN	Timber Woods Laborer
	Katy	Wife		F	W	26	M	TN	TN	TN	
	Perry A.	Son		M	W	3-11/12	S	TN	TN	TN	
	Carlie E.	Son		M	W	1-8/12	S	TN	TN	TN	
	Charlie D.	Son		M	W	1-8/12	S	TN	TN	TN	
Slaven,	William R.	Head	R	M	W	53	M	TN	TN	TN	Lumber Mill Laborer
	Sarah K.	Wife		F	W	52	M	TN	TN	TN	
	Bailey	Son		M	W	21	S	TN	TN	TN	Lumber Mill Laborer
	Henry E.	Son		M	W	18	S	TN	TN	TN	Lumber Mill Laborer
	Lonzo	Son		M	W	15	S	TN	TN	TN	Lumber Mill Laborer
	Stella E.	Dau.		F	W	11	S	TN	TN	TN	
	Isaac M.	Son		M	W	5	S	TN	TN	TN	
Spock,	General F.	Head	R	M	W	33	M	TN	TN	TN	Lumber Mill Laborer
	Mirtie M.	Wife		F	W	33	M	TN	TN	TN	
	Leo W.	Son		M	W	10	S	TN	TN	TN	
	Edna M.	Dau.		F	W	13	S	TN	TN	TN	
	Rosier	Son		M	W	7	S	TN	TN	TN	
	Russell	Son		M	W	?	S	TN	TN	TN	
	Price	Son		M	W	2-8/12	S	TN	TN	TN	
Wheaton,	Franica M.	Head	R	M	W	37	M	TN	MI	TN	Lumber Mill Laborer
	Alice A.	Wife		F	W	34	M	TN	TN	TN	
	Arthur	Son		M	W	13	S	TN	TN	TN	
	Edsie E.	Dau.		F	W	10	S	TN	TN	TN	
	Stella E.	Dau.		F	W	3-11/12	S	TN	TN	TN	
Shay,	Redin S.	Head	R	M	W	58	M	TN	USA	TN	Lumber Mill Laborer
	Burnette J.	Wife		F	W	39	M	TN	TN	TN	
Smith,	John R.	Head	R	M	W	36	M	TN	TN	TN	Lumber Mill Sawyer
	Ollie E.	Wife		F	W	22	M	TN	TN	TN	
	Dennis C.	Son		M	W	5	S	TN	TN	TN	
	Bessie L.	Dau.		F	W	3-3/12	S	TN	TN	TN	
	Helen A.	Dau.		F	W	6/12	S	TN	TN	TN	
Sharp,	James	Head	R	M	W	45	M	TN	TN	TN	Farmer
	Lura B.	Wife		F	W	31	M	TN	USA	USA	Boarding House Keeper
	Eric N.	Son		M	W	12	S	TN	TN	TN	
	Ora	Dau.		F	W	10	S	TN	TN	TN	
	Zolin C.	Son		M	W	6	S	TN	TN	TN	
	Doshia E.	Dau.		F	W	3-3/12	S	TN	TN	TN	
Spock,	Mitchell R.	Head	R	M	W	42	M	TN	USA	KY	Timber Woods Laborer
	Sarah L.	Wife		F	W	42	M	TN	AL	KY	
	Samual C.	Son		M	W	18	S	TN	TN	TN	Timber Woods Laborer
	Perry L.	Son		M	W	15	S	TN	TN	TN	Timber Woods Laborer
	George R.	Son		M	W	14	S	TN	TN	TN	
	Delsail	Dau.		F	W	9	S	TN	TN	TN	
	Hobert	Son		M	W	6	S	TN	TN	TN	
	Delta E.	Dau.		F	W	4-3/12	S	TN	TN	TN	
	Homer	Son		M	W	1-11/12	S	TN	TN	TN	

1920 Fentress Co. TN Census

Name		Relation-ship	House Own or Rent	Sex	Color or Race	Age	Married Single Widow	Birth Place	Fathers Birth Place	Mothers Birth Place	Trade
						Civil District No. 1					
Delk,	Joe	Head	O	M	W	56	M	TN	USA	USA	Timber Woods Laborer
	Mary	Wife		F	W	41	M	TN	USA	USA	
	Ellen	Dau.		F	W	18	S	TN	TN	TN	
	Ida	Dau.		F	W	16	S	TN	TN	TN	
	Sherman	Son		M	W	14	S	TN	TN	TN	
	Sterlin	Son		M	W	12	S	TN	TN	TN	
	Chany	Son		M	W	11	S	TN	TN	TN	
	Jackie	Son		M	W	5	S	TN	TN	TN	
	Monna	Dau.		F	W	1-5/12	S	TN	TN	TN	
	Bill	Son		M	W	22	S	TN	TN	TN	Timber Woods Laborer
Wheeler,	Exen E.	Head	R	M	W	35	M	TN	TN	TN	Timber Inspector
	Myrtle M.	Wife		F	W	21	M	TN	TN	TN	
	Dorris	Dau.		F	W	1-3/12	S	TN	TN	TN	
Sharp,	Osie	Head	R	M	W	33	M	TN	USA	USA	Pole Road Laborer
	Lucy	Wife		F	W	22	M	TN	TN	TN	
	Edison	Son		M	W	4-7/12	S	TN	TN	TN	
	Floyd A.	Son		M	W	2-3/12	S	TN	TN	TN	
Doss,	Robert	Head	R	M	W	42	M	KY	TN	TN	Timber Woods Laborer
	Elizabeth	Wife		F	W	41	M	KY	TN	TN	
	Mandy	Dau.		F	W	16	S	TN	KY	KY	
	Charlie	Son		M	W	15	S	TN	KY	KY	Timber Woods Laborer
	Martha E.	Dau.		F	W	13	S	TN	KY	KY	
	John A.	Son		M	W	11	S	TN	KY	KY	
	Ruby E.	Dau.		F	W	8	S	TN	KY	KY	
	Merlie J.	Dau.		F	W	6	S	TN	KY	KY	
	William P.	Son		M	W	4-0/12	S	TN	KY	KY	
	Isaac S.	Son		M	W	1-5/12	S	TN	KY	KY	
	Enos M.	Son		M	W	2/12	S	TN	KY	KY	
	Nancy J.	Sister		F	W	65	S	TN	TN	TN	Basket Maker
Shay,	John G.	Head	R	M	W	25	M	KY	KY	KY	Pole Road Laborer
	Bonnie	Wife		F	W	24	M	TN	TN	TN	
	Eugene W.	Son		M	W	3-1/12	S	IA	KY	TN	
	Irene	Dau.		F	W	1-6/12	S	KY	KY	TN	
Parris,	Andrew C.	Head	O	M	W	30	M	TN	TN	TN	Farmer
	Lee A.	Wife		F	W	26	M	TN	TN	TN	
	Ansel E.	Son		M	W	7	S	TN	TN	TN	
	Hollie W.	Son		M	W	5	S	TN	TN	TN	
	Lola G.	Dau.		F	W	3-5/12	S	TN	TN	TN	
Copley,	William I.	Head	R	M	W	50	M	TN	TN	TN	Farmer
	Rosette	Wife		F	W	47	M	TN	TN	TN	
	Albert E.	Son		M	W	25	S	TN	TN	TN	Stave Woods Teamster
	Allen	Son		M	W	23	S	TN	TN	TN	Stave Lumber Teamster
	Ringeley	Son		M	W	21	S	TN	TN	TN	Lumber Mill Laborer
	Elbia	Dau.		F	W	17	S	TN	TN	TN	
	Alvia	Son		M	W	15	S	TN	TN	TN	
	Ella	Dau.		F	W	12	S	TN	TN	TN	
	Potter	Son		M	W	9	S	TN	TN	TN	
	Mary A.	Dau.		F	W	7	S	TN	TN	TN	
	Willard C.	Son		M	W	4-9/12	S	TN	TN	TN	
Reagan,	Martha J.	Head	R	F	W	42	S	TN	TN	TN	
	Luary	Sister		F	W	23	S	TN	TN	TN	
	Spencer L.	Son		M	W	17	S	TN	TN	TN	Pole Road Laborer
	Eddie C.	Grandson		M	W	3-5/12	S	TN	TN	TN	

1920 Fentress Co. TN Census

Name		Relation-ship	House Own or Rent	Sex	Color or Race	Age	Married Single Widow	Birth Place	Fathers Birth Place	Mothers Birth Place	Trade
						Civil District No. 1					
Wright,	Mary E.	Head	R	F	W	42	S	TN	TN	TN	Boarding House Keeper
	Weleter C.	Son		M	W	21	M	TN	TN	TN	Farm Laborer
	Ermine	Dau.-in-law		F	W	18	M	TN	TN	TN	
Turner,	James K.	Head	O	M	W	52	M	TN	TN	TN	U.S. Mail Carrier
	Martha A.	Wife		F	W	38	M	KY	TN	KY	
Wright,	Roy C.	Step-son		M	W	18	S	TN	TN	TN	Farm Laborer
	Deljha A.	Step-dau.		F	W	17	S	TN	TN	TN	
Turner,	Bertha M.	Dau.		F	W	18	S	TN	TN	TN	
	William M.	Son		M	W	16	S	TN	TN	TN	
	Sylvia E.	Dau.		F	W	7	S	TN	TN	TN	
	Owen E.	Son		M	W	6	S	TN	TN	TN	
	Letta E.	Dau.		F	W	4-0/12	S	TN	TN	TN	
	Oval E.	Son		M	W	2-3/12	S	TN	TN	TN	
Sewell,	Porter J.	Head	O	M	W	30	M	TN	TN	TN	Lumber Mill Laborer
	Fatima	Wife		F	W	32	M	TN	TN	TN	
	Vonnie L.	Dau.		F	W	5	S	TN	TN	TN	
	Ballard E.	Son		M	W	3-3/12	S	TN	TN	TN	
	Alvin M.	Father		M	W	60	W	TN	TN	TN	
Potter,	Burl W.	Head	O	M	W	41	M	TN	TN	TN	Lumber Mill Laborer
	Lydia E.	Wife		F	W	31	M	TN	TN	TN	
	Charlie S.	Son		M	W	9	S	TN	TN	TN	
	John W.	Son		M	W	6	S	TN	TN	TN	
	Edith L.	Dau.		F	W	1-3/12	S	TN	TN	TN	
Crabtree,	Henry C.	Head	R	M	W	44	M	KY	TN	USA	Lumber Mill Laborer
	Jane	Wife		F	W	44	M	KY	KY	KY	
Fowler,	Elzie L.	Head	O	M	W	48	M	TN	ND	ND	Timber Woods Laborer
	Eda E.	Wife		F	W	42	M	TN	KY	TN	
	Travis	Son		M	W	22	S	TN	TN	TN	Cross Ties Teamster
	Carlise	Son		M	W	20	S	TN	TN	TN	Lumber Mill Laborer
	Theodore R.	Son		M	W	18	S	TN	TN	TN	Lumber Mill Laborer
	Thursie P.	Dau.		F	W	15	S	TN	TN	TN	
	Willie E.	Son		F	W	11	S	TN	TN	TN	
	Girtie P.	Dau.		F	W	1-7/12	S	TN	TN	TN	
Hall,	James	Head	R	M	W	28	M	TN	TN	TN	Log Woods Laborer
	Mary L.	Wife		F	W	24	M	TN	TN	TN	
Parker,	James T.	Head	O	M	W	62	M	TN	TN	TN	Farm Operater
	Sarah E.	Wife		F	W	61	M	TN	TN	TN	
Bramun,	Elbert	Boarder		M	W	24	S	TN	TN	TN	Timber Woods Laborer
Parker,	Mintie V.	Head	O	F	W	30	W	TN	TN	TN	Farm Operater
	Ova B.	Dau.		F	W	10	S	TN	TN	TN	
	Harold C.	Son		M	W	7	S	TN	TN	TN	
	Daniel R.	Son		M	W	4-1/12	S	TN	TN	TN	
Crabtree,	John S.	Head	R	M	W	35	M	TN	TN	TN	Cross Ties Laborer
	Mary L.	Wife		F	W	27	M	KY	KY	USA	
	Ora M.	Dau.		F	W	10	S	TN	TN	KY	
	Edna L.	Dau.		F	W	8	S	TN	TN	KY	
	James H.	Son		M	W	6	S	TN	TN	KY	
	Ethel R.	Dau.		F	W	3-9/12	S	TN	TN	KY	
	Isaac	Father		M	W	69	W	TN	TN	TN	

1920 Fentress Co. TN Census

Name		Relation -ship	House Own or Rent	Sex	Color or Race	Age	Married Single Widow	Birth Place	Fathers Birth Place	Mothers Birth Place	Trade
							Civil District No. 1				
Beaty,	Mack A.	Head	O	M	W	21	M	TN	TN	TN	Cross Ties Laborer
	Alba	Wife		F	W	20	M	TN	TN	TN	
	Juanell	Dau.		F	W	5/12	S	TN	TN	TN	
Wright,	Marion W.	Head	O	M	W	37	M	TN	TN	TN	Lumber Teamster
	Mary E.	Wife		F	W	38	M	TN	TN	TN	
	Wallie	Son		M	W	9	S	TN	TN	TN	
Rich,	Lindsay	Head	O	M	W	27	M	TN	TN	TN	Telephone Lineman
	Tennessee	Wife		F	W	20	M	TN	TN	TN	
	Ermine	Dau.		F	W	1-5/12	S	TN	TN	TN	
Goodman,	Bettie	Head	O	F	W	53	W	TN	TN	TN	
Dyer,	Cassie	Dau.		F	W	11	S	TN	TN	TN	
Potter,	James B.	Head	O	M	W	41	M	TN	TN	TN	Railroad Grade Laborer
	Nina F.	Wife		F	W	36	M	TN	TN	TN	
	Ernest L.	Son		M	W	17	S	TN	TN	TN	Railroad Grade Laborer
	Raymond F.	Son		M	W	15	S	TN	TN	TN	Railroad Grade Laborer
	Lance S.	Son		M	W	12	S	TN	TN	TN	
	Sadie E.	Dau.		F	W	10	S	TN	TN	TN	
	Willie T.	Son		M	W	8	S	TN	TN	TN	
	Mary L.	Dau.		F	W	4-5/12	S	TN	TN	TN	
	Carl P.	Son		M	W	1-3/12	S	TN	TN	TN	
Potter,	Henry L.	Head	O	M	W	54	M	SC	SC	SC	
	Sarah J.	Wife		F	W	52	M	TN	TN	TN	
	Ibedell K.	Dau.		F	W	25	S	TN	SC	TN	Teacher
	Andrew B.	Son		M	W	22	S	TN	SC	TN	Depot Agent
Potter,	Orlen A.	Head	O	M	W	33	M	TN	SC	TN	Cross Ties Teamster
	Matilda E.	Wife		F	W	32	M	TN	TN	TN	
	Delta E.	Dau.		F	W	12	S	TN	TN	TN	
	Floyd W.	Son		M	W	10	S	TN	TN	TN	
	Dellas L.	Dau.		F	W	8	S	TN	TN	TN	
	Porter L.	Son		M	W	5	S	TN	TN	TN	
	Nettie J.	Dau.		F	W	3-1/12	S	TN	TN	TN	
	Cosby A.	Son		M	W	1-1/12	S	TN	TN	TN	
Crabtree,	Wesley J.	Head	O	M	W	22	M	TN	TN	TN	Timber Woods Laborer
	Nancy	Wife		F	W	27	M	TN	TN	TN	
	Ova R.	Dau.		F	W	3-7/12	S	TN	TN	TN	
	Dock O.	Son		M	W	8/12	S	TN	TN	TN	
Terry,	Lim	Head	R	M	W	30	M	TN	TN	TN	Timber Woods Laborer
	Eva A.	Wife		F	W	21	M	TN	TN	TN	
	Harland	Son		M	W	1-4/12	S	TN	TN	TN	
Crockett,	Dock	Bro.-in-law		M	W	31	S	TN	TN	TN	Timber Woods Laborer
Terry,	Ozions J.	Head	O	M	W	50	M	TN	TN	TN	Farm Laborer
	Bettie S.	Wife		F	W	48	M	TN	TN	TN	
	John M.	Son		M	W	19	S	TN	TN	TN	Farm Laborer
	Nora	Dau.		F	W	15	S	TN	TN	TN	
	Stella	Dau.		F	W	12	S	TN	TN	TN	
	Percy B.	Son		M	W	10	S	TN	TN	TN	
	Nella	Dau.		F	W	6	S	TN	TN	TN	
	Billie G.	Son		M	W	3-9/12	S	TN	TN	TN	
	Joanna	Mother		F	W	80	W	TN	TN	TN	

1920 Fentress Co. TN Census

Name		Relation -ship	House Own or Rent	Sex	Color or Race	Age	Married Single Widow	Birth Place	Fathers Birth Place	Mothers Birth Place	Trade
							Civil District No. 1				
Wright,	Mitchell I.	Head	R	M	W	25	M	TN	TN	TN	Freight Teamster
	Bell H.	Wife		F	W	31	M	TN	TN	TN	
	Walter T.	Son		M	W	2-8/12	S	TN	TN	TN	
	Sylvester	Brother		M	W	14	S	TN	TN	TN	
Crouch,	Joe	Head	R	M	W	45	M	TN	TN	TN	Lumber Mill Laborer
	Lena	Wife		F	W	39	M	TN	TN	TN	
	Lonnie	Son		M	W	13	S	TN	TN	TN	
	Ollie B.	Dau.		F	W	12	S	TN	TN	TN	
	Flonna M.	Dau.		F	W	5	S	TN	TN	TN	
	Bertha L.	Dau,		F	W	2-8/12	S	TN	TN	TN	
Guffey,	Caroline S.	Head	O	F	W	56	D	TN	TN	TN	
	Effie	Dau.		F	W	24	S	TN	TN	TN	
	Herbert	Son		M	W	22	S	TN	TN	TN	Train Fireman
	Sadie	Dau.		F	W	20	S	TN	TN	TN	
Tipton,	Mary J.	Head	R	F	W	54	W	TN	TN	TN	
Brannon,	Ermlace	Head	R	F	W	41	S	TN	TN	TN	
	Murley	Son		M	W	17	S	TN	TN	TN	Farm Laborer
	Bennie	Son		M	W	12	S	TN	TN	TN	
	Edgar	Son		M	W	10	S	TN	TN	TN	
	Muret	Son		M	W	5	S	TN	TN	TN	
	Walter	Son		M	W	4-8/12	S	TN	TN	TN	
	Martha	Mother		F	W	72	W	TN	TN	TN	
Coakley,	James E.	Head	O	M	W	61	M	KY	KY	KY	Farmer
	Lizzie B.	Wife		F	W	54	M	KY	KY	KY	
	Iva S.	Dau.		F	W	22	S	TN	KY	KY	Teacher
	Harve B.	Son		M	W	30	D	TN	KY	KY	Farm Laborer
	Frank R.	Son		M	W	16	S	TN	KY	KY	
	EdgarU.	Grandson		M	W	5	S	TN	TN	TN	
Wheeler,	John T.	Head	O	M	W	45	M	TN	TN	TN	Lawyer
	Margarett L.	Wife		F	W	43	M	TN	TN	TN	
	Alice	Dau.		F	W	16	S	TN	TN	TN	
	Frances E.	Dau.		F	W	14	S	TN	TN	TN	
	Paul	Son		M	W	12	S	TN	TN	TN	
	John T.	Son		M	W	10	S	TN	TN	TN	
	Louise	Dau.		F	W	8	S	TN	TN	TN	
	Joseph E.	Son		M	W	7/12	S	TN	TN	TN	
Greer,	Mack L.	Head	O	M	W	41	M	TN	TN	TN	Farmer
	Victoria E.	Wife		F	W	36	M	TN	TN	TN	
	Ernest H.	Son		M	W	17	S	TN	TN	TN	Farm Laborer
	Oma E.	Dau.		F	W	15	S	TN	TN	TN	
	Mary J.	Dau.		F	W	9	S	TN	TN	TN	
Beaty,	Andrew J.	Head	R	M	W	34	M	TN	TN	TN	Farmer
	Maggie	Wife		F	W	32	M	TN	TN	TN	
	Fredrick R.	Son		M	W	10	S	TN	TN	TN	
	Edison O.	Son		M	W	7	S	TN	TN	TN	
	Willie C.	Son		M	W	5	S	TN	TN	TN	
	Chester G.	Son		M	W	2-5/12	S	TN	TN	TN	
	Ralph O.	Son		M	W	5/12	S	TN	TN	TN	
Bowden,	Ralph H.	Bro.-in-law		M	W	22	S	TN	TN	TN	Band Mill Laborer
Beaty,	Bailey D.	Head	O	M	W	33	M	TN	TN	TN	Farmer
	Alice M.	Wife		F	W	38	M	KY	KY	KY	

1920 Fentress Co. TN Census

Name		Relation-ship	House Own or Rent	Sex	Color or Race	Age	Married Single Widow	Birth Place	Fathers Birth Place	Mothers Birth Place	Trade
						Civil District No. 1					
Gernt,	Arthur B.	Head	O	M	W	40	M	MI	Germany	Germany	Lumber Manufacturer
	Edna A.	Wife		F	W	36	M	OH	OH	OH	
	Ema A.	Dau.		F	W	14	S	TN	MI	OH	
	Oscar G.	Son		M	W	13	S	TN	MI	OH	
	Ester F.	Dau.		F	W	9	S	TN	MI	OH	
	Annetta G.	Dau.		F	W	8	S	TN	MI	OH	
Youngs,	Joe	Head	O	M	W	48	M	MI	MI	Canada	Lumber Dealer
	Jullia A.	Wife		F	W	40	M	TN	TN	TN	
	Bama W.	Son		M	W	27	S	TN	MI	TN	General Store Salesman
Pyner,	Philly H.	Head	R	M	W	28	M	TN	TN	TN	Log Woods Teamster
	Arza M.	Wife		F	W	24	M	TN	TN	TN	
	Mary L.	Dau.		F	W	6	S	TN	TN	TN	
	Minnie O.	Dau.		F	W	4-11/12	S	TN	TN	TN	
	Hattie M.	Dau.		F	W	3-0/12	S	TN	TN	TN	
	Buble C.	Son		M	W	5/12	S	TN	TN	TN	
Wright,	James D.	Head	O	M	W	43	M	TN	TN	TN	Farmer
	Ellen	Wife		F	W	43	M	TN	TN	TN	
	Ralph	Son		M	W	17	S	TN	TN	TN	Farm Laborer
	Buble	Son		M	W	16	S	TN	TN	TN	Farm Laborer
	Hazle	Dau.		F	W	14	S	TN	TN	TN	
	Loma B.	Dau.		F	W	13	S	TN	TN	TN	
	Donald	Son		M	W	7	S	TN	TN	TN	
	Carl	Son		M	W	5	S	TN	TN	TN	
	Shelton	Son		M	W	3-1/12	S	TN	TN	TN	
	Nora M.	Dau.		F	W	1-0/12	S	TN	TN	TN	
Conatser,	William H.	Head	O	M	W	66	M	TN	TN	TN	Farmer
	Mary E.	Wife		F	W	66	M	TN	TN	TN	
	Mary M.	Grandaughter		F	W	5	S	GA	TN	TN	
Hood,	Porter	Head	O	M	W	30	M	TN	TN	TN	Farmer
	Girtie P.	Wife		F	W	25	M	TN	KY	TN	
	Edward D.	Son		M	W	4-3/12	M	TN	TN	TN	
	Woodrow	Son		M	W	3-11/12	S	TN	TN	TN	
	Lilly E.	Dau.		F	W	9/12	S	TN	TN	TN	
Kington,	John H.	Head	O	M	W	77	M	IL	VA	VA	
	Sopronia	Wife		F	W	64	M	KY	USA	USA	
	George E.	Son		M	W	31	S	TN	IL	KY	Carpenter
	Albert B.	Son		M	W	24	S	TN	IL	KY	Carpenter
	Fred H.	Son		M	W	20	S	TN	IL	KY	
Crabtree,	James	Head	O	M	W	65	M	TN	TN	TN	Freight Teamster
	Martha	Wife		F	W	65	M	TN	TN	TN	
	Verna	Dau.		F	W	29	S	TN	TN	TN	
	Cordell	Grandson		M	W	15	S	TN	TN	TN	
	Willie	Grandaughter		F	W	10	S	TN	TN	TN	
	Willard	Grandson		M	W	4-8/12	S	TN	TN	TN	
Potter,	Cyntha A.	Head	O	F	W	63	W	TN	GA	GA	Steel Bridge Laborer
	Loranza D.	Son		M	W	25	S	TN	TN	TN	
	Montle M.	Dau.		F	W	21	S	TN	TN	TN	
	Elmer C.	Son		M	W	18	S	TN	TN	TN	U.S. Mail Carrier
	Josia A.	Grandaughter		F	W	12	S	TN	TN	TN	
	Olliver C.	Grandson		M	W	7	S	TN	TN	TN	
Carney,	Margarett	Boarder		F	W	77	W	TN	VA	VA	

1920 Fentress Co. TN Census

Name		Relation -ship	House Own or Rent	Sex	Color or Race	Age	Married Single Widow	Birth Place	Fathers Birth Place	Mothers Birth Place	Trade

Civil District No. 1

Name		Relation -ship	House Own or Rent	Sex	Color or Race	Age	Married Single Widow	Birth Place	Fathers Birth Place	Mothers Birth Place	Trade
Rich,	Landon C.	Head	R	M	W	72	M	TN	VA	VA	Farmer
	Mandy E.	Wife		F	W	64	M	TN	TN	TN	
	Dora F.	Dau.		F	W	39	S	TN	TN	TN	
	Anna D.	Dau.		F	W	37	D	TN	TN	TN	
	Herbert C.	Son		M	W	23	S	TN	TN	TN	Railroad Fireman
	George G.	Son		M	W	20	S	TN	TN	TN	Stave Mill Laborer
	Willie F.	Grandaughter		F	W	19	S	TN	TN	TN	
	Edgar	Grandson		M	W	12	S	TN	TN	TN	
	Mary E.	Grandaughter		F	W	11	S	TN	TN	TN	
	Ana R.	Grandaughter		F	W	5	S	TN	TN	TN	
	Thomas W.	Grandson		M	W	1-8/12	S	TN	TN	TN	

1920 Fentress Co. TN Census

Name		Relation-ship	House Own or Rent	Sex	Color or Race	Age	Married Single Widow	Birth Place	Fathers Birth Place	Mothers Birth Place	Trade
					Civil District No. 2						
Johnson,	Asa	Head	R	M	W	35	M	TN	TN	TN	Farmer
	Hattie	Wife		F	W	32	M	TN	TN	TN	
	Carlysle	Son		M	W	8	S	TN	TN	TN	
	Clyde	Son		M	W	6	S	TN	TN	TN	
	Lesa	Dau.		F	W	22/12	S	TN	TN	TN	
Whittenburg,	Henry	Head	O	M	W	63	M	TN	TN	TN	Farmer
	Katherine	Wife		F	W	57	M	TN	TN	TN	
	Ida	Dau.		F	W	24	S	TN	TN	TN	
	Mary	Dau.		F	W	22	S	TN	TN	TN	
	Willie	Son		M	W	19	S	TN	TN	TN	Farm Laborer
	Ira	Granddaughter		F	W	7	S	TN	TN	TN	
	Allen	Grandson		M	W	3-10/12	S	TN	TN	TN	
Reed,	L. S.	Head	O	M	W	45	M	TN	TN	TN	Farmer
	Isabell	Wife		F	W	44	M	TN	TN	TN	
	Verdie	Dau.		F	W	17	S	TN	TN	TN	
	Shirley	Son		M	W	11	S	TN	TN	TN	
Scott,	Zeff	Servant		M	W	64	S	TN	TN	TN	Servant
Harvey,	J. F.	Head	R	M	W	56	M	KY	KY	KY	Farmer
	Tamma	Wife		F	W	43	M	TN	TN	TN	
	Sherman	Son		M	W	19	S	TN	KY	TN	Farm Laborer
	Frona	Dau.		F	W	18	S	TN	KY	TN	
	Fairsit	Son		M	W	13	S	TN	KY	TN	Farm Laborer
	Niles	Son		M	W	13	S	TN	KY	TN	Farm Laborer
	Mertle	Dau.		F	W	8	S	TN	KY	TN	
	Verdie	Dau.		F	W	6	S	TN	KY	TN	
	Edna	Dau.		F	W	1-6/12	S	TN	KY	TN	
Guffey,	Harrison	Head	O	M	W	31	M	TN	TN	TN	Farmer
	Elter	Wife		F	W	25	M	TN	TN	TN	
	Edna	Dau.		F	W	8	S	TN	TN	TN	
	Beynett	Son		M	W	6	S	TN	TN	TN	
Rains,	Sam	Head	R	M	W	40	M	TN	TN	TN	Farmer
	Bertha	Wife		F	W	23	M	TN	KY	TN	
	Deupy	Son		M	W	6/12	S	TN	TN	TN	
Reed,	Addin	Head	O	M	W	61	M	TN	TN	KY	Farmer
	Kansas	Wife		F	W	58	M	TN	KY	KY	
	Raymon	Son		M	W	23	S	TN	TN	TN	Farm Laborer
	Ira	Son		M	W	21	S	TN	TN	TN	Farm Laborer
	Myrtle	Dau.		F	W	16	S	TN	TN	TN	
	Ellen	Dau.		F	W	14	S	TN	TN	TN	
Frogge,	Cysil	Head	O	M	W	61	M	TN	TN	TN	Farmer
	Elizabeth	Wife		F	W	59	M	TN	TN	TN	
	Ocie O.	Son		M	W	25	S	TN	TN	TN	Teacher
	Delmer	Grandson		M	W	14	S	TN	TN	TN	
Evans,	Jack	Head	O	M	W	75	M	TN	TN	TN	Farmer
	Maucie	Wife		F	W	71	M	TN	TN	TN	
Riley,	Mrs. M. E.	Head	O	F	W	58	W	TN	TN	TN	Farmer
	Walter	Son		M	W	23	S	TN	TN	TN	Farm Laborer
	Verdie	Dau.		F	W	20	S	TN	TN	TN	
	Edna	Dau.		F	W	17	S	TN	TN	TN	

1920 Fentress Co. TN Census

Name		Relation -ship	House Own or Rent	Sex	Color or Race	Age	Married Single Widow	Birth Place	Fathers Birth Place	Mothers Birth Place	Trade
						Civil District No. 2					
Riley,	Rosco	Head	?	M	W	31	M	TN	TN	TN	Farmer
	Alice	Wife		F	W	34	M	TN	TN	TN	
	Clay	Son		M	W	4-4/12	S	TN	TN	TN	
	Bates	Son		M	W	2/12	S	TN	TN	TN	
Bertram,	Mrs. T. L.	Head	O	F	MU	60	M	TN	USA	USA	Farmer
	Benny	Son		M	MU	24	S	TN	TN	TN	Farm Laborer
Redmon,	Marion	Lodger		M	MU	26	S	TN	TN	TN	Farm Laborer
Bertram,	H. C.	Head	R	M	MU	30	M	TN	TN	TN	Farmer
	Bessie	Wife		F	MU	29	M	KY	KY	KY	
	Golden	Son		M	MU	10	S	KY	TN	KY	
	Lear	Dau.		F	MU	8	S	KY	TN	KY	
	Elter	Dau.		F	MU	6	S	KY	TN	KY	
	Harley	Son		M	MU	2	S	KY	TN	KY	
Bertram,	Andy	Head	R	M	MU	22	M	TN	TN	TN	
	Stella	Wife		F	MU	17	M	KY	KY	KY	
Upchurch,	Mrs. Bell	Head	O	F	W	48	W	TN	TN	TN	Farmer
	William	Son		M	W	22	S	TN	TN	TN	Farm Laborer
	James	Son		M	W	20	S	TN	TN	TN	Farm Laborer
	Fox	Son		M	W	17	S	TN	TN	TN	Farm Laborer
	Delmer	Son		M	W	15	S	TN	TN	TN	
	Pat	Son		M	W	10	S	TN	TN	TN	
Greer,	Bascum	Head	O	M	W	40	M	TN	TN	TN	Farmer
	Ada	Wife		F	W	34	M	TN	TN	TN	
	Iva	Dau.		F	W	15	S	TN	TN	TN	
	Epsie	Dau.		F	W	13	S	TN	TN	TN	
	Oliver	Son		M	W	10	S	TN	TN	TN	
	Edward	Son		M	W	8	S	TN	TN	TN	
	Elise	Dau.		F	W	5	S	TN	TN	TN	
	Wilson	Son		M	W	3	S	TN	TN	TN	
	Lois	Dau.		F	W	9/12	S	TN	TN	TN	
Greer,	Autie	Head	O	M	W	35	M	TN	TN	TN	Farmer
	Mrs.	Wife		F	W	30	M	TN	TN	TN	
	Olive	Dau.		F	W	8	S	TN	TN	TN	
	Gladys	Dau.		F	W	7	S	TN	TN	TN	
	Noble	Son		M	W	5	S	TN	TN	TN	
	Alice	Dau.		F	W	2-2/12	S	TN	TN	TN	
	Faris	Son		M	W	1-6/12	S	TN	TN	TN	
Greer,	Mrs. Margaret	Head	O	F	W	78	W	TN	TN	TN	
Upchurch,	Odie	Head	R	M	W	28	M	TN	TN	TN	Farmer
	Della	Wife		F	W	25	M	TN	TN	TN	
	Betrese	Dau.		F	W	1-9/12	S	TN	TN	TN	
Reynolds,	Edna	Cook		F	W	17	S	TN	TN	TN	Cook
Greer,	Willie	Head	O	M	W	32	M	TN	TN	TN	Farmer
	Frona	Wife		F	W	24	M	TN	TN	TN	
	Delphia	Dau.		F	W	8	S	TN	TN	TN	
	Lola	Dau.		F	W	1-6/12	S	TN	TN	TN	
Frogge,	Daniel	Head	O	M	W	59	M	TN	TN	TN	Farmer
	Laurence	Wife		F	W	42	M	TN	TN	TN	
	Lovela	Son		M	W	16	S	TN	TN	TN	
	Lola	Dau.		F	W	14	S	TN	TN	TN	

1920 Fentress Co. TN Census

Name		Relation -ship	House Own or Rent	Sex	Color or Race	Age	Married Single Widow	Birth Place	Fathers Birth Place	Mothers Birth Place	Trade

Civil District No. 2

Name		Relation -ship	House Own or Rent	Sex	Color or Race	Age	Married Single Widow	Birth Place	Fathers Birth Place	Mothers Birth Place	Trade
Frogge,	Edison	Head	O	M	W	26	S	TN	TN	TN	Farmer
Frogge,	Mrs. Ellen	Head	O	F	W	48	W	KY	KY	KY	Farmer
	Walter	Son		M	W	28	S	TN	TN	KY	
	Mitchell	Son		M	W	20	S	TN	TN	KY	Farm Laborer
	Oma	Dau.		F	W	17	S	TN	TN	KY	Teacher
Piles,	Calvin	Head	O	M	W	67	M	TN	TN	TN	Farmer
	Hannah	Wife		F	W	65	M	TN	TN	TN	
	Mary J.	Dau.		F	W	33	W	TN	TN	TN	
	Cullom	Grandson		M	W	16	S	TN	TN	TN	Farm Laborer
	Jack	Grandson		M	W	8	S	TN	TN	TN	
Piles,	Mack	Head	R	M	W	28	M	TN	TN	TN	Farmer
	Millie Lee	Wife		F	W	31	M	TN	TN	TN	
	Fronza	Dau.		F	W	4-2/12	S	TN	TN	TN	
	Iva	Dau.		F	W	2-11/12	S	TN	TN	TN	
	Allen	Son		M	W	1-0/12	S	TN	TN	TN	
Piles,	Porter	Head	?	M	W	35	M	TN	TN	TN	Farmer
	Vada	Wife		F	W	30	M	TN	TN	TN	
	Roxy	Dau.		F	W	7	S	TN	TN	TN	
Frogge,	Mrs. H. A.	Head	O	F	W	66	W	TN	TN	TN	Farmer
Evans,	Tim	Labor		M	W	20	S	TN	TN	TN	Farm Laborer
Evans,	John	Head	R	M	W	62	M	TN	TN	TN	Farmer
	Maggie	Wife		F	W	45	M	TN	TN	TN	
	Della	Dau.		F	W	25	S	TN	TN	TN	
	Bovine	Dau.		F	W	16	S	TN	TN	TN	
Guffey,	Andrew	Head	O	M	W	44	M	TN	TN	TN	Farmer
	Mary	Wife		F	W	43	M	TN	TN	TN	
	Lola	Dau.		F	W	18	S	TN	TN	TN	Farm Laborer
	Clayton	Son		M	W	17	S	TN	TN	TN	Farm Laborer
	Charley	Son		M	W	14	S	TN	TN	TN	
	Willie	Son		M	W	12	S	TN	TN	TN	
	Delmer	Son		M	W	9	S	TN	TN	TN	
	Dentes	Son		M	W	6	S	TN	TN	TN	
Mains,	Kete	Head	O	M	W	37	M	TN	TN	TN	Farmer
	Pearl	Wife		F	W	31	M	TN	TN	TN	
Gilreath,	Willie	Step-son		M	W	7	S	TN	TN	TN	
	Hazel	Step-dau.		F	W	3-8/12	S	TN	TN	TN	
Mains,	Ina	Dau.		F	W	1-0/12	S	TN	TN	TN	
Lowrey,	Joseph	Head	R	M	W	59	M	TN	TN	TN	
	Nancie	Wife		F	W	53	M	TN	TN	TN	
Mains,	William	Head	R	M	W	62	M	TN	TN	TN	Farmer
	Ether	Dau.		F	W	26	S	TN	TN	TN	
	Ada	Dau.		F	W	17	S	TN	TN	TN	
	Crocket	Son		M	W	15	S	TN	TN	TN	
	Warner	Grandson		M	W	9	S	TN	TN	TN	
	Ray	Grandson		M	W	2	S	TN	TN	TN	
	Woodrow	Grandson		M	W	3-8/12	S	TN	TN	TN	

Name		Relation -ship	House Own or Rent	Sex	Color or Race	Age	Married Single Widow	Birth Place	Fathers Birth Place	Mothers Birth Place	Trade

Civil District No. 2

Name		Relation -ship	House Own or Rent	Sex	Color or Race	Age	Married Single Widow	Birth Place	Fathers Birth Place	Mothers Birth Place	Trade
Poor,	John	Head	O	M	W	40	M	TN	TN	TN	Farmer
	Ermine	Wife		F	W	38	M	TN	TN	TN	
	Moses	Son		M	W	17	S	TN	TN	TN	
	May	Dau.		F	W	14	S	TN	TN	TN	
	Ray	Son		M	W	12	S	TN	TN	TN	
	Norma	Dau.		F	W	7	S	TN	TN	TN	
Beaty,	Dallas	Head	O	M	W	23	M	TN	TN	TN	Farmer
	Alice	Wife		F	W	24	M	TN	TN	TN	
	Hoover	Son		M	W	2-8/12	S	TN	TN	TN	
	Bradley	Son		M	W	1	S	TN	TN	TN	
Beaty,	James	Head	R	M	W	78	W	TN	TN	TN	
	Elumis	Son		M	W	19	S	TN	TN	TN	Farm Laborer
Poor,	Emmet	Head	O	M	W	35	M	TN	TN	TN	Farmer
	Mary	Wife		F	W	34	M	TN	TN	TN	
	Blanche	Dau.		F	W	7	S	TN	TN	TN	
	Vannie	Dau.		F	W	4-6/12	S	TN	TN	TN	
	Roxey	Dau.		F	W	2-5/12	S	TN	TN	TN	
Upchurch,	Aierce	Head	O	M	W	45	M	TN	TN	TN	Farmer
	Mary C.	Wife		F	W	38	M	TN	TN	TN	
	Ellen	Dau.		F	W	15	S	TN	TN	TN	
	Valma	Dau.		F	W	14	S	TN	TN	TN	
	Nova	Dau.		F	W	9	S	TN	TN	TN	
	Eula	Dau.		F	W	5	S	TN	TN	TN	
	Ben	Son		M	W	2-8/12	S	TN	TN	TN	
	Oliver	Son		M	W	1-3/12	S	TN	TN	TN	
Presley,	Osco	Laborer		M	W	12	S	TN	TN	TN	Farm Laborer
Upchurch,	K. L.	Head	O	M	W	41	M	TN	TN	TN	Farmer
	Lou	Wife		F	W	25	M	TN	TN	TN	
	Alice	Dau.		F	W	13	S	TN	TN	TN	
	Paul	Son		M	W	10	S	TN	TN	TN	
	Ether	Dau.		F	W	8	S	TN	TN	TN	
	Bertie	Dau.		F	W	4	S	TN	TN	TN	
	Ollie	Dau.		F	W	2-2/12	S	TN	TN	TN	
Upchurch,	James	Head	O	M	W	43	M	TN	TN	TN	Farmer
	Mary	Wife		F	W	33	M	TN	TN	TN	
Evans,	Ora	Step-dau.		F	W	19	S	TN	TN	TN	
Upchurch,	Carlos	Son		M	W	14	S	TN	TN	TN	
	Montie	Dau.		F	W	10	S	TN	TN	TN	
	Very	Dau.		F	W	8	S	TN	TN	TN	
	Esther	Dau.		F	W	6	S	TN	TN	TN	
	Dessie	Dau.		F	W	4	S	TN	TN	TN	
	Welvia	Son		M	W	1-4/12	S	TN	TN	TN	
Buck,	Woolridge	Head	O	M	W	27	M	TN	TN	TN	Farmer
	Rody	Wife		F	W	26	M	TN	TN	TN	
	Oliver	Son		M	W	7	S	TN	TN	TN	
	Shelstia	Dau.		F	W	2	S	TN	TN	TN	
	Colonel	Son		M	W	7/12	S	TN	TN	TN	

1920 Fentress Co. TN Census

Name		Relation-ship	House Own or Rent	Sex	Color or Race	Age	Married Single Widow	Birth Place	Fathers Birth Place	Mothers Birth Place	Trade
						Civil District No. 2					
Pritchet,	Bill	Head	?	M	W	46	M	TN	TN	TN	Farmer
	Ruth	Wife		F	W	23	M	TN	TN	TN	
	Wheeler	Son		M	W	22	S	TN	TN	TN	Farm Laborer
	Troy	Son		M	W	19	S	TN	TN	TN	Farm Laborer
	Edna	Dau.		F	W	14	S	TN	TN	TN	
	Effie	Dau.		F	W	12	S	TN	TN	TN	
	Lendna	Dau.		F	W	10	S	TN	TN	TN	
	Clay	Son		M	W	10/12	S	TN	TN	TN	
Buck,	G. W.	Head	O	M	W	64	M	TN	TN	TN	Farmer
	Mary C.	Wife		F	W	62	M	TN	TN	TN	
	Luther	Son		M	W	35	M	TN	TN	TN	Farm Laborer
Buck,	Lemonia	Head	R	M	W	20	M	TN	TN	TN	Farmer
	Melvina	Wife		F	W	21	M	TN	TN	TN	
	Willie C.	Son		M	W	1-2/12	S	TN	TN	TN	
Buck,	William	Head	R	M	W	32	M	TN	TN	TN	Farmer
	Martha	Wife		F	W	28	M	TN	TN	TN	
	Elmer	Son		M	W	9	S	TN	TN	TN	
	Willard	Son		M	W	6	S	TN	TN	TN	
	Vonie	Dau.		F	W	3-11/12	S	TN	TN	TN	
	Kenneth	Son		M	W	1-4/12	S	TN	TN	TN	
Buck,	Bettewel	Head	R	M	W	43	M	TN	TN	TN	Farmer
	Rebecca	Wife		F	W	28	M	TN	TN	TN	
	Goldie	Dau.		F	W	13	S	TN	TN	TN	
	Oak	Son		M	W	11	S	TN	TN	TN	
Nation,	Willie	Dau.		F	W	10	S	TN	TN	TN	
Buck,	Arlie	Dau.		F	W	8	S	TN	TN	TN	
	Ada	Dau.		F	W	6	S	TN	TN	TN	
	Berniett	Son		M	W	3-9/12	S	TN	TN	TN	
Greer,	Oakley	Head	R	M	W	24	M	TN	TN	TN	Farmer
	?	Wife		F	W	26	M	TN	TN	TN	
Williams,	Kansas	Cook	.	F	W	37	S	TN	TN	TN	Cook
Greer,	John	Head	O	M	W	49	M	TN	TN	TN	Farmer
	Pamila	Wife		F	W	40	M	TN	TN	TN	
	Cora	Dau.		F	W	21	S	TN	TN	TN	
	Frona	Dau.		F	W	19	S	TN	TN	TN	
	Edna	Dau.		F	W	16	S	TN	TN	TN	
	Elmer	Son		M	W	13	S	TN	TN	TN	
	Ruby	Dau.		F	W	8	S	TN	TN	TN	
	Sean	Dau.		F	W	8	S	TN	TN	TN	
	Willard	Son		M	W	6	S	TN	TN	TN	
	Walter	Son		M	W	2	S	TN	TN	TN	
Upchurch,	Mrs. Louise	Head	O	F	W	75	W	TN	TN	TN	Farmer
	Fate	Son		M	W	44	S	TN	TN	TN	Farm Labor
Garret,	Ida	Dau.		F	W	30	M	TN	TN	TN	
Davis,	George	Head	O	M	W	43	M	TN	TN	TN	Farmer
	Leann	Wife		F	W	39	M	TN	TN	TN	
	Ethel	Dau.		F	W	13	S	TN	TN	TN	
	Ada	Dau.		F	W	10	S	TN	TN	TN	
	Riley	Son		M	W	7	S	TN	TN	TN	
	Eva Jane	Dau.		F	W	0/12	S	TN	TN	TN	
Garret,	Bradley	Laborer		M	W	19	S	TN	TN	TN	Farm Laborer
Davis,	W. R.	Father		M	W	76	W	TN	TN	TN	

1920 Fentress Co. TN Census

Name		Relation -ship	House Own or Rent	Sex	Color or Race	Age	Married Single Widow	Birth Place	Fathers Birth Place	Mothers Birth Place	Trade
						Civil District No. 2					
Rich,	Albert	Head	O	M	W	?	M	TN	TN	TN	Farmer
	Ermine	Wife		F	W	32	M	TN	TN	TN	
	Edison	Son		M	W	6	S	TN	TN	TN	
	Fonza	Dau.		F	W	4-8/12	S	TN	TN	TN	
	Joe	Son		M	W	2-0/12	S	TN	TN	TN	
Delk,	John	Head	R	M	W	37	M	TN	TN	TN	Farmer
	Frona	Wife		F	W	35	M	TN	TN	TN	
	Procter	Son		M	W	14	S	TN	TN	TN	
	Clarence	Son		M	W	12	S	TN	TN	TN	
	Dona	Dau.		F	W	10	S	TN	TN	TN	
	Nona	Dau.		F	W	8	S	TN	TN	TN	
Delk,	Wesley	Nephew		M	W	12	S	TN	TN	TN	
Upchurch,	Joseph	Head	O	M	W	65	M	TN	TN	TN	Farmer
	Elizabeth	Wife		F	W	44	M	TN	TN	TN	
	Terry	Son		M	W	25	S	TN	TN	TN	Farm Laborer
	McKiney	Son		M	W	23	S	TN	TN	TN	Farm Laborer
	Bemet	Son		M	W	17	S	TN	TN	TN	Farm Laborer
	Slena	Dau.		F	W	15	S	TN	TN	TN	
	Will	Son		M	W	12	S	TN	TN	TN	
	Edna	Dau.		F	W	10	S	TN	TN	TN	
	Hooper	Son		M	W	7	S	TN	TN	TN	
	Amos	Son		M	W	3	S	TN	TN	TN	
Low,	Bert	Head	O	M	W	25	M	KY	KY	KY	Farmer
	Ernerine	Wife		F	W	33	M	KY	TN	TN	
Greer,	Ira	Son		M	W	18	S	TN	TN	TN	Farm Laborer
Buck,	Elta	Dau.		F	W	11	S	TN	TN	TN	
	Oval	Son		M	W	8	S	TN	TN	TN	
	Gordon	Son		M	W	5	S	TN	TN	TN	
Low,	Willard	Son		M	W	2-1/12	S	TN	TN	TN	
Upchurch,	Marion	Head	O	M	W	47	M	TN	TN	TN	Farmer
	?	Wife		F	W	40	M	TN	TN	TN	
	Verdie	Dau.		F	W	19	S	TN	TN	TN	
	Oscar	Son		M	W	16	S	TN	TN	TN	Farm Laborer
	Fannie	Dau.		F	W	12	S	TN	TN	TN	
	Eva	Dau.		F	W	8	S	TN	TN	TN	
Delk,	Mrs. Polly J.	Head	O	F	W	61	W	TN	TN	TN	Farmer
Greer,	Sam	Head	O	M	W	44	M	TN	TN	TN	Farmer
	Mary	Wife		F	W	37	M	TN	TN	TN	
Dishman,	Oney	Dau.		F	W	18	S	TN	TN	TN	
Gilreath,	Lee	Head	O	M	W	48	M	TN	TN	TN	Farmer
	Dove	Wife		F	W	49	M	TN	TN	TN	
Mordy,	Conda	?		F	W	5?	S	TN	TN	TN	
Guthrey,	B. L.	Head	O	M	W	30	M	TN	KY	TN	Store Clerk
	Fonza	Wife		F	W	25	M	TN	USA	USA	
	Howard	Son		M	W	6	S	TN	TN	TN	
	Creda	Dau.		F	W	4	S	TN	TN	TN	
	Ineta	Dau.		F	W	1-2/12	S	TN	TN	TN	

1920 Fentress Co. TN Census

Name		Relation-ship	House Own or Rent	Sex	Color or Race	Age	Married Single Widow	Birth Place	Fathers Birth Place	Mothers Birth Place	Trade

Civil District No. 2

Name		Relation-ship	House Own or Rent	Sex	Color or Race	Age	Married Single Widow	Birth Place	Fathers Birth Place	Mothers Birth Place	Trade
Barton,	John	Head	R	M	W	58	M	TN	TN	TN	Farmer
	Lucinda J.	Wife		F	W	49	M	TN	TN	TN	
	Herman	Son		M	W	21	S	TN	TN	TN	Farm Laborer
	Sylvia	Dau.		F	W	13	S	TN	TN	TN	
	Kenneth	Son		M	W	15	S	TN	TN	TN	
	Ellen	Dau.		F	W	7	S	TN	TN	TN	
	Lois	Dau.		F	W	5	S	TN	TN	TN	
Delk,	Marion	Head	O	F	W	27	S	TN	TN	TN	Farmer
	Triestty	Son		M	W	13	S	TN	TN	TN	
Upchurch,	Alvin	Head	O	M	W	26	M	TN	KY	TN	Farmer
	Ruby	Wife		F	W	25	M	TN	TN	TN	
	Clayton	Son		M	W	3-11/12	S	TN	TN	TN	
	Clara	Dau.		F	W	2-9/12	S	TN	TN	TN	
	Infant	Son		M	W	6/12	S	TN	TN	TN	
Delk,	Ellis	Head	O	M	W	62	M	TN	TN	TN	Farmer
	Nancie	Wife		F	W	61	M	TN	TN	TN	
Greer,	David	Head	O	M	W	71	M	TN	TN	TN	Farmer
	Milba	Wife		F	W	30	M	TN	TN	TN	
	Estel	Dau.		F	W	2	S	TN	TN	TN	
Delk,	Thomas	Head	O	M	W	44	M	TN	TN	TN	Farmer
	Tete	Wife		F	W	38	M	TN	TN	TN	
Rich,	Oscar	Son		M	W	18	S	TN	TN	TN	Farm Laborer
Delk,	Virgil	Son		M	W	12	S	TN	TN	TN	
	Rosier	Son		M	W	10	S	TN	TN	TN	
	Oney	Son		M	W	8	S	TN	TN	TN	
	Warner	Son		M	W	6	S	TN	TN	TN	
	May	Dau.		F	W	2-7/12	S	TN	TN	TN	
	Clay	Son		M	W	2-7/12	S	TN	TN	TN	
Greer,	Marion D.	Head	O	M	W	46	M	TN	TN	TN	Farmer
	Minnie	Wife		F	W	46	M	TN	TN	TN	
Buck,	Rebecca	Mother-in-law		F	W	70	W	TN	TN	TN	
Shoopman,	Carlos	Head	O	M	W	58	M	KY	KY	KY	Farmer
	Nancie	Wife		F	W	47	M	TN	TN	TN	
	Dohie	Son		M	W	24	S	TN	KY	TN	Farm Laborer
	Ortlha	Dau.		F	W	22	S	TN	KY	TN	
	Ethel	Dau.		F	W	20	S	TN	KY	TN	
	Arvel	Son		M	W	17	S	TN	KY	TN	Farm Laborer
	Oval	Son		M	W	15	S	TN	KY	TN	Farm Laborer
	Donald	Son		M	W	11	S	TN	KY	TN	
	Arnold	Son		M	W	8	S	TN	KY	TN	
Delk,	Lou	Head	R	M	W	78	W	TN	TN	TN	Farmer
Greer,	Logan	Head	O	M	W	33	M	TN	TN	TN	Farmer
	Hattie	Wife		F	W	33	M	TN	TN	TN	
	Elva	Dua		F	W	13	S	TN	TN	TN	
	Donald	Son		M	W	11	S	TN	TN	TN	
	Clyde	Son		M	W	6	S	TN	TN	TN	
	Carlos	Son		M	W	3-6/12	S	TN	TN	TN	

1920 Fentress Co. TN Census

Name		Relation-ship	House Own or Rent	Sex	Color or Race	Age	Married Single Widow	Birth Place	Fathers Birth Place	Mothers Birth Place	Trade
						Civil District No. 2					
Lawhorn,	M. C.	Head	O	M	W	74	M	KY	VA	TN	Farmer
	Isabell	Wife		F	W	27	M	TN	TN	TN	
	Rosevelt	Son		M	W	8	S	TN	KY	TN	
	Hiram	Son		M	W	3	S	TN	KY	TN	
	Dova	Dau.		F	W	1-6/12	S	TN	KY	TN	
Crabtree,	John	Head	O	M	W	41	M	TN	TN	TN	Farmer
	Dova	Wife		F	W	33	M	TN	TN	TN	
	Effie	Dau.		F	W	15	S	TN	TN	TN	
	Delphia	Dau.		F	W	12	S	TN	TN	TN	
	Ellen	Dau.		F	W	10	S	TN	TN	TN	
	Clayton	Son		M	W	8	S	TN	TN	TN	
	Velma	Dau.		F	W	6	S	TN	TN	TN	
	Mitchell	Son		M	W	4	S	TN	TN	TN	
Crabtree,	Forrest	Head	O	M	W	44	M	TN	TN	TN	Farmer
	Jessie	Wife		F	W	37	M	TN	TN	TN	
	Hollius	Son		M	W	12	S	TN	TN	TN	
	Reva	Dau.		F	W	7	S	TN	TN	TN	
	Willard	Son		M	W	4	S	TN	TN	TN	
Bertram,	Ken	Head	O	M	W	30	M	TN	TN	TN	Farmer
	Erunice	Wife		F	W	22	M	TN	TN	TN	
	Georgia	Dau.		F	W	2	S	TN	TN	TN	
	Sarah	Mother		F	W	71	W	TN	TN	TN	
	Joe	Nephew		M	W	24	S	TN	TN	TN	Farm Laborer
Delk,	George	Head	R	M	W	44	M	TN	TN	TN	Farmer
	Dansie	Wife		F	W	42	M	TN	TN	TN	
	Ovid	Son		M	W	21	S	TN	TN	TN	Farm Laborer
	Cletis	Son		M	W	18	S	TN	TN	TN	Farm Laborer
	Onca	Dau.		F	W	17	S	TN	TN	TN	
	Gladis	Dau.		F	W	14	S	TN	TN	TN	
	Nina	Dau.		F	W	12	S	TN	TN	TN	
	?	Dau.		F	W	10	S	TN	TN	TN	
	May	Dau.		F	W	6	S	TN	TN	TN	
	Nora	Dau.		F	W	4	S	TN	TN	TN	
	Edna	Dau.		F	W	2	S	TN	TN	TN	
	Infant	Son		M	W	0/12	S	TN	TN	TN	
Leffew,	?. C.	Head	O	M	W	35	M	TN	TN	TN	Farmer
	Susie	Wife		F	W	37	M	TN	TN	TN	
	Van Buron	Son		M	W	8	S	TN	TN	TN	
	Wm. Harrison	Son		M	W	5	S	TN	TN	TN	
	Noble Wight	Son		M	W	2-11/12	S	TN	TN	TN	
Crabtree,	George	Head	O	M	W	50	M	TN	TN	TN	Farmer
	Martha	Wife		F	W	44	M	KY	KY	KY	
	Dillard	Son		M	W	22	S	TN	TN	KY	Farm Laborer
	Lucy	Dau.		F	W	20	S	TN	TN	KY	Teacher
	Forrest	Son		M	W	17	S	TN	TN	KY	Farm Laborer
	Oscar	Son		M	W	9	S	TN	TN	KY	
	Austin	Son		F	W	6	S	TN	TN	KY	

1920 Fentress Co. TN Census

Name		Relation-ship	House Own or Rent	Sex	Color or Race	Age	Married Single Widow	Birth Place	Fathers Birth Place	Mothers Birth Place	Trade

Civil District No. 2

Name		Relation-ship	House Own or Rent	Sex	Color or Race	Age	Married Single Widow	Birth Place	Fathers Birth Place	Mothers Birth Place	Trade
Crabtree,	Cleveland	Head	R	M	W	35	M	TN	TN	TN	Farmer
	Bessie	Wife		F	W	20	M	TN	KY	KY	
	Novie	Dau.		F	W	12	S	TN	TN	TN	
	Delmer	Son		F	W	11	S	TN	TN	TN	
	Delta	Dau.		F	W	9	S	TN	TN	TN	
	Zola	Son		M	W	8	S	TN	TN	TN	
	Theodore	Son		M	W	5	S	TN	TN	TN	
	Hailen	Son		M	W	1-0/12	S	TN	TN	TN	
Upchurch,	Floyd	Head	O	M	W	59	M	TN	TN	TN	Farmer
	Susie	Wife		F	W	55	M	TN	TN	TN	
	Ouey	Son		M	W	25	S	TN	TN	TN	Farm Laborer
	Roxey	Dau.		F	W	18	S	TN	TN	TN	
	Obey	Son		M	W	15	S	TN	TN	TN	Farm Laborer
	Edison	Son		M	W	12	S	TN	TN	TN	
Crouch,	Marion	Head	O	M	W	34	M	TN	TN	TN	Farmer
	Clova	Wife		F	W	33	M	TN	TN	TN	
	Lona	Dau.		F	W	12	S	TN	TN	TN	
	Zona	Dau.		F	W	9	S	TN	TN	TN	
Laytham,	James	Head	O	M	W	49	M	TN	TN	TN	Farmer
	Belle	Wife		F	W	28	M	TN	TN	TN	
	Vergil	Son		M	W	7	S	TN	TN	TN	
	Robert	Son		M	W	5	S	TN	TN	TN	
	Tucker	Son		M	W	1-6/12	S	TN	TN	TN	
Cook,	Huse	Head	R	M	W	50	M	TN	TN	TN	Farmer
	Conda	Wife		F	W	46	M	TN	TN	TN	
	Ellen	Dau.		F	W	21	S	TN	TN	TN	
	Ester	Dau.		F	W	19	S	TN	TN	TN	
	Lesty	Dau.		F	W	16	S	TN	TN	TN	
	Vada	Dau.		F	W	12	S	TN	TN	TN	
	Luther	Son		M	W	10	S	TN	TN	TN	
	Nannie	Dau.		F	W	9	S	TN	TN	TN	
Cook,	Murchison	Head	R	M	W	24	M	TN	TN	TN	Farmer
	Frona	Wife		F	W	16	M	TN	TN	TN	
Hatfield,	Hubert	Head	R	M	W	38	M	TN	TN	TN	Farmer
	Katherine	Wife		F	W	39	M	TN	TN	TN	
	Della	Dau.		F	W	15	S	TN	TN	TN	
Hatfield,	James	Head	R	M	W	31	W	TN	TN	TN	Farmer
	Lona	Dau.		F	W	3	S	TN	TN	TN	
	Zia	Mother		F	W	64	S	TN	TN	TN	
	Victora	Aunt		F	W	59	S	TN	TN	TN	
Jennings,	John	Head	O	M	W	75	M	TN	OH	TN	Farmer
	Rosinie	Wife		F	W	73	M	TN	TN	TN	
	Margret	Dau.		F	W	40	S	TN	TN	TN	
	Stanley	Grandson		M	W	17	S	TN	TN	TN	Farm Laborer
	Spencer	Grandson		M	W	16	S	TN	TN	TN	Farm Laborer
	Noble	Grandson		M	W	5	S	TN	TN	TN	
Crabtree,	Muncie	Head	O	M	W	29	S	TN	TN	TN	Farmer
	Nettie	Aunt		F	W	69	S	TN	TN	TN	Housekeeper
Gilreath,	Jodie	Head	O	F	W	37	M	TN	KY	KY	Farmer
	Manson	Son		M	W	17	S	TN	TN	TN	Teamster
	Cullom	Son		M	W	7	S	TN	TN	TN	

64

1920 Fentress Co. TN Census

Name		Relation -ship	House Own or Rent	Sex	Color or Race	Age	Married Single Widow	Birth Place	Fathers Birth Place	Mothers Birth Place	Trade
							Civil District No. 2				
Huff,	William	Head	O	M	W	37	M	TN	TN	TN	Farmer
	Gertie	Wife		F	W	37	M	TN	TN	TN	
	Tinetis	Son		M	W	18	S	TN	TN	TN	Farm Laborer
	Minis	Son		M	W	16	S	TN	TN	TN	Farm Laborer
	Denter	Son		M	W	14	S	TN	TN	TN	Farm Laborer
	E?	Dau.		F	W	11	S	TN	TN	TN	
	Dungan	Son		M	W	8	S	TN	TN	TN	
	Fonza	Dau.		F	W	6	S	TN	TN	TN	
	Willie	Dau.		F	W	2	S	TN	TN	TN	
	Infant	Son		M	W	11/12	S	TN	TN	TN	
Williams,	Marvin	Head	O	M	W	41	M	TN	TN	TN	Farmer
	?	Wife		F	W	39	M	TN	TN	TN	
	Paul	Son		M	W	16	S	TN	TN	TN	Farm Laborer
	Palmer	Son		M	W	13	S	TN	TN	TN	
	Ina	?		F	W	11	S	TN	TN	TN	
	Ellis	?		M	W	6	S	TN	TN	TN	
	Infant	?		M	W	3	S	TN	TN	TN	
	Infant	?		F	W	4/12	S	TN	TN	TN	
Davidson	Leo	Head	R	M	W	20	M	TN	TN	TN	Farmer
	Irene	Wife		F	W	20	M	TN	TN	TN	
Crabtree,	Bennie	Head	R	M	W	38	M	TN	TN	TN	Farmer
	Martha Bell	Wife		F	W	34	M	TN	TN	TN	
	Alton	Son		M	W	15	S	TN	TN	TN	
	Vannce	Dau.		F	W	12	S	TN	TN	TN	
	Edna	Dau.		F	W	10	S	TN	TN	TN	
	Pearl	Dau.		F	W	8	S	TN	TN	TN	
	Lola	Dau.		F	W	5	S	TN	TN	TN	
	Wallas	Son		M	W	2	S	TN	TN	TN	
Williams,	A. B.	Head	O	M	W	69	M	TN	TN	TN	Farmer
	Gertie	Wife		F	W	20	M	KY	TN	TN	
Buck,	Pearl	?		F	W	9	S	TN	TN	TN	
Delk,	Thomas	Head	R	M	W	35	M	TN	TN	TN	Farmer
	Ida	Wife		F	W	23	M	TN	TN	TN	
	Walter	Son		M	W	4-?/12	S	TN	TN	TN	
	Earl	Son		M	W	2-8/12	S	TN	TN	TN	
Piles,	John	Head	R	M	W	21	M	TN	TN	TN	Farmer
	Payne	Wife		F	W	18	M	KY	KY	KY	
	Infant	Dau.		F	W	0/12	S	TN	TN	TN	
Williams,	F. A.	Head	O	M	W	64	M	TN	TN	TN	Farmer
	Alice	Wife		F	W	60	M	TN	TN	TN	
Williams,	Oscar	Head	R	M	W	21	M	TN	TN	TN	Farmer
	Dorthy	Wife		F	W	17	M	TN	TN	TN	
	Estell	Son		M	W	7/12	S	TN	TN	TN	
Delk,	Bubbie	Head	O	M	W	45	M	TN	TN	TN	Farmer
	Belle	Wife		F	W	39	M	TN	TN	TN	
Piles,	Martha	Head	O	F	W	65	W	TN	TN	TN	Farmer
Delk,	Persnelia	Head	O	F	W	83	D	TN	TN	TN	Farmer

1920 Fentress Co. TN Census

Name		Relation -ship	House Own or Rent	Sex	Color or Race	Age	Married Single Widow	Birth Place	Fathers Birth Place	Mothers Birth Place	Trade
							Civil District No. 2				
Wilson,	Zelusse	Head	R	M	W	24	M	KY	KY	KY	Farmer
	Aleffa	Wife		F	W	21	M	TN	TN	TN	
	Leondell	Son		M	W	3-5/12	S	TN	KY	TN	
Crouch,	Martin	Head	O	M	W	74	M	TN	TN	TN	Farmer
	Mary E.	Wife		F	W	65	M	TN	TN	TN	
	Henry	Son		M	W	40	S	TN	TN	TN	Farm Laborer
	Pearl	Dau.		F	W	24	S	TN	TN	TN	
	Alton	Grandson		M	W	15	S	TN	TN	TN	Farm Laborer
Crouch,	Grover	Head	R	M	W	30	M	TN	TN	TN	Farmer
	Slenia	Wife		F	W	30	M	TN	TN	TN	
	Dessier	Son		M	W	7	S	TN	TN	TN	
	Avo	Dau.		F	W	5	S	TN	TN	TN	
	Evel	Dau.		F	W	2	S	TN	TN	TN	
	Ruby	Neice		F	W	16	S	TN	TN	TN	
Evans,	David	Head	R	M	W	61	M	TN	TN	TN	Farmer
	Florence	Wife		F	W	48	M	TN	TN	TN	
	Corbet	Son		M	W	21	S	TN	TN	TN	Farm Laborer
	Georgia	Dau.		F	W	19	S	TN	TN	TN	
	Goss	Son		M	W	14	S	TN	TN	TN	
	Wonder	Dau.		F	W	12	S	TN	TN	TN	
	Shelley	Son		M	W	9	S	TN	TN	TN	
Piles,	W. A.	Head	O	M	W	47	M	TN	TN	TN	Farmer
	Lou	Wife		F	W	42	M	TN	KY	KY	
	Ruby	Dau.		F	W	20	S	TN	TN	TN	
	Olger	Dau.		F	W	17	S	TN	TN	TN	Post Mistress
	Voilet	Dau.		F	W	14	S	TN	TN	TN	
	Flossy	Dau.		F	W	12	S	TN	TN	TN	
	Jessy	Dau.		F	W	8	S	TN	TN	TN	
	Conley	Son		M	W	4	S	TN	TN	TN	
	Pauline	Dau.		F	W	6/12	S	TN	TN	TN	
Wright,	Emery	Head	R	M	W	36	M	KY	KY	KY	Farmer
	Hattie	Wife		F	W	24	M	TN	TN	TN	
	Effie	Dau.		F	W	3-9/12	S	TN	KY	TN	
	Gracie	Dau.		F	W	11/12	S	TN	KY	TN	
Delk,	Louis	Head	O	M	W	47	M	TN	TN	TN	Farmer
	Mansia	Wife		F	W	45	M	TN	TN	TN	
	Oakley	Son		M	W	16	S	TN	TN	TN	Farm Laborer
	Clayton	Son		M	W	12	S	TN	TN	TN	
	Lomer	Dau.		F	W	7	S	TN	TN	TN	
	Rastus	Son		M	W	5	S	TN	TN	TN	
	Gladys	Dau.		F	W	2-6/12	S	TN	TN	TN	
York,	Mrs. Mary	Head	O	F	W	53	W	TN	MI	TN	Farmer
	George	Son		M	W	21	S	TN	TN	TN	Farm Laborer
	James	Son		M	W	18	S	TN	TN	TN	Farm Laborer
	Lillia	Dau.		F	W	16	S	TN	TN	TN	
	Robert	Son		M	W	13	S	TN	TN	TN	
	Lucy	Dau.		F	W	9	S	TN	TN	TN	
York,	Alvin C.	Head	O	M	W	32	M	TN	TN	TN	Farmer
	Gracie	Wife		F	W	20	M	TN	TN	TN	

1920 Fentress Co. TN Census

Name		Relation-ship	House Own or Rent	Sex	Color or Race	Age	Married Single Widow	Birth Place	Fathers Birth Place	Mothers Birth Place	Trade
						Civil District No. 2					
York,	Joe	Head	O	M	W	34	M	TN	TN	TN	Farmer
	Satie	Wife		F	W	33	M	TN	TN	TN	
	Luther	Son		M	W	13	S	TN	TN	TN	
	Bonnie	Dau.		F	W	11	S	TN	TN	TN	
	Earl	Son		M	W	5	S	TN	TN	TN	
	Dixie	Son		M	W	2	S	TN	TN	TN	
Huff,	Alvin	Head	O	M	W	76	M	TN	TN	TN	Farmer
	Lizzie	Wife		F	W	55	M	TN	TN	TN	
Pile,	Lestina	Sis.-in-law		F	W	58	S	TN	TN	TN	
Rains,	John M.	Head	O	M	W	54	M	TN	TN	TN	Farmer
	Martha	Wife		F	W	35	M	TN	TN	TN	
	Charley	Son		M	W	18	S	TN	TN	TN	Farm Laborer
	Willie	Son		M	W	15	S	TN	TN	TN	Farm Laborer
	James	Son		M	W	13	S	TN	TN	TN	
	Ed	Son		M	W	11	S	TN	TN	TN	
	Nellie	Dau.		F	W	9	S	TN	TN	TN	
	Pearl	Dau.		F	W	7	S	TN	TN	TN	
	May	Dau.		F	W	4	S	TN	TN	TN	
Piles,	Mrs. Cinda	Head	O	F	W	47	W	TN	TN	TN	Farmer
	Carey	Dau.		F	W	15	S	TN	TN	TN	
	Victory	Dau.		F	W	10	S	TN	TN	TN	
Piles,	Rosier	Head	O	M	W	42	M	TN	TN	TN	Farmer
	Lucie	Wife		F	W	38	M	TN	TN	TN	
	Wendell	Son		M	W	14	S	TN	TN	TN	
	Weldon	Son		M	W	10	S	TN	TN	TN	
	Walton	Son		M	W	2-9/12	S	TN	TN	TN	
Williams,	Susie	Mother-in-law		F	W	72	W	TN	TN	TN	
	Elly	Sis.-in-law		F	W	46	S	TN	TN	TN	
	Gladys	Neice		F	W	13	S	TN	TN	TN	
Johnson,	Virgil	Head	R	M	W	37	M	TN	TN	TN	Farmer
	Sarah	Wife		F	W	34	M	TN	TN	TN	
	Ouey	Son		M	W	13	S	TN	TN	TN	
	Velva	Dau.		F	W	11	S	TN	TN	TN	
	Edker	Son		M	W	9	S	TN	TN	TN	
	Fonza	Dau.		F	W	9/12	S	TN	TN	TN	
Pennycuff,	Fate	Head	R	M	W	24	M	TN	TN	TN	Farmer
	May	Wife		F	W	25	M	TN	TN	TN	
	Alfred	Son		M	W	4	S	TN	TN	TN	
Buck,	John	Head	R	M	W	30	M	TN	TN	TN	Farmer
	Rachel	Wife		F	W	24	M	TN	TN	TN	
	Gordon	Son		M	W	4	S	TN	TN	TN	
	Alrsia	Dau.		F	W	5/12	S	TN	TN	TN	
Pennycuff,	Dave	Head	O	M	W	60	M	TN	TN	TN	
	Clementine	Wife		F	W	57	M	TN	TN	TN	
	Dellavine	Dau.		F	W	17	S	TN	TN	TN	
	Verba	Dau.		F	W	14	S	TN	TN	TN	

1920 Fentress Co. TN Census

Name		Relation -ship	House Own or Rent	Sex	Color or Race	Age	Married Single Widow	Birth Place	Fathers Birth Place	Mothers Birth Place	Trade
							Civil District No. 2				
Pierce,	Will	Head	O	M	W	32	M	TN	TN	TN	Farmer
	Fannie	Wife		F	W	33	M	TN	TN	TN	
	Gertha	Dau.		F	W	13	S	TN	TN	TN	
	Hermit	Son		M	W	11	S	TN	TN	TN	
	Mason	Dau.		F	W	9	S	TN	TN	TN	
	Martha	Dau.		F	W	4	S	TN	TN	TN	
	Herbit	Son		M	W	2	S	TN	TN	TN	
Reagan,	Doc	Head	O	M	W	41	M	TN	TN	TN	Farmer
	Easter	Wife		F	W	38	M	TN	TN	TN	
	Velva	Dau.		F	W	15	S	TN	TN	TN	
	Titlda	Dau.		F	W	13	S	TN	TN	TN	
	Sarah	Dau.		F	W	12	S	TN	TN	TN	
	Lizzie	Dau.		F	W	10	S	TN	TN	TN	
	Arthur	Son		M	W	8	S	TN	TN	TN	
	James	Son		M	W	6	S	TN	TN	TN	
	Vannie	Dau.		F	W	4	S	TN	TN	TN	
	Ola	Dau.		F	W	1	S	TN	TN	TN	
Bilbrey,	Floyd	Head	O	M	W	47	M	TN	TN	TN	Farmer
	Bell	Wife		F	W	32	M	TN	TN	TN	
	Alpha	Dau.		F	W	13	S	TN	TN	TN	
	Elbert	Son		M	W	10	S	TN	TN	TN	
	Vertie	Dau.		F	W	7	S	TN	TN	TN	
	Tamsey	Dau.		F	W	2	S	TN	TN	TN	
Harvey,	Will	Head	R	M	W	21	M	TN	TN	TN	Farmer
	Delpha	Wife		F	W	18	M	TN	TN	TN	
	Harold	Son		M	W	7/12	S	TN	TN	TN	
Greer,	Asbury	Head	R	M	W	45	M	TN	TN	TN	Farmer
	Nancie	Wife		F	W	36	M	TN	TN	TN	
	Parsette	Dau.		F	W	13	S	TN	TN	TN	
	Lizzie	Dau.		F	W	13	S	TN	TN	TN	
	Willie	Son		M	W	6	S	TN	TN	TN	
	James	Son		M	W	4	S	TN	TN	TN	
	Asburn	Son		M	W	6/12	S	TN	TN	TN	
Chapman,	Dillard	Head	R	M	W	38	M	TN	TN	TN	Farmer
	Laura	Wife		F	W	28	M	TN	TN	TN	
Davis,	S. S.	Head	O	M	W	62	M	TN	TN	TN	Farmer
	Earna	Wife		F	W	51	M	TN	TN	TN	
	Rastus	Son		M	W	24	S	TN	TN	TN	Farm Laborer
	M. B.	Son		M	W	20	S	TN	TN	TN	Farm Laborer
	Sarah	Dau.		F	W	18	S	TN	TN	TN	
	John B.	Son		M	W	16	S	TN	TN	TN	Farm Laborer
	Edgar	Son		M	W	14	S	TN	TN	TN	
Hooten,	E. W.	Head	R	M	W	41	M	TN	TN	TN	Supt. Stave Mill
	Ivey	Wife		F	W	22	M	TN	TN	TN	
	Homer	Son		M	W	18	S	TN	TN	TN	Stave Mill Foreman
	Bessie	Dau.		F	W	16	S	TN	TN	TN	
	Enich	Son		M	W	11	S	TN	TN	TN	
	Eddie	Son		M	W	7	S	TN	TN	TN	
	Hazel	Dau.		F	W	6/12	S	TN	TN	TN	

1920 Fentress Co. TN Census

Name		Relation-ship	House Own or Rent	Sex	Color or Race	Age	Married Single Widow	Birth Place	Fathers Birth Place	Mothers Birth Place	Trade

Civil District No. 2

Name		Relation-ship	House Own or Rent	Sex	Color or Race	Age	Married Single Widow	Birth Place	Fathers Birth Place	Mothers Birth Place	Trade
Crabtree,	George	Head	R	M	W	49	M	TN	TN	TN	Farmer
	Frankie	Wife		F	W	33	M	TN	TN	TN	
	Johnie	Son		M	W	17	S	TN	TN	TN	Farm Laborer
	Wm	Son		M	W	10	S	TN	TN	TN	
	Joel	Son		M	W	8	S	TN	TN	TN	
	Rosette	Dau.		F	W	5	S	TN	TN	TN	
	Lester	Son		M	W	1-9/12	S	TN	TN	TN	
Cravins,	Henry	Head	R	M	W	36	M	TN	TN	TN	Farmer
	Ermine	Wife		F	W	26	M	TN	TN	TN	
	Zona	Dau.		F	W	10	S	TN	TN	TN	
	Walked	Son		M	W	7	S	TN	TN	TN	
	Bessie	Dau.		F	W	4	S	TN	TN	TN	
	Porter	Son		M	W	1-11/12	S	TN	TN	TN	
Buck,	John	L.	O	M	W	56	M	TN	TN	TN	Farmer
	Nancie	Wife		F	W	36	M	TN	TN	TN	Hardware Store Clerk
	May	Dau.		F	W	18	S	TN	TN	TN	
	Ella	Dau.		F	W	14	S	TN	TN	TN	
	Stella	Dau.		F	W	12	S	TN	TN	TN	
	Joe	Son		M	W	10	S	TN	TN	TN	
	James	Son		M	W	22	S	TN	TN	TN	Farm Laborer
Reagan,	Sol	Head	O	M	W	39	M	TN	TN	TN	Farmer
	Nancie E.	Wife		F	W	48	M	TN	TN	TN	
	Amen	Son		M	W	10	S	TN	TN	TN	
	Earl	Son		M	W	7	S	TN	TN	TN	
Clayborn,	W. A.	Head	O	M	W	43	M	TN	TN	TN	Farmer
	Sarah	Wife		F	W	37	M	TN	TN	TN	
	Naoma	Dau.		F	W	11	S	TN	TN	TN	
	Arley	Dau.		F	W	7	S	TN	TN	TN	
	Glendna	Dau.		F	W	5	S	TN	TN	TN	
	Susanna	Dau.		F	W	2	S	TN	TN	TN	
	Annie	Dau.		F	W	10/12	S	TN	TN	TN	
Buck,	Margaret	Sis.-in-law		F	W	40	S	TN	TN	TN	
Clayborn,	Elam	Son		M	W	20	S	TN	TN	TN	Farm Laborer
	Wheeler	Son		M	W	18	S	TN	TN	TN	Farm Laborer
	Mary	Dau.		F	W	15	S	TN	TN	TN	
Scroggins,	Anderson	Head	O	M	W	50	M	TN	TN	TN	Farmer
	Oma	Wife		F	W	27	M	TN	TN	TN	
	Raymon	Son		M	W	14	S	TN	TN	TN	
	Wiley	Son		M	W	3	S	TN	TN	TN	
Wade,	Laura	Mother-in-law		F	W	52	W	TN	TN	TN	
Duncan,	James	Head	O	M	W	28	M	TN	TN	TN	Farmer
	Ermine	Wife		F	W	27	M	TN	TN	TN	
	Bertha	Dau.		F	W	7	S	TN	TN	TN	
	Dortha	Dau.		F	W	4	S	TN	TN	TN	
	Nova	Dau.		F	W	1-7/12	S	TN	TN	TN	
Buck,	John	Head	R	M	W	23	M	TN	TN	TN	Farmer
	Clanda	Wife		F	W	20	M	TN	TN	TN	
	Clyde	Son		M	W	8/12	S	TN	TN	TN	
	Stanley	Nephew		M	W	15	S	TN	TN	TN	Farm Laborer
	Roy	Nephew		M	W	7	S	TN	TN	TN	

1920 Fentress Co. TN Census

Name		Relation -ship	House Own or Rent	Sex	Color or Race	Age	Married Single Widow	Birth Place	Fathers Birth Place	Mothers Birth Place	Trade
						Civil District No. 2					
Buck,	Kale	Head	R	M	W	35	M	TN	TN	TN	Farmer
	Mary	Wife		F	W	30	M	TN	TN	TN	
	Lonza	Son		M	W	14	S	TN	TN	TN	
	Effie	Dau.		F	W	11	S	TN	TN	TN	
	Eamie	Dau.		F	W	9	S	TN	TN	TN	
	Caster	Son		M	W	6	S	TN	TN	TN	
	Mable	Dau.		F	W	2	S	TN	TN	TN	
	Sarah	Sis.-in-law		F	W	35	M	TN	TN	TN	Cook
Duncan,	Philip	Head	O	M	W	82	M	TN	TN	TN	Farmer
	Martha	Wife		F	W	68	M	TN	TN	TN	
	Ada	Granddaughter		F	W	22	S	TN	TN	TN	Cook
Blevins,	Bud	Head	R	M	W	37	M	TN	TN	TN	Farmer
	?	Wife		F	W	37	M	TN	TN	TN	
	Ermine	Dau.		F	W	16	S	TN	TN	TN	
	Dewey	Son		M	W	12	S	TN	TN	TN	
	Effie	Dau.		F	W	9	S	TN	TN	TN	
	Walter	Son		M	W	5	S	TN	TN	TN	
	Carlie	Dau.		F	W	2-?/12	S	TN	TN	TN	
Duncan,	Kale	Head	R	M	W	66	M	TN	TN	TN	Farmer
	Mary Ellen	Wife		F	W	37	M	TN	TN	TN	
	Ermine	Dau.		F	W	18	S	TN	TN	TN	
	Lillie	Dau.		F	W	15	S	TN	TN	TN	
	Ruby	Dau.		F	W	12	S	TN	TN	TN	
	Lamons	Son		M	W	11	S	TN	TN	TN	
	Cora	Dau.		F	W	8	S	TN	TN	TN	
	Philip	Son		M	W	6	S	TN	TN	TN	
	Martha	Dau.		F	W	3	S	TN	TN	TN	
Hayes,	Harrison	Head	R	M	W	29	M	TN	TN	TN	Farmer
	Pearl	Wife		F	W	29	M	TN	TN	TN	
	Oakley	Son		M	W	8	S	TN	TN	TN	
	Isaac	Son		M	W	1-1/12	S	TN	TN	TN	
Hayes,	Ida	Head	R	M	W	26	M	TN	TN	TN	Farmer
	Pearl	Wife		F	W	23	M	TN	TN	TN	
	Ella Montle	Dau.		F	W	1-3/12	S	TN	TN	TN	
Duncan,	Ou?	Head	R	M	W	21	M	TN	TN	TN	Farmer
	Mertie	Wife		F	W	20	M	TN	TN	TN	
	Buel Casto	Son		M	W	4/12	S	TN	TN	TN	
Jennings,	Harrison	Head	R	M	W	26	M	TN	TN	TN	Farmer
	Thurson	Wife		F	W	23	M	TN	TN	TN	
	Arvel	Son		M	W	8	S	TN	TN	TN	
	Gernal	Son		M	W	3	S	TN	TN	TN	
	Gladys	Dau.		F	W	6/12	S	TN	TN	TN	
York,	Jason	Head	R	M	W	22	M	TN	TN	TN	Farmer
	Easter	Wife		F	W	19	M	TN	TN	TN	
Burnet,	Nancie Jane	Head	R	F	W	58	W	TN	TN	TN	Farmer
	Jode	Son		M	W	23	S	TN	TN	TN	Farm Laborer
	Grant	Son		M	W	21	S	TN	TN	TN	Farm Laborer
	Sherman	Son		M	W	18	S	TN	TN	TN	Farm Laborer

1920 Fentress Co. TN Census

Name		Relation-ship	House Own or Rent	Sex	Color or Race	Age	Married Single Widow	Birth Place	Fathers Birth Place	Mothers Birth Place	Trade

Civil District No. 2

Name		Relation-ship	House Own or Rent	Sex	Color or Race	Age	Married Single Widow	Birth Place	Fathers Birth Place	Mothers Birth Place	Trade
Lephew,	Henry	Head	O	M	W	77	M	TN	TN	TN	Farmer
	Mary J.	Wife		F	W	67	M	TN	TN	TN	
	Amilda	Dau.		F	W	48	S	TN	TN	TN	
	Nona	Dau.		F	W	45	S	TN	TN	TN	
	Steve	Son		M	W	43	M	TN	TN	TN	Farm Laborer
	Marion	Son		M	W	25	S	TN	TN	TN	Farm Laborer
	Lonza	Son		M	W	18	S	TN	TN	TN	Farm Laborer
	Emma	Dau.		F	W	14	S	TN	TN	TN	
	Gertie	Dau.		F	W	10	S	TN	TN	TN	
	Willie	Son		M	W	7	S	TN	TN	TN	
Disney,	Pola	Head	R	F	W	39	M	TN	TN	TN	Farmer
	Gerald	Son		M	W	15	S	TN	TN	TN	
Delk,	Jackie	Head	O	M	W	47	M	TN	TN	TN	Farmer
	Queen	Wife		F	W	28	M	KY	KY	KY	
	Isha	Dau.		F	W	11	S	TN	TN	KY	
	Denton	Son		M	W	8	S	TN	TN	TN	
	Effie	Dau.		F	W	6	S	TN	TN	TN	
	Domie	Dau.		F	W	3	S	TN	TN	TN	
Piles,	Marvin	Head	R	M	W	27	M	TN	TN	TN	Farmer
	Lola	Wife		F	W	27	M	TN	TN	TN	
	Waverly	Son		M	W	7	S	TN	TN	TN	
	Ellen	Dau.		F	W	5	S	TN	TN	TN	
	Jessie	Dau.		F	W	1/12	S	TN	TN	TN	
Conatser,	John	Head	R	M	W	38	M	TN	TN	TN	Farmer
	Ella	Wife		F	W	36	M	TN	TN	TN	
	Oswell	Son		M	W	15	S	TN	TN	TN	Farm Laborer
	Wilburn	Son		M	W	13	S	TN	TN	TN	Farm Laborer
	Matilda	Dau.		F	W	10	S	TN	TN	TN	
	Mable	Dau.		F	W	8	S	TN	TN	TN	
	Mertie	Dau.		F	W	6	S	TN	TN	TN	
	Pearly	Dau.		F	W	1-1/2	S	TN	TN	TN	
Williams,	Alfred	Head	O	M	W	53	M	TN	TN	TN	Farmer
	Lucy	Wife		F	W	48	M	TN	TN	TN	
	Edgar	Son		M	W	16	S	TN	TN	TN	
	Mary	Dau.		F	W	15	S	TN	TN	TN	
	Roxey	Dau.		F	W	13	S	TN	TN	TN	
	Ana	Dau.		F	W	11	S	TN	TN	TN	
	Oliver	Son		M	W	8	S	TN	TN	TN	
	Oval	Son		M	W	5	S	TN	TN	TN	
Crabtree,	Cland	Head	R	M	W	33	M	TN	TN	TN	Farmer
	Laura	Wife		F	W	25	M	KY	KY	KY	
	Ruby	Dau.		M	W	10	S	TN	TN	KY	
	Sam	Son		M	W	8	S	TN	TN	KY	
	Charley	Son		M	W	6	S	TN	TN	KY	
	Luther	Son		M	W	4-8/12	S	TN	TN	KY	
	Sherman	Son		M	W	1-9/12	S	TN	TN	KY	
Delk,	Charlie	Head	O	M	W	19	M	TN	TN	TN	Farmer
	Bessie	Wife		F	W	21	M	TN	TN	TN	
York,	Sam	Head	R	M	W	29	M	TN	TN	TN	Farmer
	Freely	Wife		F	W	25	M	KY	KY	KY	
	Elva	Dau.		F	W	4-3/12	S	TN	TN	KY	
	Eva	Dau.		F	W	1-?/12	S	TN	TN	KY	

71

1920 Fentress Co. TN Census

Civil District No. 2

Name		Relation-ship	House Own or Rent	Sex	Color or Race	Age	Married Single Widow	Birth Place	Fathers Birth Place	Mothers Birth Place	Trade
Patten,	Will	Head	O	M	W	33	M	KY	KY	KY	Farmer
	Abbie	Wife		F	W	31	M	TN	TN	TN	
	Haskel	Son		M	W	7	S	TN	KY	TN	
	Hasse	Dau.		F	W	5	S	TN	KY	TN	
Williams,	S. R.	Head	O	M	W	47	M	TN	TN	TN	Farmer
	Susie	Wife		F	W	42	M	TN	TN	TN	
	Luke	Son		M	W	15	S	TN	TN	TN	
	Guy	Son		M	W	13	S	TN	TN	TN	
	Georgia	Dau.		F	W	8	S	TN	TN	TN	
	Dudly B.	Son		M	W	2	S	TN	TN	TN	
Crabtree,	Ouey	Cook		F	W	25	S	TN	TN	TN	
Jennings,	George	Head	R	M	W	45	M	TN	TN	TN	Farmer
	Polly	Wife		F	W	35	M	KY	KY	KY	
	Katherine	Dau.		F	W	16	S	TN	TN	KY	
	Rotha	Dau.		F	W	14	S	TN	TN	KY	
	Effie	Dau.		F	W	10	S	TN	TN	KY	
	Hattie	Dau.		F	W	7	S	TN	TN	KY	
	Lutha	Son		M	W	3-?/12	S	TN	TN	KY	
Barnett,	Henry	Head	R	M	W	47	M	TN	TN	TN	Farmer
	Ermine	Wife		F	W	35	M	TN	TN	TN	
	Susie	Dau.		F	W	15	S	TN	TN	TN	
	Ida	Dau.		F	W	15	S	TN	TN	TN	
	Ellen	Dau.		F	W	14	S	TN	TN	TN	
	Lola	Dau.		F	W	13	S	TN	TN	TN	
	Homa	Dau.		F	W	6	S	TN	TN	TN	
	Harold	Son		M	W	4	S	TN	TN	TN	
	Hazel	Dau.		F	W	2	S	TN	TN	TN	
	Lucy	Dau.		F	W	6/12	S	TN	TN	TN	
Delk,	Claud	Head	R	M	W	37	M	TN	TN	TN	Farmer
	Laura	Wife		F	W	34	M	KY	KY	KY	
	Columbus	Son		M	W	16	S	TN	TN	KY	
	Aucka	Son		M	W	14	S	TN	TN	KY	
	Delta	Dau.		F	W	12	S	TN	TN	KY	
	Adam	Son		M	W	10	S	TN	TN	KY	
	Walter	Son		M	W	8	S	TN	TN	KY	
	Delpha	Dau.		F	W	5	S	TN	TN	KY	
	Rockford	Son		M	W	3	S	TN	TN	KY	
	Eve	Dau.		F	W	5/12	S	TN	TN	KY	
Patten,	Harrison	Head	R	M	W	31	M	KY	KY	KY	Farmer
	Mertie	Wife		F	W	25	M	TN	TN	TN	
	Lucy	Dau.		F	W	7	S	TN	KY	TN	
	Mauda	Dau.		F	W	6	S	TN	KY	TN	
	Jessie	Dau.		F	W	4	S	TN	KY	TN	
	Fred	Son		M	W	1	S	TN	KY	TN	
Patten,	George	Head	R	M	W	25	M	KY	KY	KY	Farmer
	Pearl	Wife		F	W	22	M	TN	TN	TN	
	Janice	Dau.		F	W	3-1/12	S	TN	KY	TN	
	Melvin	Son		M	W	1-3/12	S	TN	KY	TN	

1920 Fentress Co. TN Census

Name		Relation-ship	House Own or Rent	Sex	Color or Race	Age	Married Single Widow	Birth Place	Fathers Birth Place	Mothers Birth Place	Trade
						Civil District No. 2					
Cook,	Samuel	Head	R	M	W	53	M	TN	TN	TN	Farmer
	Lottie Ann	Wife		F	W	48	M	TN	TN	TN	
	Moses	Son		M	W	18	S	TN	TN	TN	
	Zebb	Son		M	W	16	S	TN	TN	TN	
	Daniel	Son		M	W	14	S	TN	TN	TN	
	Ermine	Dau.		F	W	13	S	TN	TN	TN	
	Anden	Son		M	W	11	S	TN	TN	TN	
	Josia	Dau.		F	W	7	S	TN	TN	TN	
	Roland	Son		M	W	3-2/12	S	TN	TN	TN	
Piles,	Jasper	Head	O	M	W	61	M	TN	TN	TN	Farmer
	Ellen	Wife		F	W	62	M	TN	TN	TN	
	Magthe	Dau.		F	W	26	S	TN	TN	TN	
Mullenix,	W. I.	Head	R	M	W	46	M	TN	TN	TN	Farmer
	Ida	Wife		F	W	39	M	TN	TN	TN	
	Cashier	Son		M	W	13	S	TN	TN	TN	
	Ruby	Dau.		F	W	11	S	TN	TN	TN	
	Lula	Dau.		F	W	8	S	TN	TN	TN	
	Dora	Dau.		F	W	6	S	TN	TN	TN	
	W. D.	Son		M	W	0/12	S	TN	TN	TN	
Upchurch,	Rob	Head	R	M	W	36	M	TN	TN	TN	Farmer
	Namie	Wife		F	W	31	M	TN	TN	TN	
	Shirley	Son		M	W	12	S	TN	TN	TN	
	Shelby	Son		M	W	8	S	TN	TN	TN	
	Thalma	Dau.		F	W	4	S	TN	TN	TN	
	Neva	Dau.		F	W	2	S	TN	TN	TN	
Piles,	Mrs. Kathie	Head	R	F	W	60	W	TN	TN	TN	
	Ray	Son		M	W	28	S	TN	TN	TN	
Brooks,	Wm	Head	O	M	W	52	M	TN	TN	TN	Farmer
	Sarah A.	Wife		F	W	48	M	TN	TN	TN	
	Isabel	Dau.		F	W	15	S	TN	TN	TN	
	Delpha	Dau.		F	W	14	S	TN	TN	TN	
	Dellen	Dau.		M	W	11	S	TN	TN	TN	
	Oplis	Grandson		M	W	7	S	TN	TN	TN	
Brooks,	Allen	Head	R	M	W	21	M	TN	TN	TN	Farmer
	Manda	Wife		F	W	24	M	TN	TN	TN	
	Ollie	Dau.		F	W	1-8/12	S	TN	TN	TN	
Crouch,	Millard	Head	R	M	W	25	M	TN	TN	TN	Farmer
	Helen	Wife		F	W	18	M	TN	TN	TN	
	Willie	Dau.		F	W	2-8/12	S	TN	TN	TN	
	Pearl	Dau.		F	W	4/12	S	TN	TN	TN	
Sanders,	John	Head	R	M	W	26	M	KY	KY	KY	Farmer
	Wanda	Wife		F	W	22	M	TN	TN	TN	
	Mack	Son		M	W	7	S	TN	KY	TN	
	Noble	Son		M	W	4	S	TN	TN	TN	
	Dranis	Son		M	W	2	S	TN	TN	TN	
Upchurch,	Walter	Head	R	M	W	28	M	TN	TN	TN	Farmer
	Bethel	Wife		F	W	26	M	TN	TN	TN	
	Casto	Son		M	W	3	S	TN	TN	TN	
	Noma	Dau.		F	W	1	S	TN	TN	TN	

1920 Fentress Co. TN Census

Name		Relation-ship	House Own or Rent	Sex	Color or Race	Age	Married Single Widow	Birth Place	Fathers Birth Place	Mothers Birth Place	Trade
							Civil District No. 2				
Piles,	Dillard	Head	R	M	W	30	M	TN	TN	TN	Farmer
	Martha	Wife		F	W	29	M	TN	TN	TN	
	Zola	Dau.		F	W	4	S	TN	TN	TN	
	Wallace	Son		M	W	3	S	TN	TN	TN	
	Alvin	Son		M	W	1-8/12	S	TN	TN	TN	
	Amos	Son		M	W	2/12	S	TN	TN	TN	
Steward,	John	Head	R	M	W	49	M	TN	TN	TN	Farmer
	Mary	Wife		F	W	36	M	TN	TN	TN	
	Susie	Dau.		F	W	17	S	TN	TN	TN	
	Arley	Son		M	W	16	S	TN	TN	TN	
	Dewey	Son		M	W	11	S	TN	TN	TN	
	Hollis	Son		M	W	7	S	TN	TN	TN	
	Avo	Dau.		F	W	5	S	TN	TN	TN	
	Willard	Son		M	W	3	S	TN	TN	TN	
	Roy	Son		M	W	1-8/12	S	TN	TN	TN	
Piles,	Forrest	Head	R	M	W	34	M	TN	TN	TN	Farmer
	Jemsie	Wife		F	W	30	M	TN	TN	TN	
	Verdie	Dau.		F	W	12	S	TN	TN	TN	
	Ernie	Dau.		F	W	10	S	TN	TN	TN	
	Herbert	Son		M	W	8	S	TN	TN	TN	
	Woodrow	Son		M	W	7	S	TN	TN	TN	
	Avo	Dau.		F	W	3	S	TN	TN	TN	
Hoover,	Albert	Head	O	M	W	48	M	TN	TN	TN	Farmer
	Kisner	Wife		F	W	51	M	TN	TN	TN	
	Wm Stanley	Son		M	W	18	S	TN	TN	TN	
	Lithe	Dau.		F	W	17	S	TN	TN	TN	
	Nancie	Dau.		F	W	15	S	TN	TN	TN	
	Mary	Dau.		F	W	10	S	TN	TN	TN	
Doss,	Litha	Head	?	F	W	60	S	TN	TN	TN	Farmer
	Katherine	Sis.		F	W	54	S	TN	TN	TN	
Stephens,	Mary	Cousin		F	W	53	S	TN	TN	TN	
Delk,	Marvin	Head	R	M	W	30	M	TN	TN	TN	Farmer
	Alice	Wife		F	W	29	M	TN	TN	TN	
	Oliver	Son		M	W	8	S	TN	TN	TN	
	General	Son		M	W	7	S	TN	TN	TN	
	Bradley	Son		M	W	2-3/12	S	TN	TN	TN	
	Guise	Father		M	W	59	W	TN	TN	TN	
Steward,	Acus	Head	O	M	W	55	M	TN	TN	TN	Farmer
	Lila	Wife		F	W	45	M	TN	TN	TN	
	Wavis	Son		M	W	27	S	TN	TN	TN	Farm Laborer
	?	Dau.		F	W	25	S	TN	TN	TN	
	Albert	Son		M	W	23	S	TN	TN	TN	
	John	Son		M	W	20	S	TN	TN	TN	
	Mary	Dau.		F	W	18	S	TN	TN	TN	
	Homer	Son		M	W	15	S	TN	TN	TN	
	DeWit	Son		M	W	13	S	TN	TN	TN	
	Nancie	Dau.		F	W	8	S	TN	TN	TN	
	Kelley	Son		M	W	3	S	TN	TN	TN	
Crockett,	Stare	Head	R	M	W	38	M	TN	TN	TN	Farmer
	Allie	Wife		F	W	32	M	TN	TN	TN	
	Lestel	Dau.		F	W	8	S	TN	TN	TN	
Sharp,	William	Head	O	M	W	82	M	TN	TN	TN	Farmer
	Manual	Son		M	W	31	S	TN	TN	TN	Farm Labor

1920 Fentress Co. TN Census

Name		Relation-ship	House Own or Rent	Sex	Color or Race	Age	Married Single Widow	Birth Place	Fathers Birth Place	Mothers Birth Place	Trade
						Civil District No. 2					
Sharp,	Joe	Head	R	M	W	47	M	TN	TN	TN	Farmer
	Mauda	Wife		F	W	31	M	TN	TN	TN	
	Lillie	Dau.		F	W	17	S	TN	TN	TN	
	Minnie	Dau.		F	W	14	S	TN	TN	TN	
	Jesca	Dau.		F	W	13	S	TN	TN	TN	
	Sterling	Son		M	W	11	S	TN	TN	TN	
	Fannie	Dau.		F	W	9	S	TN	TN	TN	
	Marvin	Son		M	W	5	S	TN	TN	TN	
	Oakley	Son		M	W	2	S	TN	TN	TN	
Delk,	Everett	Head	R	M	W	26	M	TN	TN	TN	Farmer
	Mattie	Wife		F	W	22	M	TN	TN	TN	
	Geneva	Dau.		F	W	4	S	TN	TN	TN	
	Orderie	Dau.		F	W	2	S	TN	TN	TN	
	Travis	Son		M	W	6/12	S	TN	TN	TN	
Williams,	John	Head	O	M	W	55	M	TN	TN	TN	Farmer
	Ellen	Wife		F	W	39	M	TN	TN	TN	
	Essie	Dau.		F	W	13	S	TN	TN	TN	
Crouch,	Vergil	Head	R	M	W	36	M	TN	TN	TN	Farmer
	D?	Wife		F	W	34	M	TN	TN	TN	
	Dentis	Son		M	W	15	S	TN	TN	TN	Farm Laborer
	Hattie	Dau.		F	W	13	S	TN	TN	TN	
	Earl	Son		M	W	9	S	TN	TN	TN	
	Rosie	Dau.		F	W	7	S	TN	TN	TN	
	Madina	Dau.		F	W	5	S	TN	TN	TN	
	Nora	Dau.		F	W	3	S	TN	TN	TN	
Upchurch,	Homer	Head	R	M	W	24	M	TN	TN	TN	Farmer
	Ellen	Wife		F	W	20	M	TN	TN	TN	
	Genieve	Dau.		F	W	10/12	S	TN	TN	TN	
Buck,	David	Head	R	M	W	34	M	TN	TN	TN	Farmer
	Dollie	Wife		F	W	27	M	KY	KY	KY	
	Earnest	Son		M	W	7	S	TN	TN	KY	
	Bessie	Dau.		F	W	5	S	TN	TN	KY	
	Willie	Dau.		F	W	3	S	TN	TN	KY	
	Willard	Son		M	W	1-5/12	S	TN	TN	KY	
Crockett,	John	Head	R	M	W	50	M	TN	TN	TN	Farmer
	Mary J.	Wife		F	W	35	M	TN	TN	TN	
	Frank	Son		M	W	16	S	TN	TN	TN	
	Bertha	Dau.		F	W	14	S	TN	TN	TN	
	Luther	Son		M	W	10	S	TN	TN	TN	
	Opha	Dau.		F	W	9	S	TN	TN	TN	
Wright,	Roy	Head	R	M	W	18	M	TN	TN	TN	Farmer
	Edna	Wife		F	W	17	M	TN	TN	TN	
Piles,	Mrs. S. E.	Grandmother		F	W	72	W	TN	TN	TN	
Williams,	Ham	Head	O	M	W	27	M	TN	TN	TN	Farmer
	Edna	Wife		F	W	22	M	TN	TN	TN	
	Delva	Dau.		F	W	19	S	TN	TN	TN	
	Josie	Sis.		F	W	17	S	TN	TN	TN	
	Aelay	Bro.		M	W	14	S	TN	TN	TN	
	Fonza	Sis.		F	W	6	S	TN	TN	TN	

1920 Fentress Co. TN Census

Name		Relation-ship	House Own or Rent	Sex	Color or Race	Age	Married Single Widow	Birth Place	Fathers Birth Place	Mothers Birth Place	Trade
						Civil District No. 2					
Williams,	McKrisly	Head	O	M	W	23	M	TN	TN	TN	Farmer
	Hester	Wife		F	W	22	M	TN	TN	TN	
	Howard	Son		M	W	4/12	S	TN	TN	TN	
Delk,	Will	Head	R	M	W	24	M	TN	TN	TN	Farmer
	Nellie	Wife		F	W	20	M	TN	TN	TN	
	Elsie	Dau.		F	W	1-4/12	S	TN	TN	TN	
Williams,	John	Head	R	M	W	39	M	TN	TN	TN	Farmer
	Montie	Wife		F	W	37	M	TN	TN	TN	
	M. Effie	Dau.		F	W	16	S	TN	TN	TN	
	?	Son		M	W	14	S	TN	TN	TN	
	Winfred	Son		M	W	13	S	TN	TN	TN	
	Elley	Dau.		F	W	10	S	TN	TN	TN	
	Laid	Son		M	W	8	S	TN	TN	TN	
	Zilda	Dau.		F	W	6	S	TN	TN	TN	
	Daily	Son		M	W	3	S	TN	TN	TN	
	Elaina	Dau.		F	W	8/12	S	TN	TN	TN	
Williams,	Chester	Head	O	M	W	36	M	TN	TN	TN	Farmer
	Cora	Wife		F	W	35	M	TN	TN	TN	
	Iverson	Son		M	W	8	S	TN	TN	TN	
	Hazel Blanche	Dau.		F	W	6	S	TN	TN	TN	
	Robert	Son		M	W	1-8/12	S	TN	TN	TN	
Conley,	Mrs. Ester	Mother-in-law		F	W	75	W	TN	TN	TN	
Piles,	V. H.	Head	O	M	W	49	M	TN	TN	TN	Farmer
	Nannie	Wife		F	W	40	M	TN	TN	TN	
	Lillian	Dau.		F	W	20	S	TN	TN	TN	
	Leon	Son		M	W	17	S	TN	TN	TN	
	Lelia	Dau.		F	W	15	S	TN	TN	TN	
	Lera	Dau.		F	W	13	S	TN	TN	TN	
	William L.	Son		M	W	11	S	TN	TN	TN	
	Loma	Dau.		F	W	9	S	TN	TN	TN	
	Lois	Dau.		F	W	7	S	TN	TN	TN	
	Liman	Son		M	W	5	S	TN	TN	TN	
Cook,	R. C.	Head	R	M	W	24	M	TN	TN	TN	Farmer
	Ellen	Wife		F	W	23	M	TN	TN	TN	
	Bradley	Son		M	W	4	S	TN	TN	TN	
	Joseph	Son		M	W	2	S	TN	TN	TN	
Wright,	Foster	Head	O	M	W	35	M	TN	TN	TN	Farmer
	Nena	Wife		F	W	22	M	TN	TN	TN	
	Francis	Dau.		F	W	3	S	TN	TN	TN	
	Ida	Sis.		F	W	30	S	TN	TN	TN	
	Will	Bro.		M	W	40	S	TN	TN	TN	Banker
Wright,	C. O.	Head	O	M	W	42	M	TN	TN	TN	Farmer
	Erissca	Wife		F	W	36	M	TN	TN	TN	
	Oliver	Son		M	W	14	S	TN	TN	TN	

Name		Relation -ship	House Own or Rent	Sex	Color or Race	Age	Married Single Widow	Birth Place	Fathers Birth Place	Mothers Birth Place	Trade
							Civil District No. 2				
Jennings,	James	Head	R	M	W	43	M	TN	TN	TN	Farmer
	Leona	Wife		F	W	38	M	TN	TN	TN	
	Joseph	Son		M	W	21	S	TN	TN	TN	Farm Laborer
	Charles	Son		M	W	16	S	TN	TN	TN	
	Foster	Son		M	W	14	S	TN	TN	TN	
	Wheeler	Son		M	W	12	S	TN	TN	TN	
	Sarah	Dau.		F	W	9	S	TN	TN	TN	
	Travis	Son		M	W	6	S	TN	TN	TN	
	Lou	Dau.		F	W	1-3/12	S	TN	TN	TN	
	Loula	Dau.		F	W	1-3/12	S	TN	TN	TN	
Delk,	Grady	Laborer		M	W	42	W	TN	TN	TN	Farm Laborer
Hatfield,	Grandvel	Head	O	M	W	66	M	KY	KY	KY	Farmer
	Liza	Wife		F	W	52	M	TN	TN	TN	
	Wm	Son		M	W	27	D	TN	KY	TN	Farm Laborer
	Weber	Son		M	W	17	S	TN	KY	TN	
	Shelva	Dau.		F	W	21	W	TN	KY	TN	
	Eller	Dau.		F	W	14	S	TN	TN	TN	
	Thancie	Dau.		F	W	11	S	TN	TN	TN	
Fowler,	Wavery	Grandson		M	W	3-9/12	S	TN	TN	TN	
Lee,	William	Head	R	M	W	24	M	TN	TN	TN	Lumber Mill Laborer
	Aerah	Wife		F	W	21	M	TN	TN	TN	
Townsend,	R. H.	Head	R	M	W	23	M	PA	PA	PA	Lumber Mill Laborer
	Sadia	Wife		F	W	22	M	TN	TN	TN	
Hatfield,	Newral	Head	R	M	W	56	M	TN	TN	TN	Farmer
	Lou	Wife		F	W	46	M	TN	TN	TN	
	Mary	Dau.		F	W	22	S	TN	TN	TN	
	Emma	Dau.		F	W	17	S	TN	TN	TN	
	Oma	Dau.		F	W	15	S	TN	TN	TN	
	Owensby	Son		M	W	13	S	TN	TN	TN	
	Lincoln	Son		M	W	11	S	TN	TN	TN	
	Milton	Son		M	W	9	S	TN	TN	TN	
	Noble	Son		M	W	7	S	TN	TN	TN	
	Edna	Dau.		F	W	4	S	TN	TN	TN	
	Infant	Dau.		F	W	11/12	S	TN	TN	TN	
Hardin,	R. L.	Head	O	M	W	56	M	TN	TN	TN	Farmer
	Marke	Wife		F	W	54	M	TN	TN	TN	
	Andrew	Son		M	W	18	S	TN	TN	TN	Farm Laborer
	Varner	Son		M	W	17	S	TN	TN	TN	Farm Laborer
Pritchet,	Arizona	Dau.		F	W	24	W	TN	TN	TN	
	Wesley	Grandson		M	W	3	S	TN	TN	TN	
	Avo	Granddaughter		F	W	7/12	S	TN	TN	TN	
Conatser,	Sarah	Head	O	F	W	44	S	TN	TN	TN	Farmer
Cravens,	James	Head	R	M	W	61	M	TN	TN	TN	Farmer
	Mary Bell	Wife		F	W	60	M	TN	TN	TN	
	Lee	Son		M	W	20	S	TN	TN	TN	Farm Laborer
Cravens,	Bud	Head	R	M	W	30	M	TN	TN	TN	Farmer
	Ora	Wife		F	W	22	M	TN	TN	TN	
	Wheeler	Son		M	W	6	S	TN	TN	TN	
	Marie	Dau.		F	W	2-8/12	S	TN	TN	TN	

1920 Fentress Co. TN Census

Name		Relation-ship	House Own or Rent	Sex	Color or Race	Age	Married Single Widow	Birth Place	Fathers Birth Place	Mothers Birth Place	Trade
							Civil District No. 2				
Davis,	Ikr	Head	R	M	W	30	M	TN	TN	TN	Farmer
	Gertie	Wife		F	W	26	M	TN	TN	TN	
	Valma	Dau.		F	W	9	S	TN	TN	TN	
	Nona	Dau.		F	W	7	S	TN	TN	TN	
	Hester	Dau.		F	W	7	S	TN	TN	TN	
	Francis	Son		M	W	5	S	TN	TN	TN	
	Asburn	Son		M	W	2-10/12	S	TN	TN	TN	
Hinds,	Sam	Head	R	M	W	47	S	TN	TN	TN	Farmer
	Rosette	Wife		F	W	30	M	TN	TN	TN	
	Berry	Son		M	W	12	S	TN	TN	TN	
	Travas	Son		M	W	5	S	TN	TN	TN	
	Fonza	Dau.		F	W	3	S	TN	TN	TN	
	Walter	Son		M	W	1	S	TN	TN	TN	
Poor,	Anip	Head	O	M	W	66	M	TN	TN	TN	Farmer
	Fatlna	Wife		F	W	60	M	TN	TN	TN	
	Ellen	Dau.		F	W	21	S	TN	TN	TN	
Poor,	Alvin	Head	R	M	W	36	M	TN	TN	TN	Farmer
	Vada	Wife		F	W	27	M	TN	TN	TN	
	Millard	Son		M	W	13	S	TN	TN	TN	
	Hattie	Dau.		F	W	11	S	TN	TN	TN	
	Walter	Son		M	W	6	S	TN	TN	TN	
	Luarin	Dau.		F	W	3-6/12	S	TN	TN	TN	
Nomis,	Martha	Head	O	F	W	47	W	TN	TN	TN	Farmer
	Fred	Son		M	W	16	S	TN	TN	TN	Farm Laborer
	Ower	Son		M	W	14	S	TN	TN	TN	Farm Laborer
	Alice	Dau.		F	W	11	S	TN	TN	TN	
Nomis,	John	Head	R	M	W	26	M	TN	TN	TN	Farmer
	Pastina	Wife		F	W	25	M	TN	TN	TN	
	Otha	Son		M	W	6	S	TN	TN	TN	
	Lenard	Son		M	W	2-6/12	S	TN	TN	TN	
Green,	P. S.	Head	O	M	W	49	M	TN	TN	TN	Farmer
	Sarah E.	Wife		F	W	47	M	TN	TN	TN	
	Fate	Son		M	W	19	S	TN	TN	TN	Farm Laborer
	Hiram	Son		M	W	14	S	TN	TN	TN	
	Ada	Dau.		F	W	11	S	TN	TN	TN	
	Hewey	Son		M	W	7	S	TN	TN	TN	
Crisp,	R. A.	Head	O	M	W	54	M	KY	KY	KY	Farmer
	Martha	Wife		F	W	45	M	KY	KY	KY	
	George	Son		M	W	8	S	TN	KY	KY	
	Robert W.	Son		M	W	7	S	TN	KY	KY	
	Cora L.	Dau.		F	W	4	S	TN	KY	KY	
	Dora	Dau.		F	W	3	S	TN	KY	KY	
Stephens,	James	Head	O	M	W	42	M	TN	TN	TN	Farmer
	Martha	Wife		F	W	41	M	TN	TN	TN	
	Ocie	Son		M	W	19	S	TN	TN	TN	Farm Laborer
	Olira	Son		M	W	12	S	TN	TN	TN	
	Dave	Father		M	W	73	W	TN	TN	TN	

1920 Fentress Co. TN Census

Name		Relation-ship	House Own or Rent	Sex	Color or Race	Age	Married Single Widow	Birth Place	Fathers Birth Place	Mothers Birth Place	Trade

Civil District No. 2

Name		Relation-ship	House Own or Rent	Sex	Color or Race	Age	Married Single Widow	Birth Place	Fathers Birth Place	Mothers Birth Place	Trade
Holden,	John	Head	O	M	W	43	M	TN	TN	TN	Farmer
	Mary	Wife		F	W	37	M	TN	TN	TN	
	Rue	Dau.		F	W	18	S	TN	TN	TN	
	Reba	Dau.		F	W	16	S	TN	TN	TN	
	Samuel	Son		M	W	14	S	TN	TN	TN	
	Nora	Dau.		F	W	11	S	TN	TN	TN	
	Pat	Son		M	W	9	S	TN	TN	TN	
	Nova	Dau.		F	W	7	S	TN	TN	TN	
	Earl	Son		M	W	4	S	TN	TN	TN	
	Grover	Son		M	W	2	S	TN	TN	TN	
Stephens,	John	Head	O	M	W	40	M	TN	TN	TN	Farmer
	Mauda	Wife		F	W	37	M	TN	TN	TN	
	Stoke	Son		M	W	16	S	TN	TN	TN	
	Russel	Son		M	W	14	S	TN	TN	TN	
	David	Son		M	W	11	S	TN	TN	TN	
	Anne	Dau.		F	W	8	S	TN	TN	TN	
	Oplis	Son		M	W	3-8/12	S	TN	TN	TN	
	Marie	Dau.		F	W	4/12	S	TN	TN	TN	
Brummett,	W. R.	Head	R	M	W	52	M	KY	KY	KY	Farmer
	Janie	Wife		F	W	33	M	KY	KY	KY	
	Fred	Son		M	W	7	S	TN	KY	KY	
	Veler	Dau.		F	W	5	S	TN	KY	KY	
Clayborn,	Mac	Head	R	M	W	22	M	TN	TN	TN	Farmer
	Lettie	Wife		F	W	22	M	TN	TN	TN	
Pritchet,	Troy	Head	R	M	W	19	M	TN	TN	TN	Farmer
	Lizzie	Wife		F	W	22	M	TN	TN	TN	
Young,	A. J.	Head	R	M	W	73	M	TN	TN	TN	Farmer
	Miniwa	Wife		F	W	70	M	TN	TN	TN	
	Maggie	Dau.		F	W	35	S	TN	TN	TN	
	Gladys	Granddaughter		F	W	6	S	TN	TN	TN	
Smith,	George	Head	O	M	W	50	M	TN	TN	TN	Farmer
	Jecaime	Wife		F	W	47	M	TN	TN	TN	
Clayborn,	L. E.	Head	O	M	W	72	M	TN	TN	TN	Farmer
	Annie	Wife		F	W	57	M	KY	KY	KY	
	Donnie	Dau.		F	W	19	S	TN	TN	KY	
	Ocie	Son		M	W	18	S	TN	TN	KY	Farm Laborer
	Calvin	Son		M	W	17	S	TN	TN	KY	
	Rosette	Dau.		F	W	14	S	TN	TN	KY	
Pryor,	Leonard	Son		M	W	15	S	TN	TN	TN	
Chapman,	J. C.	Head	O	M	W	67	M	TN	TN	TN	Farmer
	Margret	Wife		F	W	53	M	TN	TN	TN	
	Ouey	Son		M	W	19	S	TN	TN	TN	Farm Laborer
Chapman,	Osco	Head	R	M	W	25	M	TN	TN	TN	Farmer
	Vina	Wife		F	W	24	M	TN	TN	TN	
Choate,	Rube	Head	O	M	W	28	M	TN	TN	TN	Farmer
	Ellen	Wife		F	W	33	M	TN	TN	TN	
Stinson,	Elmer	Head	R	M	W	31	M	TN	TN	TN	Farmer
	Mary	Wife		F	W	27	M	TN	TN	TN	

1920 Fentress Co. TN Census

Name		Relation-ship	House Own or Rent	Sex	Color or Race	Age	Married Single Widow	Birth Place	Fathers Birth Place	Mothers Birth Place	Trade

Civil District No. 2

Name		Relation-ship	House Own or Rent	Sex	Color or Race	Age	Married Single Widow	Birth Place	Fathers Birth Place	Mothers Birth Place	Trade
Choate,	George	Head	O	M	W	50	M	TN	TN	TN	Farmer
	Sarah	Wife		F	W	40	M	TN	TN	TN	
	Alice	Dau.		F	W	9	S	TN	TN	TN	
	Alma	Dau.		F	W	6	S	TN	TN	TN	
	Amker	Son		M	W	5	S	TN	TN	TN	
	Oem	Son		M	W	3-9/12	S	TN	TN	TN	
	John	Son		M	W	1-1/12	S	TN	TN	TN	
Haynes,	Earine	Cook		F	W	22	S	TN	TN	TN	Cook
Adkins,	Sabe	Head	O	M	W	55	M	TN	TN	TN	Farmer
	Belle	Wife		F	W	52	M	TN	TN	TN	
Adkins,	Wheeler	Head	R	M	W	24	M	TN	TN	TN	Farmer
	Alpha	Wife		F	W	21	M	TN	TN	TN	
	Gilldon	Dau.		F	W	1-3/12	S	TN	TN	TN	
Adkins,	Curry	Head	R	M	W	29	M	TN	TN	TN	Farmer
	Alma	Wife		F	W	16	M	TN	TN	TN	
Smith,	Corbet	Head	R	M	W	25	M	TN	TN	TN	Farmer
	Martha	Wife		F	W	23	M	TN	TN	TN	
	David	Son		M	W	3	S	TN	TN	TN	
	Sisie Bell	Dau.		F	W	1-6/12	S	TN	TN	TN	
Rich,	T. J.	Head	O	M	W	73	M	TN	TN	TN	Farmer
	Rutha	Wife		F	W	63	M	TN	TN	TN	
Scroggins,	H. M.	Head	O	F	W	45	M	TN	TN	TN	Farmer
	Sherman	Son		M	W	22	S	TN	TN	TN	Farm Laborer
	Cutitha	Dau.		F	W	21	S	TN	TN	TN	
	Samie	Son		M	W	17	S	TN	TN	TN	
	Puzie	Dau.		F	W	15	S	TN	TN	TN	
	Roxie	Dau.		F	W	14	S	TN	TN	TN	
	John	Son		M	W	11	S	TN	TN	TN	
	Andy	Son		M	W	8	S	TN	TN	TN	
Upchurch,	Cathew	Head	O	F	W	45	W	TN	TN	TN	Farmer
	Sarah	Dau.		F	W	16	S	TN	TN	TN	
Choate,	John	Father		M	W	78	W	TN	TN	TN	
Upchurch,	Elmer	Head	R	M	W	23	M	TN	TN	TN	Farmer
	Elsie	Wife		F	W	19	M	TN	TN	TN	
	Clara	Dau.		F	W	4/12	S	TN	TN	TN	
Chapman,	Manda	Cook		F	W	68	W	TN	TN	TN	Cook
Lowery,	J. C.	Head	R	M	W	60	M	TN	TN	TN	Farmer
Manis,	Millard	Head	R	M	W	24	M	TN	TN	TN	Farmer
	Corda	Wife		F	W	21	M	TN	TN	TN	
	Fred	Son		M	W	4	S	TN	TN	TN	
	Harold	Son		M	W	1-11/12	S	TN	TN	TN	
	Mira	Dau.		F	W	3/12	S	TN	TN	TN	
Duncan,	Jonah	Head	O	M	W	73	M	TN	TN	TN	Farmer
	Mary Anne	Wife		F	W	64	M	TN	TN	TN	

80

1920 Fentress Co. TN Census

Name		Relation -ship	House Own or Rent	Sex	Color or Race	Age	Married Single Widow	Birth Place	Fathers Birth Place	Mothers Birth Place	Trade
						Civil District No. 2					
Lowery,	J. D.	Head	R	M	W	30	M	TN	TN	TN	Farmer
	Ouie	Wife		F	W	27	M	TN	TN	TN	
	Dudley	Son		M	W	10	S	TN	TN	TN	
	Nora	Dau.		F	W	8	S	TN	TN	TN	
	Flossie	Dau.		F	W	6	S	TN	TN	TN	
	Vla Annie	Dau.		F	W	4	S	TN	TN	TN	
	Lola	Dau.		F	W	1-2/12	S	TN	TN	TN	
Lowery,	Osco	Head	R	M	W	22	M	TN	TN	TN	Farmer
	Lena	Wife		F	W	19	M	TN	TN	TN	
	James C.	Son		M	W	9/12	S	TN	TN	TN	
Beaty,	H. M.	Head	R	M	W	32	M	TN	TN	TN	Farmer
Beaty,	J. H.	Head	R	M	W	43	M	TN	TN	TN	Farmer
	Martha	Wife		F	W	43	M	TN	TN	TN	
	Hillary	Son		M	W	19	S	TN	TN	TN	
	Mary	Dau.		F	W	16	S	TN	TN	TN	
	Wisdom	Son		M	W	13	S	TN	TN	TN	
	Pearl	Dau.		F	W	10	S	TN	TN	TN	
	Joes	Son		M	W	7	S	TN	TN	TN	
	Robert	Son		M	W	4	S	TN	TN	TN	
	Nancie	Dau.		F	W	1	S	TN	TN	TN	
	James K.	Father		M	W	73	M	TN	TN	TN	
	Lizzabeth	Mother		F	W	73	M	TN	TN	TN	
	Lurid	Son		M	W	39	S	TN	TN	TN	
Tompkins,	Leharley	Head	R	M	W	35	M	TN	TN	TN	Farmer
	Eliza	Wife		F	W	29	M	TN	TN	TN	
	Nella	Dau.		F	W	11	S	MO	TN	TN	
	Della	Dau.		F	W	9	S	TN	TN	TN	
	Delmer	Son		M	W	8	S	TN	TN	TN	
	Willie	Son		M	W	6	S	TN	TN	TN	
	Goldie	Dau.		F	W	4-2/12	S	IL	TN	TN	
	Ray	Son		M	W	1-3/12	S	IL	TN	TN	
Cook,	Jack	Head	O	M	W	56	M	TN	TN	TN	Farmer
	Nancie	Wife		F	W	52	M	TN	TN	TN	
Delk,	Abbie	Mother-in-law		F	W	76	W	TN	TN	TN	
	Delpha	Niece		F	W	7	S	TN	TN	TN	
Cook,	Crosier	Head	R	M	W	26	M	TN	TN	TN	Farmer
	Nora	Wife		F	W	26	M	TN	TN	TN	
	Owensby	Son		M	W	4	S	TN	TN	TN	
	Bessie	Dau.		F	W	3	S	TN	TN	TN	
Cook,	Ballard	Head	R	M	W	24	M	TN	TN	TN	Farmer
	Mertie	Wife		F	W	19	M	TN	TN	TN	
	Marie	Dau.		F	W	2	S	TN	TN	TN	
Gunter,	Hiram	Head	R	M	W	24	M	TN	TN	TN	Farmer
	Fannie	Wife		F	W	29	M	TN	TN	TN	
	Carlie	Dau.		F	W	5	S	TN	TN	TN	
	Harlie	Son		M	W	4	S	TN	TN	TN	
	Cesil	Son		M	W	3	S	TN	TN	TN	
	Nancie	Dau.		F	W	1	S	TN	TN	TN	

1920 Fentress Co. TN Census

Name		Relation-ship	House Own or Rent	Sex	Color or Race	Age	Married Single Widow	Birth Place	Fathers Birth Place	Mothers Birth Place	Trade
						Civil District No. 2					
Delk,	Dave	Head	R	M	W	40	M	TN	TN	TN	Farmer
	Harret	Wife		F	W	36	M	TN	TN	TN	
	Dewey	Son		M	W	18	S	TN	TN	TN	
	Donal	Son		M	W	16	S	TN	TN	TN	
	Dover	Son		M	W	14	S	TN	TN	TN	
	Dalton	Son		M	W	11	S	TN	TN	TN	
	Denton	Son		M	W	5	S	TN	TN	TN	
Crouch,	Lou	Step-dau.		F	W	11	S	TN	TN	TN	
	Della	Step-Dau.		S	W	5	S	TN	TN	TN	
Beaty,	G. W.	Head	O	M	W	58	M	TN	TN	TN	Farmer
	Mary C.	Wife		F	W	57	M	TN	TN	TN	
	Minnie	Dau.		F	W	29	S	TN	TN	TN	
Hancox,	S. H.	Head	O	M	W	40	M	KY	KY	KY	Farmer
	Verna	Wife		F	W	39	M	TN	TN	TN	
	David	Son		M	W	17	S	TN	KY	TN	
	Oba	Son		M	W	16	S	TN	KY	TN	
	Della	Dau.		F	W	13	S	TN	KY	TN	
	Farley	Son		M	W	10	S	TN	KY	TN	
	Awen	Son		M	W	6	S	TN	KY	TN	
	Leta	Dau.		F	W	1	S	TN	KY	TN	
Beaty,	Billy	Head	R	M	W	30	M	TN	TN	TN	Farmer
	Rose	Wife		F	W	28	M	TN	TN	TN	
	Verdie	Son		M	W	10	S	TN	TN	TN	
	Oakley	Son		M	W	8	S	TN	TN	TN	
	Freely	Dau.		F	W	6	S	TN	TN	TN	
	Veley	Dau.		F	W	11/12	S	TN	TN	TN	
West,	Ingram	Head	R	M	W	32	M	TN	TN	TN	Farmer
	Mary	Wife		F	W	26	M	TN	TN	TN	
	Minnie	Dau.		F	W	7	S	TN	TN	TN	
	Fred	Son		M	W	5	S	TN	TN	TN	
Robbins,	M. A.	Head	O	M	W	43	M	TN	TN	TN	Farmer
	Kansada	Wife		F	W	25	M	TN	TN	TN	
	Vin C.	Son		M	W	17	S	TN	TN	TN	
	Charly E.	Son		M	W	14	S	TN	TN	TN	
	Opal	Dau.		F	W	2	S	TN	TN	TN	
West,	G. E.	Head	O	M	W	45	M	TN	TN	TN	Farmer
	Bertha	Wife		F	W	35	M	TN	TN	TN	
	Travis	Son		M	W	16	S	TN	TN	TN	
	Claton	Son		M	W	12	S	TN	TN	TN	
	Delva	Dau.		F	W	10	S	TN	TN	TN	
	Talva	Dau.		F	W	6	S	TN	TN	TN	
Pritchet,	Henry	Head	R	M	W	52	M	TN	TN	TN	Farmer
	Celia A.	Wife		F	W	48	M	TN	TN	TN	
	Reford	Son		M	W	17	S	TN	TN	TN	
	Vina	Dau.		F	W	16	S	TN	TN	TN	
	Ella	Dau.		F	W	12	S	TN	TN	TN	
Reynolds,	Dock	Head	R	M	W	40	M	TN	TN	TN	Farmer
	Relda	Wife		F	W	26	M	TN	TN	TN	
	Oplis	Son		M	W	18	S	TN	TN	TN	
	Wilburn	Son		M	W	7	S	TN	TN	TN	
	Lela	Dau.		F	W	5	S	TN	TN	TN	
	Osby	Son		M	W	2	S	TN	TN	TN	

1920 Fentress Co. TN Census

Name		Relation-ship	House Own or Rent	Sex	Color or Race	Age	Married Single Widow	Birth Place	Fathers Birth Place	Mothers Birth Place	Trade
						Civil District No. 2					
Buck,	M. T.	Head	R	M	W	46	M	TN	TN	TN	Farmer
	Annie	Wife		F	W	37	M	TN	TN	TN	
	James	Son		M	W	14	S	TN	TN	TN	
	Lola	Dau.		F	W	17	S	TN	TN	TN	
	Shelley	Son		M	W	6	S	TN	TN	TN	
	Kelley	Son		M	W	3	S	TN	TN	TN	
	Tinley	Son		M	W	1-6/12	S	TN	TN	TN	
Choat,	Merion	Head	O	M	W	34	M	TN	TN	TN	Farmer
	Ella	Wife		F	W	31	M	TN	TN	TN	
	Effie	Dau.		F	W	9	S	TN	TN	TN	
Beaty,	Tom	Head	O	M	W	47	M	TN	TN	TN	Farmer
	B. J.	Wife		F	W	34	M	TN	TN	TN	
	Amos	Son		M	W	12	S	TN	TN	TN	
	Ada	Dau.		F	W	11	S	TN	TN	TN	
	Sullivan	Son		M	W	9	S	TN	TN	TN	
	Woodrow	Son		M	W	7	S	TN	TN	TN	
	Bertha	Dau.		F	W	5	S	TN	TN	TN	
	Ollie	Dau.		F	W	9/12	S	TN	TN	TN	
Beaty,	Allen	Head	O	M	W	49	W	TN	TN	TN	Farmer
	James	Son		M	W	12	S	TN	TN	TN	
	Henry	Son		M	W	10	S	TN	TN	TN	
Beaty,	Louis	Head	O	M	W	40	M	TN	TN	TN	Farmer
Beaty,	John	Head	O	M	W	54	M	TN	TN	TN	Farmer
	Kansada	Wife		F	W	26	M	TN	TN	TN	
	James	Son		M	W	16	S	TN	TN	TN	
	Made	Dau.		F	W	14	S	TN	TN	TN	
	Mat	Son		M	W	12	S	TN	TN	TN	
	May	Dau.		F	W	6	S	TN	TN	TN	
	Infant	Son		M	W	4	S	TN	TN	TN	
	Infant	Son		M	W	2	S	TN	TN	TN	
Beaty,	Elic	Head	O	M	W	52	M	TN	TN	TN	Farmer
	Mary	Wife		F	W	45	M	TN	TN	TN	
	May	Dau.		F	W	18	S	TN	TN	TN	
	Keen	Son		M	W	16	S	TN	TN	TN	
	Zona	Dau.		F	W	13	S	TN	TN	TN	
	Abraham	Son		M	W	10	S	TN	TN	TN	
	Linda	Dau.		F	W	2	S	TN	TN	TN	
Conatser,	T. P.	Head	O	M	W	56	M	TN	TN	TN	Farmer
	Sibey	Wife		F	W	54	M	TN	TN	TN	
	Stanley	Son		M	W	16	S	TN	TN	TN	
	Fred	Son		M	W	12	S	TN	TN	TN	
Conatser,	Benton	Head	R	M	W	22	M	TN	TN	TN	Farmer
	Ellen	Wife		F	W	19	M	TN	TN	TN	
	Elliner	Son		M	W	1	S	TN	TN	TN	
Wright,	James E.	Head	O	M	W	50	M	TN	TN	TN	Farmer
	Easter	Wife		F	W	50	M	TN	TN	TN	
	Mila	Dau.		F	W	16	S	TN	TN	TN	
	Hila	Dau.		F	W	14	S	TN	TN	TN	
Wright,	High	Head	R	M	W	25	M	TN	TN	TN	Farmer
	Dora	Wife		F	W	17	M	TN	TN	TN	

1920 Fentress Co. TN Census

Name		Relation-ship	House Own or Rent	Sex	Color or Race	Age	Married Single Widow	Birth Place	Fathers Birth Place	Mothers Birth Place	Trade
						Civil District No. 2					
Price,	Gordon	Head	R	M	W	25	M	TN	TN	TN	Farmer
	May	Wife		F	W	18	M	TN	TN	TN	
Mathis,	Thasco	Nephew		M	W	9	S	TN	TN	TN	
Wright,	Collins	Head	R	M	W	23	M	TN	TN	TN	Farmer
	Arley	Wife		F	W	26	M	TN	TN	TN	
South,	Jasper	Head	R	M	W	55	M	TN	TN	TN	Farmer
	Linda	Wife		F	W	55	M	TN	TN	TN	
Stepp,	Scy	Head	O	M	W	49	M	TN	TN	TN	Farmer
Beaty,	P. C.	Head	O	M	W	70	M	TX	TX	TX	Farmer
	Lizabeth	Wife		F	W	66	M	TN	TN	TN	
Smith,	J. T.	Head	R	M	W	34	M	TN	TN	TN	Farmer
	Gertie	Wife		F	W	32	M	TN	TN	TN	
	Ether	Son		M	W	10	S	TN	TN	TN	
	Duston	Son		M	W	8	S	TN	TN	TN	
	Velma	Dau.		F	W	5	S	TN	TN	TN	
	Willie	Son		M	W	2-10/12	S	TN	TN	TN	
	Herman	Son		M	W	2/12	S	TN	TN	TN	
Johnson,	Bill	Head	R	M	W	24	M	TN	TN	TN	Farmer
	Mary	Wife		F	W	18	M	TN	TN	TN	
	Lena	Dau.		F	W	8/12	S	TN	TN	TN	
Smith,	Fate	Head	O	M	W	25	S	TN	TN	TN	Farmer
	Mary	Mother		F	W	60	W	TN	TN	TN	
Smith,	Ben	Head	R	M	W	28	M	TN	TN	TN	Farmer
	Zona	Wife		F	W	26	M	TN	TN	TN	
	Vergil	Son		M	W	8	S	TN	TN	TN	
	Claud	Son		M	W	6	S	TN	TN	TN	
	Cletis	Son		M	W	4	S	TN	TN	TN	
	Infant	Son		M	W	11/12	S	TN	TN	TN	
Johnson,	Marion	Head	O	M	W	58	M	TN	TN	TN	Farmer
	Mary	Wife		F	W	46	M	TN	TN	TN	
	Joe	Son		M	W	16	S	TN	TN	TN	
	Alverda	Dau.		F	W	8	S	TN	TN	TN	
	Easter	Dau.		F	W	6	S	TN			
Mathis,	Mary A.	Head	R	F	W	37	W	TN	TN	TN	Farmer
	Vada	Dau.		F	W	14	S	TN	TN	TN	
	Travis	Son		M	W	10	S	TN	TN	TN	
	Linza	Son		M	W	6	S	TN	TN	TN	
	Sylva	Dau.		F	W	4	S	TN	TN	TN	
Johnson,	Tom	Head	R	M	W	20	M	TN	TN	TN	Farmer
	Edith	Wife		F	W	18	M	TN	TN	TN	
Smith,	John	Head	R	M	W	32	M	TN	TN	TN	Farmer
	Mary	Wife		F	W	29	M	TN	TN	TN	
	Percilla	Dau.		F	W	6	S	TN	TN	TN	
	Elsa	Dau.		F	W	5	S	TN	TN	TN	
	Masie	Dau.		F	W	2	S	TN	TN	TN	
	Dasie	Dau.		F	W	2/12	S	TN	TN	TN	
	Lucinda	Mother		F	W	56	S	TN	TN	TN	

84

1920 Fentress Co. TN Census

Name		Relation -ship	House Own or Rent	Sex	Color or Race	Age	Married Single Widow	Birth Place	Fathers Birth Place	Mothers Birth Place	Trade
							Civil District No. 2				
Mathis,	Rosco	Head	R	M	W	26	M	TN	TN	TN	Farmer
	Mary	Wife		F	W	27	M	TN	TN	TN	
	Elda	Mother		F	W	65	W	TN	TN	TN	
Choat,	J. R.	Head	O	M	W	45	M	TN	TN	TN	Farmer
	Mary	Wife		F	W	42	M	TN	TN	TN	
	Vadire	Dau.		F	W	8	S	TN	TN	TN	
	Martharine	Dau.		F	W	3	S	TN	TN	TN	
Choat,	Jack	Head	R	M	W	36	M	TN	TN	TN	Farmer
	Cinda	Wife		F	W	25	M	TN	TN	TN	
	James	Son		M	W	14	S	TN	TN	TN	
	Garfield	Son		M	W	12	S	TN	TN	TN	
	Mary	Dau.		F	W	11	S	TN	TN	TN	
	Kit	Son		M	W	8	S	TN	TN	TN	
	Guy	Son		M	W	6	S	TN	TN	TN	
	Fred	Son		M	W	3	S	TN	TN	TN	
Johnson,	George	Head	R	M	W	29	M	TN	TN	TN	Farmer
	Ethel	Wife		F	W	24	M	TN	TN	TN	
	Grady	Son		M	W	5	S	TN	TN	TN	
	Infant	Son		M	W	3	S	TN	TN	TN	
Buck,	John	Head	O	M	W	43	M	TN	TN	TN	Farmer
	Mary	Wife		F	W	43	M	TN	TN	TN	
	Clayton	Son		M	W	11	S	TN	TN	TN	
	Ivey	Dau.		F	W	9	S	TN	TN	TN	
	J. C.	Son		M	W	7	S	TN	TN	TN	
Conatser,	Liz	Head	R	F	W	47	W	TN	TN	TN	Farmer
	Rosette	Dau.		F	W	29	S	TN	TN	TN	
	John	Son		M	W	26	S	TN	TN	TN	Farm Laborer
	Wacinie	Dau.		F	W	18	S	TN	TN	TN	
	Annie	Dau.		F	W	18	S	TN	TN	TN	
Hensley,	Oath	Head	O	M	W	35	M	TN	TN	TN	Farmer
	Sara	Wife		F	W	32	M	TN	TN	TN	
	Wesley	Son		M	W	14	S	TN	TN	TN	
	Cora	Dau.		F	W	12	S	TN	TN	TN	
	Walter	Son		F	W	10	S	TN	TN	TN	
	Everet	Son		M	W	8	S	TN	TN	TN	
	Effie	Dau.		F	W	16	S	TN	TN	TN	
	Veigie	Dau.		F	W	1	S	TN	TN	TN	
Hensley,	Palo	Head	O	M	W	37	M	TN	TN	TN	Farmer
	Mattie	Wife		F	W	34	M	TN	TN	TN	
	Ether	Son		M	W	15	S	TN	TN	TN	
	Dalton	Son		M	W	13	S	TN	TN	TN	
	Kassa	Dau.		F	W	11	S	TN	TN	TN	
	Vergil	Son		M	W	8	S	TN	TN	TN	
	Elliner	Son		M	W	7	S	TN	TN	TN	
	Ray	Son		M	W	5	S	TN	TN	TN	
	Oscar	Son		M	W	2	S	TN	TN	TN	
Smith,	Alfred	Head	R	M	W	25	M	TN	TN	TN	Farmer
	Pearl	Wife		F	W	20	M	TN	TN	TN	
	Ruby	Dau.		F	W	2	S	TN	TN	TN	
	Letra	Dau.		F	W	1	S	TN	TN	TN	

1920 Fentress Co. TN Census

Name		Relation-ship	House Own or Rent	Sex	Color or Race	Age	Married Single Widow	Birth Place	Fathers Birth Place	Mothers Birth Place	Trade
						Civil District No. 2					
Scroggins,	John G.	Head	O	M	W	57	M	TN	TN	TN	Farmer
	Freeley	Wife		F	W	57	M	TN	TN	TN	
Beaty,	D.	Head	R	M	W	38	M	TN	TN	TN	Farmer
	Annie	Wife		F	W	37	M	TN	TN	TN	
	Winsted	Son		M	W	10	S	TN	TN	TN	
Scott,	William	Head	R	M	W	39	M	TN	TN	TN	Farmer
	Sarah	Wife		F	W	38	M	TN	TN	TN	
	May	Son		M	W	15	S	TN	TN	TN	
	Maisson	Son		M	W	11	S	TN	TN	TN	
	Erine	Dau.		F	W	9	S	TN	TN	TN	
	Castor	Son		M	W	6	S	TN	TN	TN	
	General	Son		M	W	3	S	TN	TN	TN	
Ledbetter,	Jack	Head	O	M	W	40	M	TN	TN	TN	Farmer
	Ada	Wife		F	W	30	M	TN	TN	TN	
	Ouie	Son		M	W	16	S	TN	TN	TN	
	James	Son		M	W	12	S	TN	TN	TN	
	Roy	Son		M	W	11	S	TN	TN	TN	
	Caster	Son		M	W	7	S	TN	TN	TN	
	Lola	Dau.		F	W	6	S	TN	TN	TN	
	Will	Son		M	W	4	S	TN	TN	TN	
	Eddie	Son		M	W	2	S	TN	TN	TN	
Duncan,	Frank	Head	O	M	W	50	W	TN	TN	TN	Farmer
Cravins,	Carley	Head	R	M	W	21	M	TN	TN	TN	Farmer
	Mrs. C.	Wife		F	W	17	M	TN	TN	TN	
	Dan	Brother		M	W	8	S	TN	TN	TN	
West,	Oplis	Head	R	M	W	21	M	TN	TN	TN	Farmer
	Pearl	Wife		F	W	19	M	TN	TN	TN	
Cope,	Osco	Head	O	M	W	22	S	TN	TN	TN	Farmer
Reagan,	Lizabeth	Mother-in-law		F	W	71	W	TN	TN	TN	

1920 Fentress Co. TN Census

Name		Relation -ship	House Own or Rent	Sex	Color or Race	Age	Married Single Widow	Birth Place	Fathers Birth Place	Mothers Birth Place	Trade

Civil District No. 3

Name		Relation -ship	House Own or Rent	Sex	Color or Race	Age	Married Single Widow	Birth Place	Fathers Birth Place	Mothers Birth Place	Trade
Cooper,	George W	Head	R	M	W	45	M	TN	TN	TN	Teacher
	Margret J.	Wife		F	W	49	M	TN	TN	TN	
	Dewey O.	Son		M	W	20	S	TN	TN	TN	
	Allen C.	Son		M	W	17	S	TN	TN	TN	
	Arvil C.	Son		M	W	13	S	TN	TN	TN	
Smith,	Allen A.	Head	O	M	W	83	W	TN	TN	TN	
	John A.	Son		M	W	49	S	TN	TN	TN	Farm Labor
Allred,	Gilbert	Head	R	M	W	23	M	TN	TN	TN	Farmer
	Sarah V.	Wife		F	W	21	M	TN	TN	TN	
	Tollie C.	Son		M	W	2-3/12	S	TN	TN	TN	
Cooper,	Lawrence C.	Head	R	M	W	28	M	TN	TN	TN	Farmer
	Eatter	Wife		F	W	22	M	TN	TN	TN	
	James F.	Son		M	W	1-9/12	S	TN	TN	TN	
	Council	Father		M	W	52	W	TN	TN	TN	Farm Laborer
Linder,	James S.	Head	O	M	W	47	M	TN	TN	TN	Farmer
	Mary B.	Wife		F	W	35	M	TN	TN	TN	
	Homer Lee	Son		M	W	11	S	TN	TN	TN	
	Arrie H.	Dau.		F	W	9	S	TN	TN	TN	
	Orpha H.	Dau.		F	W	4-8/12	S	TN	TN	TN	
	Vergie H.	Dau.		F	W	2-3/12	S	TN	TN	TN	
Linder,	Mary C.	Head	R	F	W	54	S	TN	TN	TN	Farm Laborer
Hoover,	Henry H.	Head	R	M	W	31	M	TN	TN	TN	Farmer
	Clara M.	Wife		F	W	30	M	TN	TN	TN	
	Maggie	Dau.		F	W	5	S	TN	TN	TN	
Linder,	Matilda J.	Head	O	F	W	37	W	TN	TN	TN	Farmer
	Osha	Dau.		F	W	15	S	TN	TN	TN	Telephone Operator
	Ralph	Son		M	W	13	S	TN	TN	TN	
	Howard	Son		M	W	9	S	TN	TN	TN	
	Hobert	Son		M	W	7	S	TN	TN	TN	
	Clara	Dau.		F	W	4	S	TN	TN	TN	
Smith,	George E.	Head	R	M	W	51	M	TN	TN	TN	Farmer
	Flora F.	Wife		F	W	45	M	TN	TN	TN	
	Henry O.	Son		M	W	16	S	TN	TN	TN	
	Ora C.	Dau.		F	W	14	S	TN	TN	TN	
	Alpha M.	Dau.		F	W	11	S	TN	TN	TN	
	Hna E.	Dau.		F	W	8	S	TN	TN	TN	
	Ollie E.	Dau.		F	W	4-11/12	S	TN	TN	TN	
Cooper,	William	Head	O	M	W	65	M	TN	TN	TN	Farmer
	Nancy A.	Wife		F	W	60	M	TN	TN	TN	
	Louisa J.	Dau.		F	W	40	S	TN	TN	TN	Farm Laborer
	Alice	Dau.		F	W	25	S	TN	TN	TN	Farm Laborer
	Ava	Dau.		F	W	22	S	TN	TN	TN	Farm Laborer
Cooper,	William P.	Head	R	M	W	27	M	TN	TN	TN	Farmer
	Lora E.	Wife		F	W	17	M	TN	TN	TN	
King,	Alexander C.	Head	R	M	W	42	M	TN	TN	TN	Farmer
	Martha	Wife		F	W	31	M	TN	TN	TN	
	Elbert	Son		M	W	17	S	TN	TN	TN	Farm Laborer
	Omer	Son		M	W	12	S	TN	TN	TN	Farm Laborer
	Delpha	Dau.		F	W	10	S	TN	TN	TN	
	Oscar	Son		M	W	2-10/12	S	TN	TN	TN	

1920 Fentress Co. TN Census

Name		Relation -ship	House Own or Rent	Sex	Color or Race	Age	Married Single Widow	Birth Place	Fathers Birth Place	Mothers Birth Place	Trade

Civil District No. 3

Name		Relation -ship	House Own or Rent	Sex	Color or Race	Age	Married Single Widow	Birth Place	Fathers Birth Place	Mothers Birth Place	Trade
Cooper,	Nina	Head	O	F	W	49	D	TN	TN	TN	Farmer
	Effie J.	Dau.		F	W	21	S	TN	TN	TN	Farm Laborer
	Thomas S.	Son		M	W	21	S	TN	TN	TN	Coal Miner
	Tecumseh	Son		M	W	17	S	TN	TN	TN	Coal Miner
	Ethel	Dau.		F	W	15	S	TN	TN	TN	Farm Laborer
	Arthur	Son		M	W	15	S	TN	TN	TN	Coal Miner
	Charles	Son		M	W	13	S	TN	TN	TN	Farm Laborer
	Corbit	Son		M	W	11	S	TN	TN	TN	Farm Laborer
	William D.	Boarder		M	W	47	D	TN	TN	TN	Coal Miner
Linder,	Mary C.	Head	R	F	W	48	W	TN	TN	TN	Farm Laborer
	Mayford M.	Son		M	W	16	S	TN	TN	TN	Farm Laborer
Gooding,	Thelma G.	Niece		F	W	8	S	TN	TN	TN	
Whited,	William C.	Head	O	M	W	47	M	TN	TN	TN	Farmer
	Lee A.	Wife		F	W	50	M	TN	TN	TN	
	Sanford	Son		M	W	20	M	TN	TN	TN	Farm Laborer
	Roxie C.	Dau.		F	W	15	S	TN	TN	TN	Farm Laborer
	Sampson	Son		M	W	12	S	TN	TN	TN	Farm Laborer
	Ollie O.	Dau.		F	W	9	S	TN	TN	TN	
Whited,	Garfield	Head	R	M	M	21	M	TN	TN	TN	Farmer
	Laura E.	Dau.		F	W	18	M	TN	TN	TN	
	Loranza	Dau.		F	W	1-6/12	S	TN	TN	TN	
	Maggie M.	Dau.		F	W	3/12	S	TN	TN	TN	
Hoover,	Rice	Head	O	M	W	60	M	TN	TN	TN	Farmer
	Susie A.	Wife		F	W	55	M	TN	TN	TN	
	Ordell G.	Son		M	W	28	M	TN	TN	TN	Farmer
	James T.	Son		M	W	21	M	TN	TN	TN	Farmer
	Simson W.	Son		M	W	19	S	TN	TN	TN	Farm Laborer
	Lucy C.	Dau.		F	W	17	S	TN	TN	TN	Farm Laborer
King,	David	Head	O	M	W	58	M	TN	TN	TN	Farmer
	Manda A.	Wife		F	W	48	M	TN	TN	TN	
	Lafayette	Son		M	W	24	S	TN	TN	TN	Lumber Mill Laborer
	Hannah C.	Dau.		F	W	21	S	TN	TN	TN	Farm Laborer
	Thomas J.	Son		M	W	17	S	TN	TN	TN	Farm Laborer
	Pathence	Dau.		F	W	14	S	TN	TN	TN	Farm Laborer
	Bird	Son		M	W	11	S	TN	TN	TN	Farm Laborer
	Lonzo	Son		M	W	6	S	TN	TN	TN	
Linder,	Isaac B.	Head	R	M	W	32	S	TN	TN	TN	Lumber Mill Laborer
Booke,	Vina	Mother		F	W	63	M	TN	TN	VA	
Cooper,	William C.	Head	R	M	W	48	M	TN	TN	TN	Farmer
	Sarah A.	Wife		F	W	48	M	TN	TN	TN	
	Pearl S.	Dau.		F	W	17	S	TN	TN	TN	Farm Laborer
	Loni E.	Dau.		F	W	14	S	TN	TN	TN	Farm Laborer
	Allen L.	Son		M	W	11	S	TN	TN	TN	Farm Laborer
	Joel G.	Son		M	W	3-3/12	S	TN	TN	TN	
	William V.	Grandson		M	W	8	S	TN	TN	TN	
King,	James T.	Head	O	M	W	40	M	TN	TN	TN	Farmer
	Cora B.	Wife		F	W	35	M	TN	TN	TN	
	Birdie D.	Son		M	W	10	S	TN	TN	TN	Farm Laborer
	Verna J.	Dau.		F	W	8	S	TN	TN	TN	
	Ethel	Dau.		F	W	4-1/12	S	TN	TN	TN	

1920 Fentress Co. TN Census

Name		Relation-ship	House Own or Rent	Sex	Color or Race	Age	Married Single Widow	Birth Place	Fathers Birth Place	Mothers Birth Place	Trade
						Civil District No. 3					
Matthew,	Jasper N.	Head	R	M	W	36	M	TN	TN	TN	Farmer
	Rosetta	Wife		F	W	34	M	TN	TN	TN	
	Elmer	Son		M	W	14	S	TN	TN	TN	Farm Laborer
	Elbert	Son		M	W	12	S	TN	TN	TN	Farm Laborer
	Ruba H.	Dau.		F	W	7	S	TN	TN	TN	
	Glidus D.	Dau.		F	W	3-7/12	S	TN	TN	TN	
King,	Jeremiah J.	Head	R	M	W	33	M	TN	TN	TN	Farmer
	Louisa E.	Wife		F	W	28	M	TN	TN	TN	
	Ader C.	Dau.		F	W	11	S	TN	TN	TN	
	Eva M.	Dau.		F	W	7	S	TN	TN	TN	
King,	Peter H.	Head	?	M	W	29	M	TN	TN	TN	Coal Miner
	Cora A.	Wife		F	W	19	M	TN	TN	TN	
	Ordra V.	Dau.		F	W	1-8/12	S	TN	TN	TN	
Smith,	George W.	Head	O	M	W	45	M	TN	TN	TN	Farmer
	Jane	Wife		F	W	39	M	TN	TN	TN	
	Clara E.	Dau.		F	W	7	S	TN	TN	TN	
	Eskel E.	Son		M	W	5	S	TN	TN	TN	
Allred,	Wolford	Head	R	M	W	31	M	TN	TN	TN	Farmer
	Nancy J.	Wife		F	W	30	M	TN	TN	TN	
	Oscar	Son		M	W	12	S	TN	TN	TN	
	Alpha	Dau.		F	W	10	S	TN	TN	TN	
	Ophelus	Son		M	W	8	S	TN	TN	TN	
	Delmer	Son		M	W	6	S	TN	TN	TN	
	Ollie	Dau.		F	W	3	S	TN	TN	TN	
Wright,	William G.	Head	O	M	W	36	M	TN	TN	TN	Farmer
	Ida	Wife		F	W	35	M	TN	TN	TN	
	Alice H.	Dau.		F	W	11	S	TN	TN	TN	
	James M.	Son		M	W	9	S	TN	TN	TN	
	Sada L.	Dau.		F	W	3-0/12	S	TN	TN	TN	
Cooper,	George	Head	O	M	W	63	M	TN	TN	TN	Farmer
	Celia C.	Wife		M	W	55	M	TN	TN	TN	
	Ester	Dau.		F	W	25	S	TN	TN	TN	Farm Laborer
	Ova C.	Dau.		F	W	13	S	TN	TN	TN	Farm Laborer
Cooper,	Andrew J.	Head	R	M	W	32	M	TN	TN	TN	Farmer
	Lyda C.	Wife		F	W	28	M	TN	TN	TN	
	Elice W.	Son		M	W	7	S	TN	TN	TN	
	Minnie E.	Dau.		F	W	4	S	TN	TN	TN	
	Una E.	Dau.		F	W	11/12	S	TN	TN	TN	
Cooper,	David A.	Head	R	M	W	38	M	TN	TN	TN	Farmer
	Casia B.	Wife		F	W	34	M	TN	TN	TN	
	Barnie M.	Son		M	W	11	S	TN	TN	TN	Farm Laborer
	Woodrow W.	Son		M	W	6	S	TN	TN	TN	
	William E.	Son		M	W	4-1/12	S	TN	TN	TN	
	Casta	Son		M	W	1-8/12	S	TN	TN	TN	
Choate,	Eddie L.	Head	R	M	W	28	M	TN	TN	TN	Farmer
	Alta P.	Wife		F	W	23	M	TN	TN	TN	
	Ruba E.	Dau.		F	W	3-8/12	S	TN	TN	TN	
	Arnal E.	Son		M	W	1-7/12	S	TN	TN	TN	

1920 Fentress Co. TN Census

Name		Relation -ship	House Own or Rent	Sex	Color or Race	Age	Married Single Widow	Birth Place	Fathers Birth Place	Mothers Birth Place	Trade
						Civil District No. 3					
Cooper,	Matilda C.	Head	?	F	M	63	W	TN	TN	TN	Farmer
	Artena E.	Dau.		F	W	41	S	TN	TN	TN	Farm Laborer
	Jane	Dau.		F	W	36	S	TN	TN	TN	Farm Laborer
	Ritta C.	Grandaughter		F	W	23	S	TN	TN	TN	Farm Laborer
Cooper,	David	Head	O	M	W	68	W	TN	TN	TN	Farmer
	Nancy J.	Dau.		F	W	31	S	TN	TN	TN	
	Alexander	Son		M	W	29	S	TN	TN	TN	Farm Labor
	Harry R.	Son		M	W	27	M	TN	TN	TN	Farm Labor
	Oscar J.	Son		M	W	24	S	TN	TN	TN	Farm Labor
Turner,	James G.	Head	O	M	W	26	M	TN	TN	TN	Farmer
	Matilda	Wife		F	W	26	M	TN	TN	TN	
	Clara W.	Dau.		F	W	4-4/12	S	TN	TN	TN	
	Louie E.	Dau.		F	W	5/12	S	TN	TN	TN	
Cooper,	David P.	Head	R	M	W	20	M	TN	TN	TN	Farmer
	Minie E.	Wife		M	W	19	M	TN	TN	TN	
Turner,	William	Head	O	M	W	50	M	TN	TN	TN	Farmer
	Mary E.	Wife		F	W	45	M	TN	TN	TN	
	John A.	Son		M	W	20	S	TN	TN	TN	Farm Laborer
	Mota C.	Son		M	W	18	S	TN	TN	TN	Farm Laborer
	Ader E.	Dau.		F	W	16	S	TN	TN	TN	Farm Laborer
	Ava E.	Dau.		F	W	13	S	TN	TN	TN	Farm Laborer
	Hilie E.	Dau.		F	W	10	S	TN	TN	TN	Farm Laborer
	Priram M.	Son		M	W	8	S	TN	TN	TN	
	Lena D.	Dau.		F	W	3-6/12	S	TN	TN	TN	
King,	John J.	Head	?	M	W	45	M	TN	TN	TN	Farmer
	Mary S.	Wife		F	W	42	M	TN	TN	TN	
	Riltie C.	Dau.		F	W	18	S	TN	TN	TN	Farm Laborer
	Oakley M.	Dau.		F	W	16	S	TN	TN	TN	Farm Laborer
King,	James A.	Head	R	M	W	29	M	TN	TN	TN	Lumber Camp Laborer
	Lottie G.	Wife		F	W	28	M	TN	TN	TN	
	Arvie	Son		M	W	8	S	TN	TN	TN	
	Joe M.	Son		M	W	6	S	TN	TN	TN	
	Olice	Son		M	W	3-9/12	S	TN	TN	TN	
	Thelma M.	Dau.		F	W	9/12	S	TN	TN	TN	
Wright,	Benton M.	Head	R	M	W	24	M	TN	TN	TN	Farmer
	Eva E.	Wife		F	W	19	M	TN	TN	TN	
	Charley H.	Son		M	W	3/12	S	TN	TN	TN	
Wright,	William	Head	O	M	W	67	M	TN	TN	TN	
	Mary	Wife		F	W	62	M	TN	TN	TN	
	Granville	Son		M	W	22	S	TN	TN	TN	Farmer
Wright,	Joe	Head	O	M	W	64	M	TN	TN	TN	Farmer
	Matilda	Wife		F	W	55	M	TN	TN	TN	
	Cordell	Son		M	W	24	S	TN	TN	TN	Farm Laborer
	Marion T.	Son		M	W	21	S	TN	TN	TN	Farm Laborer
	Joe	Son		M	W	20	S	TN	TN	TN	Farm Laborer
	Rashie	Dau.		F	W	18	S	TN	TN	TN	Farm Laborer

1920 Fentress Co. TN Census

Name		Relation -ship	House Own or Rent	Sex	Color or Race	Age	Married Single Widow	Birth Place	Fathers Birth Place	Mothers Birth Place	Trade
						Civil District No. 3					
King,	Richard	Head	O	M	W	54	W	TN	TN	TN	Farmer
	Margret A.	Dau.		F	W	24	S	TN	TN	TN	
	Arthur C.	Dau.		F	W	21	S	TN	TN	TN	Farm Laborer
	Columbus	Son		M	W	17	S	TN	TN	TN	Farm Laborer
	Birdie M.	Son		M	W	12	S	TN	TN	TN	Farm Laborer
	Robert B.	Son		M	W	8	S	TN	TN	TN	
King,	Sam	Head	R	M	W	25	M	TN	TN	TN	Farmer
	Nora A.	Wife		F	W	23	M	TN	TN	TN	
	Travis	Son		M	W	3-7/12	S	TN	TN	TN	
Mullinix,	Henry N.	Head	O	M	W	37	M	TN	TN	TN	Farmer
	Nora G.	Wife		F	W	27	M	TN	TN	TN	
	James G.	Son	...	M	W	12	S	TN	TN	TN	Farm Laborer
	Martha E.	Dau.		F	W	11	S	TN	TN	TN	Farm Laborer
	Hattie C.	Dau.		F	W	5	S	TN	TN	TN	
	Nathan E.	Son		M	W	2-2/12	S	TN	TN	TN	
	Martha	Mother		F	W	77	S	TN	TN	TN	
Allred,	Allen A.	Head	O	M	W	51	M	TN	TN	TN	Farmer
	Mary O.	Wife		F	W	45	M	TN	TN	TN	
	Loretta	Dau.		F	W	25	S	TN	TN	TN	Farm Laborer
	Charles W.	Son		M	W	20	S	TN	TN	TN	Coal Miner
	John H.	Son		M	W	16	S	TN	TN	TN	Farm Laborer
	Nora	Dau.		F	W	13	S	TN	TN	TN	Farm Laborer
	Louis H.	Son		M	W	4-4/12	S	TN	TN	TN	
Allred,	James G.	Head	?	M	W	18	M	TN	TN	TN	Coal Miner
	Zoah C.	Wife		F	W	21	M	GA	GA	GA	
Allred,	Thomas	Head	O	M	W	57	M	TN	TN	TN	Farmer
	Easter A.	Wife		F	W	51	M	TN	TN	KY	
	Cora M.	Dau.		F	W	28	S	TN	TN	TN	Farm Laborer
	Austin	Son		M	W	18	S	TN	TN	TN	Farm Laborer
	Martha E.	Dau.		F	W	16	S	TN	TN	TN	Farm Laborer
	Elmer	Son		M	W	13	S	TN	TN	TN	Farm Laborer
	Elbert	Son		M	W	13	S	TN	TN	TN	Farm Laborer
Allred,	John W.	Head	O	M	W	55	M	TN	TN	TN	Farmer
	Julia E.	Wife		F	W	59	M	TN	TN	TN	
	Martha	Dau.		F	W	23	S	TN	TN	TN	Farm Laborer
Allred,	Sanford	Head	R	M	W	26	M	TN	TN	TN	Farmer
	Saber T.	Wife		F	W	25	M	TN	TN	TN	
	Domer D.	Son		M	W	3-2/12	S	TN	TN	TN	
Allred,	Thomas S.	Head	O	M	W	37	M	TN	TN	TN	Farmer
	Vie A.	Wife		F	W	34	M	TN	TN	TN	
Wright,	David	Head	R	M	W	31	M	TN	TN	TN	Farm Laborer
	Nora	Wife		F	W	28	M	TN	TN	TN	
	Pearl	Dau.		F	W	7	S	TN	TN	TN	
	Alvin W.	Son		M	W	5	S	TN	TN	TN	
	Roy H.	Son		M	W	3-5/12	S	TN	TN	TN	
	Ethel M.	Dau.		F	W	1-2/12	S	TN	TN	TN	
Janes,	Ann	Head	?	F	W	50	W	TN	TN	TN	Farmer
	Lonzo	Son		M	W	19	S	TN	TN	TN	Farm Laborer
	Joel R.	Son		M	W	17	S	TN	TN	TN	Farm Laborer

1920 Fentress Co. TN Census

Name		Relation-ship	House Own or Rent	Sex	Color or Race	Age	Married Single Widow	Birth Place	Fathers Birth Place	Mothers Birth Place	Trade

Civil District No. 3

Name		Relation-ship	House Own or Rent	Sex	Color or Race	Age	Married Single Widow	Birth Place	Fathers Birth Place	Mothers Birth Place	Trade
Smith,	Andrew J.	Head	O	M	W	58	M	TN	TN	TN	Farmer
	Lurana C.	Wife		F	W	48	M	TN	TN	TN	
	Milton	Son		M	W	22	S	TN	TN	TN	Farm Laborer
	Travis C.	Son		M	W	15	S	TN	TN	TN	Farm Laborer
	Alward M.	Son		M	W	13	S	TN	TN	TN	Farm Laborer
	Wilford	Son		M	W	10	S	TN	TN	TN	Farm Laborer
	Millie E.	Dau.		F	W	7	S	TN	TN	TN	
Turner,	John E.	Head	O	M	W	49	M	KY	TN	TN	Farmer
	Nancy L.	Wife		F	W	41	M	TN	TN	TN	
	Leave	Dau.		F	W	11	S	TN	TN	TN	
	Sybal	Dau.		F	W	9	S	TN	TN	TN	
	Organcy	Son		M	W	7	S	TN	TN	TN	
	Learlan	Dau.		F	W	4-5/12	S	TN	TN	TN	
Whited,	John R.	Father		M	W	74	D	TN	TN	TN	
Smith,	Alexander S.	Head	O	M	W	42	M	TN	TN	TN	Farmer
	Mary I.	Wife		F	W	32	M	TN	TN	TN	
	Learlan P.	Niece		F	W	8	S	TN	TN	TN	
Threet,	Alfred	Head	R	M	W	32	M	TN	TN	TN	Farmer
	Zona L.	Wife		F	W	28	M	TN	TN	TN	
	Edna	Dau.		F	W	6	S	TN	TN	TN	
	Carl E.	Son		M	W	1-1/12	S	TN	TN	TN	
Duncan,	John H.	Head	R	M	W	34	M	TN	TN	TN	Coal Miner
	Dora B.	Wife		F	W	28	M	TN	TN	TN	Farm Laborer
	Edith E.	Dau.		F	W	5	S	TN	TN	TN	
Simpson,	James	Head	R	M	W	49	M	TN	TN	TN	Farmer
	Julia A.	Wife		F	W	30	M	TN	TN	TN	
	Cordealie	Dau.		F	W	12	S	TN	TN	TN	
	Delpha M.	Dau.		F	W	9	S	TN	TN	TN	
	Eddie E.	Son		M	W	5	S	TN	TN	TN	
	Berta E.	Dau.		F	W	5/12	S	TN	TN	TN	
Mullinix,	George A.	Head	R	M	W	47	M	TN	TN	TN	Coal Miner
	Caldona	Wife		F	W	29	M	TN	TN	TN	
	Roxie M.	Dau.		F	W	8	S	TN	TN	TN	
	Gradie L.	Son		M	W	7	S	TN	TN	TN	
	Ralph E.	Son		M	W	6	S	TN	TN	TN	
	Thomas A.	Son		M	W	3-2/12	S	TN	TN	TN	
	Shelley G.	Son		M	W	1-3/12	S	TN	TN	TN	
Pennycuff,	William E.	Head	R	M	W	53	M	TN	TN	TN	Farmer
	Sarah E.	Wife		F	W	43	M	TN	TN	TN	
	Ora E.	Dau.		F	W	21	S	TN	TN	TN	Farm Laborer
	Vada L.	Dau.		F	W	19	M	TN	TN	TN	Farm Laborer
	Delpha M.	Dau.		F	W	17	S	TN	TN	TN	Farm Laborer
	Pansy A.	Dau.		F	W	12	S	TN	TN	TN	Farm Laborer
	Edith M.	Dau.		F	W	6	S	TN	TN	TN	
	Lee A.	Dau.		F	W	3-7/12	S	TN	TN	TN	
Stephens,	George R.	Head	O	M	W	38	M	TN	TN	TN	Farmer
	Della V.	Wife		F	W	18	M	TN	TN	TN	
	Arnold M.	Son		M	W	1-7/12	S	TN	TN	TN	
King,	Andy G.	Head	R	M	W	29	M	TN	TN	TN	Coal Miner
	Thena M.	Wife		F	W	29	M	TN	TN	TN	

1920 Fentress Co. TN Census

Name		Relation -ship	House Own or Rent	Sex	Color or Race	Age	Married Single Widow	Birth Place	Fathers Birth Place	Mothers Birth Place	Trade
						Civil District No. 3					
Franklin,	Lee O.	Head	R	F	W	45	W	TN	TN	TN	Dress Maker
Smith,	Nova C.	Niece		F	W	14	S	TN	TN	TN	
Cooper,	Charlie	Head	R	M	W	21	M	TN	TN	TN	Coal Miner
	Mary	Wife		F	W	20	M	TN	TN	TN	
Copeland,	James C.	Head	O	M	W	52	M	KY	TN	KY	Farmer
	Sarah L.	Wife		F	W	46	M	TN	TN	TN	
	Ornie	Dau.		F	W	14	S	TN	TN	TN	Farm Laborer
Cravins,	James	Head	O	M	W	51	M	TN	TN	TN	Farmer
	Matilda A.	Wife		F	W	39	M	TN	TN ·	TN	
	Dorthy	Dau.		F	W	10	S	TN	TN	TN	
	Artha	Dau.		F	W	7	S	TN	TN	TN	
	Myrtle	Dau.		F	W	5	S	TN	TN	TN	
	Eva	Dau.		F	W	3-3/12	S	TN	TN	TN	
	Baxter	Son		M	W	1/12	S	TN	TN	TN	
Whited,	Sarah J.	Mother in law		F	W	78	W	TN	TN	TN	
Evans,	William	Head	R	M	W	51	D	TN	VA	TN	Farmer
Smith,	John A.	Head	R	M	W	37	W	TN	TN	TN	Coal Miner
	Deloy A.	Son		M	W	12	S	TN	TN	TN	
King,	John W.	Head	R	M	W	34	M	TN	TN	TN	Farmer
	Birn A.	Wife		F	W	36	M	KY	KY	KY	
	Hazel	Dau.		F	W	8	S	TN	TN	TN	
	Lemon	Son		M	W	6	S	TN	TN	TN	
	Woodrow K.	Son		M	W	3-9/12	S	TN	TN	TN	
York,	James C.	Head	R	M	W	48	M	TN	TN	KY	Farmer
	Laura C.	Wife		F	W	44	M	TN	TN	TN	
	Lenor M.	Dau.		F	W	16	S	TN	TN	TN	Farm Laborer
	Arthur D.	Son		M	W	13	S	TN	TN	TN	Farm Laborer
	Robert E.	Son		M	W	9	S	TN	TN	TN	
Whited,	John	Head	R	M	W	37	M	TN	TN	TN	Farmer
	Eunice V.	Wife		F	W	21	M	TN	TN	TN	
	Sarah G.	Dau.		F	W	1-1/12	S	TN	TN	TN	
Smith,	Joe G.	Head	R	M	W	24	M	TN	TN	TN	Farmer
	Eula E.	Wife		F	W	18	M	TN	TN	TN	
	Obed C.	Son		M	W	10/12	S	TN	TN	TN	
York,	William H	Head	R	M	W	48	M	TN	TN	TN	Farmer
	Nancy E.	Wife		F	W	39	M	TN	TN	TN	
	Leroy B.	Son		M	W	25	S	TN	TN	TN	Coal Miner
	Colonel R.	Son		M	W	17	S	TN	TN	TN	Coal Miner
	Lora A.	Dau.		F	W	15	S	TN	TN	TN	Farm Laborer
	Horace M.	Son		M	W	10	S	TN	TN	TN	Farm Laborer
	Hillie	Dau.		F	W	8	S	TN	TN	TN	
	Jessie W.	Son		M	W	4-6/12	S	TN	TN	TN	
Supurlin,	Fred D.	Head	R	M	W	25	M	TN	TN	TN	Farmer
	Neatie	Wife		F	W	20	M	TN	TN	TN	
	Harsh L.	Son		M	W	2-7/12	S	TN	TN	TN	
Whited,	Catherine	Head	O	F	W	61	W	TN	TN	TN	Farmer
	Jacob	Son		M	W	24	S	TN	TN	TN	Lumber Camp
	Isaac	Son		M	W	24	S	TN	TN	TN	Farm Laborer
	Polly A.	Granddaughter		F	W	4-10/12	S	TN	TN	TN	

1920 Fentress Co. TN Census

Name		Relation -ship	House Own or Rent	Sex	Color or Race	Age	Married Single Widow	Birth Place	Fathers Birth Place	Mothers Birth Place	Trade
						Civil District No. 3					
Smith,	David G.	Head		M	W	56	M	TN	TN	TN	Farmer
	Victoria M.	Wife		F	W	34	M	TN	TN	TN	
	Carson M.	Son		M	W	13	S	TN	TN	TN	Farm Laborer
	William O.	Son		M	W	11	S	TN	TN	TN	
	Ewen E.	Son		M	W	9	S	TN	TN	TN	
	Minnie P.	Dau.		F	W	6	S	TN	TN	TN	
	Edith E.	Dau.		F	W	4-3/12	S	TN	TN	TN	
	Leathie M.	Dau.		F	W	1-9/12	S	TN	TN	TN	
Franklin,	George W.	Head	O	M	W	50	M	TN	TN	TN	Farmer
	Avy C.	Wife		F	W	48	M	TN	TN	TN	
	Leonard S.	Son		M	W	25	S	TN	TN	TN	Farm Laborer
Stephens,	William C.	Head	R	M	W	58	M	TN	TN	TN	Farmer
	Mary J.	Wife		F	W	47	M	TN	TN	TN	
Ruben,	A. Birthram	Head	O	M	W	25	M	TN	TN	TN	Farmer
	Ella A.	Wife		F	W	21	M	TN	TN	TN	
	Rilla E.	Dau.		F	W	2-11/12	S	TN	TN	TN	
Cooper,	Captain H.	Bro. in law		M	W	19	S	TN	TN	TN	Coal Miner
	Nelson E.	Bro. in law		M	W	16	S	TN	TN	TN	Coal Miner
Franklin,	Sarah C.	Head		F	W	34	W	TN	TN	TN	Farm Laborer
	Oza D.	Son		M	W	10	S	TN	TN	TN	Farm Laborer
	Odus	Son		M	W	8	S	TN	TN	TN	
	Elmer O.	Son		M	W	3-5/12	S	TN	TN	TN	
	Delmar	Son		M	W	8/12	S	TN	TN	TN	
Cooper,	David C.	Head	O	M	W	71	M	TN	TN	TN	Farmer
	Sarah	Wife		F	W	68	M	TN	TN	TN	
Cooper,	Newton J.	Head	R	M	W	26	M	TN	TN	TN	Lumber Camp
	Arzona	Wife		F	W	21	M	TN	TN	TN	
	Levie A.	Dau.		F	W	6	S	TN	TN	TN	
	Cambria I.	Dau.		F	W	3-6/12	S	TN	TN	TN	
Smith,	Thomas	Head		M	W	53	M	TN	TN	TN	Farmer
	Cerilda E.	Wife		F	W	49	M	TN	VA	VA	
	Silas E.	Son		M	W	22	S	TN	TN	TN	Coal Miner
Green,	James R.	Head	R	M	W	36	M	TN	TN	TN	Farmer
	Jane	Wife		F	W	28	M	TN	TN	TN	
	Roy C.	Son		M	W	13	S	TN	TN	TN	Farm Laborer
	Clarence S.	Son		M	W	11	S	TN	TN	TN	Farm Laborer
	Poter H.	Son		M	W	4-10/12	S	TN	TN	TN	
Bowden,	Lafar Ve S.	Head	O	M	W	53	M	TN	TN	TN	Farmer
	Mary E.	Wife		F	W	51	M	TN	TN	TN	
	Lora E.	Dau.		F	W	20	S	TN	TN	TN	Farm Laborer
	Elias F.	Son		M	W	13	S	TN	TN	TN	Farm Laborer
	Trudie V.	Dau.		F	W	9	S	TN	TN	TN	
Stephens,	Rufus J.	Head	O	M	W	71	M	TN	TN	TN	Farmer
	Sarah E.	Wife		F	W	72	M	TN	TN	TN	
	William	Bro.		M	W	62	S	TN	TN	TN	
	Hosier B.	Bro.		M	W	60	S	TN	TN	TN	
Hinds,	Parry	Head	O	M	W	75	M	TN	KY	TN	Farmer
	Elizabeth	Wife		F	W	73	M	TN	TN	TN	

1920 Fentress Co. TN Census

Name		Relation-ship	House Own or Rent	Sex	Color or Race	Age	Married Single Widow	Birth Place	Fathers Birth Place	Mothers Birth Place	Trade
						Civil District No. 3					
Wilson,	Sim	Head	R	M	W	45	M	TN	TN	TN	Farmer
	Haley Jane	Wife		F	W	40	M	TN	TN	TN	
	James W.	Son		M	W	1-9/12	S	TN	TN	TN	
Cooper,	Albert B.	Head	R	M	W	33	M	TN	TN	TN	Lumber Camp
	Lillie C.	Wife		F	W	29	M	TN	TN	TN	
	Ray J.	Son		M	W	4-3/12	S	TN	TN	TN	
Wright,	David	Head	O	M	W	58	M	TN	TN	TN	Farmer
	Ellen	Wife		F	W	48	M	TN	TN	TN	
Allred,	George C.	Head	O	M	W	59	M	TN	TN	TN	Farmer
	Margaret	Wife		F	W	60	M	TN	TN	TN	
Wright,	Van	Head	R	M	W	40	M	TN	TN	TN	Farmer
	Symantha A.	Wife		F	W	40	M	TN	TN	TN	
	McKinley	Son		M	W	20	S	TN	TN	TN	Farm Laborer
	Myrtle I.	Dau.		F	W	15	S	TN	TN	TN	Farm Laborer
	James B.	Son		M	W	12	S	TN	TN	TN	Farm Laborer
	Effie	Dau.		F	W	10	S	TN	TN	TN	Farm Laborer
	Allie	Dau.		F	W	6	S	TN	TN	TN	
	Ethel	Dau.		F	W	6/12	S	TN	TN	TN	
Conatser,	William I.	Head	R	M	W	38	M	TN	TN	TN	Farm Laborer
	Altha M.	Wife		F	W	27	M	TN	TN	TN	
	Elsie A.	Dau.		F	W	10	S	TN	TN	TN	
	Will T.	Son		M	W	8	S	TN	TN	TN	
	Mary F.	Dau.		F	W	6	S	TN	TN	TN	
	Oakley C.	Son		M	W	4-5/12	S	TN	TN	TN	
Cooper,	Granville	Head	R	M	W	32	M	TN	TN	TN	Farmer
	Sarah J.	Wife		F	W	34	M	TN	TN	TN	
	May	Dau.		F	W	13	S	TN	TN	TN	Farm Laborer
	Pearl	Dau.		F	W	10	S	TN	TN	TN	Farm Laborer
	Avo	Dau.		F	W	3-6/12	S	TN	TN	TN	
Wilson,	Nancy A.	Head	O	F	W	51	D	KY	VA	TN	Farmer
	Albert R.	Son		M	W	14	S	TN	TN	TN	Farm Laborer
York,	Sarah	Boarder		F	W	55	W	TN	TN	TN	
King,	Mary	Head	R	F	W	48	W	TN	TN	TN	Farmer
	Della	Dau.		F	W	21	S	TN	TN	TN	Farm Laborer
	Tina	Dau.		F	W	19	M	TN	TN	TN	Farm Laborer
	John	Son		M	W	17	S	TN	TN	TN	Farm Laborer
	Pearl	Dau.		F	W	15	S	TN	TN	TN	Farm Laborer
	Ruba	Dau.		F	W	8	S	TN	TN	TN	
	Ordell G.	Grandson		M	W	1-5/12	S	TN	TN	TN	
	Bertha	Dau.		F	W	12	S	TN	TN	TN	Farm Laborer
Wright,	Tilford C.	Head	O	M	W	29	M	TN	TN	KY	Farmer
	Arrie A.	Wife		F	W	27	M	TN	TN	TN	
	Arnal D.	Son		M	W	5	S	TN	TN	TN	
	Shirley A.	Son		M	W	3-10/12	S	TN	TN	TN	
	Arley O.	Son		M	W	1	S	TN	TN	TN	
Potter,	Frank T.	Head	O	M	W	40	M	TN	TN	TN	Farmer
	Zoa P.	Wife		F	W	26	M	TN	TN	TN	
	Ruba	Dau.		F	W	8	S	TN	TN	TN	
	Cosba	Son		M	W	5	S	TN	TN	TN	
	Curmet	Son		M	W	4-10/12	S	TN	TN	TN	
	Virgil	Son		M	W	6/12	S	TN	TN	TN	

1920 Fentress Co. TN Census

Name		Relation-ship	House Own or Rent	Sex	Color or Race	Age	Married Single Widow	Birth Place	Fathers Birth Place	Mothers Birth Place	Trade
						Civil District No. 3					
Cooper,	George T.	Head	R	M	W	20	M	TN	TN	TN	Farmer
	Alpha	Wife		F	W	20	M	TN	TN	TN	Farm Laborer
	Mary	Mother		F	W	48	W	TN	TN	TN	Farm Laborer
	Margret	Sister		F	W	21	S	TN	TN	TN	Farm Laborer
Beaty,	David	Head	O	M	W	62	M	TN	TN	TN	Farmer
	Emma	Wife		F	W	59	M	TN	TN	TN	
	Sarah	Dau.		F	W	29	S	TN	TN	TN	Farm Laborer
	Virgil	Grandson		M	W	10	S	TN	TN	TN	Farm Laborer
Cooper,	Joe	Head	R	M	W	28	M	TN	TN	TN	Farmer
	Ollie E.	Wife		F	W	27	M	TN	TN	TN	
	Owny E.	Son		M	W	4-8/12	S	TN	TN	TN	
	Osia E.	Son		M	W	2-8/12	S	TN	TN	TN	
	Willie H.	Son		M	W	7/12	S	TN	TN	TN	
	Willard G.	Son		M	W	7/12	S	TN	TN	TN	
Cooper,	James F.	Head	R	M	W	37	M	TN	TN	TN	Farmer
	Lee A.	Wife		F	W	35	M	TN	TN	TN	
	Rachie	Dau.		F	W	15	S	TN	TN	TN	Farm Laborer
	Barna C.	Son		M	W	13	S	TN	TN	TN	Farm Laborer
	Hattie	Dau.		F	W	8	S	TN	TN	TN	
	Albia	Dau.		F	W	5	S	TN	TN	TN	
	Rosa L.	Dau.		F	W	1-2/12	S	TN	TN	TN	
Wright,	Ellen R.	Head	O	F	W	60	W	TN	TN	TN	
Hood,	Rachel	Mother		F	W	84	W	TN	VA	VA	
Cooper,	Jacob	Head	R	M	W	36	M	TN	TN	TN	Farmer
	Merian E.	Wife		F	W	36	M	TN	TN	TN	
	Ader	Dau.		F	W	12	S	TN	TN	TN	Farm Laborer
	Roy C.	Son		M	W	10	S	TN	TN	TN	Farm Laborer
	Claudia B.	Dau.		F	W	5	S	TN	TN	TN	
	Nasby R.	Son		M	W	4-2/12	S	TN	TN	TN	
	Fred	Son		M	W	3	S	TN	TN	TN	
	Margret B.	Dau.		F	W	3/12	S	TN	TN	TN	
Wright,	Lud	Head	O	M	W	46	W	TN	TN	TN	Farmer
	Epsy	Dau.		F	W	14	S	TN	TN	TN	
	Rich	Son		M	W	12	S	TN	TN	TN	
	Charlie	Son		M	W	10	S	TN	TN	TN	Farm Laborer
	Riley	Son		M	W	7	S	TN	TN	TN	Farm Laborer
	Alice	Dau.		F	W	4-9/12	S	TN	TN	TN	
Wright,	Michael	Head	R	M	W	22	M	TN	TN	TN	Farmer
	Susie	Wife		F	W	21	M	TN	TN	TN	
Linder,	Thomas M.	Head	O	M	W	40	M	TN	TN	TN	Farmer
	Fanny E.	Wife		F	W	34	M	TN	TN	TN	
	Delis	Son		M	W	14	S	TN	TN	TN	Farm Laborer
	Deelis	Dau.		F	W	12	S	TN	TN	TN	Farm Laborer
	Relda	Dau.		F	W	9	S	TN	TN	TN	
	Carlis	Son		M	W	7	S	TN	TN	TN	
	Rilla	Dau.		F	W	1	S	TN	TN	TN	

1920 Fentress Co. TN Census

Name		Relation -ship	House Own or Rent	Sex	Color or Race	Age	Married Single Widow	Birth Place	Fathers Birth Place	Mothers Birth Place	Trade
						Civil District No. 3					
Bertram,	Johnts M.	Head	O	M	W	50	M	KY	TN	TN	Farmer
	Susie A.	Wife		F	W	49	M	TN	TN	TN	
	Omer C.	Son		M	W	21	S	TN	TN	TN	Coal Miner
	Joel H.	Son		M	W	19	S	TN	TN	TN	Coal Miner
	Lora E.	Dau.		F	W	15	S	TN	TN	TN	Farm Laborer
	Cora F.	Dau.		F	W	14	S	TN	TN	TN	Farm Laborer
	Rosa M.	Dau.		F	W	11	S	TN	TN	TN	Farm Laborer
Bertram,	Hile O.	Head	O	M	W	28	M	TN	TN	TN	Farmer
	Lucy J.	Wife		F	W	24	M	AR	AR	AR	
	Golda M.	Dau.		F	W	5	S	TN	TN	AR	
	Johnie J.	Son		M	W	3-3/12	S	AR	TN .	AR	
	Sylvia	Dau.		F	W	7/12	S	TN	TN	AR	
Hinds,	Parry A.	Head	R	M	W	36	S	TN	TN	TN	Farm Laborer
Hoover,	Joe G.	Head	O	M	W	42	M	TN	TN	TN	Farmer
	Laura Bell	Wife		F	W	39	M	TN	TN	KY	
	Inas	Dau.		F	W	15	S	TN	TN	TN	Farm Laborer
	Lena	Dau.		F	W	13	S	TN	TN	TN	Farm Laborer
	Bonnie	Dau.		F	W	10	S	TN	TN	TN	Farm Laborer
	Lonzo E.	Son		M	W	7	S	TN	TN	TN	
	Onley E.	Son		M	W	4-7/12	S	TN	TN	TN	
	Arnal E.	Son		M	W	4-7/12	S	TN	TN	TN	
	Evo	Dau.		F	W	1-10/12	S	TN	TN	TN	
Wright,	Perry	Head	O	M	W	56	M	TN	TN	TN	Farmer
	Margret E.	Wife		F	W	53	M	TN	TN	TN	
	Sampson	Son		M	W	26	S	TN	TN	TN	Lumber Camp
	Gilbert	Son		M	W	18	S	TN	TN	TN	Farm Laborer
	Verna M.	Dau.		F	W	15	S	TN	TN	TN	Farm Laborer
Stephens,	James	Head	O	M	W	71	M	TN	TN	TN	Farmer
	Julia	Wife		F	W	63	M	TN	TN	TN	
Stephens,	Leonard	Head	R	M	W	26	M	TN	TN	TN	Farmer
	Doshis	Wife		F	W	26	M	TN	KY	KY	
	Charoletle M.	Dau.		F	W	1-6/12	S	TN	TN	TN	
Beaty,	Bates O.	Head	R	M	W	26	M	TN	TN	TN	Farmer
	Olliae G.	Wife		F	W	26	M	TN	TN	TN	
Smith,	Mary	Mother in law		F	W	47	M	TN	TN	TN	Farm Laborer
Smith,	John A.	Head	R	M	W	43	M	TN	TN	TN	Farmer
	Armilda	Wife		F	W	41	M	TN	TN	TN	
	Marion O.	Son		M	W	21	S	TN	TN	TN	Farm Laborer
	Ida	Dau.		F	W	19	S	TN	TN	TN	Farm Laborer
	Ova	Dau.		F	W	16	S	TN	TN	TN	Farm Laborer
	Nora	Dau.		F	W	13	S	TN	TN	TN	Farm Laborer
	Arzona	Dau.		F	W	9	S	TN	TN	TN	
	Willie H.	Son		M	W	6	S	TN	TN	TN	
	Delta G.	Dau.		F	W	3-9/12	S	TN	TN	TN	

1920 Fentress Co. TN Census

Name		Relation-ship	House Own or Rent	Sex	Color or Race	Age	Married Single Widow	Birth Place	Fathers Birth Place	Mothers Birth Place	Trade
						Civil District No. 3					
Smith,	Harve	Head	O	M	W	36	M	TN	TN	TN	Farmer
	Dice	Wife		F	W	36	M	TN	TN	TN	
	Birdie	Dau.		F	W	15	S	TN	TN	TN	Farm Laborer
	Fred	Son		M	W	13	S	TN	TN	TN	Farm Laborer
	Earl	Son		M	W	11	S	TN	TN	TN	Farm Laborer
	Frona	Dau.		F	W	9	S	TN	TN	TN	
	Ray	Son		M	W	7	S	TN	TN	TN	
	Scott	Son		M	W	5	S	TN	TN	TN	
	Quinton	Son		M	W	2	S	TN	TN	TN	
Smith,	Nancy	Head	R	F	W	79	W	TN	TN	TN	
Robbins,	Henry E.	Head	R	M	W	49	M	TN	TN	TN	Farmer
	Laura B.	Wife		F	W	38	M	TN	TN	TN	
	Ida D.	Dau.		F	W	11	S	TN	TN	TN	
Beaty,	Catherine	Head	O	F	W	59	W	TN	TN	TN	
	Electa	Dau.		F	W	24	S	TN	TN	TN	
Stephens,	Thomas J.	Head	R	M	W	48	M	TN	TN	TN	Farmer
	Hamia H.			F	W	47	M	TN	IN	TN	
	William O.	Son		M	W	26	S	TN	TN	TN	Lumber Camp Laborer
	Leathie E.	Dau.		F	W	18	S	TN	TN	TN	Farm Laborer
	Wilburn H.	Son		M	W	16	S	TN	TN	TN	Farm Laborer
	Eva M.	Dau.		F	W	13	S	TN	TN	TN	Farm Laborer
	Sampson E.	Son		M	W	10	S	TN	TN	TN	Farm Laborer
	Ruba P.	Dau.		F	W	5	S	TN	TN	TN	
Cooper,	James J.	Head	R	M	W	42	M	TN	TN	TN	Farmer
	Bertha L.	Wife		F	W	23	M	TN	TN	TN	
	Thomas E.	Son		M	W	11	S	TN	TN	TN	Farm Laborer
	James O.	Son		M	W	8	S	TN	TN	TN	
Cooper,	Jacob	Head		M	W	53	M	TN	TN	TN	Farmer
	Rhoda C.	Wife		F	W	55	M	TN	TN	TN	
	Syntitha	Dau.		F	W	33	S	TN	TN	TN	Farm Laborer
	Harve	Son		M	W	15	S	TN	TN	TN	Farm Laborer
	Carson	Grandson		M	W	11	S	TN	TN	TN	Farm Laborer
	Carlis	Grandson		M	W	10	S	TN	TN	TN	Farm Laborer
	Cyrus	Grandson		M	W	5	S	TN	TN	TN	
	Oza H.	Grandson		M	W	1/12	S	TN	TN	TN	
Lacy,	Albert	Head	R	M	W	32	M	TN	TN	TN	Farmer
	Ida	Wife		F	W	27	M	TN	TN	TN	
	Hallace	Son		M	W	7	S	TN	TN	TN	
	Archie	Son		M	W	5	S	TN	TN	TN	
	Ida	Dau.		F	W	3-5/12	S	TN	TN	TN	
	Eduth	Dau.		F	W	1-8/12	S	TN	TN	TN	
Wood,	Laura H.	Head	R	F	W	47	W	TN	TN	TN	Farmer
	Frank W.	Son		M	W	18	S	TN	TN	TN	
	Eugene J.	Son		M	W	15	S	TN	TN	TN	
	Edna	Dau.		F	W	12	S	TN	TN	TN	
	Casker	Son		M	W	10	S	TN	TN	TN	
	Shelley	Son		M	W	6	S	TN	TN	TN	
Wood,	Alice C.	Head	?	F	W	61	S	TN	TN	TN	
Hicks,	William A.	Head	R	M	W	59	M	KY	KY	KY	Dry Goods Store Sales
	Elizabeth	Wife		F	W	40	M	TN	TN	TN	

1920 Fentress Co. TN Census

Name		Relation -ship	House Own or Rent	Sex	Color or Race	Age	Married Single Widow	Birth Place	Fathers Birth Place	Mothers Birth Place	Trade
						Civil District No. 3					
Beaty,	John A.	Head	O	M	W	59	M	TN	TN	TN	Farmer
	Margret A.	Wife		F	W	59	M	TN	TN	TN	
	Lollie H.	Son		M	W	17	S	TN	TN	TN	Farm Laborer
	Charlie A.	Son		M	W	13	S	TN	TN	TN	Farm Laborer
Mullinix,	Joe	Head		M	W	46	W	TN	TN	TN	Farmer
	Lorine J.	Dau.		F	W	9	S	TN	TN	TN	
	Willie E.	Dau.		F	W	6	S	TN	TN	TN	
Boles,	Gilbert H.	Head	R	M	W	30	M	TN	TN	TN	Farmer
	Effie	Wife		F	W	25	M	TN	TN	TN	
Boles,	Herbert C.	Head	O	M	W	29	S	TN	TN	TN	Farmer
	Lilpha	Mother		F	W	60	W	TN	TN	TN	
	Anne S.	Sister		F	W	23	S	TN	TN	TN	
Clark,	Elbert Jr.	Head	R	M	W	30	M	TN	MI	TN	Farmer
	Oakley M.	Wife		F	W	23	M	TN	TN	TN	
	Ruth	Dau.		F	W	4-3/12	S	TN	TN	TN	
	Geneva	Dau.		F	W	1-9/12	S	TN	TN	TN	
Wood,	Av?	Head	O	F	W	65	W	TN	TN	TN	Farm Manager
Smith,	Sarah P.	Head	R	F	W	70	W	TN	TN	TN	
	Nancy E.	Dau.		F	W	39	S	TN	TN	TN	Dress Maker
Cooper,	Sherman	Head	R	M	W	36	W	TN	TN	TN	Farmer
	Jane	Mother		F	W	70	W	TN	TN	TN	
Jackson,	Nancy I.	Head	O	F	W	55	W	TN	TN	TN	
	Theodore R.	Son		M	W	19	S	TN	TN	TN	Farmer
King,	Victora E.	Boarder		F	W	59	S	TN	TN	TN	
Turner,	Andrew J.	Head	O	M	W	28	M	TN	TN	TN	Farmer
	Ethel	Wife		F	W	22	M	TN	TN	TN	
King,	Henry	Head	R	M	W	62	M	TN	TN	TN	Farmer
	Haley Jane	Wife		F	W	61	M	TN	TN	TN	
Whited,	John A.	Head	O	M	W	29	S	TN	TN	TN	Farmer
	Tennessee M.	Mother		F	W	69	M	TN	TN	TN	
Sells,	William L.	Head	R	M	W	25	M	TN	TN	TN	Farmer
	Arzona E.	Wife		F	W	21	M	TN	TN	TN	
	Wesley E.	Son		M	W	3-1/12	S	TN	TN	TN	
	Elma E.	Dau.		F	W	1-1/12	S	TN	TN	TN	
Turner,	Andrew J. Sr.	Head	O	M	W	64	M	TN	TN	TN	Farmer
	Artemie E.	Wife		F	W	61	M	TN	TN	TN	
	William T.	Son		M	W	30	S	TN	TN	TN	
Stephens,	James A.	Grandson		M	W	20	S	TN	TN	TN	Farm Laborer
	Catherine V.	Granddaughter		F	W	17	S	TN	TN	TN	Farm Laborer
Turner,	Samuel R.	Head	?	M	W	20	M	TN	TN	TN	Farm Laborer
	Myrtle	Wife		F	W	17	M	TN	TN	TN	
	Clinton	Son		M	W	0/12	S	TN	TN	TN	

1920 Fentress Co. TN Census

Name		Relation -ship	House Own or Rent	Sex	Color or Race	Age	Married Single Widow	Birth Place	Fathers Birth Place	Mothers Birth Place	Trade
						Civil District No. 3					
Daniels,	William I.	Head	R	M	W	38	M	TN	TN	TN	Farmer
	Victoria	Wife		F	W	37	M	KY	KY	KY	
	Nora	Dau.		F	W	18	S	KY	TN	KY	Farm Laborer
	Finley	Son		M	W	16	S	KY	TN	KY	Farm Laborer
	Sallie	Dau.		F	W	13	S	KY	TN	KY	Farm Laborer
	Shellie	Son		M	W	11	S	KY	TN	KY	Farm Laborer
	Roxie	Dau.		F	W	10	S	KY	TN	KY	
	Vadie	Dau.		F	W	7	S	KY	TN	KY	
	Joe D.	Son		M	W	5	S	KY	TN	KY	
Jackson,	John	Head	O	M	W	58	M	TN	TN	TN	Farmer
	Syntitha	Wife		F	W	54	M	TN	TN	TN	
	Hobson	Son		M	W	18	S	TN	TN	TN	Farm Laborer
	Arie	Dau.		F	W	12	S	TN	TN	TN	Farm Laborer
	Arthy	Dau.		F	W	10	S	TN	TN	TN	Farm Laborer
Threet,	Odus	Grandson		M	W	16	S	TN	TN	TN	Farm Laborer
	Oddus	Grandson		M	W	12	S	TN	TN	TN	Farm Laborer
	Verbal	Granddaughter		F	W	3-3/12	S	TN	TN	TN	
Ledford,	Clarinda A.	Head	O	F	W	43	W	TN	TN	TN	Farmer
	Robert E.	Son		M	W	18	S	TN	TN	TN	Farm Laborer
	Roy C.	Son		M	W	10	S	TN	TN	TN	Farm Laborer
	Robert C.	Father		M	W	69	W	TN	TN	TN	
Stephens,	Dug	Head	O	M	W	58	M	TN	TN	TN	Farmer
	Charlothe V.	Wife		F	W	58	M	TN	TN	TN	
	John R.	Son		M	W	28	S	TN	TN	TN	Farmer
Stephens,	James M.	Head	R	M	W	37	M	TN	TN	TN	Farmer
	Tesfy E.	Wife		M	W	35	M	TN	TN	TN	
	Parris K.	Son		M	W	15	S	TN	TN	TN	Farm Laborer
	Electa F.	Dau.		F	W	12	S	TN	TN	TN	
	Arthur M.	Son		M	W	8	S	TN	TN	TN	
	Claude	Son		M	W	9/12	S	TN	TN	TN	
Owens,	Boalam	Head	O	M	W	54	M	TN	TN	TN	Farmer
	Nancy A.	Wife		F	W	48	M	TN	PA	TN	
	Lillie E.	Niece		F	W	13	S	TN	TN	TN	Farm Laborer
Pullins,	William H.	Head	O	M	W	31	M	TN	TN	TN	Farmer
	Merica E.	Wife		F	W	28	M	TN	TN	TN	
	Curtis J.	Son		M	W	7	S	TN	TN	TN	
	Effie G.	Dau.		F	W	5	S	TN	TN	TN	
	Willis E.	Son		M	W	4-?/12	S	TN	TN	TN	
	Robert E.	Son		M	W	2/12	S	TN	TN	TN	
Holder,	Sallie A.	Boarder		F	W	40	W	TN	TN	TN	
Clayborn,	Robert L.	Head	O	M	W	52	M	KY	TN	TN	Farmer
	Catherine S.	Wife		F	W	44	M	TN	TN	TN	
	William M.	Son		M	W	16	S	TN	KY	TN	Coal Miner
	Lonzo J.	Son		M	W	14	S	TN	KY	TN	Farm Laborer
	Syrena	Dau.		F	W	12	S	TN	KY	TN	Farm Laborer
	Genter M.	Son		M	W	10	S	TN	KY	TN	Farm Laborer
	George A.	Son		M	W	8	S	TN	KY	TN	
	Calip L.	Son		M	W	5	S	TN	KY	TN	
	Nina B.	Dau.		F	W	3-4/12	S	TN	KY	TN	

1920 Fentress Co. TN Census

Name		Relation-ship	House Own or Rent	Sex	Color or Race	Age	Married Single Widow	Birth Place	Fathers Birth Place	Mothers Birth Place	Trade

Civil District No. 3

Name		Relation-ship	House Own or Rent	Sex	Color or Race	Age	Married Single Widow	Birth Place	Fathers Birth Place	Mothers Birth Place	Trade
Franklin,	Abe	Head	O	M	W	41	M	TN	TN	TN	Farmer
	Dice E.	Wife		F	W	36	M	TN	TN	TN	
	Laura A.	Dau.		F	W	16	S	TN	TN	TN	Farm Laborer
	Thomas L.	Son		M	W	10	S	TN	TN	TN	Farm Laborer
	Lesley E.	Son		M	W	6	S	TN	TN	TN	
	Lewa E.	Dau.		F	W	4-?/12	S	TN	TN	TN	
	Lola B.	Dau.		F	W	1-11/12	S	TN	TN	TN	
Wright,	John S.	Head	R	M	W	27	M	TN	TN	TN	Coal Miner
	Lynda A.	Wife		F	W	26	M	TN	TN	TN	
	Lena P.	Dau.		F	W	7	S	TN	TN	TN	
Stephens,	Mary A.	Head	O	F	W	59	W	TN	TN	TN	Farmer
	John R.	Son	...	M	W	24	S	TN	TN	TN	Farm Laborer
	Rolse M.	Grandson		M	W	12	S	TN	TN	TN	Farm Laborer
Smith,	Sam	Head	O	M	W	58	M	TN	TN	TN	Farmer
	Martine M.	Wife		F	W	48	M	TN	TN	TN	
	Oscar	Son		M	W	22	S	TN	TN	TN	Coal Miner
	Manson	Son		M	W	18	S	TN	TN	TN	Coal Miner
	Nelson	Son		M	W	16	S	TN	TN	TN	Farm Laborer
	Mary E.	Dau.		F	W	12	S	TN	TN	TN	Farm Laborer
	Arual B.	Son		M	W	8	S	TN	TN	TN	
	William A.	Son		M	W	6	S	TN	TN	TN	
	Edna E.	Dau.		F	W	2-8/12	S	TN	TN	TN	
Allred,	Smith M.	Head	O	M	W	47	M	TN	TN	TN	Farmer
	Julia C.	Wife		F	W	46	M	TN	TN	TN	
	Virgil	Son		M	W	16	S	TN	TN	TN	Farm Laborer
Franklin,	David A.	Head	R	M	W	46	M	TN	TN	TN	Farmer
	Roseta	Wife		F	W	42	M	TN	TN	TN	
	Edgar A.	Son		M	W	8	S	TN	TN	TN	
	Mary A.	Mother		F	W	70	W	TN	TN	TN	
Cooper,	Robert T.	Head	R	M	W	32	M	TN	TN	TN	Farmer
	Mattie	Wife		F	W	33	M	TN	TN	TN	
	Cordealie	Dau.		F	W	2-3/12	S	TN	TN	TN	
	William N.	Son		M	W	0/12	S	TN	TN	TN	
Linder,	Patrick E.	Head	R	M	W	17	M	TN	TN	TN	Farmer
	Becky J.	Wife		F	W	30	M	TN	TN	TN	
	Geneva E.	Dau.		F	W	0/12	S	TN	TN	TN	
	Stella M.	Sister		F	W	20	S	TN	TN	TN	Farm Laborer
Smith,	Henry C.	Head	R	M	W	54	M	TN	TN	TN	Dry Goods Store Sales
	Stella C.	Wife		F	W	35	M	TN	TN	TN	
King,	George A.	Head	R	M	W	27	M	TN	TN	TN	Farmer
	Nina M.	Wife		F	W	23	M	TN	TN	TN	
	Lena H.	Dau.		F	W	4-1/12	S	TN	TN	TN	
	Charlie H.	Son		M	W	2-8/12	S	TN	TN	TN	
Gooding,	Tennessee D.	Mother in law		F	W	70	W	TN	TN	KY	
Reagan,	George I.	Head	R	M	W	50	M	TN	TN	TN	Grain Miller
	Ellen C.	Wife		F	W	35	M	TN	TN	TN	
	William D.	Son		M	W	12	S	TN	TN	TN	
	Allie W.	Dau.		F	W	9	S	TN	TN	TN	

1920 Fentress Co. TN Census

Name		Relation-ship	House Own or Rent	Sex	Color or Race	Age	Married Single Widow	Birth Place	Fathers Birth Place	Mothers Birth Place	Trade
						Civil District No. 3					
King,	James M.	Head	R	M	W	58	M	TN	TN	TN	Farmer
	Merrica C.	Wife		F	W	51	M	TN	TN	TN	
	Laura	Dau.		F	W	26	S	TN	TN	TN	Farm Laborer
	Minnie	Dau.		F	W	18	S	TN	TN	TN	Farm Laborer
	Carson	Son		M	W	16	S	TN	TN	TN	Farm Laborer
Cooper,	Merrica C.	Dau.		F	W	24	M	TN	TN	TN	Farm Laborer
	Cletis C.	Grandson		M	W	10/12	S	TN	TN	TN	
King,	Ivy	Granddaughter		F	W	4-9/12	S	TN	TN	TN	
	Ellen	Mother		F	W	81	W	TN	TN	TN	
Linder,	Mary C.	Head	R	F	W	54	S	TN	TN	TN	Farmer
Mullinix,	James C.	Head	O	M	W	35	M	TN	TN	TN	Dry Goods Store Sales
	Ethel D.	Wife		F	W	27	M	TN	TN	TN	
	Harlis O.	Son		M	W	6/12	S	TN	TN	TN	
Smith,	John A.	Head	R	M	W	48	S	TN	TN	TN	Farmer
Stephens,	Cale	Head	O	M	W	26	M	TN	TN	TN	Farmer
	Erinine	Wife		F	W	24	M	TN	TN	TN	
	Marion	Father		M	W	73	M	TN	TN	TN	
	Julia A.	Mother		F	W	66	M	TN	TN	TN	
Linder,	George A.	Head	R	M	W	51	M	TN	TN	TN	Farmer
	Delvine F.	Wife		F	W	45	M	TN	TN	TN	
	Elmer H.	Son		M	W	10	S	TN	TN	TN	Farm Laborer
Wright,	Burdine	Head	R	M	W	63	M	TN	TN	TN	Lumber Camp Laborer
	Syntha	Wife		F	W	54	M	TN	TN	TN	
Threet,	Vergil	Step son		M	W	17	S	TN	TN	TN	Lumber Camp Laborer
	Alvin	Step son		M	W	13	S	TN	TN	TN	
Smith,	Sherman	Head	R	M	W	25	M	TN	TN	TN	Coal Miner
	Rena A.	Wife		F	W	21	M	TN	TN	TN	
	Alta M.	Dau.		F	W	1-3/12	S	TN	TN	TN	
Beaty,	Milton M.	Nephew		M	W	8	S	TN	TN	TN	
Franklin,	Abraham L.	Head	O	M	W	47	M	TN	TN	TN	Farmer
	Rachel E.	Wife		F	W	44	M	TN	TN	TN	
	Lou V.	Dau.		F	W	22	W	TN	TN	TN	Farm Laborer
York,	Bualam L.	Head	O	M	W	46	M	TN	TN	TN	Farmer
	Martha J.	Wife		F	W	32	M	TN	OH	VA	
	Minie M.	Dau.		F	W	15	S	TN	TN	TN	Farm Laborer
	John H.	Son		M	W	13	S	TN	TN	TN	Farm Laborer
	Alta E.	Dau.		F	W	10	S	TN	TN	TN	Farm Laborer
	Allie P.	Dau.		F	W	8	S	TN	TN	TN	
	Elsie C.	Dau.		F	W	6	S	TN	TN	TN	
	General G.	Son		M	W	3-7/12	S	TN	TN	TN	
Stephens,	Harris M.	Head	O	M	W	55	M	TN	TN	TN	Farmer
	Sytena E.	Wife		F	W	56	M	TN	TN	TN	
	Elza L.	Dau.		F	W	16	S	TN	TN	TN	
Adkins,	John R.	Head	R	M	W	36	M	TN	TN	TN	Farmer
	Pharsetta	Wife		F	W	29	M	TN	TN	TN	
	Arisa	Dau.		F	W	6	S	TN	TN	TN	
	Pearl L.	Dau.		F	W	3-3/12	S	TN	TN	TN	
	Albert R.	Son		M	W	0/12	S	TN	TN	TN	

1920 Fentress Co. TN Census

Name		Relation-ship	House Own or Rent	Sex	Color or Race	Age	Married Single Widow	Birth Place	Fathers Birth Place	Mothers Birth Place	Trade
						Civil District No. 3					
Yates,	John M.	Head	R	M	W	36	M	KY	KY	KY	Farmer
	Sarah A.	Wife		F	W	27	M	TN	TN	TN	
	James E.	Son		M	W	9	S	TN	KY	TN	
	Addie M.	Dau.		F	W	4-1/12	S	TN	KY	TN	
Adkins,	Robert L.	Head		M	W	33	M	TN	TN	TN	Farmer
	Nancy E.	Wife		F	W	41	M	TN	TN	TN	
	Benton J.	Son		M	W	9	S	TN	TN	TN	
	Lou E.	Dau.		F	W	6	S	TN	TN	TN	
	Roy E.	Son		M	W	3-6/12	S	TN	TN	TN	
Adkins,	Dudley	Head	O	M	W	68	M	TN	TN	TN	Farmer
	Mary J.	Wife		F	W	61	M	TN	TN	TN	
	Isaac D.	Son		M	W	28	W	TN	TN	TN	Lumber Camp Laborer
	George C.	Son		M	W	37	S	TN	TN	TN	Farm Laborer
	William G.	Son		M	W	25	S	TN	TN	TN	Farm Laborer
Yates,	Joe O.	Head	R	M	W	24	M	KY	KY	KY	Farmer
	Martha C.	Wife		F	W	19	M	TN	TN	TN	
	William K.	Son		M	W	3-7/12	S	TN	KY	TN	
Pullin,	Joel J.	Head	O	M	W	35	M	TN	TN	TN	Farmer
	Julia A.	Wife		F	W	33	M	TN	TN	KY	
	Oliver L.	Son		M	W	14	S	TN	TN	TN	Farm Laborer
Stephens,	Coltian C.	Head	O	M	W	42	M	TN	TN	KY	Farmer
	Lottie E.	Wife		F	W	32	M	TN	TN	TN	
	Mary C.	Dau.		F	W	13	S	TN	TN	TN	Farm Laborer
	Minnie C.	Dau.		F	W	12	S	TN	TN	TN	Farm Laborer
	Albert C.	Son		M	W	9	S	TN	TN	TN	
	Marion P.	Son		M	W	7	S	TN	TN	TN	
	James A.	Son		M	W	6	S	TN	TN	TN	
	Milda A.	Dau.		F	W	2-9/12	S	TN	TN	TN	
Smith,	Mandon	Head	O	M	W	20	M	TN	TN	TN	Coal Miner
	Viola B.	Wife		F	W	23	M	TN	TN	KY	
	William C.	Son		M	W	2-2/12	S	TN	TN	TN	
	Winburn E.	Son		M	W	7/12	S	TN	TN	TN	
York,	Jess F.	Head	O	M	W	41	M	TN	TN	TN	Farmer
	Margret A.	Wife		F	W	29	M	TN	OH	VA	
	Laraza D.	Son		M	W	14	S	TN	TN	TN	Farm Laborer
	Leretta D.	Dau.		F	W	12	S	TN	TN	TN	Farm Laborer
	Arthur D.	Son		M	W	8	S	TN	TN	TN	
	Dora M.	Dau.		F	W	4-7/12	S	TN	TN	TN	
	Walter E.	Son		M	W	1-3/12	S	TN	TN	TN	
York,	George W.	Head	O	M	W	23	M	TN	TN	TN	Farmer
	Nora A.	Wife		F	W	16	M	TN	TN	TN	
	Willie E.	Dau.		F	W	8/12	S	TN	TN	TN	
Allred,	Perrey	Head	O	M	W	48	M	TN	TN	TN	Farmer
	Mary C.	Wife		F	W	40	M	KY	OH	VA	
	James T.	Son		M	W	15	S	TN	TN	KY	Farm Laborer
	Manda E.	Dau.		F	W	12	S	TN	TN	KY	Farm Laborer
	Mary A.	Dau.		F	W	7	S	TN	TN	KY	
	Elmer T.	Son		M	W	7	S	TN	TN	KY	
	Vina M.	Dau.		F	W	2-2/12	S	TN	TN	KY	
York,	John W.	Head	R	M	W	28	M	TN	TN	TN	Farmer
	Eva J.	Wife		F	W	19	M	TN	TN	TN	Farm Laborer

1920 Fentress Co. TN Census

Name		Relation -ship	House Own or Rent	Sex	Color or Race	Age	Married Single Widow	Birth Place	Fathers Birth Place	Mothers Birth Place	Trade
						Civil District No. 3					
Crisp,	James W.	Head	O	M	W	36	M	TN	OH	VA	Farmer
	Lottie A.	Wife		F	W	33	M	TN	IN	TN	
	Edith	Dau.		F	W	10	S	TN	TN	TN	Farm Laborer
	Thomas D.	Son		M	W	9	S	TN	TN	TN	
	Lizzy D.	Son		M	W	8	S	TN	TN	TN	
	Ida	Dau.		F	W	2-7/12	S	TN	TN	TN	
	Rheba	Dau.		F	W	7/12	S	TN	TN	TN	
Stephens,	John M.	Head	O	M	W	50	M	TN	TN	TN	Farmer
	Liza E.	Wife		F	W	45	M	TN	TN	TN	
	Gola	Dau.		F	W	17	S	TN	TN	TN	Farm Laborer
	Proctor	Son		M	W	15	S	TN	TN	TN	Farm Laborer
	Odell	Son		M	W	12	S	TN	TN	TN	Farm Laborer
	Lesley	Son		M	W	10	S	TN	TN	TN	Farm Laborer
	Lilie	Dau.		F	W	7	S	TN	TN	TN	
	Clifford	Son		M	W	5	S	TN	TN	TN	
	Arthur O.	Son		M	W	1-6/12	S	TN	TN	TN	
Owen,	Matilda	Head	O	F	W	54	W	TN	TN	TN	Farmer
	Thomas B.	Son		M	W	16	S	TN	IN	TN	Farm Laborer
	Dollie M.	Dau.		F	W	14	S	TN	IN	TN	Farm Laborer
	Lilpha	Dau.		F	W	32	W	TN	IN	TN	Farm Laborer
	Clifford P.	Grandson		M	W	7	S	TN	TN	TN	
	Dalberry	Grandson		M	W	3-3/12	S	TN	TN	TN	
Sputlin,	Smantha	Head	R	F	W	61	W	TN	TN	TN	
	Benton C.	Son		M	W	14	S	TN	TN	TN	Lumber Camp Laborer
Owens,	John A.	Head	O	M	W	34	M	TN	TN	TN	Farmer
	Alpha M.	Wife		F	W	27	M	TN	OH	VA	
	Olie O.	Son		M	W	9	S	TN	TN	TN	
	William O.	Son		M	W	7	S	TN	TN	TN	
	George T.	Son		M	W	4-8/12	S	TN	TN	TN	
	Mary G.	Dau.		F	W	2-5/12	S	TN	TN	TN	
Cook,	Minnie	Servant		F	W	17	S	TN	TN	TN	
Stephens,	Cole	Head	O	M	W	61	M	TN	TN	TN	Farmer
	Mary A.	Wife		F	W	43	M	TN	TN	TN	
	Russell	Son		M	W	18	M	TN	TN	TN	Farm Laborer
York,	Louellen M.	Head	O	F	W	47	W	TN	TN	TN	Farmer
	Mack T.	Son		M	W	22	S	TN	TN	TN	Farm Laborer
	James C.	Son		M	W	19	S	TN	TN	TN	Farm Laborer
	Mary A.	Dau.		F	W	18	S	TN	TN	TN	Farm Laborer
	Sarah E.	Dau.		F	W	17	S	TN	TN	TN	Farm Laborer
	Brice	Dau.		F	W	15	S	TN	TN	TN	Farm Laborer
	Walter L.	Son		M	W	9	S	TN	TN	TN	
	Nanie A.	Dau.		F	W	7	S	TN	TN	TN	
	Susie M.	Dau.		F	W	5	S	TN	TN	TN	
Stephens,	John A.	Head	O	M	W	38	M	TN	TN	TN	Farmer
	Meda	Wife		F	W	34	M	TN	TN	TN	
	Pearl	Dau.		F	W	7	S	TN	TN	TN	
	Almia	Dau.		F	W	5	S	TN	TN	TN	
	Omer A.	Son		M	W	2-1/12	S	TN	TN	TN	
Adkins,	Marion B.	Head	O	M	W	31	M	TN	TN	TN	Farmer
	Erne	Wife		F	W	25	M	TN	TN	TN	
	Cleda	Dau.		F	W	6	S	TN	TN	TN	
	Clinton	Son		M	W	3-3/12	S	TN	TN	TN	

1920 Fentress Co. TN Census

Name		Relation -ship	House Own or Rent	Sex	Color or Race	Age	Married Single Widow	Birth Place	Fathers Birth Place	Mothers Birth Place	Trade
						Civil District No. 3					
Choate,	Rufus	Head	O	M	W	48	M	TN	TN	TN	
	Sarah J.	Wife		F	W	30	M	TN	TN	TN	
	Venlear	Son		M	W	11	S	TN	TN	TN	Lumber Camp Laborer
	Chloe	Dau.		F	W	9	S	TN	TN	TN	
	Mayor H.	Son		M	W	7	S	TN	TN	TN	
	Boyd	Son		M	W	6	S	TN	TN	TN	
	Clayton	Son		M	W	4-2/12	S	TN	TN	TN	
	Rufus	Son		M	W	2-7/12	S	TN	TN	TN	
Tipton,	George W.	Head	O	M	W	48	M	TN	TN	TN	Farmer
	Martha	Wife		F	W	45	M	TN	TN	TN	
	Nora A.	Dau.		F	W	26	S	TN	TN	TN	Farm Laborer
	Edward	Son		M	W	17	S	TN	TN	TN	Farm Laborer
	Willie	Son		M	W	14	S	TN	TN	TN	Farm Laborer
	Herbert	Son		M	W	11	S	TN	TN	TN	Farm Laborer
	Carlis	Son		M	W	7	S	TN	TN	TN	
	Osburn	Grandson		M	W	2-9/12	S	TN	TN	TN	
Choate,	John A.	Head	Unk.	M	W	45	M	TN	TN	TN	Farmer
	Manda J.	Wife		F	W	37	M	TN	TN	TN	
	Wilma E.	Dau.		F	W	16	S	TN	TN	TN	Farm Laborer
	Bilpha A.	Dau.		F	W	13	S	TN	TN	TN	Farm Laborer
	Christopher C.	Son		M	W	6	S	TN	TN	TN	
	Curtis C.	Son		M	W	2-3/12	S	TN	TN	TN	
Choate,	Dellie	Head	O	F	W	68	W	TN	TN	TN	Farmer
	Maude	Dau.		F	W	24	S	TN	TN	TN	Farm Laborer
Bowden,	Dumpsey J.	Head	O	M	W	57	M	TN	TN	TN	Farmer
	Margret H.	Wife		F	W	56	M	TN	TN	TN	
	Albert	Son		M	W	20	S	TN	TN	TN	Farm Laborer
	Tendler	Son		M	W	16	S	TN	TN	TN	Farm Laborer
	Travis	Son		M	W	14	S	TN	TN	TN	Farm Laborer
Franklin,	James W.	Head	O	M	W	47	M	TN	TN	TN	Farmer
	Liza J.	Wife		F	W	40	M	TN	TN	TN	
	Allie	Dau.		F	W	17	S	TN	TN	TN	Farm Laborer
	Alice	Dau.		F	W	14	S	TN	TN	TN	Farm Laborer
	Allard	Son		M	W	11	S	TN	TN	TN	Farm Laborer
	Alma	Dau.		F	W	7	S	TN	TN	TN	
	Charlie M.	Son		M	W	5	S	TN	TN	TN	
	Ruba R.	Dau.		F	W	2-4/12	S	TN	TN	TN	
Bowden,	Aye W.	Head	R	M	W	36	M	TN	TN	TN	Farmer
	Vilona	Wife		F	W	40	M	TN	TN	TN	
Beaty,	Louisa E.	Head	O	F	W	58	W	TN	TN	GA	Farmer
	Eremine	Dau.		F	W	14	S	TN	TN	TN	Farm Laborer
	Willard	Son		M	W	17	S	TN	TN	TN	Lumber Camp Laborer
Staley,	Mary E.	Dau.		F	W	41	W	TN	TN	TN	
	Lonzo	Grandson		M	W	17	S	TN	TN	TN	Lumber Camp Laborer
Beaty,	Onsby	Grandson		M	W	21	S	TN	TN	TN	Lumber Camp Laborer

1920 Fentress Co. TN Census

Name		Relation-ship	House Own or Rent	Sex	Color or Race	Age	Married Single Widow	Birth Place	Fathers Birth Place	Mothers Birth Place	Trade
						Civil District No. 3					
Smith,	George W.	Head	O	M	W	54	M	TN	TN	TN	Farmer
	Nancy C.	Wife		F	W	41	M	TN	TN	TN	
	Mary A.	Dau.		F	W	20	S	TN	TN	TN	Farm Laborer
	Vica E.	Dau.		F	W	18	S	TN	TN	TN	Farm Laborer
	Paul	Son		M	W	16	S	TN	TN	TN	
	Thomas H.	Son		M	W	14	S	TN	TN	TN	Farm Laborer
	Manda	Dau.		F	W	11	S	TN	TN	TN	Farm Laborer
	Lora	Dau.		F	W	8	S	TN	TN	TN	
	Flora	Dau.		F	W	8	S	TN	TN	TN	
	Ed L.	Son		M	W	2-11/12	S	TN	TN	TN	
Smith,	William A.	Head	R	M	W	27	W	TN	TN	TN	
Stephens,	William	Head	O	M	W	63	M	TN	TN	TN	Farmer
	Sarah C.	Wife		F	W	43	M	TN	TN	TN	
	Laura	Dau.		F	W	20	S	TN	TN	TN	Farm Laborer
	Loula	Dau.		F	W	18	S	TN	TN	TN	Farm Laborer
	Gilbert	Son		M	W	16	S	TN	TN	TN	Farm Laborer
	Smitha	Dau.		F	W	15	S	TN	TN	TN	Farm Laborer
	Dalpha	Son		M	W	13	S	TN	TN	TN	Farm Laborer
	Josia	Dau.		F	W	11	S	TN	TN	TN	Farm Laborer
	Harlie	Son		M	W	9	S	TN	TN	TN	
	Everett	Son		M	W	7	S	TN	TN	TN	
	Albia	Dau.		F	W	2	S	TN	TN	TN	
Mullinix,	Peter A.	Head	O	M	W	37	M	TN	TN	TN	Farmer
	Helen	Wife		F	W	32	M	TN	TN	TN	
	Fred O.	Son		M	W	13	S	TN	TN	TN	Farm Laborer
	Zola E.	Dau.		F	W	11	S	TN	TN	TN	Farm Laborer
	Virgie A.	Dau.		F	W	8	S	TN	TN	TN	
	Beulah B.	Dau.		F	W	5	S	TN	TN	TN	
	Frank E.	Son		M	W	2-9/12	S	TN	TN	TN	
Beaty,	Andy C.	Head	O	M	W	66	M	TN	TN	TN	Farmer
	Lottie	Wife		F	W	61	M	TN	TN	TN	
	Oscar	Son		M	W	20	S	TN	TN	TN	Lumber Camp Laborer
Stephens,	Manson B.	Head	R	M	W	67	W	TN	TN	TN	Dry Goods Store Sales
Threet,	Jessie	Head	O	M	W	59	M	TN	TN	TN	Farmer
	Armilda B.	Wife		F	W	47	M	TN	TN	TN	
	Minie	Dau.		F	W	13	S	TN	TN	TN	Farm Laborer
	George	Son		M	W	6	S	TN	TN	TN	
	Sharly	Son		M	W	2-11/12	S	TN	TN	TN	
Threet,	Alf T.	Head	R	M	W	27	M	TN	TN	TN	Farmer
	Doshia	Wife		F	W	18	M	TN	TN	TN	
	McKinley	Bro.		M	W	18	S	TN	TN	TN	Coal Miner
Downs,	William J.	Head	O	M	W	35	M	TN	TN	TN	Farmer
	Manerine	Wife		F	W	31	M	TN	KY	NY	
	Mary S.	Dau.		F	W	13	S	KY	TN	TN	
	Ausdel	Dau.		F	W	7	S	TN	TN	TN	
	Eula M.	Dau.		F	W	6	S	TN	TN	TN	
	Lora	Dau.		F	W	2-10/12	S	TN	TN	TN	
	Liza	Sister		F	W	23	S	TN	TN	TN	Servant
Franklin,	Thomas	Head	R	M	W	72	M	TN	TN	TN	Farmer
	Sarah J.	Wife		F	W	70	M	TN	TN	TN	

1920 Fentress Co. TN Census

Name		Relation-ship	House Own or Rent	Sex	Color or Race	Age	Married Single Widow	Birth Place	Fathers Birth Place	Mothers Birth Place	Trade
						Civil District No. 3					
Turner,	Thomas M.	Head	R	M	W	27	M	TN	TN	TN	Farmer
	Mary M.	Wife		F	W	26	M	TN	TN	KY	
	Laual	Dau.		F	W	5	S	TN	TN	TN	
	Oval	Son		M	W	1-3/12	S	TN	TN	TN	
Stephens,	Wade H.	Head	O	M	W	66	M	TN	TN	TN	Farmer
	Hannah R.	Wife		F	W	60	M	TN	TN	KY	
Stephens,	Wayne J.	Head	R	M	W	20	M	TN	TN	TN	Farmer
	Ida E.	Wife		F	W	21	M	KY	TN	KY	
	Eldon H.	Son		M	W	8/12	S	TN	TN	KY	
Owens,	John W.	Head	O	M	W	44	M	TN	TN	TN	Farmer
	Ava	Wife		F	W	44	M	TN	TN	TN	
	Nettie	Dau.		F	W	18	S	TN	TN	TN	Farm Laborer
	Stella	Dau.		F	W	16	S	TN	TN	TN	Farm Laborer
	Carson	Son		M	W	10	S	TN	TN	TN	Farm Laborer
	Zoa M.	Dau.		F	W	8	S	TN	TN	TN	
Beaty,	Richard	Head	O	M	W	70	M	TN	TN	TN	Farmer
	Lyda A.	Wife		F	W	64	M	TN	TN	TN	
	Weller	Son		M	W	31	S	TN	TN	TN	Farm Laborer
	Maegret	Dau.		F	W	29	S	TN	TN	TN	Farm Laborer
Stephens,	John G.	Head	R	M	W	30	M	TN	TN	TN	Farmer
	Nellie	Wife		F	W	24	M	KY	KY	KY	
	Zelma	Dau.		F	W	9	S	TN	TN	KY	
	May	Dau.		F	W	6	S	TN	TN	KY	
	Lida	Dau.		F	W	4-2/12	S	TN	TN	KY	
	Garrison	Son		M	W	4/12	S	TN	TN	KY	
Owens,	Burton	Head	R	M	W	54	M	TN	TN	TN	Farmer
	Lucinda	Wife		F	W	44	M	TN	TN	TN	
	Elbert	Son		M	W	16	S	TN	TN	TN	Farm Laborer
	Elsie	Dau.		F	W	12	S	TN	TN	TN	Farm Laborer
	Alma	Dau.		F	W	10	S	TN	TN	TN	Farm Laborer
	Lela	Dau.		F	W	2-1/12	S	TN	TN	TN	
Owens,	Clem	Head	R	M	W	40	M	TN	TN	TN	Farmer
	Delphia J.	Wife		F	W	42	M	TN	TN	TN	
	Alta M.	Dau.		F	W	21	S	TN	TN	TN	Farm Laborer
	Effie E.	Dau.		F	W	14	S	TN	TN	TN	Farm Laborer
	Bonnie E.	Dau.		F	W	12	S	TN	TN	TN	Farm Laborer
	Leonard B.	Son		M	W	9	S	TN	TN	TN	
	Malvan M.	Son		M	W	8	S	TN	TN	TN	
	Kenneth	Son		M	W	8	S	TN	TN	TN	
	Hattie E.	Dau.		F	W	6	S	TN	TN	TN	
	Ina A.	Dau.		F	W	2-8/12	S	TN	TN	TN	
Stephens,	Elyah	Head	O	M	W	53	M	TN	TN	TN	Farmer
	Georgia	Wife		F	W	54	M	TN	TN	KY	
	Henry	Son		M	W	22	M	TN	TN	TN	Farm Laborer
	Sarah A	Dau.		F	W	19	M	TN	TN	TN	Farm Laborer
	Hadenson	Son		M	W	14	S	TN	TN	TN	Farm Laborer
Stephens,	Reese	Head	O	M	W	60	M	TN	TN	TN	Farmer
	Pharsina	Wife		F	W	56	M	TN	TN	TN	
	Vina	Dau.		F	W	21	S	TN	TN	TN	Teacher
	Tuz	Son		M	W	18	S	TN	TN	TN	Farm Laborer
	Carlie	Son		M	W	16	S	TN	TN	TN	
	Beaty	Son		M	W	14	S	KY	KY	KY	Farmer

1920 Fentress Co. TN Census

Name		Relation -ship	House Own or Rent	Sex	Color or Race	Age	Married Single Widow	Birth Place	Fathers Birth Place	Mothers Birth Place	Trade
						Civil District No. 3					
Waters,	Elizah	Head	O	M	W	75	S	KY	KY	TN	
Looney,	Vada	Head	O	M	W	39	M	TM	KY	TN	
	Nola	Dau.		F	W	16	D	TN	TN	TN	
	William S.	Son		M	W	14	S	TN	TN	TN	
	Willis	Son		M	W	3-3/12	S	TN	TN	TN	
Beaty,	Cull	Head	O	M	W	43	M	TN	TN	TN	Farmer
	Mary A.	Wife		F	W	33	M	TN	TN	TN	
	Clara	Dau.		F	W	6	S	TN	TN	TN	
	Louie	Dau.		F	W	4-3/12	S	TN	TN	TN	
Owens,	Ava	Head	R	F	W	65	W	TN	TN	TN	
Cooper,	Matilda J.	Head	O	F	W	61	W	TN	TN	TN	Farmer
	James P.	Son		M	W	24	S	TN	TN	TN	Farm Laborer
Smith,	Andrew M.	Servant		M	W	24	S	TN	TN	TN	Laborer
Cooper,	John S.	Head	R	M	W	30	M	TN	TN	TN	Farmer
	Jessie T.	Wife		F	W	27	M	TN	TN	TN	
	Jannda	Dau.		F	W	7	S	TN	TN	TN	
	Louise	Dau.		F	W	4-3/12	S	TN	TN	TN	
Threet,	John	Head	O	M	W	33	M	TN	TN	TN	Farmer
	Mary L.	Wife		F	W	30	M	TN	TN	TN	
	Dewey D.	Son		M	W	17	S	TN	TN	TN	Farm Laborer
	Dillard J.	Son		M	W	15	S	TN	TN	TN	Farm Laborer
	William B.	Son		M	W	13	S	TN	TN	TN	Farm Laborer
	Tina D.	Dau.		F	W	11	S	TN	TN	TN	Farm Laborer
Stephens,	George W.	Head	O	M	W	72	M	TN	TN	TN	Farmer
	Virginia E.	Wife		F	W	53	M	TN	TN	TN	
	Velvie E.	Dau.		F	W	15	S	TN	TN	TN	Farm Laborer
	Sybal R.	Dau.		F	W	11	S	TN	TN	TN	Farm Laborer
Stephens,	Alexander M.	Head	R	M	W	21	M	TN	TN	TN	Farmer
	Beuna V.	Wife		F	W	20	M	TN	TN	TN	
Stephens,	John L.	Head	R	M	W	18	M	TN	TN	TN	Farmer
	Elizah E.	Wife		F	W	17	M	TN	TN	TN	
Choate,	Frank W.	Head	O	M	W	54	M	TN	TN	TN	Farmer
	Lee A.	Wife		F	W	38	M	TN	TN	TN	
	Freely	Dau.		F	W	18	S	TN	TN	TN	Farm Laborer
	Virgil M.	Son		M	W	15	S	TN	TN	TN	Farm Laborer
	Niaval E.	Son		M	W	13	S	TN	TN	TN	Farm Laborer
	Peter G.	Son		M	W	12	S	TN	TN	TN	Farm Laborer
	Leevie A.	Dau.		F	W	10	S	TN	TN	TN	Farm Laborer
	Chester A.	Son		M	W	8	S	TN	TN	TN	
	Sadie	Dau.		F	W	5/12	S	TN	TN	TN	
Choate,	John C.	Head	R	M	W	25	M	TN	TN	TN	Farmer
	Lucinda	Wife		F	W	22	M	TN	TN	TN	
Choate,	William M.	Head	R	M	W	27	M	TN	TN	TN	Farmer
	Nenah	Wife		F	W	25	M	TN	TN	TN	
	Minnie L.	Dau.		F	W	4-4/12	S	TN	TN	TN	
	Wilburn C.	Son		M	W	3-1/12	S	TN	TN	TN	
	Willis E.	Son		M	W	1-4/12	S	TN	TN	TN	

Name		Relation -ship	House Own or Rent	Sex	Color or Race	Age	Married Single Widow	Birth Place	Fathers Birth Place	Mothers Birth Place	Trade
							Civil District No. 3				
Reagan,	James F.	Head	R	M	W	40	M	TN	TN	TN	Farmer
	Manda J.	Wife		F	W	26	M	TN	TN	TN	
	George D.	Son		M	W	18	S	TN	TN	TN	Farm Laborer
	Charlie E.	Son		M	W	16	S	TN	TN	TN	Farm Laborer
	Liza A.	Dau.		F	W	14	S	TN	TN	TN	Farm Laborer
	Isaac A.	Son		M	W	12	S	TN	TN	TN	Farm Laborer
	Lillian E.	Dau.		F	W	10	S	TN	TN	TN	Farm Laborer
	Nola L.	Dau.		F	W	1	S	TN	TN	TN	
	Kenneth A.	Son		M	W	2-12	S	TN	TN	TN	
Beaty,	Melisia E.	Head		F	W	45	W	TN	TN	TN	Farmer
	Samuel H.	Son		M	W	25	S	TN	TN	TN	Railroad Mail Clark
	Mary C.	Dau.		F	W	21	S	TN	TN	TN	Farm Laborer
	Louis W.	Son		M	W	17	S	TN	TN	TN	Farm Laborer
	Elva A.	Dau.		F	W	16	S	TN	TN	TN	Farm Laborer
	Nina A.	Dau.		F	W	14	S	TN	TN	TN	Farm Laborer
	Cerla E.	Dau.		F	W	11	S	TN	TN	TN	
Hinds,	Sam C.	Head	R	M	W	61	M	TN	TN	TN	Farmer
	Calona	Wife		F	W	54	M	TN	TN	TN	
	Caroline	Dau.		F	W	20	S	TN	TN	TN	Farm Laborer
	Bill L.	Son		M	W	18	S	TN	TN	TN	Farm Laborer
	Kit	Son		M	W	16	S	TN	TN	TN	Farm Laborer
	Bunie E.	Dau.		F	W	12	S	TN	TN	TN	Farm Laborer
Choate,	Louis F.	Head	O	M	W	62	M	TN	TN	TN	Farmer
	Mira	Wife		F	W	60	M	TN	TN	TN	
	Alfred T.	Son		M	W	32	S	TN	TN	TN	Lumber Camp Laborer
	Clay M.	Son		M	W	22	S	TN	TN	TN	Farm Laborer
	Elza D.	Son		M	W	20	S	TN	TN	TN	Farm Laborer
	Louis E.	Son		M	W	14	S	TN	TN	TN	Farm Laborer
Mathews,	James F.	Head	R	M	W	33	M	TN	TN	TN	Farmer
	Ninie	Wife		F	W	32	M	TN	TN	TN	
	Eloie	Dau.		F	W	12	S	TN	TN	TN	Farm Laborer
	Roxie	Dau.		F	W	10	S	TN	TN	TN	Farm Laborer
	Bonnie	Dau.		F	W	8	S	TN	TN	TN	
Beaty,	Peter A.	Head	O	M	W	63	M	TN	TN	TN	Farmer
	Nancy E.	Wife		F	W	53	M	TN	TN	TN	
Beaty,	Proctor C.	Head	O	M	W	27	M	TN	TN	TN	Farmer
	Maudie A.	Wife		F	W	24	M	TN	TN	TN	
	Charles H.	Son		M	W	4-3/4	S	TN	TN	TN	
	Hazel O.	Dau.		F	W	1-7/12	S	TN	TN	TN	
Choate,	William H.	Head	R	M	W	30	M	TN	TN	TN	Farmer
	Ada	Wife		F	W	27	M	TN	TN	TN	
	William W.	Son		M	W	10	S	TN	TN	TN	Farm Laborer
	Wiley E.	Son		M	W	8	S	TN	TN	TN	
	Flossie M.	Dau.		F	W	7	S	TN	TN	TN	
	Cloa	Dau.		F	W	5	S	TN	TN	TN	
	Fred	Son		M	W	3-3/12	S	TN	TN	TN	
	Ines	Dau.		F	W	1-2/12	S	TN	TN	TN	

1920 Fentress Co. TN Census

Name		Relation-ship	House Own or Rent	Sex	Color or Race	Age	Married Single Widow	Birth Place	Fathers Birth Place	Mothers Birth Place	Trade
					Civil District No. 3						
Storie,	Andrew	Head	O	M	W	61	M	TN	TN	TN	Farmer
	Martha N.	Wife		F	W	49	M	TN	TN	TN	
	Clifton	Son		M	W	19	S	TN	TN	TN	Farm Laborer
	Charles	Son		M	W	16	S	TN	TN	TN	Farm Laborer
	Clarance	Son		M	W	14	S	TN	TN	TN	Farm Laborer
	Reva	Dau.		F	W	12	S	TN	TN	TN	Farm Laborer
	Delbert	Son		M	W	5	S	TN	TN	TN	
	Elsie L.	Granddaughter		F	W	5	S	TN	TN	TN	
	Nina M.	Granddaughter		F	W	1-11/12	S	TN	TN	TN	
Taylor,	James S.	Head	O	M	W	64	M	TN	TN	TN	Farmer
	Lee A.	Wife		F	W	60	M	TN	TN	TN	
	Walter	Son		M	W	25	S	TN	TN	TN	Farm Laborer
	Maggie	Dau.		F	W	23	S	TN	TN	TN	Farm Laborer
Taylor,	Robert L.	Head	R	M	W	30	M	TN	TN	TN	Farmer
	Bertha	Wife		F	W	27	M	TN	TN	TN	
	Hearshal E.	Son		M	W	7	S	TN	TN	TN	
	Eldred	Son		M	W	5	S	TN	TN	TN	
	Cletus E.	Son		M	W	2-4/12	S	TN	TN	TN	
Wright,	Elias W.	Head	R	M	W	36	M	TN	TN	TN	Farmer
	Martha	Wife		F	W	36	M	TN	TN	TN	
	June	Son		M	W	18	S	TN	TN	TN	Farm Laborer
	Clara	Dau.		F	W	16	S	TN	TN	TN	Farm Laborer
	Allie	Dau.		F	W	10	S	TN	TN	TN	Farm Laborer
	Alice	Son		M	W	6	S	TN	TN	TN	
	Woodrow W.	Son		M	W	5	S	TN	TN	TN	
	Lee A.	Dau.		F	W	2-8/12	S	TN	TN	TN	
Beaty,	John B.	Head	O	M	W	54	M	TN	TN	TN	Farmer
	Rebecca	Wife		F	W	53	M	TN	TN	TN	
	Ollie	Dau.		F	W	18	S	TN	TN	TN	Farm Laborer
	Gable W.	Son		M	W	16	S	TN	TN	TN	Farm Laborer
	Elbert C.	Son		M	W	14	S	TN	TN	TN	Farm Laborer
	Ida E.	Dau.		F	W	11	S	TN	TN	TN	Farm Laborer
	Ruba J.	Dau.		F	W	8	S	TN	TN	TN	
Adkins,	Jasper S.	Head	O	M	W	35	M	TN	TN	TN	Farmer
	Mary L.	Wife		F	W	27	M	TN	TN	TN	
	Velmea A.	Dau.		F	W	9	S	TN	TN	TN	
	Vadd L.	Dau.		F	W	7	S	TN	TN	TN	
	Nora D.	Dau.		F	W	6	S	TN	TN	TN	
	Curtis G.	Son		M	W	4-1/12	S	TN	TN	TN	
Beaty,	Thomas S.	Head	O	M	W	30	M	TN	TN	KY	Farmer
	Ida P.	Wife		F	W	23	M	TN	TN	VA	
	Parlia G.	Dau.		F	W	1-1/12	S	TN	TN	TN	
Greear,	Louis J.	Head	O	M	W	38	M	TN	TN	TN	Farmer
	Deleirine	Wife		F	W	35	M	TN	TN	TN	
	Lexiea O.	Dau.		F	W	11	S	TN	TN	TN	
	Zona L.	Dau.		F	W	9	S	TN	TN	TN	
	Chester H.	Son		M	W	6	S	TN	TN	TN	
	Horace C.	Son		M	W	4-2/12	S	TN	TN	TN	

1920 Fentress Co. TN Census

Name		Relation -ship	House Own or Rent	Sex	Color or Race	Age	Married Single Widow	Birth Place	Fathers Birth Place	Mothers Birth Place	Trade
						Civil District No. 3					
Peavyhouse,	Stephen V.	Head	O	M	W	44	M	TN	TN	TN	Farmer
	Martha E.	Wife		F	W	40	M	TN	TN	TN	
	Pearl	Dau.		F	W	23	S	TN	TN	TN	Farm Laborer
	Thomas	Son		M	W	20	S	TN	TN	TN	Farm Laborer
	Clemons	Son		M	W	18	S	TN	TN	TN	Farm Laborer
	Ray	Son		M	W	16	S	TN	TN	TN	Farm Laborer
	Noble	Son		M	W	13	S	TN	TN	TN	Farm Laborer
	Janie	Dau.		F	W	8	S	TN	TN	TN	
	Maggie	Dau.		F	W	4-8/12	S	TN	TN	TN	
	Carol	Son		M	W	11/12	S	TN	TN	TN	
Beaty,	Caster	Nephew		M	W	11	S	TN	TN	TN	
Beaty,	George W.	Head	R	M	W	47	M	TN	TN	TN	Lumber Camp Laborer
	Elizabeth E.	Wife		F	W	45	M	TN	TN	TN	
	William H.	Son		M	W	18	S	TN	TN	TN	Lumber Camp Laborer
	Julia F.	Dau.		F	W	15	S	TN	TN	TN	
	Lawrence A.	Son		M	W	8	S	TN	TN	TN	
	John C.	Son		M	W	6	S	TN	TN	TN	
	Chandler	Son		M	W	1-11/12	S	TN	TN	TN	
Beaty,	Robert O.	Head	R	M	W	33	M	TN	TN	TN	Farmer
	Mary J.	Wife		F	W	27	M	TN	TN	TN	
	Charlie R.	Son		M	W	10	S	TN	TN	TN	Farm Laborer
	Ada E.	Dau.		F	W	8	S	TN	TN	TN	
	Freely W.	Dau.		F	W	6	S	TN	TN	TN	
	Willie T.	Son		M	W	4-1/12	S	TN	TN	TN	
	Holland C.	Son		M	W	1-10/12	S	TN	TN	TN	
King,	Wolford	Head	R	M	W	37	M	TN	TN	TN	Farmer
	Hattie	Wife		F	W	28	M	TN	TN	TN	
	Newton H.	Son		M	W	5	S	TN	TN	TN	
	Onie L.	Dau.		F	W	2-8/12	S	TN	TN	TN	
	Carl	Son		M	W	1-11/12	S	TN	TN	TN	
	Eunice V.	Dau.		F	W	5/12	S	TN	TN	TN	
Beaty,	William T.	Head	O	M	W	47	M	TN	TN	TN	Farmer
	Mary E.	Wife		F	W	42	M	TN	TN	TN	
	Cora E.	Dau.		F	W	16	S	TN	TN	TN	Farm Laborer
	Lonzo B.	Son		M	W	12	S	TN	TN	TN	Farm Laborer
	Roxie	Dau.		F	W	11	S	TN	TN	TN	Farm Laborer
	Vonie M.	Dau.		F	W	8	S	TN	TN	TN	
	Harlie B.	Nephew		M	W	5	S	TN	TN	TN	
Hinds,	? W.	Head	R	M	W	33	M	TN	TN	TN	Farmer
	Leona	Wife		F	W	30	M	TN	TN	TN	
	Arthur	Son		M	W	3-3/12	S	TN	TN	TN	
	Ninval	Son		M	W	10/12	S	TN	TN	TN	
Hinds,	John I.	Head	O	M	W	69	W	TN	TN	TN	Farmer
Smith,	Joshua E.	Head	R	M	W	44	M	TN	TN	TN	Farmer
	Lursena F.	Wife		F	W	48	M	TN	TN	TN	Farm Laborer
	Bertha	Dau.		F	W	14	S	TN	TN	TN	Farm Laborer
Johnson,	May	Boarder		F	W	29	S	TN	TN	TN	Farm Laborer
	Williard	Boarder		M	W	3-10/12	S	TN	TN	TN	

1920 Fentress Co. TN Census

Name		Relation-ship	House Own or Rent	Sex	Color or Race	Age	Married Single Widow	Birth Place	Fathers Birth Place	Mothers Birth Place	Trade
						Civil District No. 3					
Malone,	Sirl C.	Head	O	M	W	46	M	TN	KY	IL	Farmer
	Minnie B.	Wife		F	W	38	M	TN	TN	TN	
	Casia C.	Dau.		F	W	14	S	TN	TN	TN	Farm Laborer
	Eva E.	Dau.		F	W	10	S	TN	TN	TN	
	Roy C.	Son		M	W	7	S	TN	TN	TN	
	Chester W.	Son		M	W	3-9/12	S	TN	TN	TN	
South,	Joel C.	Head	R	M	W	21	M	TN	TN	TN	Farmer
	Mary F.	Wife		F	W	33	M	TN	KY	TN	
Hill,	Ada V.	Step dau.		F	W	16	S	TN	TN	TN	Farm Laborer
	Elsie E.	Step dau.		F	W	14	S	TN	TN	TN	Farm Laborer
	Charlie E.	Step son		M	W	10	S	TN	TN	TN	Farm Laborer
	Flossie A.	Step dau.		F	W	7	S	TN	TN	TN	
South,	Lonzo O.	Son		M	W	9/12	S	TN	TN	TN	
Wilson,	Sib G.	Head	R	M	W	62	M	KY	TN	KY	Farmer
	Sarah A.	Wife		F	W	72	M	TN	NC	KY	
Wilson,	Adam A.	Head	O	M	W	38	M	TN	KY	TN	Farmer
	Maudie O.	Wife		F	W	21	M	TN	TN	TN	
	James O.	Son		M	W	9	S	TN	TN	TN	
Pennycuff,	Elen	Head	O	F	W	48	W	TN	TN	TN	Farmer
	John L.	Son		M	W	18	S	TN	TN	TN	Farm Laborer
	Bennie S.	Son		M	W	16	S	TN	TN	TN	Farm Laborer
Pennycuff,	Ras	Head	O	M	W	52	M	TN	TN	TN	Farmer
	Darphis O.	Wife		F	W	37	M	TN	TN	KY	
	Dellie E.	Dau.		F	W	18	S	TN	TN	TN	
	John W.	Son		M	W	15	S	TN	TN	TN	
	Leonard C.	Son		M	W	12	S	TN	TN	TN	
	James C.	Son		M	W	8	S	TN	TN	TN	
	Samtha F.	Dau.		F	W	8/12	S	TN	TN	TN	
Mace,	Joseph T.	Head	O	M	W	64	M	TN	TN	KY	Farmer
	Manda M.	Wife		F	W	58	M	TN	TN	MO	Farm Laborer
	Mack F.	Son		M	W	23	S	TN	TN	TN	Farm Laborer
	Benton A.	Grandson		M	W	6	S	TN	TN	TN	
Hinds,	William I.	Head	R	M	W	28	M	TN	TN	TN	Farmer
	Ellen J.	Wife		F	W	28	M	TN	TN	TN	Farm Laborer
	Earnest	Son		M	W	8	S	TN	TN	TN	
	Raymon	Son		M	W	6	S	TN	TN	TN	
Malone,	Sarah	Mother in law		F	W	53	W	TN	TN	TN	
Davis,	Louis N.	Head	O	M	W	67	W	TN	AL	TN	Farmer
	Bertha R.	Dau.		F	W	20	S	TN	TN	TN	
	Ernest E.	Son		M	W	18	S	TN	TN	TN	Farm Laborer
	William	Son		M	W	16	S	TN	TN	TN	Farm Laborer
	Louis H.	Son		M	W	13	S	TN	TN	TN	Farm Laborer
Hinds,	Joel E.	Head	O	M	W	68	W	TN	TN	TN	Farmer
	Nancy J.	Dau.		F	W	33	S	TN	TN	TN	Farm Laborer
	Sarah A.	Dau.		F	W	30	S	TN	TN	TN	Farm Laborer
	Tate T.	Dau.		F	W	27	S	TN	TN	TN	Farm Laborer
	William G.	Son		M	W	25	S	TN	TN	TN	Teacher
	Ezna	Grandson		M	W	18	S	TN	TN	TN	Farm Laborer
	Lex	Nephew		M	W	6	S	TN	TN	TN	
	Zedia	Niece		F	W	5	S	TN	TN	TN	

1920 Fentress Co. TN Census

Name		Relation-ship	House Own or Rent	Sex	Color or Race	Age	Married Single Widow	Birth Place	Fathers Birth Place	Mothers Birth Place	Trade
						Civil District No. 3					
Hays,	Hannah J.	Head	O	F	W	57	W	TN	TN	TN	Farmer
	Lawrence O.	Step son		M	W	19	S	TN	TN	TN	Lumber Camp Laborer
Pennycuff,	Branford	Head	R	M	W	36	M	TN	TN	TN	Farmer
	Maggie	Wife		F	W	32	M	TN	TN	TN	Farm Laborer
	Leslie M.	Dau.		F	W	13	S	TN	TN	TN	Farm Laborer
	Syntha	Dau.		F	W	11	S	TN	TN	TN	Farm Laborer
	Only C.	Son		M	W	9	S	TN	TN	TN	
	Christopher C.	Son		M	W	3-6/12	S	TN	TN	TN	
	Roxie L.	Dau.		F	W	2-4/12	S	TN	TN	TN	
	Odus	Son		M	W	3/12	S	TN	TN	TN	
Hinds,	Samuel P.	Head	O	M	W	43	M	TN	TN	TN	Farmer
	Fanny	Wife		F	W	50	M	TN	KY	TN	
	Easter P.	Dau.		F	W	18	S	TN	TN	TN	Farm Laborer
	William M.	Son		M	W	15	S	TN	TN	TN	Farm Laborer
	James A.	Son		M	W	14	S	TN	TN	TN	Farm Laborer
	Lonzo	Son		M	W	12	S	TN	TN	TN	Farm Laborer
	Ruba	Dau.		F	W	8	S	TN	TN	TN	
	Oatley	Son		M	W	6	S	TN	TN	TN	
	Oaglel	Son		M	W	3-9/12	S	TN	TN	TN	
	Charlie	Son		M	W	6/12	S	TN	TN	TN	
Hinds,	James M.	Head	O	M	W	38	M	TN	TN	TN	Farmer
	Sadie	Wife		F	W	33	M	KY	KY	TN	
	Ova	Dau.		F	W	12	S	TN	TN	KY	Farm Laborer
	Alma	Dau.		F	W	9	S	TN	TN	KY	
	Willie	Son		M	W	7	S	TN	TN	KY	
	Clioe	Son		M	W	5	S	TN	TN	KY	
Duncan,	Jasper M.	Head	O	M	W	34	M	TN	TN	TN	Farmer
	Minnie B.	Wife		F	W	34	M	TN	KY	TN	Farm Laborer
	Edna	Dau.		F	W	8	S	TN	TN	TN	
	Lawrence	Son		M	W	6	S	TN	TN	TN	
	Oakley	Son		M	W	2-8/12	S	TN	TN	TN	
	Elsie	Dau.		F	W	0/12	S	TN	TN	TN	
Crabtree,	Millard	Head	R	M	W	24	M	TN	TN	TN	Lumber Camp Laborer
	Martha L.	Wife		F	W	22	M	TN	TN	KY	
Pennycuff,	Andrew	Father in law		M	W	50	W	TN	TN	TN	Farm Laborer
Pennycuff,	John	Head	R	M	W	67	M	TN	TN	TN	Farm Laborer
	Sarah I.	Wife		F	W	40	M	TN	TN	TN	
Smith,	Jane	Sister in law		F	W	70	W	TN	TN	TN	
Gunter,	George W.	Head	O	M	W	49	M	TN	TN	TN	Farmer
	Minnie	Wife		F	W	35	M	TN	TN	TN	
	Arzona	Dau.		F	W	19	S	TN	TN	TN	Farm Laborer
	Walter	Son		M	W	17	S	TN	TN	TN	Farm Laborer
	Cohn	Son		M	W	13	S	TN	TN	TN	Farm Laborer
	Winstead	Son		M	W	8	S	TN	TN	TN	
Wright,	Harrison	Head	O	M	W	35	M	TN	TN	TN	Farmer
	Emeline	Wife		F	W	28	M	TN	TN	TN	Farm Laborer
	Ruba J.	Dau.		F	W	11	S	TN	TN	TN	Farm Laborer
	Prieltis	Son		M	W	8	S	TN	TN	TN	
	Jason	Son		M	W	6	S	TN	TN	TN	
	Malinda E.	Dau.		F	W	3-3/12	S	TN	TN	TN	

Name		Relation-ship	House Own or Rent	Sex	Color or Race	Age	Married Single Widow	Birth Place	Fathers Birth Place	Mothers Birth Place	Trade

Civil District No. 3

Name		Relation-ship	House Own or Rent	Sex	Color or Race	Age	Married Single Widow	Birth Place	Fathers Birth Place	Mothers Birth Place	Trade
Wright,	John T.	Head	O	M	W	36	M	TN	TN	TN	Farmer
	Frona	Wife		F	W	34	M	TN	TN	TN	Farm Laborer
	Lena E.	Dau.		F	W	5	S	TN	TN	TN	
	Jacob R.	Father		M	W	70	W	TN	TN	TN	
South,	Thomas B.	Head	O	M	W	32	M	TN	TN	TN	Farmer
	Lou	Wife		F	W	25	M	TN	TN	TN	Farm Laborer
	Carrie E.	Dau.		F	W	9	S	TN	TN	TN	
	James F.	Son		M	W	8	S	TN	TN	TN	
	George F.	Son		M	W	6	S	TN	TN	TN	
	Mary B.	Dau.		F	W	4-1/12	S	TN	TN	TN	
	Gracie L.	Dau.		F	W	2-3/12	S	TN	TN	TN	
	Freely A.	Dau.		F	W	1/12	S	TN	TN	TN	
Ross,	Mary	Mother in law		F	W	60	W	TN	TN	TN	
Wright,	Joseph H.	Head	O	M	W	60	M	TN	TN	TN	Farmer
	Sarah C.	Wife		F	W	39	M	TN	TN	TN	
	Walter	Son		M	W	21	S	TN	TN	TN	Farm Laborer
	Willie	Son		M	W	18	S	TN	TN	TN	Farm Laborer
	Audie	Dau.		F	W	11	S	TN	TN	TN	Farm Laborer
	Homer	Son		M	W	7	S	TN	TN	TN	
	Comer	Son		M	W	5	S	TN	TN	TN	
	Fred	Son		M	W	2-6/12	S	TN	TN	TN	
	Wheeler	Son		M	W	3/12	S	TN	TN	TN	
Smith,	James	Head	O	M	W	55	M	TN	TN	TN	Farmer
	Savanah	Wife		F	W	50	M	TN	TN	TN	
	Louis	Son		M	W	20	S	TN	TN	TN	Farm Laborer
	Sance M.	Dau.		F	W	13	S	TN	TN	TN	Farm Laborer
Beaty,	John A.	Head	R	M	W	41	M	TN	TN	TN	Farmer
	Nancy M.	Wife		F	W	37	M	TN	TN	TN	
	James B.	Son		M	W	16	S	TN	TN	TN	Farm Laborer
	William B.	Son		M	W	14	S	TN	TN	TN	Farm Laborer
	Sheley L.	Son		M	W	10	S	TN	TN	TN	
	Maggie M.	Dau.		F	W	6	S	TN	TN	TN	
	Rixie O.	Dau.		F	W	10/12	S	TN	TN	TN	
Buck,	Lonzo O.	Head	O	M	W	29	M	TN	TN	TN	Farmer
	Lillie E.	Wife		F	W	31	M	TN	TN	TN	Farm Laborer
	Effie	Dau.		F	W	8	S	TN	TN	TN	
	Nellie	Dau.		F	W	7	S	TN	TN	TN	
	Roscoe	Son		M	W	1-7/12	S	TN	TN	TN	
Manis,	Ed	Head	O	M	W	42	M	TN	TN	TN	Farmer
	Synda	Wife		F	W	32	M	TN	TN	TN	Farm Laborer
	Cora	Dau.		F	W	18	S	TN	TN	TN	Farm Laborer
	Bates	Son		M	W	16	S	TN	TN	TN	Farm Laborer
	Mesa	Dau.		F	W	14	S	TN	TN	TN	Farm Laborer
Winingham,	Millard M.	Head	O	M	W	52	M	TN	TN	TN	Farmer
	Sarah E.	Wife		F	W	44	M	TN	TN	TN	
	William R.	Son		M	W	27	S	TN	TN	TN	Farm Laborer
	Martha M.	Dau.		F	W	25	S	TN	TN	TN	Farm Laborer
	Dewey C.	Son		M	W	17	S	TN	TN	TN	Farm Laborer
	John A.	Son		M	W	15	S	TN	TN	TN	Farm Laborer
	Alfred G.	Son		M	W	12	S	TN	TN	TN	Farm Laborer
	Pansy E.	Dau.		F	W	11	S	TN	TN	TN	Farm Laborer
	Reba G.	Dau.		F	W	6	S	TN	TN	TN	
	Richard A.	Uncle		M	W	82	S	TN	NC	KY	

1920 Fentress Co. TN Census

Civil District No. 3

Name		Relation-ship	House Own or Rent	Sex	Color or Race	Age	Married Single Widow	Birth Place	Fathers Birth Place	Mothers Birth Place	Trade
Clayborn,	James B.	Head		M	W	35	M	TN	TN	TN	Coal Miner
	Martha M.	Wife		F	W	24	M	TN	TN	TN	
	James C.	Son		M	W	7	S	TN	TN	TN	
	Orange P.	Dau.		F	W	5	S	TN	TN	TN	
	Raymon F.	Son		M	W	11/12	S	TN	TN	TN	
Mathews,	Dillard T.	Head	R	M	W	33	M	TN	TN	TN	Farmer
	Ova	Wife		F	W	30	M	TN	TN	TN	
	Dortha E.	Dau.		F	W	10	S	TN	TN	TN	Farm Laborer
	Delta P.	Dau.		F	W	8	S	TN	TN	TN	
	Elmer N.	Son		M	W	6	S	TN	TN	TN	
	Dina V.	Dau.		F	W	5	S	TN	TN	TN	
	Delmer R.	Son		M	W	1-6/12	S	TN	TN	TN	
Winingham,	Jacob J.	Head	O	M	W	55	M	TN	TN	TN	Farmer
	Permelie E.	Wife		F	W	44	M	TN	TN	TN	
	Thomas A.	Son		M	W	23	S	TN	TN	TN	Farm Laborer
	Alta C.	Dau.		F	W	21	S	TN	TN	TN	Farm Laborer
	Elbert W.	Son		M	W	19	S	TN	TN	TN	Farm Laborer
	Annie D.	Dau.		F	W	16	S	TN	TN	TN	Farm Laborer
	Shirley C.	Son		M	W	15	S	TN	TN	TN	Farm Laborer
	Delsie L.	Dau.		F	W	12	S	TN	TN	TN	Farm Laborer
	Margie	Dau.		F	W	10	S	TN	TN	TN	Farm Laborer
	Eveliene	Dau.		F	W	7	S	TN	TN	TN	
	Cordia	Dau.		F	W	5	S	TN	TN	TN	
Mathews,	Mary J.	Head	O	F	W	60	W	TN	NY	TN	Farmer
	James B.	Son		M	W	28	S	TN	TN	TN	Farm Laborer
Winingham,	John H.	Boarder		M	W	14	S	TN	TN	TN	Farm Laborer
Mathews,	James A.	Head	O	M	W	45	M	KY	KY	TN	Farmer
	Lady A.	Wife		F	W	39	M	TN	TN	TN	
	James M.	Son		M	W	20	S	TN	KY	TN	Farm LAborer
	Myrtle M.	Dau.		F	W	16	S	TN	KY	TN	
	John A.	Son		M	W	14	S	TN	KY	TN	
	Alva R.	Dau.		F	W	8	S	TN	KY	TN	
Smith,	Nancy	Sister in law		F	W	38	S	TN	TN	TN	Farm Laborer
	Sarah C.	Sister in law		F	W	36	S	TN	TN	TN	Farm Laborer
Wright,	James	Head	R	M	W	35	M	TN	TN	TN	Lumber Camp Laborer
	Mary	Wife		F	W	33	M	TN	TN	TN	
	Elza	Son		M	W	9	S	TN	TN	TN	
	Edley	Son		M	W	7	S	TN	TN	TN	
	Effie	Dau.		F	W	5	S	TN	TN	TN	
Reagan,	Granville F.	Head	O	M	W	40	M	TN	TN	TN	Farmer
	Hannah	Wife		F	W	35	M	TN	TN	TN	
	Hastel	Son		M	W	15	S	TN	TN	TN	Farm Laborer
	Errie	Dau.		F	W	13	S	TN	TN	TN	Farm Laborer
	Callis	Dau.		F	W	11	S	TN	TN	TN	Farm Laborer
	Rossie	Dau.		F	W	7	S	TN	TN	TN	
	Goldman	Son		M	W	7	S	TN	TN	TN	
	Junior	Son		M	W	5	S	TN	TN	TN	
	Russia	Dau.		F	W	2-9/12	S	TN	TN	TN	
	Carwal	Son		M	W	10/12	S	TN	TN	TN	
Beaty,	Isaac S.	Head	O	M	W	44	M	TN	TN	TN	Farmer
	Matilda C.	Wife		F	W	39	M	TN	TN	TN	Farm Laborer
	Minnie E.	Dau.		F	W	18	S	TN	TN	TN	Farm Laborer
Woodson,	Richard	Boarder		M	W	61	M	KY	TN	KY	Laborer

1920 Fentress Co. TN Census

Name		Relation-ship	House Own or Rent	Sex	Color or Race	Age	Married Single Widow	Birth Place	Fathers Birth Place	Mothers Birth Place	Trade

Civil District No. 3

Name		Relation-ship	House Own or Rent	Sex	Color or Race	Age	Married Single Widow	Birth Place	Fathers Birth Place	Mothers Birth Place	Trade
Mathews,	James T.	Head	O	M	W	50	M	TN	TN	TN	Farmer
	Sarah A.	Wife		F	W	46	M	TN	TN	TN	
	Estel	Son		M	W	21	S	TN	TN	TN	Farm Laborer
	Floyd	Son		M	W	19	S	TN	TN	TN	Farm Laborer
	Willie	Son		M	W	16	S	TN	TN	TN	Farm Laborer
	Effie	Dau.		F	W	13	S	TN	TN	TN	Farm Laborer
	Mary	Dau.		F	W	11	S	TN	TN	TN	Farm Laborer
	Lona	Dau.		F	W	7	S	TN	TN	TN	
Sewell,	Mary E,	Head	O	F	W	56	W	TN	TN	TN	Farmer
Clayborn,	Anne	Dau.		F	W	27	W	TN	TN	TN	Farm Laborer
Sewell,	Raymon D.	Son		M	W	21	S	TN	TN	TN	Lumber Camp Laborer
	Cora D.	Dau.		F	W	16	S	TN	TN	TN	Farm Laborer
Clayborn,	Virgie O.	Granddaughter		F	W	7	S	TN	TN	TN	
	Bonnie P.	Granddaughter		F	W	5	S	TN	TN	TN	
	Annie M.	Granddaughter		F	W	3-1/12	S	TN	TN	TN	
	Myrtle G.	Granddaughter		F	W	11/12	S	TN	TN	TN	
Sewell,	William H.	Head	R	M	W	29	M	TN	TN	TN	Farmer
	Sythia S.	Wife		F	W	22	M	TN	TN	TN	Farm Laborer
Adkins,	John A.	Head	R	M	W	42	M	TN	TN	TN	Laborer
	Ellen J.	Wife		F	W	35	M	TN	TN	TN	Laborer
	Dewey	Son		M	W	13	S	TN	TN	TN	Laborer
Wright,	Jenie D.	Head	R	M	W	37	M	TN	TN	TN	Farmer
	Roenie	Wife		F	W	28	M	TN	TN	TN	Farm Laborer
	Ernest	Son		M	W	13	S	TN	TN	TN	Farm Laborer
	Dock A.	Son		M	W	11	S	TN	TN	TN	Farm Laborer
	Gurlrie	Dau.		F	W	8	S	TN	TN	TN	
	Micrtrie	Dau.		F	W	8	S	TN	TN	TN	
	Cartha T.	Son		M	W	3-8/12	S	TN	TN	TN	
	Manson	Son		M	W	1-1/12	S	TN	TN	TN	
	Susan	Mother in law		F	W	65	W	VA	VA	VA	
Beaty,	David	Head	O	M	W	46	M	TN	TN	TN	Farmer
	Isabelle	Wife		F	W	33	M	TN	TN	TN	Farm Laborer
	Martha E.	Dau.		F	W	15	S	TN	TN	TN	Farm Laborer
	Zora J.	Dau.		F	W	14	S	TN	TN	TN	Farm Laborer
	Pansie M.	Dau.		F	W	12	S	TN	TN	TN	Farm Laborer
	Lillie A.	Dau.		F	W	10	S	TN	TN	TN	Farm Laborer
	Susie L.	Dau.		F	W	8	S	TN	TN	TN	
	Ora D.	Dau.		F	W	6	S	TN	TN	TN	
	Bertha L.	Dau.		F	W	4-6/12	S	TN	TN	TN	
	Versa V.	Dau.		F	W	7/12	S	TN	TN	TN	
Reynolds,	James	Head	O	M	W	41	M	TN	TN	VA	Farmer
	Florence P.	Wife		F	W	34	M	TN	TN	TN	
	Landon	Son		M	W	11	S	TN	TN	TN	Farm Laborer
	Osha	Dau.		F	W	8	S	TN	TN	TN	
	Ranson	Son		M	W	6	S	TN	TN	TN	
	Glenio	Dau.		F	W	4-7/12	S	TN	TN	TN	
	Charlie	Son		M	W	2-1/12	S	TN	TN	TN	
Hinds,	Dock G.	Head	O	M	W	29	M	TN	TN	TN	Farmer
	Nova D.	Wife		F	W	27	M	TN	TN	TN	
	Blanche M.	Dau.		F	W	7	S	TN	TN	TN	
	Doctor V.	Son		M	W	5	S	TN	TN	TN	
	Clinton	Son		M	W	2-6/12	S	TN	TN	TN	
	Isaac	Father in law		M	W	56	M	TN	VA	VA	Farm Laborer
	Delila J.	Mother in law		F	W	64	M	TN	TN	TN	

1920 Fentress Co. TN Census

Name		Relation-ship	House Own or Rent	Sex	Color or Race	Age	Married Single Widow	Birth Place	Fathers Birth Place	Mothers Birth Place	Trade
					Civil District No. 3						
Hood,	George P.	Head	R	M	W	26	M	TN	TN	TN	Farmer
	Cassie	Wife		F	W	23	M	TN	TN	TN	Farm Laborer
	Ollie M.	Dau.		F	W	7	S	TN	TN	TN	
	Mary	Dau.		F	W	5	S	TN	TN	TN	
	Allen	Son		M	W	2-7/12	S	TN	TN	TN	
Bowden,	Baily O.	Head	O	M	W	47	M	TN	TN	TN	Farmer
	Nancy J.	Wife		F	W	46	M	TN	TN	TN	
	Albert L.	Son		M	W	19	S	TN	TN	TN	Farm Laborer
	Wheeler	Son		M	W	17	S	TN	TN	TN	Farm Laborer
	Vergil	Son		M	W	14	S	TN	TN	TN	Farm Laborer
	Leo	Son		M	W	13	S	TN	TN	TN	Farm Laborer
	Henry	Son		M	W	11	S	TN	TN	TN	Farm Laborer
	Mary S.	Dau.		F	W	8	S	TN	TN	TN	
	Susie A.	Dau.		F	W	3	S	TN	TN	TN	
Reynolds,	Mat	Head	O	M	W	48	M	VA	TN	VA	Farmer
	Elizabeth	Wife		F	W	44	M	TN	TN	TN	
	Ina	Dau.		F	W	23	S	TN	VA	TN	Farm Laborer
	Manson	Son		M	W	22	S	TN	VA	TN	Farm Laborer
	Cordell	Son		M	W	19	S	TN	VA	TN	Farm Laborer
	Lina	Dau.		F	W	18	S	TN	VA	TN	Farm Laborer
	Walter	Son		M	W	13	S	TN	VA	TN	Farm Laborer
	Lando	Son		M	W	12	S	TN	VA	TN	Farm Laborer
	Martha	Dau.		F	W	8	S	TN	VA	TN	
	Golda	Dau.		F	W	4-6/12	S	TN	VA	TN	
Hinds,	Eli	Head	O	M	W	53	M	TN	TN	TN	Farmer
	Mary N.	Wife		F	W	50	M	VA	TN	VA	
	Susie E.	Dau.		F	W	27	S	TN	TN	VA	Farm Laborer
	Willie C.	Son		M	W	22	S	TN	TN	VA	Farm Laborer
	James	Son		M	W	21	S	TN	TN	VA	Farm Laborer
	Peter B.	Son		M	W	17	S	TN	TN	VA	Farm Laborer
	Pansie M.	Dau.		F	W	11	S	TN	TN	VA	Farm Laborer
	Alta D.	Dau.		F	W	7	S	TN	TN	VA	
Chism,	Lawrence B.	Head	O	M	W	69	M	KY	KY	KY	Farmer
	Mary C.	Wife		F	W	52	M	TN	TN	TN	
	Fred H.	Son		M	W	24	S	TN	TN	TN	Farm Laborer
	Benton R.	Son		M	W	21	S	TN	TN	TN	Dry Goods Store Clerk
	Joe D.	Son		M	W	18	S	TN	TN	TN	Farm Laborer
	Roxie G.	Dau.		F	W	15	S	TN	TN	TN	
	Willie P.	Son		M	W	12	S	TN	TN	TN	
	Ruba D.	Dau.		F	W	9	S	TN	TN	TN	
Wright,	Margret	Head	R	F	W	38	S	TN	TN	TN	Farm Laborer
	Samuel T.	Son		M	W	16	S	TN	TN	TN	Farm Laborer
	Fatinie J.	Sister		F	W	34	S	TN	TN	TN	Farm Laborer
Sewell,	Dillard E.	Head	R	M	W	38	M	TN	TN	TN	Farmer
	Addie	Wife		F	W	29	M	TN	TN	TN	Farm Laborer
	Pensie L.	Dau.		F	W	10	S	TN	TN	TN	
	Casto	Son		M	W	8	S	TN	TN	TN	
	Bonza	Dau.		F	W	7	S	TN	TN	TN	
	Retha	Dau.		F	W	5	S	TN	TN	TN	
	Clide	Son		M	W	42	S	TN	TN	TN	
Reagan,	William	Head	O	M	W	49	M	TN	TN	TN	Farmer
	Sarah	Wife		F	W	44	M	TN	TN	TN	Farm Laborer
	Roxie	Dau.		F	W	15	S	TN	TN	TN	Farm Laborer
	Francis	Dau.		F	W	9	S	TN	TN	TN	

1920 Fentress Co. TN Census

Name		Relation-ship	House Own or Rent	Sex	Color or Race	Age	Married Single Widow	Birth Place	Fathers Birth Place	Mothers Birth Place	Trade
					Civil District No. 3						
Reagan,	James	Head	O	M	W	35	M	TN	TN	TN	Farmer
	Effie	Wife		F	W	29	M	TN	KY	TN	
	Willmer	Dau.		F	W	11	S	TN	TN	TN	
	Joely L.	Father		M	W	78	M	TN	NC	NC	
	Lucy C.	Mother		F	W	79	M	TN	TN	TN	
Greer,	William T.	Head	O	M	W	40	M	TN	TN	TN	General Store Sales
	Francis	Wife		F	W	27	M	TN	TN	TN	
	Reba O.	Dau.		F	W	3-7/12	S	TN	TN	TN	
	Zenith	Dau.		F	W	5/12	S	TN	TN	TN	
Bertram,	William S.	Head	O	M	W	65	M	TN	TN	TN	Farmer
	Sarah J.	Wife		F	W	52	M	TN	TN	TN	
	Dinah	Dau.		F	W	25	S	TN	TN	TN	Teacher
	Rathmal	Son		M	W	21	S	TN	TN	TN	Farm Laborer
	Maude	Dau.		F	W	16	S	TN	TN	TN	
Conatser,	Jahen	Head	O	M	W	58	M	TN	TN	TN	Farmer
	Emilie	Wife		F	W	48	M	VA	TN	VA	Farm Laborer
	Bertha	Dau.		F	W	21	S	TN	TN	VA	Farm Laborer
	Dillard	Son		M	W	19	S	TN	TN	VA	Farm Laborer
	Poter	Son		M	W	15	S	TN	TN	VA	Farm Laborer
Conatser,	Therman C.	Head	R	M	W	24	M	TN	TN	VA	Farmer
	Martha E.	Wife		F	W	22	M	TN	TN	TN	
	Cloe	Dau.		F	W	3-1/12	S	TN	TN	TN	
	Charles	Son		M	W	1-4/12	S	TN	TN	TN	
Reagan,	Isaac T.	Head	O	M	W	52	M	TN	TN	TN	Farmer
	Mary S.	Wife		F	W	48	M	TN	TN	TN	
	Roena E.	Dau.		F	W	23	S	TN	TN	TN	
	John B.	Son		M	W	21	S	TN	TN	TN	Farm Laborer
	Annie V.	Dau.		F	W	15	S	TN	TN	TN	Farm Laborer
	Ora A.	Dau.		F	W	13	S	TN	TN	TN	Farm Laborer
	Flossa	Dau.		F	W	11	S	TN	TN	TN	
	Carrie C.	Dau.		F	W	8	S	TN	TN	TN	
Reagan,	George H.	Head	O	M	W	46	M	TN	TN	TN	Farmer
	Nancy A.	Wife		F	W	41	M	TN	TN	TN	
	Charles S.	Son		M	W	21	S	TN	TN	TN	Farm Laborer
	Birlie A.	Dau.		F	W	19	S	TN	TN	TN	Farm Laborer
	Oren C.	Son		M	W	16	S	TN	TN	TN	Farm Laborer
	Auda	Dau.		F	W	14	S	TN	TN	TN	Farm Laborer
	Alva C.	Dau.		F	W	10	S	TN	TN	TN	Farm Laborer
	Katy V.	Dau.		F	W	5	S	TN	TN	TN	
Beaty,	John A.	Bro. in law		M	W	36	W	TN	TN	TN	Farm Laborer
	Ona H.	Nephew		M	W	2-2/12	S	TN	TN	TN	
Beaty,	Ellen	Head	R	F	W	72	W	TN	TN	TN	
	Martellie	Dau.		F	W	40	S	TN	TN	TN	Laborer
	Hershal R.	Grandson		M	W	6	S	TN	TN	TN	
Pennycuff,	Marion H.	Head	O	M	W	22	S	TN	TN	TN	Farmer
	Nancy J.	Mother		F	W	45	W	TN	TN	TN	
	Carry M.	Sister		F	W	20	S	TN	TN	TN	Farm Laborer
	Mayme E.	Sister		F	W	18	S	KY	TN	TN	Farm Laborer
	Rosa E.	Sister		F	W	13	S	KY	TN	TN	Farm Laborer
	James V.	Brother		M	W	11	S	KY	TN	TN	Farm Laborer
Beaty,	James F.	Head	R	M	W	57	M	TN	TN	TN	Farmer
	Matilda C.	Wife		F	W	49	M	TN	TN	TN	Farm Laborer

1920 Fentress Co. TN Census

Name		Relation-ship	House Own or Rent	Sex	Color or Race	Age	Married Single Widow	Birth Place	Fathers Birth Place	Mothers Birth Place	Trade
						Civil District No. 3					
Beaty,	Robert	Head	O	M	W	41	M	TN	TN	TN	Farmer
	Matilda C.	Wife		F	W	38	M	TN	TN	TN	
	William R.	Son		M	W	16	S	TN	TN	TN	Farm Laborer
	Pansie P.	Dau.		F	W	14	S	TN	TN	TN	Farm Laborer
	John P.	Son		M	W	12	S	TN	TN	TN	Farm Laborer
	James W.	Son		M	W	10	S	TN	TN	TN	Farm Laborer
	Freely A.	Dau.		F	W	8	S	TN	TN	TN	
	Hilie E.	Dau.		F	W	6	S	TN	TN	TN	
	Clara M.	Dau.		F	W	4-9/12	S	TN	TN	TN	
	Edith	Dau.		F	W	3-9/12	S	TN	TN	TN	
	Willis	Son		M	W	2/12	S	TN	TN	TN	
Mathews,	William T.	Head	R	M	W	40	M	TN	TN	TN	Farmer
	Lyda C.	Wife		F	W	34	M	TN	TN	TN	Farm Laborer
	Arthur A.	Son		M	W	15	S	TN	TN	TN	Farm Laborer
	Either	Son		M	W	13	S	TN	TN	TN	Farm Laborer
	Thomas E.	Son		M	W	10	S	TN	TN	TN	Farm Laborer
	Colonel E.	Son		M	W	7	S	TN	TN	TN	
	Enda R.	Dau.		F	W	3-9/12	S	TN	TN	TN	
	Roxie	Dau.		F	W	1-2/12	S	TN	TN	TN	
King,	William R.	Head	R	M	W	40	M	TN	TN	TN	Farmer
	Sarah	Wife		F	W	38	M	TN	TN	TN	
	Inas	Dau.		F	W	17	S	TN	TN	TN	Farm Laborer
	Cortha	Dau.		F	W	16	S	TN	TN	TN	Farm Laborer
	Eva	Dau.		F	W	12	S	TN	TN	TN	Farm Laborer
	Grada	Son		M	W	9	S	TN	TN	TN	
	Cordis	Son		M	W	8	S	TN	TN	TN	
	Shelva	Son		M	W	6	S	TN	TN	TN	
	Elva	Dau.		F	W	3-8/12	S	TN	TN	TN	
King,	Jasper M.	Head	R	M	W	34	M	TN	TN	TN	Farmer
	Lee A.	Wife		F	W	31	M	TN	TN	TN	
	Mackie C.	Son		M	W	12	S	TN	TN	TN	Farm Laborer
	Allard W.	Son		M	W	4-3/12	S	TN	TN	TN	
	Allie W.	Dau.		F	W	4-3/12	S	TN	TN	TN	
	Bertha E.	Dau.		F	W	2-7/12	S	TN	TN	TN	
	Peter P.	Father		M	W	70	W	TN	TN	TN	
King,	Henry R.	Head	R	M	W	33	M	TN	TN	TN	Farmer
	Ader	Wife		F	W	24	M	TN	TN	TN	
	Mama	Dau.		F	W	2-6/12	S	TN	TN	TN	
	Clara A.	Dau.		F	W	3/12	S	TN	TN	TN	
Stephens,	George W.	Head	O	M	W	38	M	TN	TN	TN	Farmer
	Mary	Wife		F	W	38	M	TN	TN	TN	Farm Laborer
Cooper,	John	Head	R	M	W	36	M	TN	TN	TN	Farmer
	Matilda	Wife		F	W	37	M	TN	TN	TN	
	Gilbert	Son		M	W	17	S	TN	TN	TN	Farm Laborer
	Ethel	Dau.		F	W	15	S	TN	TN	TN	Farm Laborer
	Elbert	Son		M	W	13	S	TN	TN	TN	Farm Laborer
	Elmer	Son		M	W	11	S	TN	TN	TN	Farm Laborer
Dishman,	Idus E.	Head	R	M	W	26	M	TN	TN	TN	Farmer
	Cyntha	Wife		F	W	21	M	TN	TN	TN	
	Coyie	Son		M	W	2-4/12	S	TN	TN	TN	
	Cordis	Son		M	W	2/12	S	TN	TN	TN	

1920 Fentress Co. TN Census

Civil District No. 3

Name		Relation-ship	House Own or Rent	Sex	Color or Race	Age	Married Single Widow	Birth Place	Fathers Birth Place	Mothers Birth Place	Trade
Compton,	John H.	Head	O	M	W	62	M	MO	MO	MO	Crude Oil Provider
	Jane	Wife		F	W	43	M	TN	TN	TN	
	Eambria	Dau.		F	W	9	S	TN	MO	TN	
	Theloon G.	Son		M	W	7	S	TN	MO	TN	
	Hellen G.	Dau.		F	W	5	S	TN	MO	TN	
	Julis A.	Mother		F	W	80	S	MO	MO	TN	
King,	Henry R.	Head	R	M	W	50	M	TN	TN	TN	Farmer
	Selena	Wife		F	W	47	M	TN	TN	TN	
	James R.	Son		M	W	23	S	TN	TN	TN	Lumber Camp Laborer
	Matilda D.	Dau.		F	W	20	S	TN	TN	TN	Farm Laborer
	Manson	Son		M	W	17	S	TN	TN	TN	Farm Laborer
	Elva	Dau.		F	W	14	S	TN	TN	TN	Farm Laborer
	John	Son		M	W	11	S	TN	TN	TN	Farm Laborer
	Effie	Granddaughter		F	W	4-6/12	S	TN	TN	TN	
King,	James T.	Head	R	M	W	43	M	TN	TN	TN	Farmer
	Martha	Wife		F	W	40	M	TN	VA	KY	
Smith,	Andrew J.	Head	R	M	W	53	M	TN	TN	TN	Farmer
	Laurena	Wife		F	W	35	M	TN	TN	TN	
	Arthur A.	Son		M	W	16	S	TN	TN	TN	Farm Laborer
	Elbert C.	Dau.		F	W	13	S	TN	TN	TN	Farm Laborer
	Delta M.	Dau.		F	W	11	S	TN	TN	TN	
	Delphia M.	Dau.		F	W	9	S	TN	TN	TN	
	Golda A.	Dau.		F	W	3-11/12	S	TN	TN	TN	
	Luinlow R.	Son		M	W	5/12	S	TN	TN	TN	
Hurt,	James A.	Head	R	M	W	55	W	KY	KY	KY	Farmer
	Walter	Son		M	W	23	S	TN	KY	TN	Farm Laborer
	Edmon	Son		M	W	21	S	TN	KY	TN	Farm Laborer
	Dewey	Son		M	W	20	S	TN	KY	TN	Farm Laborer
	Lena	Dau.		F	W	19	S	TN	KY	TN	Farm Laborer
Beaty,	Malisa J.	Sister		F	W	53	S	KY	KY	KY	
Beaty,	Benton M.	Head	O	M	W	33	M	TN	TN	TN	Farmer
	Cora D.	Wife		F	W	29	M	TN	TN	TN	
	Olliver	Son		M	W	8	S	TN	TN	TN	
	Cloirs C.	Son		M	W	6	S	TN	TN	TN	
	Edna	Dau.		F	W	4-1/12	S	TN	TN	TN	
	William C.	Son		M	W	1-7/12	S	TN	TN	TN	
Greear,	Samuel P.	Head	O	M	W	67	M	TN	TN	TN	Farmer
	Tennessee	Wife		F	W	61	M	TN	TN	TN	
	Roxie	Dau.		F	W	19	S	TN	TN	TN	Farm Laborer
Greear,	Poter	Head	R	M	W	25	M	TN	TN	TN	Farmer
	Cassia	Wife		F	W	18	M	TN	TN	TN	
	Void	Son		M	W	1-3/12	S	TN	TN	TN	
King,	John M.	Head	O	M	W	38	M	TN	TN	TN	Farmer
	Fanny	Wife		F	W	34	M	TN	TN	TN	
	Ethel	Dau.		F	W	15	S	TN	TN	TN	Farm Laborer
	Ester	Dau.		F	W	13	S	TN	TN	TN	Farm Laborer
	Elsie	Dau.		F	W	9	S	TN	TN	TN	
	Elma	Dau.		F	W	7	S	TN	TN	TN	
	Willie R.	Son		M	W	1-8/12	S	TN	TN	TN	

1920 Fentress Co. TN Census

Name		Relation -ship	House Own or Rent	Sex	Color or Race	Age	Married Single Widow	Birth Place	Fathers Birth Place	Mothers Birth Place	Trade
						Civil District No. 3					
Bowden,	Grande H.	Head	O	M	W	62	W	TN	TN	TN	Farmer
	Charlie	Son		M	W	33	S	TN	TN	TN	Farm Laborer
	Minnie	Dau.		F	W	26	S	TN	TN	TN	
	Raymon	Son		M	W	17	S	TN	TN	TN	Farm Laborer
King,	Lonzo S.	Head	R	M	W	30	M	TN	TN	TN	Farmer
	Lee A.	Wife		F	W	23	M	TN	TN	TN	
	Edna	Dau.		F	W	2-1/12	S	TN	TN	TN	
King,	John	Head		M	W	47	M	TN	TN	TN	Farmer
	Sarah	Wife		F	W	40	M	TN	TN	TN	Farm Laborer
	Lillie	Dau.		F	W	19	S	TN	TN.	TN	Farm Laborer
	Sallie M.	Dau.		F	W	12	S	TN	TN	TN	Farm Laborer
	Oma	Dau.		F	W	9	S	TN	TN	TN	
	William	Son		M	W	6	S	TN	TN	TN	

121

1920 Fentress Co. TN Census

Name		Relation-ship	House Own or Rent	Sex	Color or Race	Age	Married Single Widow	Birth Place	Fathers Birth Place	Mothers Birth Place	Trade
						Civil District No. 4					
Smith,	John M.	Head	R	M	W	34	M	TN	TN	TN	Lumber Mill Labor
	Manurvia L.	Wife		F	W	32	M	TN	TN	TN	
	Lucindia	Dau.		F	W	15	S	TN	TN	TN	
	Tilda J.	Dau.		F	W	13	S	TN	TN	TN	
	Phillip A.	Son		M	W	10	S	TN	TN	TN	
	Luther A.	Son		M	W	8	S	TN	TN	TN	
	Woodrow W.	Son		M	W	6	S	TN	TN	TN	
	Malinda V.	Dau.		F	W	4-0/12	S	TN	TN	TN	
	Tim P.	Son		M	W	1-9/12	S	TN	TN	TN	
Hicks,	Sam R.	Head	O	M	W	60	M	TN	TN	TN	Farmer
	Louise	Wife		F	W	59	M	NC	NC	NC	
	Daniel C.	Son		M	W	24	S	TN	TN	NC	Lumber Cutter
	Minta L.	Dau.		F	W	18	S	TN	TN	NC	
	Isaac W.	Son		M	W	15	S	TN	TN	NC	
York,	Sarah	Granddau.		F	W	4-11/12	S	TN	TN	TN	
Beaty,	Shade H.	Head	O	M	W	58	M	TN	TN	TN	Farmer
	Mary L.	Wife		F	W	55	M	TN	TN	TN	
	Osda	Dau.		F	W	22	S	TN	TN	TN	
	Joe	Son		M	W	14	S	TN	TN	TN	
Atkinson,	Elmer	Grandson		M	W	11	S	TN	KY	TN	
Norman,	Casken	Head	?	M	W	24	M	TN	TN	TN	
	Addie	Wife		F	W	18	M	TN	TN	TN	
Hicks,	Frank M.	Head	O	M	W	54	M	TN	TN	TN	Farmer
	Senney J.	Wife		F	W	50	M	KY	TN	KY	
	John W.	Bro.		M	W	64	S	TN	TN	TN	
Hicks,	James A.	Head	O	M	W	72	M	TN	TN	TN	Farmer
	Liniza E.	Wife		F	W	70	M	TN	TN	TN	
Anderson,	Robert	Head	O	M	W	73	M	TN	NC	TN	Farmer
	Ruthey E.	Wife		F	W	59	M	TN	VA	VA	
Hicks,	Francis M.	Head	R	M	W	40	M	TN	TN	TN	Farmer
	Jane	Wife		F	W	40	M	TN	TN	KY	
	Clearcy W.	Dau.		F	W	8	S	TN	TN	TN	
	Clorse M.	Dau.		F	W	5	S	TN	TN	TN	
	Flora L.	Dau.		F	W	2-11/12	S	TN	TN	TN	
Findley,	Tom B.	Head	O	M	W	37	M	TN	TN	TN	Farmer
	Mandy J.	Wife		F	W	37	M	TN	TN	TN	
	Henry C.	Son		M	W	8	S	TN	TN	TN	
	Cora E.	Dau.		F	W	6	S	TN	TN	TN	
	Jessie H.	Son		M	W	4-11/12	S	TN	TN	TN	
Findley,	Samuel E.	Head	O	M	W	30	M	TN	TN	TN	Farmer
	Hulda C.	Wife		F	W	30	M	TN	TN	KY	
Wilson,	Cora L.	Lodger		F	W	9	S	TN	TN	TN	
	Amy T.	Lodger		F	W	7	S	TN	TN	TN	
Young,	John A.	Head	R	M	W	27	M	TN	TN	TN	Stave Woods
	Mandy L.	Wife		F	W	21	M	TN	VA	VA	Farm Laborer
Findley,	Will R.	Head	O	M	W	37	M	TN	TN	TN	Farmer
	Lottie E.	Wife		F	W	37	M	TN	TN	KY	
	Ernest E.	Son		M	W	16	S	TN	TN	TN	Farm Laborer
	Ina E.	Son		M	W	12	S	TN	TN	TN	
	Elsie M.	Dau.		F	W	7	S	TN	TN	TN	

1920 Fentress Co. TN Census

Name		Relation -ship	House Own or Rent	Sex	Color or Race	Age	Married Single Widow	Birth Place	Fathers Birth Place	Mothers Birth Place	Trade
						Civil District No. 4					
Ramsey,	Leo J.	Head	O	M	W	29	M	TN	TN	TN	Farmer
	Armanta	Wife		F	W	26	M	TN	TN	TN	
	William T.	Son		M	W	2-10/12	S	TN	TN	TN	
Cook,	Girtie M.	Sis, in law		F	W	18	S	TN	TN	TN	
Rodgers,	Dock H.	Head	O	M	W	49	M	TN	TN	TN	Farmer
	Florance E.	Wife		F	W	43	M	TN	TN	TN	
	Myrtle B.	Dau.		F	W	15	S	TN	TN	TN	
	Raymond E.	Son		M	W	12	S	TN	TN	TN	
	Edna D.	Dau.		F	W	8	S	TN	TN	TN	
	Joe D.	Son		M	W	5	S	TN	TN	TN	
	Mary W.	Dau.		F	W	2-7/12	S	TN	TN	TN	
Ramsey,	Robert C.	Head	O	M	W	66	M	TN	TN	TN	Farmer
	Deba J.	Wife		F	W	62	M	TN	TN	TN	
	Cleveland G.	Son		M	W	34	S	TN	TN	TN	Farm Laborer
	Alta	Dau.		F	W	24	S	TN	TN	TN	
	Benton M.	Son		M	W	23	S	TN	TN	TN	Farm Laborer
	Hillman	Son		M	W	21	S	TN	TN	TN	Farm Laborer
	Cyntha A.	Dau.		F	W	18	S	TN	TN	TN	
Beaty,	George P.	Grandson		M	W	5	S	TN	TN	TN	
Baldwin,	Louis W.	Head	R	M	W	56	M	TN	TN	TN	Farmer
	Dinah	Wife		F	W	37	M	TN	TN	TN	
	Alva	Dau.		F	W	15	S	TN	TN	TN	
	Jewel	Dau.		F	W	12	S	TN	TN	TN	
	Bessie M.	Dau.		F	W	10	S	TX	TN	TN	
	Viola U.	Dau.		F	W	8	S	AR	TN	TN	
	Mandy L.	Dau.		F	W	3-1/12	S	TN	TN	TN	
	Charles C.	Son		M	W	7/12	S	TN	TN	TN	
Brown,	Wheeler	Head	O	M	W	41	M	TN	NC	TN	Farmer
	Maudie	Wife		F	W	31	M	TN	TN	TN	
	Opal	Dau.		F	W	13	S	TX	TN	TN	
	Mable	Dau.		F	W	11	S	TN	TN	TN	
Ramsey,	Charlie P.	Head	O	M	W	70	M	TN	TN	NC	Farmer
	Nany A.	Wife		F	W	63	M	TN	TN	TN	
	Sada S.	Dau.		F	W	32	S	TN	TN	TN	
Alexander,	Sarah J.	Sis. in law		F	W	65	S	TN	TN	TN	
Gray,	Miles C.	Head	O	M	W	45	M	IN	OH	IN	
	Ann	Wife		F	W	39	M	TN	IN	TN	
	Ella L.	Dau.		F	W	16	S	TN	IN	TN	
	Minnie A.	Dau.		F	W	13	S	TN	IN	TN	
	Velma L.	Dau.		F	W	11	S	TN	IN	TN	
	Chorbs E.	Son		M	W	9	S	TN	IN	TN	
	Earl U.	Son		M	W	6	S	TN	IN	TN	
Ramsey,	Wheeler	Head	O	M	W	45	M	TN	TN	TN	Farmer
	Nancy J.	Wife		F	W	38	M	TN	TN	TN	
	Virgil	Son		M	W	22	S	TN	TN	TN	Farm Laborer
	Clide H.	Son		M	W	18	S	TN	TN	TN	Farm Laborer
	Daton T.	Son		M	W	15	S	TN	TN	TN	Farm Laborer
	Della C.	Dau.		F	W	12	S	TN	TN	TN	
	Kenneth C.	Son		M	W	8	S	TN	TN	TN	

1920 Fentress Co. TN Census

Name		Relation -ship	House Own or Rent	Sex	Color or Race	Age	Married Single Widow	Birth Place	Fathers Birth Place	Mothers Birth Place	Trade
				Civil District No. 4							
Stowers,	Frank S.	Head	O	M	W	44	M	TN	TN	TN	Farmer
	Allise M.	Wife		F	W	41	M	TN	TN	TN	
	Dewey L.	Son		M	W	17	S	TN	TN	TN	Farm Laborer
	Elmer L.	Son		M	W	15	S	TN	TN	TN	Farm Laborer
	Jessie J.	Son		M	W	10	S	TN	TN	TN	
Suddeth,	Hubert B.	Head	R	M	W	29	M	KY	KY	KY	Rolling Lumber
	Ellen J.	Wife		F	W	23	M	TN	TN	KY	Boarding House Cook
Adkinson,	Bart	Boarder		M	W	45	W	KY	TN	TN	Civil Engineer
	George W.	Boarder		M	W	19	S	TN	TN	VA	Lumber Laborer
Hall,	Mialda V.	Boarder		M	W	20	S	TN	TN	TN	Block Setter
Anderson,	David	Head	R	M	W	72	M	TN	TN	TN	
	Matilda	Wife		F	W	34	M	TN	TN	TN	
	Johnie	Cousin		M	W	13	S	TN	TN	TN	
Vanfanlt,	Cordia	Dau.		F	W	38	M	TN	TN	TN	
Hall,	Luke	Head	O	M	W	41	M	TN	TN	TN	Farmer
	Etter	Wife		F	W	38	M	TN	TN	TN	
	William A.	Son		M	W	19	S	TN	TN	TN	Farm Laborer
	Dice A.	Dau.		F	W	17	S	TN	TN	TN	
	Mary E.	Dau.		F	W	12	S	TN	TN	TN	
	Virgil	Son		M	W	10	S	TN	TN	TN	
	Ella M.	Dau.		F	W	8	S	TN	TN	TN	
	Zona	Dau.		F	W	6	S	TN	TN	TN	
	Ethel	Dau.		F	W	5	S	TN	TN	TN	
	Floyd	Son		M	W	3-1/12	S	TN	TN	TN	
Choate,	Clark	Head	O	M	W	36	M	TN	TN	TN	Farmer
	Mary	Wife		F	W	28	M	TN	TN	TN	
	Arney A.	Son		M	W	9	S	TN	TN	TN	
	Edward E.	Son		M	W	7	S	TN	TN	TN	
	Elmer C.	Son		M	W	5	S	TN	TN	TN	
	Elbert	Son		M	W	3-10/12	S	TN	TN	TN	
	Ellen	Dau.		F	W	1-8/12	S	TN	TN	TN	
Taylor,	Daniel	Head	O	M	W	65	M	TN	TN	TN	
	Della L.	Wife		F	W	25	M	TN	TN	TN	
Brown,	Otto	Step son		M	W	7	S	TN	TN	TN	
	Orville	Step son		M	W	6	S	TN	TN	TN	
Stowers,	John	Head	O	M	W	70	M	TN	VA	TN	Farmer
	Catherine	Wife		F	W	56	M	TN	TN	TN	
	Denton	Son		M	W	6	S	TN	TN	TN	
	Nillie	Step son		M	W	17	S	TN	TN	TN	
Vance,	Motes	Lodger		M	W	47	M	TN	TN	TN	
	Lizzie	Lodger		F	W	37	M	TN	TN	TN	
Stowers,	William Mc	Head	R	M	W	21	M	TN	TN	TN	Wagon Driver
	Tilda	Wife		F	W	20	M	TN	TN	TN	
Rictor,	John C.	Head	R	M	W	22	M	TN	GA	AL	Tie Maker
	Marieceldia	Wife		F	W	21	M	TN	TN	TN	
Larne,	Norman C.	Head	O	M	W	32	M	TN	TN	TN	Farmer
	Amanda C.	Wife		F	W	26	M	TN	TN	TN	
	Zola B.	Dau.		F	W	5	S	TN	TN	TN	
	Joe N.	Son		M	W	2-7/12	S	TN	TN	TN	
Beaty,	John	Boarder		M	W	20	S	TN	TN	TN	Farm Laborer

1920 Fentress Co. TN Census

Name		Relation-ship	House Own or Rent	Sex	Color or Race	Age	Married Single Widow	Birth Place	Fathers Birth Place	Mothers Birth Place	Trade
						Civil District No. 4					
Owens,	Wince F.	Head	R	M	W	28	M	TN	TN	TN	Lumber & Stave Overseer
	Lillie R.	Wife		F	W	25	M	TN	TN	TN	
Ramsey,	Sam T.	Head	O	M	W	32	M	TN	TN	TN	Farmer
	Ova L.	Wife		F	W	21	M	TN	TN	TN	
	Marie	Dau.		F	W	4/12	S	TN	TN	TN	
Ramsey,	James A.	Head	O	M	W	61	M	TN	TN	TN	Farmer
	Mary A.	Wife		F	W	58	M	TN	TN	TN	
	Robert L.	Son		M	W	18	S	TN	TN	TN	Farmer
	Arthur	Grandson		M	W	13	S	TN	TN	TN	
	Mallie J.	Granddau.		F	W	11	S	TX	TN	TN	
	Marion	Son		M	W	29	S	TN	TN	TN	Log Woods
	Charlie L.	Son		M	W	25	S	TN	TN	TN	
Willcoxson,	Solomon	Head	O	M	W	67	W	IN	NC	NC	Farmer
Atkins,	Louis	Head	O	M	W	45	M	KY	TN	KY	Farmer
	Mary L.	Wife		F	W	36	M	TN	NY	TN	
	Otto E.	Son		M	W	10	S	TN	TN	TN	
	Reatha D.	Dau.		F	W	5	S	TN	TN	TN	
	Ina J.	Dau.		F	W	1-11/12	S	TN	TN	TN	
Atkins,	Levi	Head	O	M	W	48	M	KY	TN	KY	Farmer
	Luella C.	Wife		F	W	42	M	TN	TN	TN	
	Ethel M.	Dau.		F	W	17	S	TN	KY	TN	
	Laura J.	Dau.		F	W	14	S	TN	KY	TN	
Stowers,	George W.	Head	O	M	W	43	M	TN	TN	TN	Farmer
	Laura A.	Wife		F	W	43	M	KY	TN	TN	
	Flora E.	Dau.		F	W	17	S	TN	TN	KY	
	Loyed N.	Son		M	W	10	S	TN	TN	KY	
	Freeman J.	Son		M	W	4-11/12	S	TN	TN	KY	
Aldridge,	E. Ray	Head	O	M	W	46	M	IN	IA	IN	Farmer
	Nannie	Wife		F	W	48	M	KY	TN	VA	
	Ollive G.	Dau.		F	W	15	S	TN	IN	KY	
	Lawrence M.	Son		M	W	11	S	TN	IN	KY	
	Claudia	Dau.		F	W	10	S	TN	IN	KY	
	Felton	Son		M	W	7	S	TN	IN	KY	
Atkins,	Jane	Head	R	F	W	73	W	KY	VA	KY	
Larve,	Willie J.	Head	O	M	W	25	M	TN	TN	TN	Farmer
	Viann	Wife		F	W	26	M	TN	TN	TN	
	Mary L.	Dau.		F	W	3-11/12	S	TN	TN	TN	
	Comer A.	Son		M	W	2-6/12	S	TN	TN	TN	
	Osda L.	Dau.		F	W	6/12	S	TN	TN	TN	
	Theodore	Bro.		M	W	21	S	TN	TN	TN	Lumber Cutter
Young,	Robert	Head	O	M	W	43	M	TN	TN	TN	Farmer
	Carrie E.	Wife		F	W	32	M	TN	TN	TN	
	Bennie T.	Son		M	W	14	S	TN	TN	TN	Farm Laborer
	Elmer	Son		M	W	12	S	TN	TN	TN	
	Elza	Son		M	W	8	S	TN	TN	TN	
	Ollie G.	Dau.		F	W	6	S	TN	TN	TN	
	Ellis G.	Son		M	W	3-4/12	S	TN	TN	TN	
Norris,	Donnie G.	Head	O	M	W	40	S	TN	NC	TN	Farmer

1920 Fentress Co. TN Census

Name		Relation-ship	House Own or Rent	Sex	Color or Race	Age	Married Single Widow	Birth Place	Fathers Birth Place	Mothers Birth Place	Trade

Civil District No. 4

Name		Relation-ship	House Own or Rent	Sex	Color or Race	Age	Married Single Widow	Birth Place	Fathers Birth Place	Mothers Birth Place	Trade
Cook,	Robert	Head	R	M	W	22	M	TN	TN	TN	Lumber Roller
	Tennessee	Wife		F	W	32	M	TN	NC	TN	
	Myrtle	Dau.		F	W	13	S	TN	TN	TN	
	Edna	Dau.		F	W	10	S	TN	TN	TN	
Norris,	Harrison	Head	O	M	W	29	M	TN	NC	TN	Farmer
	Laura	Wife		F	W	24	M	TN	TN	TN	
	Dortha	Dau.		F	W	3-5/12	S	TN	TN	TN	
	Rachel	Dau.		F	W	1-5/12	S	TN	TN	TN	
Anderson,	Link	Head	O	M	W	37	W	TN	TN	KY	Farmer
	Dewey	Son		M	W	14	S	TN	TN	TN	
	Harvey	Son		M	W	11	S	TN	TN	TN	
	Jessie	Son		M	W	8	S	TN	TN	TN	
Atkins,	Nancy J.	Mother in law		F	W	68	W	TN	VA	TN	
Tinch,	Liza	Head	R	F	W	42	W	TN	NC	TN	Farm Laborer
Hicks,	Noah	Son		M	W	20	S	TN	TN	TN	Laborer
Tinch,	Ellen	Dau.		F	W	16	S	KY	TN	TN	
	Leona	Dau.		F	W	14	S	KY	TN	TN	
	Logan	Son		M	W	12	S	TN	TN	TN	
	Oda	Son		M	W	10	S	TN	TN	TN	
	Cora	Dau.		F	W	8	S	TN	TN	TN	
	Laura	Dau.		F	W	6	S	TN	TN	TN	
	Irene	Dau.		F	W	2-6/12	S	TN	TN	TN	
Cook,	Francis E.	Head	O	F	W	48	W	TN	TN	KY	Farmer
	Bertha E.	Dau.		F	W	19	S	TN	TN	TN	
	Addie P.	Dau.		F	W	16	S	TN	TN	TN	
	Perrie E.	Dau.		F	W	13	S	TN	TN	TN	
	Elbert M.	Son		M	W	9	S	TN	TN	TN	
Norris,	William L.	Head	O	M	W	35	M	TN	NC	TN	Farmer
	Elizabeth M.	Wife		F	W	30	M	TN	TN	TN	
	Noah J.	Son		M	W	14	S	TN	TN	TN	
	May	Dau.		F	W	12	S	TN	TN	TN	
	Mandy E.	Dau.		F	W	10	S	TN	TN	TN	
	Conrad N.	Son		M	W	7	S	TN	TN	TN	
	Jaslice J.	Son		M	W	5	S	TN	TN	TN	
Wood,	Bill	Head	O	M	W	50	M	TN	TN	TN	Farmer
	Lillie	Wife		F	W	40	M	TN	TN	TN	
	Wesley W.	Son		M	W	22	S	TN	TN	TN	Farm Laborer
	Louis Z.	Son		M	W	19	S	TN	TN	TN	Farm Laborer
	Addie	Dau.		F	W	16	S	TN	TN	TN	
	Cora	Dau.		F	W	15	S	TN	TN	TN	
Owens,	Hardin	Head	R	M	W	41	M	TN	TN	TN	Farmer
	Emma	Wife		F	W	38	M	TN	TN	TN	
	Robert	Son		M	W	20	S	TN	TN	TN	Log Team Driver
	Truman J.	Son		M	W	13	S	TN	TN	TN	
Brown,	James J.	Head	O	M	W	42	M	TN	TN	TN	Farmer
	Bell M.	Wife		F	W	38	M	TN	TN	TN	
	Jessie V.	Son		M	W	16	S	TN	TN	TN	
	Zama L.	Dau.		F	W	15	S	TN	TN	TN	
	Samuel W.	Son		M	W	7	S	TN	TN	TN	
	Evelyn L.	Dau.		F	W	2-6/12	S	TN	TN	TN	
	Dortha S.	Dau.		F	W	10/12	S	TN	TN	TN	
	Roath L.	Mother		F	W	63	W	TN	TN	NC	
McCan,	Harrison	Boarder		M	W	28	S	TN	TN	TN	Log Wagon Driver

1920 Fentress Co. TN Census

Name		Relation-ship	House Own or Rent	Sex	Color or Race	Age	Married Single Widow	Birth Place	Fathers Birth Place	Mothers Birth Place	Trade
						Civil District No. 4					
Stow,	Orlando	Head	R	M	W	28	M	TN	MI	MI	Lumber Rolling
	Martha	Wife		F	W	25	M	TN	TN	TN	
	John B.	Son		M	W	8	S	TN	TN	TN	
	Delbert W.	Son		M	W	6	S	TN	TN	TN	
	Josie E.	Dau.		F	W	1-5/12	S	TN	TN	TN	
Watson,	Elbert C.	Head	R	M	W	34	M	TN	TN	TN	Logging
	Ader M.	Wife		F	W	22	M	TN	NC	TN	
	Willie O.	Son		M	W	14	S	TN	TN	TN	
	Ona	Dau.		F	W	6	S	TN	TN	TN	
Hall,	Sam E.	Head	R	M	W	52	M	NC	NC	NV	
	Elgie G.	Wife		F	W	39	M	TN	TN	TN	
	Sherman W.	Son		M	W	18	S	TN	TN	TN	Lumber Cutter
	Ethel A.	Dau.		F	W	14	S	TN	TN	TN	
	Alice M.	Dau.		F	W	11	S	TN	TN	TN	
	Bessie L.	Dau.		F	W	9	S	TN	TN	TN	
	Ruby H.	Dau.		F	W	6	S	TN	TN	TN	
	Isa L.	Dau.		F	W	4-8/12	S	TN	TN	TN	
	George W.	Son		M	W	2-7/12	S	TN	TN	TN	
Huling,	James	Head	R	M	W	59	M	TN	TN	TN	Lumber Mill Fireman
	Narlisie	Wife		F	W	53	M	TN	TN	TN	Boarding House Keeper
	David	Son		M	W	21	S	TN	TN	TN	Lumber Mill Laborer
	Burlie	Son		M	W	19	S	TN	TN	TN	
	Dock	Son		M	W	17	S	TN	TN	TN	Lumber Mill Laborer
	Theodore	Son		M	W	15	S	TN	TN	TN	
	Albert	Son		M	W	13	S	TN	TN	TN	
Tinch,	Hewey	Boarder		M	W	21	S	TN	TN	TN	Lumber Mill Laborer
Phillips,	James	Boarder		M	W	21	S	TN	TN	MI	Lumber Mill Laborer
	Nester	Boarder		M	W	19	S	TN	TN	MI	Lumber Mill Laborer
England,	James W.	Head	R	M	W	31	M	TN	TN	TN	Grocery Merchant
	Alice	Wife		F	W	28	M	TN	TN	TN	
	Xenia	Dau.		F	W	6	S	TN	TN	TN	
	Vivian	Dau.		F	W	3-11/12	S	TN	TN	TN	
	Walter M.	Son		M	W	2-4/12	S	TN	TN	TN	
Tresp,	Rhubert	Nephew		M	W	23	S	TX	Germany	TN	Lumber Mill Laborer
Heartley,	John	Head	R	M	W	38	M	TX	TN	TN	Saw Mill Overseer
	Liza	Wife		F	W	41	M	TN	TN	TN	
	Ollie	Dau.		F	W	15	S	TN	TX	TN	
	Lily	Dau.		F	W	11	S	GA	TX	TN	
	Jessie	Son		M	W	9	S	TN	TX	TN	
	Dosie	Dau.		F	W	7	S	TN	TX	TN	
Beaty,	John M.	Head	R	M	W	52	M	TN	TN	TN	Farmer
	Liza J.	Wife		F	W	42	M	TN	TN	TN	
	Jones	Son		M	W	21	S	TN	TN	TN	Farm Laborer
	Ethel	Dau.		F	W	18	S	TN	TN	TN	
	Harvey	Son		M	W	14	S	TN	TN	TN	Farm Laborer
	Jessie	Son		M	W	12	S	TN	TN	TN	
	Ova	Dau.		F	W	9	S	TN	TN	TN	
	Annie	Dau.		F	W	5	S	TN	TN	TN	
	Eumra	Dau.		F	W	5	S	TN	TN	TN	
	Syvine	Dau.		F	W	2-8/12	S	TN	TN	TN	

1920 Fentress Co. TN Census

Name		Relation -ship	House Own or Rent	Sex	Color or Race	Age	Married Single Widow	Birth Place	Fathers Birth Place	Mothers Birth Place	Trade
						Civil District No. 4					
Beaty,	Allen	Head	R	M	W	53	M	TN	TN	TN	Farmer
	Dora	Wife		F	W	44	M	TN	TN	TN	
Owens,	Fanney	Dau.		F	W	22	W	TN	TN	TN	
Beaty,	Mary	Dau.		F	W	16	S	TN	TN	TN	
	Loreta	Dau.		F	W	12	S	TN	TN	TN	
	Shade	Son		M	W	9	S	TN	TN	TN	
	Freeman	Son		M	W	6	S	TN	TN	TN	
	Ova	Dau.		F	W	4	S	TN	TN	TN	
	Zola	Dau.		F	W	0/12	S	TN	TN	TN	
Beaty,	Press J.	Head	O	M	W	34	M	TN	TN	TN	Farmer
	Ester	Wife		F	W	28	M	TN	TN	TN	
	Albert	Son		M	W	11	S	TN	TN	TN	
	Elbert	Son		M	W	9	S	TN	TN	TN	
	Virgil	Son		M	W	8	S	TN	TN	TN	
	Charlie	Son		M	W	7	S	TN	TN	TN	
	Ellie	Dau.		F	W	4-10/12	S	TN	TN	TN	
	Allie	Dau.		F	W	4-10/12	S	TN	TN	TN	
	Maggie	Dau.		F	W	3-7/12	S	TN	TN	TN	
	Mansy	Dau.		F	W	10/12	S	TN	TN	TN	
Beaty,	Will	Head	O	M	W	60	W	TN	TN	TN	Farmer
	Elmer	Son		M	W	16	S	TN	TN	TN	Farm Laborer
	Joe	Son		M	W	14	S	TN	TN	TN	
	James	Son		M	W	12	S	TN	TN	TN	
	Andrew	Son		M	W	8	S	TN	TN	TN	
Potter,	Walter	Head	R	M	W	24	M	TN	TN	TN	Skiding Logs
	Rachel	Wife		F	W	23	M	TN	TN	TN	
	Reed	Son		M	W	6	S	TN	TN	TN	
	Ruth	Dau.		F	W	1-2/12	S	TN	TN	TN	
Hawn,	Leonard	Head	R	M	W	25	M	TN	TN	TN	Hauling Logs
	Bell	Wife		F	W	21	M	TN	TN	TN	
	Margie	Dau.		F	W	3-1/12	S	TN	TN	TN	
	Kenneth	Son		M	W	7/12	S	TN	TN	TN	
Adams,	Millard	Head	R	M	W	27	M	TN	TN	TN	Logging
	Hattie	Wife		F	W	26	M	TN	TN	TN	
	Mildred	Dau.		F	W	4-5/12	S	TN	TN	TN	
	May A.	Dau.		F	W	3-2/12	S	TN	TN	TN	
Milton,	Gill	Head	R	M	W	30	M	TN	TN	TN	Hauling Logs
	Dora	Wife		F	W	17	M	TN	TN	TN	
Bamet,	James	Head	R	M	W	28	M	TN	TN	TN	Timber Cutter
	Augusta	Wife		F	W	24	M	TN	TN	TN	
	Elmer	Son		M	W	7	S	TN	TN	TN	
	Willadina	Dau.		F	W	5	S	TN	TN	TN	
	Ray	Son		M	W	1-5/12	S	TN	TN	TN	
	Ross	Son		M	W	1-5/12	S	TN	TN	TN	
Beaty,	John A.	Head	O	M	W	45	M	TN	TN	TN	Farmer
	Emeline M.	Wife		F	W	46	M	TN	TN	TN	
	Elsie E.	Dau.		F	W	16	S	TN	TN	TN	
	Iner E.	Dau.		F	W	14	S	TN	TN	TN	
	Elmer	Son		M	W	12	S	TN	TN	TN	
	Christina	Dau.		F	W	10	S	TN	TN	TN	
	Milton	Son		M	W	3-9/12	S	TN	TN	TN	
	Zula	Dau.		F	W	7/12	S	TN	TN	TN	

1920 Fentress Co. TN Census

Name		Relation-ship	House Own or Rent	Sex	Color or Race	Age	Married Single Widow	Birth Place	Fathers Birth Place	Mothers Birth Place	Trade
						Civil District No. 4					
Norris,	James T.	Head	O	M	W	66	M	TN	NC	TN	Farmer
	Leon	Wife		F	W	58	M	TN	TN	TN	
	Easter	Dau.		F	W	23	S	TN	TN	TN	
	Willie	Son		M	W	21	S	TN	TN	TN	Farm Laborer
Norris,	John W.	Head	O	M	W	44	M	TN	TN	TN	Farmer
	Kissie	Wife		F	W	43	M	KY	TN	TN	
	Raymond	Son		M	W	19	S	TN	TN	KY	Farm Laborer
	Della	Dau.		F	W	16	S	TN	TN	KY	
	Ernest	Son		M	W	10	S	TN	TN	KY	
	Orel	Son		M	W	7	S	TN	TN	KY	
	Ora	Dau.		F	W	7	S	TN	TN	KY	
Gould,	John	Head	O	M	W	32	M	TN	NY	TN	Farmer
	Lula	Wife		F	W	24	M	TN	TN	TN	
	Henry O.	Son		M	W	4-10/12	S	TN	TN	TN	
	Anna m.	Dau.		F	W	9/12	S	TN	TN	TN	
Atkins,	John W.	Head	O	M	W	27	M	TN	TN	VA	Farmer
	Bertha	Wife		F	W	21	M	TN	TN	TN	
	Edgar	Son		M	W	3-2/12	S	TN	TN	TN	
	Irene	Dau.		F	W	9/12	S	TN	TN	TN	
Atkins,	George W.	Head	O	M	W	19	S	TN	TN	VA	Farmer
	Pete	Father		M	W	57	W	TN	NC	TN	
	James	Bro.		M	W	30	S	TN	TN	VA	Farmer
	Stephen	Bro.		M	W	23	S	TN	TN	VA	
	Catherine E.	Sister		F	W	21	S	TN	TN	VA	
Atkins,	Daily W.	Head	O	M	W	43	M	TN	TN	TN	Farmer
	Comlia C.	Wife		F	W	39	M	TN	TN	KY	
	Gracie M.	Dau.		F	W	18	S	TN	TN	TN	
	Charlie A.	Son		M	W	15	S	TN	TN	TN	
Atkins,	Austin	Head	O	M	W	37	M	TN	TN	TN	Farmer
	Sada	Wife		F	W	27	M	TN	TN	TN	
	Gratchel	Dau.		F	W	8	S	TN	TN	TN	
	Delbert	Son		M	W	5	S	TN	TN	TN	
	James	Bro.		M	W	45	S	TN	TN	TN	Farmer
Brown,	George W.	Head	R	M	W	30	M	TN	TN	TN	Farmer
	Lewinia	Wife		F	W	32	M	TN	TN	TN	
	Egbert A.	Son		M	W	11	S	TN	TN	TN	
	Earl E.	Son		M	W	9	S	TN	TN	TN	
	Edna M.	Dau.		F	W	7	S	TN	TN	TN	
	Edith B.	Dau.		F	W	5	S	TN	TN	TN	
	William C.	Son		M	W	2-8/12	S	TN	TN	TN	
Lankford,	William H.	Father in law		M	W	68	W	TN	TN	TN	Farm Laborer
Hall,	Harrison	Head	O	M	W	31	M	TN	TN	NC	Farmer
	Lizzie	Wife		F	W	29	M	TN	TN	TN	
Anderson,	Mitchel	Lodger		M	W	15	S	TN	TN	TN	Farm Laborer
Black,	William	Head	O	M	W	56	M	TN	TN	TN	Farmer
	Polley R.	Wife		F	W	49	M	TN	TN	TN	
	Christeen	Dau.		F	W	14	S	TN	TN	TN	
	Joe	Son		M	W	11	S	TN	TN	TN	
	Siles R.	Uncle		M	W	5	S	TN	TN	TN	

1920 Fentress Co. TN Census

Name		Relation -ship	House Own or Rent	Sex	Color or Race	Age	Married Single Widow	Birth Place	Fathers Birth Place	Mothers Birth Place	Trade
						Civil District No. 4					
Atkinson,	Luke	Head	O	M	W	31	M	TN	TN	TN	Farmer
	Nancy	Wife		F	W	27	M	TN	TN	TN	
	Ruby E.	Dau.		F	W	1-1/12	S	TN	TN	TN	
Hall,	Charlie M.	Head	O	M	W	46	M	TN	TN	TN	Farmer
	Lottie	Wife		F	W	51	M	TN	TN	TN	
Bosure,	Dewey	Step son		M	W	19	S	TN	TN	TN	Farm Laborer
Hall,	Esther M.	Dau.		F	W	14	S	TN	TN	TN	
	Clide M.	Son		M	W	10	S	TN	TN	TN	
	Elbert E.	Son		M	W	9	S	TN	TN	TN	
	Vester J.	Son		M	W	6	S	TN	TN	TN	
	Lester L.	Son		M	W	6	S	TN	TN	TN	
Hall,	Harrison	Head	O	M	W	29	M	TN	TN	NC	Farmer
	Janie	Wife		F	W	29	M	TN	TN	TN	
	Ella M.	Dau.		F	W	10	S	TN	TN	TN	
	Ethel	Dau.		F	W	5	S	TN	TN	TN	
	Ettie B.	Dau.		F	W	3-6/12	S	TN	TN	TN	
	Leman R.	Son		M	W	10/12	S	TN	TN	TN	
Rodgers,	Robert H.	Head	O	M	W	53	M	TN	TN	TN	Farmer
	Sarah M.	Wife		F	W	49	M	TN	TN	TN	
	Henry H.	Son		M	W	27	S	TN	TN	TN	Farm Laborer
	Elda L.	Son		M	W	16	S	TN	TN	TN	Farm Laborer
	Anna B.	Dau.		F	W	13	S	TN	TN	TN	
	Lola M.	Dau.		F	W	9	S	TN	TN	TN	
	William O.	Son		M	W	7	S	TN	TN	TN	
Cook,	Rufus H.	Head	O	M	W	56	M	TN	TN	TN	Farmer
	Winnie	Wife		F	W	29	M	TN	TN	TN	
	Tussie A.	Dau.		F	W	10	S	TN	TN	TN	
	Nettie A.	Dau.		F	W	5	S	TN	TN	TN	
	Albert J.	Son		M	W	4/12	S	TN	TN	TN	
Cook,	Walter C.	Head	O	M	W	79	W	TN	TN	TN	Farmer
Baldwin,	Pearl	Lodger		F	W	18	S	TN	TN	TN	
	Esther	Lodger		F	W	12	S	TN	TN	TN	
	Bill	Boarder		M	W	59	W	TN	TN	TN	Carpenter
Norris,	John	Head	R	M	W	50	M	TN	TN	TN	Farmer
	Talitha	Wife		F	W	40	M	TN	TN	TN	
	Sarah E.	Dau.		F	W	16	S	TN	TN	TN	
	Annie W.	Dau.		F	W	14	S	TN	TN	TN	
	Noah V.	Son		M	W	10	S	TN	TN	TN	
	Vidra	Dau.		F	W	7	S	TN	TN	TN	
	Audria	Dau.		F	W	5	S	TN	TN	TN	
	Samuel	Son		M	W	1-9/12	S	TN	TN	TN	
Atkinson,	Menjo	Head	O	M	W	29	M	TN	TN	TN	Framer
	?	Wife		F	W	26	M	TN	TN	TN	
	Audis R.	Son		M	W	5	S	TN	TN	TN	
	Panzy	Dau.		F	W	3-7/12	S	TN	TN	TN	
	Clifford	Son		M	W	1-1/12	S	TN	TN	TN	
Atkinson,	Francis M.	Head	O	M	W	78	M	TN	VA	TN	
	Lucinda	Wife		F	W	76	M	TN	TN	TN	
	Bill	Dau.		F	W	30	S	TN	TN	TN	
Neil,	William S.	Head	O	M	W	63	M	TN	VA	TN	Farmer
	Sarah A.	Wife		F	W	53	M	TN	TN	TN	
	William S.	Son		M	W	8	S	TN	TN	TN	

130

1920 Fentress Co. TN Census

Name		Relation-ship	House Own or Rent	Sex	Color or Race	Age	Married Single Widow	Birth Place	Fathers Birth Place	Mothers Birth Place	Trade
						Civil District No. 4					
Neil,	Leo	Head	R	M	W	21	M	TN	TN	TN	Farmer
	Sirvene	Wife		F	W	24	M	TN	TN	TN	
	William S.	Son		M	W	9/12	S	TN	TN	TN	
Jones,	Wes	Head	O	M	W	63	M	TN	TN	TN	Farmer
	Jane	Wife		F	W	60	M	TN	TN	TN	
	Orlease	Dau.		F	W	26	S	TN	TN	TN	
	Hillard	Son		M	W	21	S	TN	TN	TN	Farm Laborer
Jones,	Leonard	Head	O	M	W	26	M	TN	TN	TN	Farmer
	Sada	Wife		F	W	22	M	TN	TN	TN	
	Alice P.	Dau.		F	W	5	S	TN	TN	TN	
	Lee W.	Son		M	W	3-2/12	S	TN	TN	TN	
	Glen	Son		M	W	2/12	S	TN	TN	TN	
Jones,	Balain	Head	O	M	W	40	M	TN	TN	TN	Farmer
	Margaret	Wife		F	W	37	M	TN	TN	TN	
	Maried	Son		M	W	17	S	TN	TN	TN	Farm Laborer
	Earl	Son		M	W	15	S	TN	TN	TN	Farm Laborer
	Hilva	Son		M	W	13	S	TN	TN	TN	Farm Laborer
	Bertha	Dau.		F	W	8	S	TN	TN	TN	
	Arlen	Son		M	W	11/12	S	TN	TN	TN	
Wilson,	Shird T.	Head	O	M	W	33	M	TN	TN	TN	Farmer
	Smantha	Wife		F	W	34	M	TN	TN	TN	
	Enoh	Son		M	W	12	S	TN	TN	TN	
	Emma	Dau.		F	W	11	S	TN	TN	TN	
	Leatha	Dau.		F	W	7	S	TN	TN	TN	
	Sam	Son		M	W	4-9/12	S	TN	TN	TN	
Anderson,	John H.	Head	O	M	W	25	M	TN	TN	TN	Farmer
	Tennessee	Wife		F	W	30	M	TN	TN	TN	
	Mabel	Dau.		F	W	4-3/12	S	TN	TN	TN	
	Mary E.	Dau.		F	W	2-8/12	S	TN	TN	TN	
	Henry B.	Son		M	W	4/12	S	TN	TN	TN	
Hall,	William L.	Bro. in law		M	W	27	S	TN	TN	TN	Steam Railroad
Jones,	Preston J.	Head	R	M	W	50	M	TN	TN	TN	Stave Bolts
	Kizzie	Wife		F	W	45	M	TN	TN	TN	
	Elmer	Son		M	W	19	S	TN	TN	TN	Stave Bolts
	Roy	Son		M	W	14	S	TN	TN	TN	
	Ernest	Son		M	W	12	S	TN	TN	TN	
	Henry	Son		M	W	9	S	TN	TN	TN	
Durham,	Lizie	Mother in law		F	W	80	W	TN	NC	NC	
Rector,	Calvin	Head	O	M	W	43	M	TN	NC	SC	Farmer
	Octvie	Wife		F	W	41	M	TN	GA	AL	
	Depor A.	Son		M	W	15	S	TN	TN	TN	Farm Laborer
	Birdie L.	Dau.		F	W	13	S	TN	TN	TN	
	Howard R.	Son		M	W	12	S	TN	TN	TN	
	Ridley C.	Son		M	W	10	S	TN	TN	TN	
	Ohmer G.	Son		M	W	7	S	TN	TN	TN	
	Elmer L.	Son		M	W	3-5/12	S	TN	TN	TN	
Durham,	Abner	Head	R	M	W	33	M	TN	TN	TN	Stave Mill
	Sarah E.	Wife		F	W	19	M	TN	TN	TN	

1920 Fentress Co. TN Census

Name		Relation -ship	House Own or Rent	Sex	Color or Race	Age	Married Single Widow	Birth Place	Fathers Birth Place	Mothers Birth Place	Trade
						Civil District No. 4					
Jones,	Bart L.	Head	O	M	W	35	M	TN	TN	TN	Farmer
	Dosha A.	Wife		F	W	34	M	TN	TN	TN	
	Dortha E.	Dau.		F	W	11	S	TN	TN	TN	
	Gladys O.	Dau.		F	W	8	S	TN	TN	TN	
	Erwin N.	Son		M	W	7	S	TN	TN	TN	
	Bernice P.	Dau.		F	W	1-6/12	S	TN	TN	TN	
	Elizabeth P.	Mother		F	W	78	W	TN	TN	TN	
Williams,	Henry	Servant		M	W	21	S	TN	TN	TN	Farm Laborer
Norris,	Jerry	Head	R	M	W	22	M	TN	TN	TN	Farmer
	Tabitha	Wife		F	W	22	M	TN	TN	TN	
	Conaway	Son		M	W	3-3/12	S	TN	TN	TN	
Ashburn,	Shadin	Head	R	M	W	29	M	TN	TN	TN	Farmer
	Stella M.	Wife		F	W	29	M	KS	TN	TN	
	Eula N.	Dau.		F	W	7	S	TN	TN	KS	
	Ona W.	Son		M	W	6	S	TN	TN	KS	
	Dosha R.	Dau.		F	W	3-7/12	S	TN	TN	KS	
Hall,	Charlie W.	Head	O	M	W	24	M	TN	TN	TN	Farmer
	Mandy	Wife		F	W	20	M	TN	TN	TN	
	Sarah H.	Dau.		F	W	3-4/12	S	TN	TN	TN	
	Clayton R.	Son		M	W	1-6/12	S	TN	TN	TN	
Ashburn,	Davis	Head	O	M	W	60	M	TN	TN	TN	
	Melvina	Wife		F	W	50	M	TN	TN	TN	
	Alonza	Son		M	W	18	S	TN	TN	TN	Farm Laborer
Hall,	Alf	Head	O	M	W	45	M	TN	TN	TN	Farmer
	Amanda L.	Wife		F	W	37	M	TN	TN	TN	
	Delbert	Son		M	W	17	S	TN	TN	TN	Farm Laborer
	Daily	Son		M	W	14	S	TN	TN	TN	Farm Laborer
	Dora E.	Son		F	W	13	S	TN	TN	TN	
	Evert	Son		M	W	6	S	TN	TN	TN	
	Marie	Dau.		F	W	4-5/12	S	TN	TN	TN	
	Annie H.	Dau.		F	W	2-3/12	S	TN	TN	TN	
?	Columbus	Head	O	M	W	54	M	TN	TN	TN	Farmer
	Martha M.	Wife		F	W	44	M	TN	TN	TN	
	Elbert M.	Son		M	W	19	S	TN	TN	TN	Farm Laborer
	William M.	Son		M	W	14	S	TN	TN	TN	
	Lillie M.	Dau.		F	W	11	S	TN	TN	TN	
	Arthur B.	Son		M	W	9	S	TN	TN	TN	
	Lena R.	Dau.		F	W	6	S	TN	TN	TN	
	Ernest C.	Son		M	W	3-8/12	S	TN	TN	TN	
Hall,	George F.	Head	O	M	W	36	M	TN	TN	TN	Farmer
	Sarah J.	Wife		F	W	36	M	TN	TN	TN	
	Virgil R.	Son		M	W	15	S	TN	TN	TN	Farm Laborer
	Ernest H.	Son		M	W	12	S	TN	TN	TN	
	William H.	Son		M	W	9	S	TN	TN	TN	
	Alvertia M.	Dau.		F	W	7	S	TN	TN	TN	
Hall,	Henderson	Head	O	M	W	64	M	TN	TN	TN	Farmer
	Sarah A.	Wife		F	W	61	M	NC	NC	NC	
Young,	Alvin	Head	O	M	W	59	M	TN	TN	TN	Farmer
	Loretia	Wife		F	W	52	M	KY	KY	TN	
	Ella A.	Dau.		F	W	29	S	TN	TN	KY	
	William D.	Son		M	W	22	S	TN	TN	KY	Farm Laborer
	Alvia E.	Dau.		F	W	19	S	TN	TN	KY	

1920 Fentress Co. TN Census

Civil District No. 4

Name		Relation-ship	House Own or Rent	Sex	Color or Race	Age	Married Single Widow	Birth Place	Fathers Birth Place	Mothers Birth Place	Trade
Young,	Robert L.	Head	O	M	W	24	M	TN	TN	KY	Farmer
	Electa	Wife		F	W	18	M	TN	TN	TN	
	Nora	Dau.		F	W	3/12	S	TN	TN	TN	
Young,	Daily	Head	O	M	W	48	M	TN	TN	TN	Farmer
	Sarah C.	Wife		F	W	42	M	TN	TN	TN	
	Cal	Son		M	W	19	S	TN	TN	TN	Farm Laborer
	Fred	Son		M	W	15	S	TN	TN	TN	Farm Laborer
	Guy	Son		M	W	13	S	TN	TN	TN	Farm Laborer
	Alice	Dau.		F	W	11	S	TN	TN	TN	
	Isaac	Son		M	W	9	S	TN	TN	TN	
	Pat	Son		M	W	7	S	TN	TN	TN	
	Janie	Dau.		F	W	5	S	TN	TN	TN	
	Opha	Dau.		F	W	2-4/12	S	TN	TN	TN	
	Leander	Father		M	W	84	W	TN	TN	TN	
Corney,	Elisk	Head	R	M	W	46	M	TN	TN	TN	Timber Cutter
	Sarah A.	Wife		F	W	43	M	TN	TN	TN	
	Freeman M.	Son		M	W	23	S	TN	TN	TN	Saw Mill Laborer
	May	Dau.		F	W	18	S	TN	TN	TN	
	Ethel O.	Dau.		F	W	12	S	TN	TN	TN	
	Mattie B.	Dau.		F	W	8	S	TN	TN	TN	
	Hilbert L.	Son		M	W	5	S	TN	TN	TN	
Atkinson,	Pete	Head	O	M	W	45	W	TN	TN	TN	Farmer
Goney,	Bob	Head	R	M	W	42	M	TN	TN	TN	Farm Laborer
	Viola E.	Wife		F	W	20	M	TX	TN	TN	
Atkinson,	Arie L.	Nephew		M	W	8	S	TN	TN	TN	
	Mary	Niece		F	W	2-3/12	S	TN	TN	TN	
Wright,	Cole	Lodger		M	W	15	S	TN	TN	TN	Farm Laborer
Stephens,	Frank G.	Head	O	M	W	65	M	TN	TN	TN	Farmer
	Jane	Wife		F	W	64	M	TN	TN	TN	
	Tiney	Dau.		F	W	29	S	TN	TN	TN	
	Arvasine	Dau.		F	W	18	S	TN	TN	TN	
Stephens,	Patris A.	Head	R	M	W	25	M	TN	TN	TN	Farm Laborer
	Ester L.	Wife		F	W	17	M	TN	TN	TN	
Stephens,	George W.	Head	O	M	W	42	M	TN	TN	TN	Farmer
	Sarah	Wife		F	W	43	M	TN	TN	TN	
	Trownio	Dau.		F	W	21	S	TN	TN	TN	
	Eddie	Son		M	W	18	S	TN	TN	TN	Farm Laborer
	Ellis	Son		M	W	13	S	TN	TN	TN	
	Elize	Son		M	W	13	S	TN	TN	TN	
	Elbert	Son		M	W	5	S	TN	TN	TN	
	Chester	Son		M	W	2-0/12	S	TN	TN	TN	
Beaty,	Wymon	Head	R	M	W	27	M	TN	TN	TN	Farmer
	Edith	Wife		F	W	19	M	TN	TN	TN	
Atkinson,	Franklin	Head	O	M	W	34	M	TN	TN	TN	Farmer
	Milda	Wife		F	W	28	M	TN	TN	TN	
	Ray	Son		M	W	10	S	TN	TN	TN	
	Minnie	Dau.		F	W	8	S	TN	TN	TN	
	Merville	Son		M	W	5	S	TN	TN	TN	
	Lola	Dau.		F	W	3-5/12	S	TN	TN	TN	
	Henry Lee	Son		M	W	1-3/12	S	TN	TN	TN	

1920 Fentress Co. TN Census

Name		Relation-ship	House Own or Rent	Sex	Color or Race	Age	Married Single Widow	Birth Place	Fathers Birth Place	Mothers Birth Place	Trade

Civil District No. 4

Name		Relation-ship	House Own or Rent	Sex	Color or Race	Age	Married Single Widow	Birth Place	Fathers Birth Place	Mothers Birth Place	Trade
Hicks,	Wilburn	Head	O	M	W	27	M	TN	TN	TN	Farmer
	Ida	Wife		F	W	22	M	TN	TN	TN	
Crisp,	Francis M.	Head	O	M	W	41	M	KY	AR	KY	Farmer
	Margaret I.	Wife		F	W	38	M	TN	TN	TN	
	Garlen	Son		M	W	9	S	TN	KY	TN	
	Iney J.	Dau.		F	W	7	S	TN	KY	TN	
Wright,	David	Head	O	M	W	40	M	TN	TN	TN	Farmer
	Vilona	Wife		F	W	30	M	TN	TN	TN	
	Leeman	Son		M	W	6	S	TN	TN	TN	
	Rheba	Dau.		F	W	9/12	S	TN	TN	TN	
Goney,	Banks	Head	R	M	W	50	M	TN	TN	TN	Lumber Cutter
	Beckey	Wife		F	W	40	M	TN	TN	TN	Farm Laborer
	Oma M.	Dau.		F	W	15	S	TN	TN	TN	Farm Laborer
	Hewey E.	Son		M	W	10	S	TN	TN	TN	Farm Laborer
Bicknell,	William	Head	R	M	W	32	M	TN	TN	TN	Stationary Engineer
	Lillie E.	Wife		F	W	28	M	TN	TN	TN	
	Lula	Dau.		F	W	6	S	TN	TN	TN	
	John N.	Son		M	W	5	S	TN	TN	TN	
	Lisa	Dau.		F	W	2-5/12	S	TN	TN	TN	
	Margrette	Dau.		F	W	1	S	TN	TN	TN	
Hall,	David	Head	R	M	W	28	M	TN	TN	TN	Lumber Mill Laborer
	Martha	Wife		F	W	27	M	TN	TN	TN	
	Braddic	Dau.		F	W	3-11/12	S	TN	TN	TN	
	Burned	Son		M	W	1-9/12	S	TN	TN	TN	
Hall,	Will H.	Head	R	M	W	24	M	TN	TN	TN	Lumber Mill Laborer
	Emma	Wife		F	W	19	M	TN	TN	TN	
	Eunice	Dau.		F	W	3-8/12	S	TN	TN	TN	
	Nellie	Dau.		F	W	7/12	S	TN	TN	TN	
Bickwell,	William O.	Head	R	M	W	62	M	TN	TN	TN	Lumber Yard Laborer
	Mary D.	Wife		F	W	48	M	TN	TN	TN	
	Rufus L.	Son		M	W	19	S	TN	TN	TN	Lumber Mill Fireman
	Theodore R.	Son		M	W	17	S	TN	TN	TN	Lumber Mill Laborer
	Bessie I.	Dau.		F	W	15	S	TN	TN	TN	
	Roxie D.	Dau.		F	W	13	S	TN	TN	TN	
	Pearl J.	Dau.		F	W	11	S	TN	TN	TN	
	Eddie T.	Son		M	W	8	S	TN	TN	TN	
	Dorthy M.	Dau.		F	W	6	S	TN	TN	TN	
	Ruby M.	Dau.		F	W	4-2/12	S	TN	TN	TN	
Findley,	David A.	Head	R	M	W	33	M	TN	TN	TN	Farmer
	Maggie	Wife		F	W	32	M	TN	TN	TN	
	Mollie L.	Son		M	W	12	S	TN	TN	TN	
	Ebgurt B.	Son		M	W	10	S	TN	TN	TN	
	Ovie P.	Dau.		F	W	8	S	TN	TN	TN	
	Betress B.	Dau.		F	W	6	S	TN	TN	TN	
	Macie M.	Dau.		F	W	4	S	TN	TN	TN	
	Willie A.	Son		M	W	11/12	S	TN	TN	TN	
Waters,	Clabe	Head	R	M	W	41	M	TN	TN	TN	Lumber Mill Laborer
	Mary	Wife		F	W	40	M	KY	KY	KY	
	Millard	Son		M	W	15	S	TN	TN	KY	Lumber Mill Laborer
	Rosie	Dau.		F	W	11	S	TN	TN	KY	
	Clide	Son		M	W	5	S	TN	TN	KY	

1920 Fentress Co. TN Census

Name		Relation -ship	House Own or Rent	Sex	Color or Race	Age	Married Single Widow	Birth Place	Fathers Birth Place	Mothers Birth Place	Trade
						Civil District No. 4					
Richards,	Grimie	Head	R	M	W	23	M	TN	TN	TN	Farmer
	Altie	Wife		F	W	21	M	TN	TN	TN	
	Floyd	Son		M	W	3-11/12	S	TN	TN	TN	
	Leman	Son		M	W	1-8/12	S	TN	TN	TN	
Stephens,	Howie	Head	R	M	W	27	M	TN	TN	TN	Stack Lumber
	Millie	Wife		F	W	30	M	TN	TN	TN	
	Hattie	Dau.		F	W	2-7/12	S	TN	TN	TN	
Hall,	Robert	Head	R	M	W	35	M	TN	TN	TN	Lumber Mill Laborer
	Sarah J.	Wife		F	W	32	M	TN	TN	TN	
	Theodore	Son		M	W	14	S	TN	TN	TN	Lumber Mill Fireman
	Stella	Dau.		F	W	12	S	TN	TN	TN	
	Ethel	Dau.		F	W	10	S	TN	TN	TN	
	Lena	Dau.		F	W	7	S	TN	TN	TN	
Ramsey,	Clinton	Head	R	M	W	37	M	TN	TN	TN	Blacksmith
	Ellen	Wife		F	W	36	M	TN	TN	TN	Boarding House Keeper
	Woodrow	Son		M	W	6	S	TN	TN	TN	
	Edwin	Son		M	W	1-2/12	S	TN	TN	TN	
Beaty,	Benton	Boarder		M	W	25	S	TN	TN	TN	Lumber Mill Laborer
Ramsey,	William P.	Head	R	M	W	35	M	TN	TN	TN	Logging Team Driver
	Cynthia A.	Wife		F	W	28	M	TN	TN	TN	
	Bessie E.	Dau.		F	W	8	S	TN	TN	TN	
	Edna E.	Dau.		F	W	7	S	TN	TN	TN	
	William H.	Son		M	W	5	S	TN	TN	TN	
	Charlie C.	Son		M	W	2-3/12	S	TN	TN	TN	
Turner,	Jackson	Head	R	M	W	24	M	TN	TN	TN	Logging Team Driver
	Bertha	Wife		F	W	22	M	TN	TN	TN	
	Edith	Dau.		F	W	3-1/12	S	TN	TN	TN	
	Leonard	Son		M	W	1-7/12	S	TN	TN	TN	
Bumbalough,	Charlie	Head	R	M	W	37	M	AR	TN	TN	Tie Maker
	Parlee	Wife		F	W	32	M	TN	TN	TN	
	Lora	Dau.		F	W	16	S	TN	AR	TN	
	Charlie S.	Son		M	W	13	S	TN	AR	TN	
	Willie H.	Son		M	W	12	S	TN	AR	TN	
	Myrtle L.	Dau.		F	W	9	S	TN	AR	TN	
	Bessie J.	Dau.		F	W	7	S	TN	AR	TN	
	Doshia M.	Dau.		F	W	2-7/12	S	TN	AR	TN	
Jones,	Wilburn	Head	R	M	W	33	M	TN	TN	TN	Tie Maker
	Stella	Wife		F	W	24	M	TN	TN	TN	
	Gladys	Dau.		F	W	10	S	TN	TN	TN	
	Edith	Dau.		F	W	8	S	TN	TN	TN	
	Leman	Son		M	W	6	S	TN	TN	TN	
	Marine	Dau.		F	W	3-7/12	S	TN	TN	TN	
	Minford	Son		M	W	3/12	S	TN	TN	TN	Stave Mill Laborer
Hall,	Kerney	Head	R	M	W	27	M	TN	TN	TN	Stave Mill Laborer
	Annie	Wife		F	W	20	M	TN	TN	TN	
	Mabel	Dau.		F	W	3-3/12	S	TN	TN	TN	
	Lorean	Dau.		F	W	1-2/12	S	TN	TN	TN	
Smith,	Davis	Head	R	M	W	29	M	TN	TN	TN	Stave Team Driver
	Maggie	Wife		F	W	28	M	TN	TN	TN	
	Clinton	Son		M	W	4-11/12	S	TN	TN	TN	
	Thelma	Dau.		F	W	2-5/12	S	TN	TN	TN	

1920 Fentress Co. TN Census

Name		Relation -ship	House Own or Rent	Sex	Color or Race	Age	Married Single Widow	Birth Place	Fathers Birth Place	Mothers Birth Place	Trade
						Civil District No. 4					
Jones,	Garfield	Head	R	M	W	37	M	TN	TN	TN	Stave Bolt Laborer
	Minervia	Wife		F	W	18	M	TN	TN	TN	
	Osia	Dau.		F	W	16	S	TN	TN	TN	
	Laura	Dau.		F	W	14	S	TN	TN	TN	
	Hurbert	Son		M	W	12	S	TN	TN	TN	
	Miller	Son		M	W	9	S	TN	TN	TN	
	Rendia	Dau.		F	W	7	S	TN	TN	TN	
	Loranzo	Son		M	W	5	S	TN	TN	TN	
	Vestia	Dau.		F	W	2-6/12	S	TN	TN	TN	
Hall,	Allen	Head	R	M	W	55	M	TN	TN	TN	Bolt Team Driver
	Mary	Wife		F	W	52	M	TN	TN	TN	
	Evert	Son		M	W	17	S	TN	TN	TN	Bolt Team Driver
	Leonard	Son		M	W	15	S	TN	TN	TN	
	Gracie	Dau.		F	W	7	S	TN	TN	TN	
Jones,	Hays	Head	R	M	W	42	M	TN	TN	TN	Stave Mill Fireman
	Millie	Wife		F	W	43	M	TN	TN	TN	
	Hattie	Dau.		F	W	19	W	TN	TN	TN	
	Jennie	Dau.		F	W	14	S	TN	TN	TN	
	Claud	Son		M	W	13	S	TN	TN	TN	Stave Mill Laborer
	Hershel	Son		M	W	9	S	TN	TN	TN	
	Melvin	Son		M	W	7	S	TN	TN	TN	
	Edna	Dau.		F	W	5	S	TN	TN	TN	
Oaks,	George	Head	R	M	W	29	M	TN	TN	TN	Stave Team Driver
	Maggie	Wife		F	W	26	M	TN	TN	TN	
	Beacher	Son		M	W	3-7/12	S	TN	TN	TN	
	Francis	Dau.		F	W	1-3/12	S	TN	TN	TN	
Atkinson,	Wilburn	Head	R	M	W	38	M	TN	KY	KY	Blacksmith
	Lizzie B.	Wife		F	W	33	M	TN	TN	TN	
	Margie	Dau.		F	W	3-2/12	S	TN	TN	TN	
Dickson,	Floyd	Head	R	M	W	28	M	TN	TN	TN	Stave Mill Foreman
	Perlina	Wife		F	W	34	M	TN	TN	TN	
	Lawrence	Son		M	W	9	S	TN	TN	TN	
	Sherman	Son		M	W	5	S	TN	TN	TN	
Martin,	Lindsley	Head	R	M	W	31	M	TN	PA	TN	Stave Mill Manager
	Lelah	Wife		F	W	26	M	TN	NY	NY	
Hollaway,	Grant H.	Head	R	M	W	38	M	KY	KY	KY	Janitor
	Kate	Wife		F	W	34	M	TN	TN	TN	Boarding House Keeper
	John	Son		M	W	12	S	TN	KY	TN	Stave Mill Laborer
	Nennie	Dau.		F	W	14	S	TN	KY	TN	
	Bemable	Son		M	W	10	S	TN	KY	TN	
	Dick D.	Son		M	W	7	S	TN	KY	TN	
	Cora L.	Dau.		F	W	3-11/12	S	TN	KY	TN	
Davis,	Dink	Boarder		M	W	38	S	TN	TN	TN	Team Boss
	Winter	Boarder		M	W	22	S	TN	TN	TN	Stave Team Driver
Ford,	Hoden	Boarder		M	W	25	S	TN	TN	TN	Grocery Store Clerk
	Geprge	Boarder		M	W	19	S	TN	TN	TN	Stone Taem Driver
Fear,	William	Boarder		M	W	22	S	TN	TN	TN	Stone Team Driver

1920 Fentress Co. TN Census

Name		Relation-ship	House Own or Rent	Sex	Color or Race	Age	Married Single Widow	Birth Place	Fathers Birth Place	Mothers Birth Place	Trade
						Civil District No. 4					
Herman,	Wiley W.	Head	O	M	W	46	M	TN	TN	TN	Farmer
	Mary	Wife		F	W	37	M	TN	GA	TN	
	Bevel	Son		M	W	18	S	TN	TN	TN	Farm Laborer
	Jessie	Son		M	W	14	S	TN	TN	TN	Farm Laborer
	Onie	Son		M	W	13	S	TN	TN	TN	Farm Laborer
	Edna	Dau.		F	W	11	S	TN	TN	TN	
	Ousba	Son		M	W	7	S	TN	TN	TN	
	Bonnie	Dau.		F	W	5	S	TN	TN	TN	
	Virgil	Son		M	W	2-11/12	S	TN	TN	TN	
	Joseph	Son		M	W	3/12	S	TN	TN	TN	
Sims,	Persilee	Mother in law		F	W	72	W	TN	TN	TN	
Peters,	Wilburn H.	Head	O	M	W	67	M	TN	TN	VA	Farmer
	Mahalie E.	Wife		F	W	47	M	TN	TN	TN	
	Ervin M	Son		M	W	32	S	TN	TN	TN	Farm Laborer
	Cassie E.	Dau.		F	W	18	S	TN	TN	TN	
Hamby,	Susie I.	Boarder		F	W	19	S	TN	TN	KY	Teacher
Peters,	Henry	Head	O	M	W	42	M	TN	TN	TN	Farmer
	Dorah	Wife		F	W	39	M	TN	TN	TN	
	Horace	Son		M	W	19	S	TN	TN	TN	Farm Laborer
	Mary	Dau.		F	W	16	S	TN	TN	TN	
	Maggie	Dau.		F	W	16	S	TN	TN	TN	
	Hilda	Dau.		F	W	13	S	TN	TN	TN	
	Archabald	Son		M	W	12	S	TN	TN	TN	
	Aaron	Son		M	W	8	S	TN	TN	TN	
	Lester	Son		M	W	5	S	TN	TN	TN	
	Christina	Dau.		F	W	2-2/12	S	TN	TN	TN	
Little,	Perry	Head	O	M	W	48	M	TN	VA	TN	Farmer
	Paulina J.	Wife		F	W	40	M	TN	TN	VA	
	Forrest	Son		M	W	17	S	TN	TN	TN	
	Elsie	Dau.		F	W	19	S	TN	TN	TN	
	Annie	Dau.		F	W	14	S	TN	TN	TN	
Peters,	James M.	Head	O	M	W	57	M	TN	TN	VA	Farmer
	Martha J.	Wife		F	W	49	M	TN	VA	VA	
McDonnald,	William E.	Head	O	M	W	43	M	TN	TN	VA	Farmer
	Jornah	Wife		F	W	29	M	TN	TN	TN	
	James C.	Son		M	W	9	S	TN	TN	TN	
	Carry C.	Son		F	W	7	S	TN	TN	TN	
	Noble	Son		M	W	5	S	TN	TN	TN	
	Hellen	Dau.		F	W	2-5/12	S	TN	TN	TN	
	Boy	Son		M	W	8/12	S	TN	TN	TN	
Peters,	John W.	Head	O	M	W	45	M	TN	TN	VA	Farmer
	Ollie	Wife		F	W	45	M	TN	NC	TN	
	Stanly	Son		M	W	19	S	TN	TN	TN	Farm Laborer
	Lillian	Dau.		F	W	15	S	TN	TN	TN	
King,	Willie	Servant		M	W	20	S	TN	Germany	TN	Farm Laborer
McCain,	James	Head	R	M	W	37	M	TN	TN	TN	Farmer
	Lillie	Wife		F	W	34	M	TN	TN	TN	
	Clarence	Son		M	W	14	S	TN	TN	TN	
	Elvia	Dau.		F	W	9	S	TN	TN	TN	
Miller,	Mitchel	Head	O	M	W	34	M	TN	TN	TN	Farmer
	Etter	Wife		F	W	25	M	TN	TN	TN	
	Lecten	Dau.		F	W	3-2/12	S	TN	TN	TN	

1920 Fentress Co. TN Census

Name		Relation -ship	House Own or Rent	Sex	Color or Race	Age	Married Single Widow	Birth Place	Fathers Birth Place	Mothers Birth Place	Trade
						Civil District No. 4					
Lockhart,	Frances J.	Head	O	M	W	30	M	TN	PA	TN	Physican
	Pearl P.	Wife		F	W	29	M	TN	TN	TN	
	Joe B.	Son		M	W	3-6/12	S	TN	TN	TN	
	Clella	Dau.		F	W	2-3/12	S	TN	TN	TN	
	William F.	Son		M	W	1-2/12	S	TN	TN	TN	
Norman,	Charlie A.	Head	O	M	W	38	M	TN	TN	TN	Farmer
	Mary B.	Wife		F	W	37	M	TN	TN	TN	
	Altia L.	Dau.		F	W	13	S	TN	TN	TN	
	Auda M.	Dau.		F	W	11	S	TN	TN	TN	
	Ruth	Dau.		F	W	9	S	TN	TN	TN	
	Noah	Son		M	W	5	S	TN	TN	TN	
	Noma R.	Son		M	W	1-4/12	S	TN	TN	TN	
Wakefield,	John L.	Head	O	M	W	71	M	TN	TN	TN	Farmer
	Mary E.	Wife		F	W	54	M	TN	TN	TN	
	Charlie A.	Son		M	W	29	S	TN	TN	TN	Farm Laborer
	Ambrose	Son		M	W	20	S	TN	TN	TN	Farm Laborer
	Amos	Son		M	W	18	S	TN	TN	TN	Farm Laborer
	Maynard	Son		M	W	18	S	TN	TN	TN	Farm Laborer
	Ray	Son		M	W	15	S	TN	TN	TN	Farm Laborer
	Lizzie	Dau.		F	W	13	S	TN	TN	TN	
Ashburn,	Hettie	Grandmother		F	W	88	W	TN	TN	TN	
Young,	Sam M.	Head	O	M	W	35	M	TN	TN	TN	Farmer
	Mandy A.	Wife		F	W	32	M	TN	TN	VA	
	Lillie M.	Dau.		F	W	12	S	TN	TN	TN	
	Henderson	Son		M	W	9	S	TN	TN	TN	
	Bammia	Dau.		F	W	7	S	TN	TN	TN	
	Charlie	Son		M	W	4-3/12	S	TN	TN	TN	
	Edna	Dau.		F	W	2/12	S	TN	TN	TN	
Norman,	Sebe	Head	O	M	W	45	M	TN	TN	TN	Farmer
	Lydia	Wife		F	W	46	M	TN	TN	TN	
	Frank	Son		M	W	15	S	TN	TN	TN	
	Edith	Dau.		F	W	13	S	TN	TN	TN	
	Annie	Dau.		F	W	11	S	TN	TN	TN	
Norman,	William H.	Head	O	M	W	68	M	TN	TN	TN	Farmer
	Sarah	Wife		F	W	65	M	TN	TN	TN	
Turner,	Tom P.	Head	R	M	W	35	M	TN	TN	TN	Timber Cutting Foreman
	Allice	Wife		F	W	29	M	TN	TN	TN	
	Ray	Son		M	W	12	S	TN	TN	TN	
	Earl	Son		M	W	10	S	TN	TN	TN	
Smith,	Mary A.	Head	O	F	W	50	W	TN	TN	TN	Farmer
	Fred	Son		M	W	28	S	TN	TN	TN	Farm Labor
	Oda S.	Son		M	W	26	S	TN	TN	TN	Farm Labor
	Edman	Son		M	W	11	S	TN	TN	TN	
Lowe,	John	Father		M	W	83	W	TN	TN	TN	
McCoy,	James R.	Head	O	M	W	51	M	TN	TN	TN	Farmer
	Callie D.	Wife		F	W	41	M	TN	TN	TN	
	Lonzo	Son		M	W	18	S	TN	TN	TN	Farm Labor
	May	Dau.		F	W	17	S	TN	TN	TN	
	Leo	Son		M	W	13	S	TN	TN	TN	
	Millie J.	Dau.		F	W	11	S	TN	TN	TN	
	Mattie	Dau.		F	W	9	S	TN	TN	TN	
	Carr	Son		M	W	5	S	TN	TN	TN	

1920 Fentress Co. TN Census

Name		Relation -ship	House Own or Rent	Sex	Color or Race	Age	Married Single Widow	Birth Place	Fathers Birth Place	Mothers Birth Place	Trade
						Civil District No. 4					
Parker,	John J.	Head	O	M	W	38	M	TN	TN	TN	Farmer
	Minnie	Wife		F	W	35	M	TN	TN	TN	
	Clarence	Son		M	W	17	S	TN	TN	TN	Farm Labor
	Chester	Son		M	W	10	S	TN	TN	TN	
Essary,	Richard	Head	O	M	W	44	M	TN	TN	TN	
	Paulina	Wife		F	W	36	M	TN	TN	TN	
	Omer	Son		M	W	16	S	TN	TN	TN	Farm Labor
	Myrtle E.	Dau.		F	W	14	S	TN	TN	TN	
	Lonzo	Son		M	W	12	S	TN	TN	TN	
	Ruby E.	Dau.		F	W	1-11/12	S	TN	TN	TN	
Peters,	Walter L.	Head	R	M	W	22	M	TN	TN	TN	Farmer
	Deesie	Wife		F	W	19	M	VA	VA	VA	
	Jessie M.	Dau.		F	W	1/12	S	TN	TN	VA	
Choate,	Christopher C.	Head	O	M	W	76	M	TN	NC	TN	Farmer
	Mary S.	Wife		F	W	54	M	TN	TN	VA	
Ashburn,	Robert W.	Head	O	M	W	45	M	TN	TN	TN	Farmer
	Francis J.	Wife		F	W	37	M	TN	VA	TN	
	Stella L.	Dau.		F	W	8	S	TN	TN	TN	
	Elmer J.	Son		M	W	6	S	TN	TN	TN	
	William E.	Son		M	W	5	S	TN	TN	TN	
	Hilda I.	Dau.		F	W	1-3/12	S	TN	TN	TN	
Jones,	William J.	Head	O	M	W	48	M	TN	TN	TN	Farmer
	Kate	Wife		F	W	43	M	TN	TN	TN	
	Minnie	Dau.		F	W	25	S	TN	TN	TN	Teacher
	May	Dau.		F	W	24	S	TN	TN	TN	Teacher
	Myrtle	Dau.		F	W	19	S	TN	TN	TN	Teacher
	Noel	Son		M	W	7	S	TN	TN	TN	
	Edison	Son		M	W	3-2/12	S	TN	TN	TN	
Norris,	Rod L.	Head	O	M	W	37	M	TN	TN	TN	Farmer
	Rhorba J.	Wife		F	W	39	M	TN	TN	TN	
	Hulta M.	Dau.		F	W	9/12	S	TN	TN	TN	
Smith,	Hulda	Mother in Law		F	W	74	W	TN	TN	TN	
Jones,	Carson	Head	R	M	W	28	M	TN	TN	TN	Farmer
	May	Wife		F	W	26	M	TN	TN	TN	
Smith,	Marion	Head	O	M	W	24	M	TN	TN	TN	Farmer
	Myrtle	Wife		F	W	19	M	TN	TN	TN	
	Zola	Dau.		F	W	1-1/12	S	TN	TN	TN	
Smith,	William	Head	O	M	W	25	M	TN	TN	TN	Farmer
	Gustia	Wife		F	W	25	M	TN	TN	TN	
	Myrtle	Dau.		F	W	5	S	TN	TN	TN	
	Mable	Dau.		F	W	3-4/12	S	TN	TN	TN	
	Winnie	Mother		F	W	63	W	TN	VA	VA	
	Mandy	Sister		F	W	33	S	TN	TN	TN	Farm Labor
	Minnie	Sister		F	W	19	S	TN	TN	TN	Farm Labor
Evans,	Winnie	Cousin		F	W	13	S	TN	TN	TN	Farm Labor
Hall,	Luke C.	Head	O	M	W	37	M	TN	TN	TN	Farmer
	Nancy	Wife		F	W	37	M	TN	TN	TN	
	Luster	Son		M	W	9	S	TN	TN	TN	
	Evert L.	Son		M	W	7	S	TN	TN	TN	
	Mandy M.	Dau.		F	W	4-8/12	S	TN	TN	TN	

1920 Fentress Co. TN Census

Name		Relation -ship	House Own or Rent	Sex	Color or Race	Age	Married Single Widow	Birth Place	Fathers Birth Place	Mothers Birth Place	Trade
						Civil District No. 4					
Durham,	Permetia	Head	O	F	W	46	W	TN	TN	TN	Farmer
	Lum	Son		M	W	22	S	TN	TN	TN	
	Peary L.	Son		M	W	19	S	TN	TN	TN	Farm Labor
	Virgil	Son		M	W	17	S	TN	TN	TN	Farm Labor
	Hershel	Son		M	W	15	S	TN	TN	TN	Farm Labor
	Dilly	Dau.		F	W	13	S	TN	TN	TN	
	Gurtrude	Dau.		F	W	11	S	TN	TN	TN	
	Ellis	Son		M	W	9	S	TN	TN	TN	
	Nora	Dau.		F	W	6	S	TN	TN	TN	
	Lizza	Mother in Law		F	W	80	W	TN	NC	NC	
Durham,	Charlie	Head	R	M	W	26	M	TN	TN	TN	Farmer
	Sarah	Wife		F	W	25	M	KY	TN	TN	
	Parnel	Son		M	W	2-9/12	S	TN	TN	KY	
Durham,	Rosco	Head	R	M	W	31	M	TN	TN	TN	Farmer
	Carline	Wife		F	W	24	M	TN	TN	TN	
	Ella O.	Dau.		F	W	9	S	TN	TN	TN	
	Hattie M.	Dau.		F	W	7	S	TN	TN	TN	
	Mandy	Dau.		F	W	6	S	TN	TN	TN	
	Cyntha	Dau.		F	W	4-8/12	S	TN	TN	TN	
	Nelson	Son		M	W	11/12	S	TN	TN	TN	
Taylor,	Joseph L.	Head	O	M	W	44	M	TN	TN	TN	Farmer
	Lydia A.	Wife		F	W	41	M	TN	TN	TN	
	Virgil L.	Son		M	W	23	S	TN	TN	TN	Farm Labor
	Flora E.	Dau.		F	W	20	S	TN	TN	TN	
	Ova E.	Dau.		F	W	18	S	TN	TN	TN	
	John E.	Son		M	W	15	S	TN	TN	TN	Farm Labor
	Audie M.	Dau.		F	W	5	S	TN	TN	TN	
Farr,	Luke	Head	O	M	W	35	M	TN	TN	TN	Farmer
	Florence	Wife		F	W	28	M	TN	TN	TN	
	Mable	Dau.		F	W	8	S	TN	TN	TN	
	Noble	Son		M	W	5	S	TN	TN	TN	
	Nola	Dau.		F	W	2-2/12	S	TN	TN	TN	
Wilson,	Roy	Head	O	M	W	29	M	TN	TN	TN	Farmer
	Martha J.	Wife		F	W	24	M	TN	TN	TN	
	Nellie M.	Dau.		F	W	6	S	TN	TN	TN	
	Ervin H.	Son		M	W	5	S	TN	TN	TN	
	Aut M.	Son		M	W	3-2/12	S	TN	TN	TN	
	George R.	Son		M	W	1-2/12	S	TN	TN	TN	
Hayter,	Campbell H.	Head	O	M	W	30	M	VA	VA	VA	Farmer
	Bonnie L.	Wife		F	W	25	M	VA	VA	VA	
	June P.	Dau.		F	W	3-10/12	S	TN	VA	VA	
	Happy K.	Dau.		F	W	1	S	TN	VA	VA	
Todd,	Leonia	Cousin		F	W	10	S	TN	TN	TN	
Smith,	William J.	Head	O	M	W	35	M	TN	TN	TN	Farmer
	Lou A.	Wife		F	W	29	M	TN	TN	TN	
	Lona L.	Dau.		F	W	9	S	TN	TN	TN	
	Thomas E.	Son		M	W	6	S	TN	TN	TN	
	Velma V.	Dau.		F	W	2-11/12	S	TN	TN	TN	
Herman,	Harry H.	Head	O	M	W	35	M	TN	TN	TN	Farmer
	Pearl	Wife		F	W	25	M	TN	TN	TN	
	Gladys	Dau.		F	W	5	S	TN	TN	TN	
	Gale	Son		M	W	5/12	S	TN	TN	TN	

1920 Fentress Co. TN Census

Name		Relation -ship	House Own or Rent	Sex	Color or Race	Age	Married Single Widow	Birth Place	Fathers Birth Place	Mothers Birth Place	Trade
						Civil District No. 4					
Norman,	Tom B.	Head	O	M	W	35	M	TN	TN	TN	Farmer
	Donzie	Wife		F	W	27	M	TN	TN	TN	
	Edna	Dau.		F	W	12	S	TN	TN	TN	
	Hazel	Dau.		F	W	10	S	TN	TN	TN	
	Escol	Son		M	W	7	S	TN	TN	TN	
	Thelma	Dau.		F	W	5	S	TN	TN	TN	
	Emert	Son		M	W	2-9/12	S	TN	TN	TN	
Nealy,	Balam	Head	O	M	W	70	M	TN	TN	TN	Farmer
	Vorrie	Wife		F	W	50	M	TN	TN	TN	
	John	Son		M	W	22	S	TN	TN	TN	Farm Labor
	Dewey	Son		M	W	19	S	TN	TN	TN	Farm Labor
	Artie	Dau.		F	W	15	S	TN	TN	TN	
Goney,	Jerry	Head		M	W	51	M	TN	TN	TN	Lumber Cutter
	Allie	Wife		F	W	20	M	TN	TN	TN	
	Arthur	Son		M	W	2-3/12	S	TN	TN	TN	
Taylor,	William F.	Head	O	M	W	39	M	TN	TN	TN	Farmer
	Maggie	Wife		F	W	29	M	TN	TN	TN	
	David H.	Son		M	W	8	S	TN	TN	TN	
	Daily G.	Son		M	W	5	S	TN	TN	TN	
	Cleo	Son		M	W	5/12	S	TN	TN	TN	
Harden	Elizah	Servant		M	W	30	S	TN	TN	TN	Tran Driver
Todd,	Andy H.	Head	O	M	W	46	M	TN	VA	VA	
	Rilda	Wife		F	W	48	M	TN	TN	TN	
	Wilburn	Son		M	W	26	S	TN	TN	TN	General Store Clerk
	Emma	Dau.		F	W	16	S	TN	TN	TN	Farm Labor
	Annie	Dau.		F	W	11	S	TN	TN	TN	
McClen,	Joe	Head	O	M	W	55	M	NC	NC	NC	Farmer
	Ellen	Wife		F	W	27	M	TN	TN	TN	
	Daniel	Son		M	W	12	S	TN	NC	TN	
	George	Son		M	W	8	S	TN	NC	TN	
	Sneen	Son		M	W	6	S	TN	NC	TN	
	Ollie	Dau.		F	W	2-6/12	S	TN	NC	TN	
Todd,	Sherman L.	Head	O	M	W	23	M	TN	VA	TN	Farmer
	Ettie D.	Wife		F	W	24	M	TN	TN	TN	
	Wilma L.	Dau.		F	W	2-9/12	S	TN	TN	TN	
Todd,	William K.	Head	R	M	W	58	M	VA	VA	VA	
	Nancy E.	Wife		F	W	57	M	TN	TN	TN	
Cross,	John F.	Head	O	M	W	67	M	TN	TN	TN	Farmer
	Rachel	Wife		F	W	67	M	VA	VA	VA	
Cross,	Alexander	Head	R	M	W	34	M	TN	TN	TN	Farmer
	Winnie J.	Wife		F	W	21	M	TN	TN	TN	
	Reba	Dau.		F	W	12	S	TN	TN	TN	
	Lonnie	Son		M	W	10	S	TN	TN	TN	
	Charlie	Son		M	W	8	S	TN	TN	TN	
	Elsie	Dau.		F	W	7	S	TN	TN	TN	
Turner,	Oscar	Head	R	M	W	27	M	TN	TN	TN	Farmer
	Zina V.	Wife		F	W	24	M	TN	TN	TN	
	Ruby M.	Dau.		F	W	3-11/12	S	TN	TN	TN	
	Burdise A.	Dau.		F	W	1-2/12	S	TN	TN	TN	

1920 Fentress Co. TN Census

Name		Relation-ship	House Own or Rent	Sex	Color or Race	Age	Married Single Widow	Birth Place	Fathers Birth Place	Mothers Birth Place	Trade
							Civil District No. 4				
Turner,	John	Head	R	M	W	77	M	TN	TN	TN	
	Cyntatha	Wife		F	W	61	M	TN	TN	TN	
King,	John	Head	R	M	W	47	M	TN	TN	TN	Farmer
	Sarah	Wife		F	W	39	M	TN	TN	TN	
	Lillie B.	Dau.		F	W	19	S	TN	TN	TN	
	Sallie M.	Dau.		F	W	12	S	TN	TN	TN	
	Oma G.	Dau.		F	W	10	S	TN	TN	TN	
	William T.	Son		M	W	6	S	TN	TN	TN	
Todd,	Noah L.	Head	O	M	W	35	M	TN	VA	TN	Farmer
	Vendra	Wife		F	W	36	M	TN	TN	TN	
	Mable F.	Dau.		F	W	6	S	TN	TN	TN	
Todd,	Daniel A.	Head	O	M	W	51	M	VA	VA	VA	Farmer
	Sallie E.	Wife		F	W	45	M	VA	VA	VA	
	Gale H.	Son		M	W	20	S	VA	VA	VA	Farm Laborer
Todd,	Isaac N.	Head	R	M	W	75	M	VA	VA	VA	
	Alkey A.	Wife		F	W	74	M	VA	VA	VA	
Atkinson,	Joel L.	Head	R	M	W	52	M	TN	KY	KY	Logging
	Sarah J.	Wife		F	W	43	M	TN	TN	TN	
	Herbert E.	Son		M	W	22	S	TN	TN	TN	Laborer
	Elsie	Dau.		F	W	18	S	TN	TN	TN	
	Evert	Son		M	W	16	S	TN	TN	TN	Team Driver
	Annie	Dau.		F	W	13	S	TN	TN	TN	
	Egbert	Son		M	W	11	S	TN	TN	TN	
	Hattie	Dau.		F	W	8	S	TN	TN	TN	
Beaty,	John F.	Head	R	M	W	26	M	TN	TN	TN	Rolling Lumber
	Addie	Wife		F	W	19	M	TN	TN	TN	
Atkinson,	Clarance	Head	R	M	W	24	M	TN	TN	TN	Saw Mill Operator
	Pearl	Wife		F	W	20	M	TN	TN	TN	
Gilbeath,	Joe C.	Head	R	M	W	28	M	TN	TN	TN	Tie Maker
	Leona	Wife		F	W	33	M	TN	TN	TN	
Smith,	Pearl	?		F	W	14	S	TN	TN	TN	
	Gather	Uncle		M	W	17	S	TN	TN	TN	Tie Maker
Stephen,	Sherman	Head	R	M	W	25	M	TN	TN	TN	Coal Miner
	Annie	Wife		F	W	17	M	TN	TN	TN	
	John J.	Son		M	W	11/12	S	TN	TN	TN	
Stephen,	Jsah	Head	O	M	W	80	M	TN	NC	NC	Farmer
	Sarah A.	Wife		F	W	62	M	TN	TN	TN	
	Sevier A.	Son		M	W	19	S	TN	TN	TN	Farm Laborer
Stephen,	Gunie	Head		M	W	18	M	TN	TN	TN	Farm Laborer
	Etter	Wife		M	W	15	M	TN	TN	TN	
Hood,	James A.	Head	O	M	W	47	M	TN	TN	TN	Farmer
	Lillie B.	Wife		F	W	37	M	TN	TN	MN	
	Ella G.	Dau.		F	W	17	S	TN	TN	TN	
	Marvin C.	Son		M	W	13	S	TN	TN	TN	Farm Laborer
	Audie E.	Dau.		F	W	9	S	TN	TN	TN	
	Lawrence G.	Son		M	W	5	S	TN	TN	TN	
Beaty,	Mose	Head	?	M	W	25	M	TN	TN	TN	
	Nolie E.	Wife		F	W	19	M	TN	TN	TN	

1920 Fentress Co. TN Census

Name		Relation -ship	House Own or Rent	Sex	Color or Race	Age	Married Single Widow	Birth Place	Fathers Birth Place	Mothers Birth Place	Trade

Civil District No. 4

Name		Relation -ship	House Own or Rent	Sex	Color or Race	Age	Married Single Widow	Birth Place	Fathers Birth Place	Mothers Birth Place	Trade
Hood,	Jermirah	Head	O	M	W	52	M	TN	TN	TN	Farmer
	Deggie	Wife		F	W	34	M	TN	TN	TN	
	Eunice E.	Dau.		F	W	8	S	TN	TN	TN	
	Margret J.	Mother		F	W	79	W	TN	TN	TN	
Hood,	Preston	Head	O	M	W	55	M	TN	TN	TN	Farmer
	Sarah	Wife		F	W	57	M	TN	TN	TN	
	Dorah	Dau.		F	W	26	S	TN	TN	TN	
	Alice	Dau.		F	W	24	S	TN	TN	TN	
	Lillie M.	Dau.		F	W	21	S	TN	TN	TN	
Hood,	Jefferson	Head	O	M	W	57	M	TN	TN	TN	Farmer
	Mary J.	Wife		F	W	51	M	TN	TN	TN	
	Horace	Son		M	W	16	S	TN	TN	TN	Farm Laborer
	Sherlie L.	Son		M	W	12	S	TN	TN	TN	Farm Laborer
Roysdon,	James S.	Head	R	M	W	36	M	TN	KY	TN	Farmer
	Isabell L.	Wife		F	W	29	M	TN	TN	TN	
	Bula E.	Dau.		F	W	5	S	TN	TN	TN	
	Ruby D.	Dau.		F	W	1-8/12	S	TN	TN	TN	
Reagan,	Joe L.	Head	R	M	W	50	M	TN	TN	TN	Coal Miner
	Hattie	Wife		F	W	43	M	KY	KY	TN	Farm Laborer
	Cortess	Son		M	W	14	S	TN	TN	KY	Farm Laborer
	James H.	Son		M	W	11	S	TN	TN	KY	Farm Laborer
	Olen L.	Son		M	W	8	S	TN	TN	KY	
Willas,	Novistes	Dau.		F	W	22	W	TN	TN	KY	
Hood,	Jerry	Head	O	M	W	60	M	TN	TN	VA	Farmer
	Nancy J.	Wife		F	W	52	M	TN	TN	TN	
	Arley	Son		M	W	24	S	TN	TN	TN	Farm Laborer
	Farley E.	Son		M	W	22	W	TN	TN	TN	Farm Laborer
	Zona	Dau.		F	W	19	S	TN	TN	TN	
	Harlie	Son		M	W	15	S	TN	TN	TN	Farm Laborer
	Arbie	Son		M	W	12	S	TN	TN	TN	
	Clarance	Grandson		M	W	1-5/12	S	TN	TN	TN	
Hood,	Seymore	Head	O	M	W	48	M	TN	TN	TN	Farmer
	Liza J.	Wife		F	W	38	M	TN	TN	TN	
	Jackson	Son		M	W	19	S	TN	TN	TN	Farm Laborer
	Raymond	Son		M	W	15	S	TN	TN	TN	Farm Laborer
	Matilda E.	Dau.		F	W	11	S	TN	TN	TN	
	Martha E.	Dau.		F	W	9	S	TN	TN	TN	
Hood,	William A.	Head	O	M	W	45	S	TN	TN	TN	Farmer
Madewell,	Brown R.	Head	R	M	W	43	M	TN	TN	TN	Coal Miner
	Eva	Wife		F	W	30	M	TN	TN	TN	
	Orson P.	Son		M	W	6	S	TN	TN	TN	
	Howard T.	Son		M	W	5	S	TN	TN	TN	
	Clara E.	Dau.		F	W	2-1/12	S	TN	TN	TN	
	Hobert H.	Son		M	W	9/12	S	TN	TN	TN	
Hood,	Emmit V.	Head	R	M	W	21	M	TN	TN	TN	Coal Miner
	Mary M.	Wife		F	W	21	M	TN	TN	TN	
	Pearly M.	Dau.		F	W	7/12	S	TN	TN	TN	
Hood,	Prissie	Head	R	M	W	18	M	TN	TN	TN	Coal Miner
	Elsie	Wife		F	W	16	M	TN	TN	TN	

1920 Fentress Co. TN Census

Name		Relation-ship	House Own or Rent	Sex	Color or Race	Age	Married Single Widow	Birth Place	Fathers Birth Place	Mothers Birth Place	Trade
						Civil District No. 4					
Stephen,	Hiram D.	Head	O	M	W	26	M	TN	TN	TN	Farmer
	Lelar D.	Wife		F	W	30	M	TN	TN	TN	
	Cleations Mc	Son		M	W	12	S	TN	TN	TN	Farm Laborer
	Curtis D.	Son		M	W	8	S	TN	TN	TN	
Dodson,	Jeff M.	Head	O	M	W	49	M	TN	TN	TN	Coal Miner
	Mattie A.	Wife		F	W	43	M	TN	TN	TN	
	Mandy J.	Dau.		F	W	15	S	TN	TN	TN	
	Linie A.	Dau.		F	W	12	S	TN	TN	TN	
	Ruby G.	Dau.		F	W	4-6/12	S	TN	TN	TN	
	Ellena N.	Dau.		F	W	1-0/12	S	TN	TN	TN	
Roberts,	Frank	Head	O	M	W	32	M	TN	TN	TN	Coal Miner
	Effie	Wife		F	W	23	M	TN	TN	TN	
	Carr	Son		M	W	4-5/12	S	TN	TN	TN	
	Clide	Son		M	W	2-10/12	S	TN	TN	TN	
	Marie	Dau.		F	W	1-1/12	S	TN	TN	TN	
	Mandy	Mother		F	W	64	W	TN	TN	TN	
Ledford,	Harrison	Head	R	M	W	26	M	TN	TN	TN	Coal Miner
	Ertie	Wife		F	W	18	M	TN	TN	TN	
Franklin,	Bob	Head	O	M	W	26	M	KY	KY	KY	Coal Miner
	Girtie	Wife		F	W	27	M	TN	TN	TN	
	Ova R.	Son		M	W	2-7/12	S	TN	KY	TN	
Drewry,	Rebecca	Head	O	F	W	48	W	TN	TN	TN	Farmer
	Virgil	Son		M	W	22	S	TN	TN	TN	
Dunn,	Mary	Dau.		F	W	19	W	TN	TN	TN	
Drewry,	Pauline	Dau.		F	W	12	S	TN	TN	TN	
Drewry,	Dolph L.	Head	?	M	W	32	M	TN	TN	TN	Coal Miner
	Alvia	Wife		F	W	21	M	TN	TN	TN	
	Ruth R.	Dau.		F	W	2-11/12	S	TN	TN	TN	
	Margie M.	Dau.		F	W	11/12	S	TN	TN	TN	
Madewell,	Cornelious	Boarder		M	W	19	S	TN	TN	TN	Coal Miner
Franklin,	Marvin	Head	O	M	W	32	M	KY	KY	KY	Coal Miner
	Etter	Wife		F	W	28	M	KY	TN	KY	
	Willie O.	Son		M	W	9	S	KY	KY	KY	
	Nina M.	Dau.		F	W	.7	S	KY	KY	KY	
	Roy O.	Son		M	W	9/12	S	TN	KY	KY	
Smith,	John L.	Head	R	M	W	31	M	TN	TN	TN	Coal Miner
	Flora	Wife		F	W	23	M	TN	TN	TN	
	Albert D.	Son		M	W	4/12	S	TN	TN	TN	
York,	Porter	Boarder		M	W	20	S	TN	TN	TN	Coal Miner
York,	John	Head	O	M	W	48	M	TN	TN	TN	Farmer
	Ader	Wife		F	W	29	M	TN	TN	TN	
	Laura M.	Dau.		F	W	4-5/12	S	TN	TN	TN	
	Pearl	Dau.		F	W	2-0/12	S	TN	TN	TN	
	Walter	Son		M	W	0/12	S	TN	TN	TN	
Spurlin,	Porter A.	Head	O	M	W	33	M	TN	TN	TN	Farmer
	Leona	Wife		F	W	27	M	TN	TN	TN	
	Carl A.	Son		M	W	8	S	TN	TN	TN	
	Girtie E.	Dau.		F	W	4-7/12	S	TN	TN	TN	

1920 Fentress Co. TN Census

Name		Relation-ship	House Own or Rent	Sex	Color or Race	Age	Married Single Widow	Birth Place	Fathers Birth Place	Mothers Birth Place	Trade

Civil District No. 4

Name		Relation-ship	House Own or Rent	Sex	Color or Race	Age	Married Single Widow	Birth Place	Fathers Birth Place	Mothers Birth Place	Trade
Gunter,	Millard	Head	O	M	W	50	M	TN	TN	TN	Farmer
	Alice L.	Wife		F	W	45	M	TN	TN	TN	
	Lonzo L.	Son		M	W	18	S	TN	TN	TN	Coal Miner
	Ova V.	Dau.		F	W	15	S	TN	TN	TN	
	Ottis E.	Son		M	W	12	S	TN	TN	TN	
Beaty,	William R.	Head	R	M	W	42	M	TN	TN	TN	Farmer
	Hattie M.	Wife		F	W	34	M	TN	TN	TN	
	Mandy M.	Dau.		F	W	16	S	TN	TN	TN	
	Robert R.	Son		M	W	15	S	TN	TN	TN	Farm Laborer
	Bessie P.	Dau.		F	W	13	S	TN	TN	TN	
	Gradis	Son		M	W	11	S	TN	TN	TN	
	Victor	Son		M	W	9	S	TN	TN	TN	
	Dewel	Son		M	W	6	S	TN	TN	TN	
	Giwel	Son		M	W	6	S	TN	TN	TN	
	Conrad	Son		M	W	5	S	TN	TN	TN	
	Homer	Son		M	W	3-6/12	S	TN	TN	TN	
	Willard	Son		M	W	3/12	S	TN	TN	TN	
Hood,	John W.	Head	O	M	W	61	W	TN	TN	VA	Farmer
Beaty,	Manuer	Head	R	M	W	39	M	TN	TN	TN	Farmer
	Dora A.	Wife		F	W	37	M	TN	TN	TN	
	Roxie V.	Dau.		F	W	15	S	TN	TN	TN	
	Relford	Son		M	W	13	S	TN	TN	TN	
	Bonnie E.	Dau.		F	W	10	S	TN	TN	TN	
	Veachel H.	Dau.		F	W	9	S	TN	TN	TN	
	Hila M.	Dau.		F	W	6	S	TN	TN	TN	
	Velma B.	Dau.		F	W	2-5/12	S	TN	TN	TN	
Boles,	Aley	Head	O	M	W	65	M	TN	TN	TN	Farmer
	Catherine	Wife		F	W	62	M	TN	TN	TN	
Boles,	Albert	Head	?	M	W	40	M	TN	TN	TN	Coal Miner
	Amice	Wife		F	W	39	M	TN	TN	TN	
	Jessie C.	Dau.		F	W	13	S	TN	TN	TN	
	Willie T.	Dau.		F	W	12	S	TN	TN	TN	
	James J.	Son		M	W	8	S	TN	TN	TN	
	Elsie B.	Dau.		F	W	7	S	TN	TN	TN	
Stephens,	Sarah	Head	O	F	W	46	W	TN	TN	TN	Farmer
Smith,	George W.	Father		M	W	75	W	TN	TN	TN	
Stephens,	Frank	Head	?	M	W	21	M	TN	TN	TN	Farm Laborer
	Vernie	Wife		F	W	16	M	TN	TN	TN	
	Casto	Son		M	W	2/12	S	TN	TN	TN	
Boles,	Flemon	Head	O	M	W	52	M	TN	TN	TN	Farmer
	Ellen	Wife		F	W	44	M	TN	TN	TN	
	Theodore	Son		M	W	18	S	TN	TN	TN	Coal Miner
	Elmer	Son		M	W	14	S	TN	TN	TN	
	Otto	Son		M	W	11	S	TN	TN	TN	
	Dorcie	Dau.		F	W	9	S	TN	TN	TN	
Gooding,	Taylor	Head	R	M	W	32	W	TN	TN	TN	Coal Miner
Stephens,	Travis	Head	R	M	W	26	M	TN	TN	TN	Coal Miner
	Cordia	Wife		F	W	24	M	TN	TN	TN	
	Holln J.	Son		M	W	4-4/12	S	TN	TN	TN	
	Noland	Son		M	W	2-6/12	S	TN	TN	TN	

1920 Fentress Co. TN Census

Name		Relation -ship	House Own or Rent	Sex	Color or Race	Age	Married Single Widow	Birth Place	Fathers Birth Place	Mothers Birth Place	Trade

Civil District No. 4

Name		Relation -ship	House Own or Rent	Sex	Color or Race	Age	Married Single Widow	Birth Place	Fathers Birth Place	Mothers Birth Place	Trade
Gooding,	Link	Head	R	M	W	39	M	TN	TN	TN	Coal Miner
	Vina	Wife		F	W	28	M	KY	KY	KY	
	Lonzo	Son		M	W	11	S	TN	TN	KY	
	Clue H.	Son		M	W	10	S	TN	TN	KY	
	Willie H.	Son		M	W	8	S	TN	TN	KY	
Gunter,	Dewey	Head	R	M	W	21	M	TN	TN	TN	Coal Miner
	Uma	Wife		F	W	16	M	TN	TN	TN	
	Treva	Dau.		F	W	10/12	S	TN	TN	TN	
Burden,	Wayman	Head	R	M	W	39	M	TN	TN	TN	Coal Miner
	Amanda	Wife		F	W	45	M	TN	TN	TN	
	Harry	Son		M	W	15	S	TN	TN	TN	Coal Miner
	Earl	Son		M	W	13	S	TN	TN	TN	
	Helena	Dau.		F	W	10	S	TN	TN	TN	
	Cesil	Son		M	W	8	S	TN	TN	TN	
	Ray	Son		M	W	5	S	TN	TN	TN	
	Jessie	Son		M	W	2-8/12	S	TN	TN	TN	
Baltimore,	Will	Head	R	M	W	46	M	TN	VA	TN	Coal Miner
	Liza	Wife		F	W	42	M	TN	TN	TN	
	Frank	Son		M	W	15	S	TN	TN	TN	
	Ethel	Dau.		F	W	13	S	TN	TN	TN	
	Wallin	Son		M	W	10	S	TN	TN	TN	
	Beechen	Son		M	W	8	S	TN	TN	TN	
	Lee	Son		M	W	6	S	TN	TN	TN	
	Hazel	Dau.		F	W	4-3/12	S	TN	TN	TN	
Burks,	Howard	Head	?	M	W	22	M	TN	TN	TN	Coal Mine Motorman
	Lola	Wife		F	W	22	M	TN	TN	TN	
	William	Son		M	W	2-9/12	S	TN	TN	TN	
	Hazel	Dau.		F	W	10/12	S	TN	TN	TN	
Taylor,	Will	Head	R	M	W	30	M	TN	TN	TN	Coal Miner
	Lillie M.	Wife		F	W	23	M	TN	TN	TN	
	Charlie	Son		M	W	5	S	TN	TN	TN	
	Mary K.	Dau.		F	W	4	S	TN	TN	TN	
	Vernie	Dau.		F	W	9/12	S	TN	TN	TN	
Burden,	Charlie	Head	R	M	W	45	M	TN	TN	TN	Coal Miner
	Nancy C.	Wife		F	W	50	M	TN	TX	TX	
Landers,	Web A.	Head	R	M	W	37	M	TN	TN	TN	Coal Miner
	Verry L.	Wife		F	W	39	M	TN	TN	TN	
	Archie	Son		M	W	13	S	TN	TN	TN	
	Johnnie	Son		M	W	12	S	TN	TN	TN	
	Thomas	Son		M	W	7	S	TN	TN	TN	
	Thora	Dau.		F	W	2-9/12	S	TN	TN	TN	
Hood,	Lizzie	Dau.		F	W	17	W	TN	TN	TN	
Crisp,	Charlie	Head	R	M	W	35	M	TN	VA	KS	Coal Miner
	Lizzie B.	Wife		F	W	35	M	TN	TN	TN	
	Edmond	Son		M	W	15	S	TN	TN	TN	
	Lonzo	Son		M	W	13	S	TN	TN	TN	
	Zoval	Son		M	W	8	S	TN	TN	TN	
	Hester	Dau.		F	W	4-/-8/12	S	TN	TN	TN	
	Sylvester	Son		M	W	2-7/12	S	TN	TN	TN	
Brannon,	Martha	Mother in law		F	W	72	W	TN	TN	TN	
Boles,	Lee	Head	R	M	W	21	M	TN	TN	TN	Coal Miner
	Oma	Wife		F	W	14	M	TN	TN	TN	

1920 Fentress Co. TN Census

Name		Relation-ship	House Own or Rent	Sex	Color or Race	Age	Married Single Widow	Birth Place	Fathers Birth Place	Mothers Birth Place	Trade
							Civil District No. 4				
Sims,	Columbus C.	Head	R	M	W	74	M	TN	VA	VA	
	Mary A.	Wife		F	W	69	M	TN	VA	NC	
	Daily T.	Son		M	W	44	W	TN	TN	TN	Coal Miner
	James C.	Son		M	W	40	S	TN	TN	TN	Coal Miner
	Beecher	Son		M	W	34	S	TN	TN	TN	Coal Miner
	William	Grandson		M	W	12	S	TN	TN	TN	
	Rosevelt	Grandson		M	W	11	S	TN	TN	TN	
	Eva	Granddau.		F	W	10	S	TN	TN	TN	
	Sarah	Sister		F	W	64	W	TN	TN	TN	
Bagwell,	Arch J.	Head	R	M	W	33	M	TN	TN	TN	Bank Cashier
	Jenie	Wife		F	W	29	M	TN	TN	TN	
	Ray R.	Son		M	W	12	S	TN	TN	TN	
	Charlie M.	Son		M	W	8	S	TN	TN	TN	
King,	John	Head	O	M	W	46	M	TN	TN	TN	Farmer
	Rosette	Wife		F	W	42	M	TN	TN	TN	
	Roy	Son		M	W	16	S	TN	TN	TN	
	Roxie	Dau.		F	W	13	S	TN	TN	TN	
	Ray	Son		M	W	12	S	TN	TN	TN	
	Rosby	Son		M	W	7	S	TN	TN	TN	
	Ruby	Dau.		F	W	5	S	TN	TN	TN	
	James R.	Son		M	W	2-3/12	S	TN	TN	TN	
Randolph,	Bud	Head	R	M	W	46	M	TN	TN	TN	Coal Miner
	Jane	Wife		F	W	25	M	TN	TN	TN	
	Maggie M.	Dau.		F	W	16	S	TN	TN	TN	
	Mary M.	Dau.		F	W	13	S	TN	TN	TN	
	Ova L.	Dau.		F	W	11	S	TN	TN	TN	
	Johnnie J.	Son		M	W	8	S	TN	TN	TN	
	Henry C.	Son		M	W	3	S	TN	TN	TN	
Worley,	Don I.	Head	R	M	W	50	M	TN	TN	TN	Coal Miner
	Sarah I.	Wife		F	W	45	M	TN	TN	TN	
Helton,	Dock	Head	R	M	W	34	M	TN	TN	TN	Coal Miner
	Jennie	Wife		F	W	25	M	TN	TN	TN	
	Melton	Son		M	W	7	S	TN	TN	TN	
	Dollie M.	Dau.		F	W	5	S	TN	TN	TN	
	Walter W.	Son		M	W	1-4/12	S	TN	TN	TN	
Conley,	Bill	Head	R	M	W	24	M	TN	TN	TN	Coal Miner
	Callie	Wife		F	W	20	M	TN	TN	TN	
	Lear	Mother		F	W	53	W	TN	TN	TN	
Rice,	Hester	Grandmother		F	W	79	W	TN	TN	TN	
Conley,	James	Bro.		M	W	33	W	TN	TN	TN	Coal Miner
	Elda	Bro.		M	W	20	S	TN	TN	TN	Coal Miner
	Teten	Bro.		M	W	18	S	TN	TN	TN	Coal Miner
	Lissie	Sister		F	W	15	S	TN	TN	TN	
	Rosevelt	Bro.		M	W	14	S	TN	TN	TN	
	Eddie	Bro.		M	W	12	S	TN	TN	TN	
	Ollie	Sister		F	W	9	S	TN	TN	TN	
Whitaker,	Nancy V.	Head	R	F	W	53	W	TN	TN	TN	Washwomen
	Oney M.	Dau.		F	W	24	S	TN	TN	TN	
	Walter	Son		M	W	18	S	TN	TN	TN	Coal Miner
	Ida B.	Dau.		F	W	15	S	TN	TN	TN	Washwomen
Smith,	Philip	Boarder		M	W	19	S	TN	TN	TN	Coal Miner

1920 Fentress Co. TN Census

Name		Relation -ship	House Own or Rent	Sex	Color or Race	Age	Married Single Widow	Birth Place	Fathers Birth Place	Mothers Birth Place	Trade
						Civil District No. 4					
Franklin,	K.	Head	R	M	W	43	M	TN	TN	TN	Coal Miner
	Mollie	Wife		F	W	33	M	TN	TN	TN	
	Vonnie M.	Dau.		F	W	12	S	TN	TN	TN	
	Clide L.	Son		M	W	10	S	TN	TN	TN	
	Ruby M.	Dau.		F	W	7	S	TN	TN	TN	
	Opal O.	Dau.		F	W	4-0/12	S	TN	TN	TN	
	Pearl R.	Dau.		F	W	1-2/12	S	TN	TN	TN	
Hargis,	Mitchel	Head	R	M	W	25	M	TN	TN	TN	Coal Miner
	Ova L.	Wife		F	W	23	M	TN	TN	TN	
	Robert D.	Son		M	W	1-8/12	S	TN	TN	TN	
	Plure	Bro.		M	W	19	S	TN	TN	TN	Coal Miner
Spooner,	William	Head	R	M	W	46	M	NC	NC	NC	Coal Mine Foreman
	Aslee	Wife		F	W	25	M	AL	AL	AL	
	Evaline	Dau.		F	W	6	S	TN	NC	AL	
	Evert L.	Son		M	W	5	S	TN	NC	AL	
	Robert M.	Son		M	W	2-4/12	S	TN	NC	AL	
Conley,	Henderson	Head	R	M	W	23	M	TN	TN	TN	Coal Miner
	Mattie J.	Wife		F	W	21	M	TN	TN	TN	
Rigby,	Hester	Sister		F	W	31	W	TN	TN	TN	
	Johnie L.	Nephew		M	W	4	S	TN	TN	TN	
	Dosie J.	Neice		F	W	2-3/12	S	TN	TN	TN	
Robertson,	Tucker	Head	R	M	W	28	M	TN	TN	TN	Coal Miner
	Mary	Wife		F	W	26	M	TN	TN	TN	
	Nancy P.	Dau.		F	W	11/12	S	TN	TN	TN	
	Johnnie	Bro.		M	W	23	S	TN	TN	TN	Coal Miner
Meadows,	Claud	Nephew		M	W	5	S	TN	TN	TN	
Atterterson,	John L.	Head	R	M	W	51	M	TN	Ireland	TN	Coal Miner
	Elizabeth	Wife		F	W	43	M	KY	KY	KY	
	John H.	Son		M	W	16	S	TN	TN	KY	Coal Mine Trapper
	Randolph	Son		M	W	14	S	TN	TN	KY	
	Walter	Son		M	W	12	S	TN	TN	KY	
	Clara	Dau.		F	W	8	S	TN	TN	KY	
	Opal	Dau.		F	W	5	S	TN	TN	KY	
	Ruby H.	Dau.		F	W	3-9/12	S	TN	TN	KY	
	Stacy	Son		M	W	3/12	S	TN	TN	KY	
Hamby,	Joseph E.	Head	R	M	W	23	M	TN	TN	TN	Coal Miner
	Carrie	Wife		F	W	21	M	TN	TN	TN	
	Edna M.	Dau.		F	W	2-3/12	S	TN	TN	TN	
Butram,	Willie	Head	R	M	W	32	M	TN	TN	TN	Coal Miner
	Ollie M.	Wife		F	W	24	M	TN	TN	TN	
	Cindia E.	Dau.		F	W	2-3/12	S	TN	TN	TN	
	Fannie	Dau.		F	W	3/12	S	TN	TN	TN	
	Lucinda B.	Mother		F	W	69	W	TN	TN	TN	
Reynolds,	Will	Head	R	M	W	30	M	TN	England	TN	Coal Miner
	Bill	Wife		F	W	29	M	TN	OH	KY	
	Clyde	Son		M	W	9	S	KY	TN	TN	
	Gladys	Dau.		F	W	8	S	KY	TN	TN	

1920 Fentress Co. TN Census

Name		Relation -ship	House Own or Rent	Sex	Color or Race	Age	Married Single Widow	Birth Place	Fathers Birth Place	Mothers Birth Place	Trade

Civil District No. 4

Name		Relation -ship	House Own or Rent	Sex	Color or Race	Age	Married Single Widow	Birth Place	Fathers Birth Place	Mothers Birth Place	Trade
Ford,	Willie T.	Head		M	W	18	S	TN	TN	TN	Coal Mine Driver
	Pearl A.	Sister		F	W	16	S	TN	TN	TN	
	Benton W.	Bro.		M	W	14	S	TN	TN	TN	Coal Mine Trapper
	Pleas O.	Bro.		M	W	11	S	TN	TN	TN	
	Carl H.	Bro.		M	W	6/12	S	TN	TN	TN	
Bussells,	Lucy	Grandmother		F	W	75	W	TN	TN	TN	
Forgy,	Ellis H.	Head	R	M	W	40	M	KY	KY	KY	Hotel Keeper
	Bula B.	Wife		F	W	40	M	KY	KY	KY	
	Homer	Son		M	W	15	S	KY	KY	KY	
	Charlie	Son		M	W	12	S	KY	KY	KY	
	Treva	Dau.		F	W	6	S	TN	KY	KY	
Beaty,	Arthur M.	Boarder		M	W	24	M	TN	TN	TN	RR Fireman
	Fannie	Boarder		F	W	17	M	KY	KY	KY	
Anderson,	Ira	Boarder		M	W	40	W	TN	TN	TN	Coal Miner
Lee,	Horace	Boarder		M	W	40	S	TN	TN	TN	Lumber Yard Grader
Tipton,	Tob M.	Boarder		M	W	51	M	TN	TN	TN	Coal Mine Superintendent
Jackson,	Will	Boarder		M	W	20	S	TN	TN	TN	Grocery Driver
Cooper,	Estus	Boarder		M	W	21	S	TN	TN	TN	Coal Miner
Little,	Clyde	Boarder		M	W	19	S	TN	TN	TN	Coal Miner
Weeks,	Coral	Boarder		M	W	18	S	TN	TN	TN	Coal Mine Driver
Anderson,	Axel	Boarder		M	W	47	M	Denmark	Denmark	Denmark	Coal Miner
Huffine,	Pat	Boarder		M	W	49	M	KY	KY	KY	RR Conductor
Whittaker,	James	Boarder		M	W	29	S	TN	TN	TN	RR Brakeman
Hill,	Ida	Boarder		F	W	35	S	TN	TN	TN	Teacher
	Wilma	Boarder		F	W	19	S	TN	TN	TN	Teacher
Gunnels,	Oma	Boarder		F	W	21	S	TN	TN	TN	Teacher
Odium,	Will	Boarder		F	W	37	M	TN	TN	TN	Coal Miner
Reagan,	Garfield	Boarder		M	W	18	S	TN	TN	TN	Coal Miner
Golden,	Douglas	Boarder		M	W	22	S	TN	TN	TN	Coal Miner
Brannon,	Corbit	Boarder		M	W	21	S	TN	TN	TN	Coal Miner
Slagle,	John S.	Boarder		M	W	65	M	TN	TN	TN	Coal Mine Nightwatch
Pope,	Robert	Boarder		M	W	35	M	TN	TN	TN	Coal Mine Operator
Richards,	Walter	Boarder		M	W	40	S	TN	TN	TN	Coal Miner
Hudson,	Elsie	Boarder		F	W	35	W	TN	TN	TN	Dry Good Store Sales
	Louise	Boarder		F	W	12	S	TN	TN	TN	
Harp,	Sarah	Servant		F	W	45	W	TN	TN	TN	Hotel Cook
	J.T.	Servant		M	W	15	S	TN	TN	TN	Hotel Cook
Saddler,	Lucy	Servant		F	B	38	M	TN	TN	TN	Hotel Cook
Coatney,	Parker	Head	O	M	W	56	M	TN	TN	TN	Farmer
	Lizza	Wife		F	W	44	M	TN	TN	TN	
Copeland,	Lark	Head	R	M	W	26	M	TN	TN	TN	Coal Mine Driver
	Eunice	Wife		F	W	26	M	TN	TN	TN	
	Howard	Son		M	W	3-2/12	S	TN	TN	TN	
	James	Father		M	W	60	W	TN	TN	TN	
Copley,	Cornel C.	Head	R	M	W	43	M	TN	TN	TN	Coal Miner
	Lila E.	Wife		F	W	39	M	TN	TN	TN	
	Holland	Son		M	W	18	S	TN	TN	TN	
	Cletus	Son		M	W	15	S	TN	TN	TN	
	Noble	Son		M	W	12	S	TN	TN	TN	
	Lonnie	Son		M	W	10	S	TN	TN	TN	
	Genevia	Dau.		F	W	4-9/12	S	TN	TN	TN	
Mullinix,	Hiram	Head	R	M	W	42	M	TN	TN	TN	Coal Mine Way Boss
	Etta	Wife		F	W	30	M	TN	TN	TN	
	John W.	Father		M	W	80	W	TN	TN	TN	
	Mack	Bro.		M	W	33	S	TN	TN	TN	Coal Miner

1920 Fentress Co. TN Census

Name		Relation -ship	House Own or Rent	Sex	Color or Race	Age	Married Single Widow	Birth Place	Fathers Birth Place	Mothers Birth Place	Trade
						Civil District No. 4					
Owen,	Jasper	Head	R	M	W	28	M	TN	TN	TN	Coal Mine Electrican
	Martha A.	Wife		F	W	23	M	TN	TN	TN	
	Agnis L.	Dau.		F	W	3-9/12	S	TN	TN	TN	
Kidwell,	Luther B.	Head	R	M	W	33	M	TN	TN	TN	Coal Miner
	Martha G.	Wife		F	W	35	M	TN	TN	TN	
	Christine	Dau.		F	W	8	S	TN	TN	TN	
	Geneva	Dau.		F	W	4-6/12	S	TN	TN	TN	
	Louise	Dau.		F	W	2-9/12	S	TN	TN	TN	
	Dorathy	Dau.		F	W	4/12	S	TN	TN	TN	
Butram,	James	Head	R	M	W	30	M	TN	TN	TN	Lumber Mill Laborer
	Dora L.	Wife		F	W	20	M	TN	TN	TN	
	Mabel	Dau.		F	W	1-6/12	S	TN	TN	TN	
Page,	Charlie	Head	R	M	W	19	M	TN	TN	TN	
	Cleo	Wife		F	W	19	M	TN	TN	TN	
Edwards,	Robert	Boarder		M	W	21	M	TN	KY	KY	Coal Miner
	Novella	Boarder		F	W	21	M	TN	TN	TN	
	Jewel	Boarder		F	W	2/12	S	TN	TN	TN	
Garrett,	Walter M.	Head	R	M	W	25	M	TN	TN	TN	Coal Miner
	Ida	Wife		F	W	23	M	TN	TN	TN	
	Panzy	Dau.		F	W	6	S	TN	TN	TN	
	Coral E.	Son		M	W	5	S	TN	TN	TN	
	Pearl N.	Dau.		F	W	3-11/12	S	TN	TN	TN	
	Arbie H.	Son		M	W	2-1/12	S	TN	TN	TN	
Pryor,	Robert	Boarder		M	W	33	W	TN	TN	TN	Coal Miner
Herod,	Albert	Head	R	M	W	28	M	TN	TN	TN	Coal Mine Check Wayman
	Ella	Wife		F	W	29	M	TN	TN	TN	
Veene,	Jake	Head	R	M	W	40	M	AL	AL	AL	Coal Miner
	Georgie	Wife		F	W	39	M	GA	GA	GA	
	Carra	Dau.		F	W	18	S	TN	AL	GA	
	Willie	Dau.		F	W	16	S	TN	AL	GA	
	Ruth	Dau.		F	W	15	S	GA	AL	GA	
	Frank	Son		M	W	13	S	GA	AL	GA	
	Irene	Dau.		F	W	13	S	GA	AL	GA	
	Crystal	Dau.		F	W	10	S	GA	AL	GA	
Peters,	Irdell	Head	R	M	W	54	M	TN	TN	TN	Coal Miner
	Lena	Wife		F	W	35	M	TN	TN	TN	
	Claud L.	Son		M	W	12	S	TN	TN	TN	
	Nancy L.	Dau.		F	W	11	S	TN	TN	TN	
	Emma L.	Dau.		F	W	9	S	TN	TN	TN	
	Raymond D.	Son		M	W	7	S	TN	TN	TN	
	Ruth L.	Dau.		F	W	5	S	TN	TN	TN	
	Malcom E.	Son		M	W	3-9/12	S	TN	TN	TN	
	Roy C.	Son		M	W	2-9/12	S	TN	TN	TN	
	Henry E.	Son		M	W	22	S	KY	TN	TN	Coal Miner
Webb,	Tipp F.	Head	R	M	W	41	M	TN	TN	TN	Coal Miner
	Maud	Wife		F	W	31	M	TN	TN	TN	
	Hubert R.	Son		M	W	6	S	TN	TN	TN	
	Willie J.	Dau.		F	W	5	S	TN	TN	TN	
	Eugene L.	Dau.		F	W	3-4/12	S	TN	TN	TN	

1920 Fentress Co. TN Census

Name		Relation-ship	House Own or Rent	Sex	Color or Race	Age	Married Single Widow	Birth Place	Fathers Birth Place	Mothers Birth Place	Trade

Civil District No. 4

Name		Relation-ship	House Own or Rent	Sex	Color or Race	Age	Married Single Widow	Birth Place	Fathers Birth Place	Mothers Birth Place	Trade
Neal,	John T.	Head	R	M	W	41	M	TN	TN	TN	Coal Miner
	Ettie M.	Wife		F	W	34	M	TN	TN	TN	
	Dallas	Son		M	W	13	S	TN	TN	TN	
	Justin	Son		M	W	10	S	TN	TN	TN	
	George	Son		M	W	6	S	TN	TN	TN	
	Calvin	Son		M	W	2-2/12	S	TN	TN	TN	
Miller,	George	Head	R	M	W	46	M	TN	TN	TN	Coal Miner
	Nancy	Wife		F	W	34	M	TN	NC	TN	
	Paul	Son		M	W	13	S	TN	TN	TN	
	Silas	Son		M	W	11	S	TN	TN	TN	
Simmons,	Frison	Head	R	M	W	28	M	TN	TN	TN	Coal Miner
	Myrtle	Wife		F	W	32	M	TN	TN	TN	
	Mollie A.	Dau.		F	W	10	S	TN	TN	TN	
	Herman	Son		M	W	6	S	TN	TN	TN	
	Leon	Son		M	W	1-2/12	S	TN	TN	TN	
Otterson,	Will	Head	R	M	W	34	M	TN	NC	NC	Coal Miner
	Johnan	Wife		F	W	21	M	TN	TN	TN	
	Velma T.	Dau.		F	W	5/12	S	TN	TN	TN	
Fish,	Sam	Head	R	M	W	36	M	TN	TN	TN	Coal Miner
	Callie	Wife		F	W	31	M	TN	TN	TN	
	Berdie	Dau.		F	W	15	S	TN	TN	TN	
	Louis	Son		M	W	9	S	TN	TN	TN	
	Pall K.	Son		M	W	6	S	TN	TN	TN	
	Haskel	Son		M	W	4-6/12	S	TN	TN	TN	
	J.B.	Son		M	W	2/12	S	TN	TN	TN	
Templeton,	Grover	Head	R	M	W	34	M	TN	TN	TN	Coal Miner
	Alice	Wife		F	W	30	M	TN	TN	TN	
	Dora L.	Dau.		F	W	11	S	TN	TN	TN	
	James O.	Son		M	W	9	S	TN	TN	TN	
	Luther	Son		M	W	7	S	TN	TN	TN	
	Polley	Dau.		F	W	4-5/12	S	TN	TN	TN	
	Ruth	Dau.		F	W	2	S	TN	TN	TN	
Hawkens,	Floyd	Nephew		M	W	21	S	MO	GA	TN	Coal Miner
Gooding,	Bill	Head	R	M	W	39	M	TN	TN	TN	Coal Miner
	Myrtle	Wife		F	W	31	M	KY	KY	KY	
	Proctor	Son		M	W	17	S	TN	TN	TN	Coal Miner
	Evert	Son		M	W	3-7/12	S	TN	TN	KY	
	Eva	Dau.		F	W	1-7/12	S	TN	TN	KY	
Reagan,	Fannie	Servant		F	W	42	W	TN	TN	TN	Servant
	Lottie A.	Lodger		F	W	13	S	TN	TN	TN	
	Goldia	Lodger		F	W	10	S	TN	TN	TN	
Chambers,	James	Boarder		M	W	21	S	TX	TX	TX	Coal Miner
Johnson,	Riley	Head	R	M	W	29	M	TN	TN	TN	Coal Miner
	Franie	Wife		F	W	27	M	TN	TN	TN	
	Laura M.	Dau.		F	W	11	S	TN	TN	TN	
	Ruby F.	Dau.		F	W	8	S	TN	TN	TN	
	Ova L.	Dau.		F	W	6	S	TN	TN	TN	
	Flora B.	Dau.		F	W	4-9/12	S	TN	TN	TN	
	Doratha E.	Dau.		F	W	4/12	S	TN	TN	TN	
Roland,	Eugene M.	Head	R	M	W	40	M	KY	KY	KY	RR Agent
	Carolyn	Wife		F	W	34	M	KY	KY	KY	
	Camilla L.	Dau.		F	W	10	S	IN	KY	KY	
	Isabell	Dau.		F	W	7	S	TN	KY	KY	

1920 Fentress Co. TN Census

Name		Relation-ship	House Own or Rent	Sex	Color or Race	Age	Married Single Widow	Birth Place	Fathers Birth Place	Mothers Birth Place	Trade
						Civil District No. 4					
Gooding,	Joe A.	Head	R	M	W	50	M	TN	TN	TN	Coal Miner
	Abbie T.	Wife		F	W	44	M	TN	TN	TN	
	Dewey G.	Son		M	W	20	S	TN	TN	TN	Coal Miner
	Carrie E.	Dau.		F	W	18	S	TN	TN	TN	
	Vertie U.	Dau.		F	W	15	S	TN	TN	TN	
	Cletes A.	Son		M	W	13	S	TN	TN	TN	
	Orian A.	Son		M	W	10	S	TN	TN	TN	
Hodge,	Bob	Boarder		M	W	35	M	TN	TN	TN	Coal Miner
Snellings,	Farvy	Head	R	M	W	45	M	VA	VA	VA	Coal Miner
	Cythie	Wife		F	W	27	M	TN	TN	TN	
	Gladys	Dau.		F	W	4-9/12	S	TN	VA	TN	
	Eva	Dau.		F	W	2	S	TN	VA	TN	
	Archie	Son		M	W	5/12	S	TN	VA	TN	
Allred,	Savage	Head	R	M	W	52	M	TN	TN	TN	Coal Miner
	Margret	Wife		F	W	43	M	TN	TN	TN	
	Sam	Son		M	W	22	S	TN	TN	TN	Coal Miner
	Rosettie	Dau.		F	W	15	S	TN	TN	TN	
	Ruby	Dau.		F	W	13	S	TN	TN	TN	
	Elsie	Dau.		F	W	11	S	TN	TN	TN	
	Bertha	Dau.		F	W	8	S	TN	TN	TN	
	Johnie	Son		M	W	5	S	TN	TN	TN	
	Joe	Son		M	W	2-8/12	S	TN	TN	TN	
Hamby,	John	Head	R	M	W	52	M	TN	TN	TN	Coal Mine Engineer
	Dora	Wife		F	W	57	M	TN	TN	TN	
Beaty,	Clabe	Head	R	M	W	72	M	TN	TN	TN	Saw Mill Lumber
	Vanna	Wife		F	W	48	M	TN	TN	TN	
	Clifford	Son		M	W	21	S	TN	TN	TN	Coal Miner
	Wheeler	Son		M	W	18	S	TN	TN	TN	Coal Miner
	Elsie	Dau.		F	W	14	S	TN	TN	TN	
	Chancy	Son		M	W	12	S	TN	TN	TN	
	Flora	Granddau.		F	W	8	S	TN	TN	TN	
	Edna	Granddau.		F	W	6	S	TN	TN	TN	
Randolph,	Fred	Head	R	M	W	40	M	TN	TN	TN	Coal Miner
	Altie	Wife		F	W	35	M	TN	TN	TN	
Austin,	Effie	Dau.		F	W	17	M	TN	TN	TN	
Randolph,	James	Son		M	W	15	S	TN	TN	TN	Coal Mine Trapper
	Elsie	Son		M	W	12	S	TN	TN	TN	
	Willie	Dau.		F	W	9	S	TN	TN	TN	
	Herchel	Son		M	W	7	S	KY	TN	TN	
	Robert	Son		M	W	3-2/12	S	TN	TN	TN	
Rose,	Millard F.	Head	R	M	W	62	M	TN	TN	TN	Coal Miner
	Lillie	Wife		F	W	60	M	TN	TN	TN	
	Mary L.	Dau.		F	W	34	S	TN	TN	TN	
	Willie	Son		M	W	27	S	TN	TN	TN	Coal Miner
	Ella	Dau.		F	W	24	S	TN	TN	TN	
	Mirtie N.	Dau.		F	W	21	S	TN	TN	TN	

1920 Fentress Co. TN Census

Name		Relation-ship	House Own or Rent	Sex	Color or Race	Age	Married Single Widow	Birth Place	Fathers Birth Place	Mothers Birth Place	Trade

Civil District No. 4

Name		Relation-ship	House Own or Rent	Sex	Color or Race	Age	Married Single Widow	Birth Place	Fathers Birth Place	Mothers Birth Place	Trade
Mack,	George H.	Head	R	M	W	43	M	TN	TN	TN	Barn Foreman
	Viola	Wife		F	W	37	M	TN	TN	TN	
	Haskle	Son		M	W	18	S	TN	TN	TN	Coal Miner
	Mamie	Dau.		F	W	15	S	TN	TN	TN	
	Gladys	Dau.		F	W	12	S	TN	TN	TN	
	Ernest	Son		M	W	10	S	TN	TN	TN	
	Alice	Dau.		F	W	7	S	TN	TN	TN	
	Arnold	Son		M	W	2-5/12	S	TN	TN	TN	
Lewis,	Charlie	Head	R	M	W	34	M	TN	TN	TN	Coal Miner
	Della	Wife		F	W	28	M	TN	TN	TN	
	Charlene	Dau.		F	W	8	S	TN	TN	TN	
	Eva	Dau.		F	W	7	S	TN	TN	TN	
	Dortha	Dau.		F	W	2-4/12	S	TN	TN	TN	
	Mitchel	Son		M	W	2/12	S	TN	TN	TN	
Handy,	James	Head	R	M	W	28	M	TN	TN	TN	Coal Miner
	Birdie	Wife		F	W	19	M	TN	TN	TN	
	Beatrice	Dau.		F	W	2-4/12	S	TN	TN	TN	
Conley,	Louis	Head	R	M	W	29	M	TN	TN	TN	Coal Miner
	Lucy J.	Wife		F	W	39	M	TN	TN	TN	
	Vestel L.	Son		M	W	10	S	TN	TN	TN	
	Lee V.	Son		M	W	4-2/12	S	TN	TN	TN	
Gardner,	Addie	Head	R	F	W	44	W	TN	TN	TN	
	George	Son		M	W	18	S	TN	TN	TN	Coal Miner
	William	Son		M	W	11	S	TN	TN	TN	
	Damon	Son		M	W	9	S	TN	TN	TN	
	Joe B.	Son		M	W	3-8/12	S	TN	TN	TN	
Carroll,	Will M.	Head	R	M	W	49	M	TN	TN	TN	Coal Miner
	Ester	Wife		F	W	42	M	TN	TN	TN	
Pilon,	Arthur	Head	R	M	W	34	M	TN	Canada	TN	Coal Miner
	Julia	Wife		F	W	32	M	TN	TN	TN	
	Frank	Son		M	W	13	S	TN	TN	TN	
	Harry	Son		M	W	11	S	TN	TN	TN	
	Andrew J.	Son		M	W	9	S	TN	TN	TN	
Sword,	Joe H.	Head	R	M	W	27	M	TN	TN	TN	Coal Miner
	Lennis	Wife		F	W	25	M	TN	TN	TN	
	Mabel	Dau.		F	W	6	S	TN	TN	TN	
	Hellen	Dau.		F	W	3-4/12	S	TN	TN	TN	
	Clide	Son		M	W	10/12	S	TN	TN	TN	
Austin,	Oscar	Head	R	M	W	34	M	TN	TN	TN	Blacksmith
	Ova	Wife		F	W	23	M	TN	TN	TN	
	Mural	Dau.		F	W	1-3/12	S	TN	TN	TN	
Ashburn,	Robert W.	Head	R	M	W	39	M	TN	TN	TN	Coal Miner
	Birty	Wife		F	W	23	M	TN	TN	TN	
	Mamie	Dau.		F	W	7	S	TN	TN	TN	
	Myrtle	Dau.		F	W	6	S	TN	TN	TN	
	Walter	Bro.		M	W	21	S	TN	TN	TN	Coal Miner

1920 Fentress Co. TN Census

Name		Relation-ship	House Own or Rent	Sex	Color or Race	Age	Married Single Widow	Birth Place	Fathers Birth Place	Mothers Birth Place	Trade
						Civil District No. 4					
Franklin,	Edd	Head	R	M	W	54	M	TN	TN	TN	Coal Miner
	Nannie G.	Wife		F	W	47	M	KY	KY	KY	
	Dan	Son		M	W	24	S	KY	TN	KY	
	Mary A.	Dau.		F	W	22	S	KY	TN	KY	
	Irean	Dau.		F	W	18	S	KY	TN	KY	
	Laura E.	Dau.		F	W	11	S	TN	TN	KY	
	William W.	Son		M	W	7	S	TN	TN	KY	
	Jessey H.	Son		M	W	5	S	TN	TN	KY	
Brown,	Henry	Head	R	M	W	48	M	TN	NC	NC	Coal Miner
	Octavia	Wife		F	W	45	M	TN	TN	TN	
	James	Son		M	W	18	S	WV	TN	TN	Coal Miner
	Kate	Dau.		F	W	14	S	TN	TN	TN	
Dyer,	Grover	Boarder		M	W	33	S	AL	VA	AL	Coal Miner
Eldridge,	James D.	Head	R	M	W	47	M	MS	MS	TN	Coal Miner
	Martha C.	Wife		F	W	43	M	TN	TN	TN	
	Alma E.	Dau.		F	W	20	S	TN	MS	TN	
	Catherine	Dau.		F	W	15	S	TN	MS	TN	
Loyince,	Carol	Grandson		M	W	6	S	TN	TN	TN	
Hargus,	Ruben	Head	R	M	W	48	M	TN	TN	TN	Coal Miner
	Killie	Wife		F	W	38	M	TN	TN	TN	
	Carrie	Son		M	W	17	S	TN	TN	TN	Coal Miner
	Lucy	Dau.		F	W	13	S	TN	TN	TN	
	Oakley	Son		M	W	9	S	TN	TN	TN	
Scarlet,	Henry	Head	R	M	W	45	M	TN	NC	IL	Coal Miner
	Facha	Wife		F	W	43	M	TN	TN	TN	
	Herman	Son		M	W	16	S	TN	TN	TN	Coal Miner
	Fred	Son		M	W	9	S	TN	TN	TN	
	Edith	Dau.		F	W	8	S	TN	TN	TN	
Gracy,	Elmer	Head	R	M	W	24	M	TN	TN	TN	Coal Miner
	Etta	Wife		F	W	21	M	TN	TN	TN	
	Louise	Dau.		F	W	5	S	TN	TN	TN	
	Irene	Dau.		F	W	4-4/12	S	TN	TN	TN	
	Elmer Jr.	Son		M	W	2-4/12	S	TN	TN	TN	
	W.F.	Son		M	W	3/12	S	TN	TN	TN	
Alderson,	George	Head	R	M	W	32	M	TN	TN	TN	Coal Mine Way Boss
	Hattie	Wife		F	W	32	M	TN	TN	TN	
Sanders,	George	Head	R	M	W	24	M	TN	TN	TN	Coal Miner
	Laura	Wife		F	W	20	M	TN	TN	TN	
	Louise	Dau.		F	W	5	S	TN	TN	TN	
	Ethel	Dau.		F	W	4-1/12	S	TN	TN	TN	
	G.H.	Son		M	W	11/12	S	TN	TN	TN	
Threet,	Collier	Head	O	M	W	47	M	TN	TN	KY	Farmer
	Hilda	Wife		F	W	38	M	TN	TN	TN	
	Eunice	Dau.		F	W	13	S	TN	TN	TN	
	William G.	Dau.		F	W	11	S	TN	TN	TN	
	Gilford D.	Son		M	W	9	S	TN	TN	TN	
	Dock	Son		M	W	7	S	TN	TN	TN	
	Bettie	Dau.		F	W	5	S	TN	TN	TN	
	Ethel	Dau.		F	W	1/12	S	TN	TN	TN	
	Eulis	Son		M	W	2-4/12	S	TN	TN	TN	

Name		Relation -ship	House Own or Rent	Sex	Color or Race	Age	Married Single Widow	Birth Place	Fathers Birth Place	Mothers Birth Place	Trade
						Civil District No. 4					
Cravins,	Lizzie B.	Head	R	F	W	54	W	TN	TN	AR	
Owens,	Ella	Lodger		F	W	37	W	TN	TN	TN	Washwoman
	Edward	Son		M	W	7	S	TN	TN	TN	
	Mitchel	Son		M	W	4-4/12	S	TN	TN	TN	
	Walter	Son		M	W	2-8/12	S	TN	TN	TN	
Winingham,	Milda	Head	O	F	W	40	W	TN	TN	TN	Farmer
	Eva J.	Dau.		F	W	20	S	TN	TN	TN	
	Virgil M.	Dau.		F	W	17	S	TN	TN	TN	Farm Laborer
	Parsada	Dau.		F	W	15	S	TN	TN	TN	Farm Laborer
	Fred R.	Son		M	W	9	S	TN	TN	TN	
	Mathew	Son		M	W	7	S	TN	TN	TN	
Maxwell,	Cisco	Head	O	M	W	31	M	TN	TN	TN	Farmer
	Camzada	Wife		F	W	27	M	TN	TN	TN	
	Joe W.	Son		M	W	8	S	TN	TN	TN	
	Rose L.	Dau.		F	W	6	S	TN	TN	TN	
	Lillie M.	Dau.		F	W	6	S	TN	TN	TN	
	Dora D.	Dau.		F	W	3-4/12	S	TN	TN	TN	
	George T.	Son		M	W	1-9/12	S	TN	TN	TN	
Conley,	Bill	Head	R	M	W	24	S	TN	TN	TN	Coal Miner
Clayburn,	Ed	Head	R	M	W	42	M	TN	TN	TN	Coal Miner
	Liza	Wife		F	W	32	M	TN	TN	TN	
	Mary A.	Dau.		F	W	14	S	TN	TN	TN	
	Steve	Son		M	W	8	S	TN	TN	TN	
	Oakley	Dau.		F	W	5	S	TN	TN	TN	
	Louis E.	Son		M	W	2-1/12	S	TN	TN	TN	
Mathews,	Eckil	Head	R	M	W	40	M	TN	TN	TN	Coal Miner
	May	Wife		F	W	31	M	TN	TN	TN	
	Flora	Dau.		F	W	11	S	TN	TN	TN	
	Dora	Dau.		F	W	9	S	TN	TN	TN	
	Charlie	Son		M	W	7	S	TN	TN	TN	
	Delma	Dau.		F	W	5	S	TN	TN	TN	
	Jessie	Son		M	W	1-2/12	S	TN	TN	TN	
Beaty,	Ogle	Head	R	M	W	24	M	TN	TN	TN	Coal Miner
	Winnie	Wife		F	W	21	M	TN	TN	TN	
	Benton L.	Son		M	W	2-8/12	S	TN	TN	TN	
	Robert L.	Son		M	W	1-0/12	S	TN	TN	TN	
Threet,	Lonzo	Head	R	M	W	23	M	TN	TN	TN	Coal Miner
	Viola	Wife		F	W	22	M	TN	TN	TN	
	Bulis	Son		M	W	5	S	TN	TN	TN	
	William G.	Son		M	W	1/12	S	TN	TN	TN	
Gregory,	James	Head	R	M	W	33	M	KY	KY	KY	Coal Miner
	Lula	Wife		F	W	23	M	TN	TN	TN	
	Hughie E.	Son		M	W	7	S	KY	KY	TN	
	Flora A.	Dau.		F	W	4-6/12	S	TN	KY	TN	
	James H.	Son		M	W	1-6/12	S	TN	KY	TN	

1920 Fentress Co. TN Census

Name		Relation-ship	House Own or Rent	Sex	Color or Race	Age	Married Single Widow	Birth Place	Fathers Birth Place	Mothers Birth Place	Trade

Civil District No. 4

Name		Relation-ship	House Own or Rent	Sex	Color or Race	Age	Married Single Widow	Birth Place	Fathers Birth Place	Mothers Birth Place	Trade
Whited,	Andy	Head	R	M	W	36	M	TN	TN	TN	Coal Miner
	Emma	Wife		F	W	34	M	TN	TN	TN	
	Iva E.	Dau.		F	W	15	S	TN	TN	TN	
	Kellie	Son		M	W	12	S	TN	TN	TN	
	Ray	Son		M	W	9	S	TN	TN	TN	
	Hubart	Son		M	W	6	S	TN	TN	TN	
	Thelma	Dau.		F	W	3-9/12	S	TN	TN	TN	
	Marie	Dau.		F	W	9/12	S	TN	TN	TN	
Allred,	Lonzo	Head	R	M	W	22	M	TN	TN	TN	Coal Miner
	Ida	Wide		F	W	16	M	TN	TN	TN	
Almanrad,	Erbie	Head	R	M	W	30	M	MO	MO	MO	Coal Miner
	Fannie	Wife		F	W	38	M	TN	TN	TN	
	Chester	Son		M	W	5	S	TN	MO	TN	
Smith,	Alonzo	Head	R	M	W	21	M	TN	TN	TN	Coal Miner
	Lena	Wife		F	W	19	M	TN	TN	TN	
	Orba	Dau.		F	W	1-10/12	S	TN	TN	TN	
Kidwell,	George	Head	R	M	W	44	M	TN	TN	TN	Coal Miner
	America	Wife		F	W	36	M	TN	TN	TN	
Lowery,	Ova	Dau.		F	W	21	W	TN	TN	TN	
Kidwell,	Dillard	Son		M	W	19	S	TN	TN	TN	Coal Miner
	Leonard	Son		M	W	16	S	TN	TN	TN	Coal Miner
	Porter	Son		M	W	12	S	TN	TN	TN	
	Homer	Son		M	W	8	S	TN	TN	TN	
	Carol	Son		M	W	6	S	TN	TN	TN	
	Jewel	Dau.		F	W	4/12	S	TN	TN	TN	
Threet,	Will	Head	R	M	W	27	M	TN	TN	TN	Coal Miner
	Mary J.	Wife		F	W	19	M	TN	TN	TN	
	Benton	Son		M	W	2-1/12	S	TN	TN	TN	
	Kinley	Bro.		M	W	17	S	TN	TN	TN	Coal Miner
Sells,	Thomas	Head	R	M	W	27	M	TN	TN	TN	Coal Miner
	Lyda	Wife		F	W	26	M	TN	TN	TN	
	Edna	Dau.		F	W	6	S	TN	TN	TN	
	Kenneth	Son		M	W	5	S	TN	TN	TN	
	Rose E.	Dau.		F	W	3-2/12	S	TN	TN	TN	
	Wanedith	Dau.		F	W	4/12	S	TN	TN	TN	
Robbins,	Hubert	Head	R	M	W	32	M	TN	TN	TN	Coal Miner
	Donna	Wife		F	W	32	M	TN	TN	TN	
	Dallas H.	Son		M	W	11	S	TN	TN	TN	
	Carry A.	Son		M	W	9	S	TN	TN	TN	
	Willie D.	Son		M	W	7	S	TN	TN	TN	
	Doak S.	Son		M	W	4-1/12	S	TN	TN	TN	
Cooper,	Walter	Head	R	M	W	24	M	TN	TN	TN	Coal Miner
	Tint	Wife		F	W	21	M	TN	TN	TN	
Threet,	Landon	Head	R	M	W	25	M	TN	TN	TN	Coal Miner
	Alva	Wife		F	W	25	M	TN	TN	TN	
	Rosy P.	Dau.		F	W	3/12	S	TN	TN	TN	
Mace,	Clifton	Head	R	M	W	22	M	TN	TN	TN	Coal Miner
	Alpha	Wife		F	W	23	M	TN	TN	TN	
	Christene	Dau.		F	W	11/12	S	TN	TN	TN	
Stull,	Fred	Bro. in law		M	W	16	S	TN	TN	TN	Coal Miner

1920 Fentress Co. TN Census

Name		Relation -ship	House Own or Rent	Sex	Color or Race	Age	Married Single Widow	Birth Place	Fathers Birth Place	Mothers Birth Place	Trade
						Civil District No. 4					
Bilbrey,	William	Head	R	M	W	26	M	TN	TN	TN	Coal Miner
	Martha	Wife		F	W	20	M	TN	TN	TN	
	Willie	Son		M	W	1-4/12	S	TN	TN	TN	
Lee,	James	Head	R	M	W	36	M	TN	TN	TN	Coal Miner
	Sarah	Wife		F	W	37	M	TN	TN	TN	
	Tilbert	Son		M	W	14	S	TN	TN	TN	Coal Miner
	Lillie	Dau.		F	W	11	S	TN	TN	TN	
	Ancle	Son		M	W	7	S	TN	TN	TN	
	Daisy	Dau.		F	W	1-3/12	S	TN	TN	TN	
Lee,	John	Head	R	M	W	32	M	TN	TN	TN	Coal Miner
	Nannie	Wife		F	W	27	M	TN	TN	TN	
	Essie	Dau.		F	W	9	S	TN	TN	TN	
	Ray	Son		M	W	9/12	S	TN	TN	TN	
Ashburn,	B.	Head	R	M	W	20	M	TN	TN	TN	Coal Miner
	Ollie	Wife		F	W	20	M	TN	TN	TN	
	Noble	Son		M	W	11/12	S	TN	TN	TN	
Hawby,	Walter	Head	R	M	W	22	M	TN	TN	TN	Coal Miner
	Artillie	Wife		F	W	18	M	TN	TN	TN	
	Jane	Mother		F	W	47	W	TN	TN	TN	
	Liza	Grandmother		F	W	74	W	TN	VA	VA	
Robertson,	Walter	Head	R	M	W	30	M	TN	TN	TN	Coal Miner
	Rose	Wife		F	W	26	M	TN	TN	TN	
	Effie	Dau.		F	W	11	S	TN	TN	TN	
	Leathel	Son		M	W	5	S	TN	TN	TN	
	Elmore	Son		M	W	3/12	S	TN	TN	TN	
Burris,	Willie M.	Head	R	M	W	46	M	TN	TN	TN	Carpenter
	Lenna L.	Wife		F	W	42	M	TN	TN	TN	
	Mayme L.	Dau.		F	W	17	S	TN	TN	TN	
	Vedry E.	Son		M	W	13	S	TN	TN	TN	
Kirby,	Dennis E.	Head	R	M	W	26	M	TN	TN	TN	Coal Miner
	Cassie	Wife		F	W	22	M	TN	TN	TN	
	Ira L.	Son		M	W	4-5/12	S	TN	TN	TN	
	Norma M.	Dau.		F	W	2-4/12	S	OK	TN	TN	
Wilson,	Ike	Boarder		M	W	41	M	TN	TN	TN	Coal Miner
	Lizzie	Boarder		F	W	32	M	TN	TN	TN	
Reagan,	Evert	Head	R	M	W	25	M	TN	TN	TN	Coal Miner
	Leona	Wife		F	W	21	M	TN	TN	TN	
Demubra,	Joe	Head	R	M	W	22	M	TN	TN	TN	Coal Miner
	Losie	Wife		F	W	20	M	TN	TN	TN	
	Dasie L.	Dau.		F	W	1-7/12	S	TN	TN	TN	
Miller,	Dillard	Head	R	M	W	39	M	TN	TN	TN	Coal Miner
	Cora	Wife		F	W	33	M	TN	TN	TN	
	Myrtle	Dau.		F	W	11	S	TN	TN	TN	
	Elmer	Son		M	W	8	S	TN	TN	TN	
	Ines	Dau.		F	W	5	S	TN	TN	TN	
	Lena	Dau.		F	W	2-10/12	S	TN	TN	TN	
	Ona	Dau.		F	W	3/12	S	TN	TN	TN	

1920 Fentress Co. TN Census

Name		Relation -ship	House Own or Rent	Sex	Color or Race	Age	Married Single Widow	Birth Place	Fathers Birth Place	Mothers Birth Place	Trade
						Civil District No. 4					
Horton,	John R.	Head	R	M	W	47	M	TN	TN	TN	Coal Miner
	Mary E.	Wife		F	W	41	M	TN	TN	TN	
	Johnie O.	Son		M	W	10	S	TN	TN	TN	
	Eunice C.	Dau.		F	W	8	S	TN	TN	TN	
	Mary I.	Dau.		F	W	7	S	TN	TN	TN	
	Ethel L.	Dau.		F	W	5	S	TN	TN	TN	
	Zanie M.	Dau.		F	W	2-8/12	S	TN	TN	TN	
Ford,	Elizabeth	Head	R	M	W	24	M	TN	TN	TN	Coal Miner
	Melvia	Wife		F	W	21	M	TN	TN	TN	
Kilby,	John	Head	R	M	W	26	M	TN	TN	TN	Coal Miner
	Daisy	Wife		F	W	23	M	TN	TN	TN	
	Clairel	Dau.		F	W	2-11/12	S	TN	TN	TN	
	Ordra	Dau.		F	W	9/12	S	TN	TN	TN	
Pruitte,	James	Head	R	M	W	40	M	KY	TN	TN	Coal Miner
	Burtha	Wife		F	W	35	M	KY	KY	KY	
	Elma	Dau.		F	W	7	S	KY	KY	KY	
	Wanetia	Dau.		F	W	1-4/12	S	TN	KY	KY	
Price,	Wilburn	Head	R	M	W	19	M	TN	TN	TN	Coal Miner
	Sada	Wife		F	W	16	M	KY	KY	KY	
	Raymond	Son		M	W	8/12	S	TN	TN	KY	
Smith,	Osco	Head	R	M	W	36	M	TN	KY	KY	Coal Miner
	Maud	Wife		F	W	31	M	GA	GA	GA	
	Ola	Dau.		F	W	12	S	TN	TN	GA	
	Thomas	Son		M	W	7	S	TN	TN	GA	
	Mary	Dau.		F	W	3-7/12	S	TN	TN	GA	
Frady,	Claud	Head	R	M	W	28	M	NC	NC	NC	Coal Miner
	Fannie	Wife		F	W	24	M	TN	TN	TN	
	Dortha	Dau.		F	W	5	S	TN	NC	TN	
	Catherine	Dau.		F	W	2-9/12	S	TN	NC	TN	
	Claud Jr.	Son		M	W	1/12	S	TN	NC	TN	
Moles,	George W.	Head	R	M	W	31	M	KY	KY	TN	Coal Miner
	Nina N.	Wife		F	W	32	M	TX	TN	TX	
	Willie P.	Son		M	W	9	S	KY	KY	TX	
	May B.	Dau.		F	W	6	S	TN	KY	TX	
	Ruby L.	Dau.		F	W	4-7/12	S	TN	KY	TX	
Cuzzort,	Benton	Head	R	M	W	49	S	GA	GA	GA	Coal Miner
Moore,	Claud	Lodger		M	W	22	S	GA	GA	GA	Coal Miner
Burks,	Joe	Head	R	M	W	36	M	TN	TN	TN	Coal Miner
	Melvina	Wife		F	W	41	M	TN	TN	TN	
	Warner	Son		M	W	15	S	TN	TN	TN	
	Lennie	Dau.		F	W	12	S	TN	TN	TN	
	Homer C.	Son		M	W	10	S	TN	TN	TN	
	Eva M.	Dau.		F	W	7	S	TN	TN	TN	
Wilson,	Kyle	Head	R	M	W	?	M	TN	TN	TN	Coal Miner
	Jennie M.	Wife		F	W	17	M	TN	TN	TN	
	Casto	Son		M	W	5/12	S	TN	TN	TN	

1920 Fentress Co. TN Census

Name		Relation-ship	House Own or Rent	Sex	Color or Race	Age	Married Single Widow	Birth Place	Fathers Birth Place	Mothers Birth Place	Trade
						Civil District No. 4					
Carroll,	Charles P.	Head	R	M	W	52	M	TN	TN	TN	Repair Shop Machinist
	Ada F.	Wife		F	W	46	M	TN	TN	TN	
	Flossie	Dau.		F	W	25	S	TX	TN	TN	Teacher
	Paul	Son		M	W	12	S	TN	TN	TN	
	Ruth M.	Dau.		F	W	5	S	TN	TN	TN	
Mathews,	Wilson R.	Head	R	M	W	44	M	TN	TN	TN	Coal Miner
	Lou A.	Wife		F	W	35	M	TN	TN	TN	
	Ressia C.	Son		M	W	16	S	TN	TN	TN	Coal Miner
	James H.	Son		M	W	12	S	TN	TN	TN	
	Thelma A.	Dau.		F	W	10	S	TN	TN	TN	
	Mary O.	Dau.		F	W	8	S	TN	TN	TN	
	Walter D.	Son		M	W	5	S	TN	TN	TN	
Newberry,	Joe	Head	R	M	W	30	M	TN	TN	TN	Coal Miner
	Tema G.	Wife		F	W	19	M	TN	TN	TN	
	Clell R.	Son		M	W	6	S	TN	TN	TN	
	Clifford	Son		M	W	1-5/12	S	TN	TN	TN	
	Bornfit	Niece		F	W	15	S	TN	TN	TN	
Lawhorn,	Manuel	Head	R	M	W	48	M	KY	KY	KY	Coal Miner
	Semantha E.	Wife		F	W	44	M	TN	TN	TN	
	Jessie	Son		M	W	14	S	TN	KY	TN	
	Bessie	Dau.		F	W	14	S	TN	KY	TN	
	Audie	Dau.		F	W	12	S	TN	KY	TN	
	Fess	Son		M	W	10	S	TN	KY	TN	
Swicegood,	John H.	Head	R	M	W	21	M	TN	TN	TN	Coal Miner
	Viola	Wife		F	W	14	M	TN	TN	TN	
Lawhorn,	Jones C.	Head	R	M	W	21	M	TN	TN	TN	Coal Miner
	Panzy E.	Wife		F	W	17	M	TN	TN	TN	
	Albert	Son		M	W	1-11/12	S	TN	TN	TN	
Hargis,	Oscar L.	Head	R	M	W	23	M	TN	TN	TN	Coal Miner
	Willie V.	Wife		F	W	23	M	TN	TN	TN	
	Ervin	Father in law		M	W	48	W	TN	TN	TN	Carpenter
Goddard,	Mart H.	Head	R	M	W	49	M	TN	TN	TN	Coal Miner
	Nancy	Wife		F	W	48	M	TN	TN	TN	
Hill,	Ervin	Step son		M	W	18	S	TN	TN	TN	Coal Miner
	Patin	Step son		M	W	13	S	TN	TN	TN	
Eldridge,	William D.	Head	R	M	W	25	M	TN	TN	TN	Coal Miner
	Effie L.	Wife		F	W	24	M	TN	TN	TN	
	Cora L.	Dau.		F	W	8	S	TN	TN	TN	
Eldridge,	Andrew J.	Head	R	M	W	33	M	TN	TN	TN	Coal Miner
	Martha L.	Wife		F	W	26	M	TN	TN	TN	
	George Z.	Son		M	W	9	S	TN	TN	TN	
	Bennie D.	Son		M	W	5	S	TN	TN	TN	
	William L.	Son		M	W	2-8/12	S	TN	TN	TN	
Boswell,	Dewey	Bro. in law		M	W	18	S	TN	TN	TN	
Cody,	Pierce J.	Head	R	M	W	34	M	TN	TN	TN	Coal Miner
	Mary L.	Wife		F	W	23	M	TN	TN	TN	
	Daisy M.	Dau.		F	W	6	S	TN	TN	TN	
	Martha E.	Dau.		F	W	4-6/12	S	TN	TN	TN	
	Ina L.	Dau.		F	W	11/12	S	TN	TN	TN	

1920 Fentress Co. TN Census

Name		Relation-ship	House Own or Rent	Sex	Color or Race	Age	Married Single Widow	Birth Place	Fathers Birth Place	Mothers Birth Place	Trade
							Civil District No. 4				
Anderson,	Jack	Head	R	M	W	47	M	TN	TN	TN	Coal Miner
	Nora	Wife		F	W	32	M	TN	TN	TN	
	Jessie A.	Dau.		F	W	7	S	TN	TN	TN	
	William R.	Son		M	W	5	S	TN	TN	TN	
	Bessie	Dau.		F	W	9/12	S	TN	TN	TN	
Oaks,	Frank	Bro. in law		M	W	22	S	TN	TN	TN	Coal Miner
Copeland,	Evert	Head	R	M	W	22	M	TN	TN	TN	Coal Miner
	Bertha	Wife		F	W	19	M	TN	TN	TN	
Smith,	Sam	Head	R	M	W	24	M	TN	TN	TN	Coal Mine Fireman
	Panzy	Wife		F	W	20	M	TN	TN	TN	
	Wayman L.	Son		M	W	1-4/12	S	TN	TN	TN	
	Amanda	Mother		F	W	65	W	TN	SC	SC	
Matheney,	Charlie W.	Head	R	M	W	37	M	TN	TN	TN	Carpenter
	Mary J.	Wife		F	W	31	M	TN	TN	TN	
	Nashaw B.	Son		M	W	12	S	TN	TN	TN	
	Iva L.	Dau.		F	W	10	S	TN	TN	TN	
	Ovid C.	Son		M	W	7	S	TN	TN	TN	
	Willie C.	Dau.		F	W	2-10/12	S	TN	TN	TN	
Thomason,	Will	Head	R	M	W	40	M	TN	TN	TN	Coal Miner
	Allie T.	Wife		F	W	34	M	GA	TN	TN	
	Johnie D.	Son		M	W	12	S	TN	TN	GA	
	Willie E.	Son		M	W	8	S	TN	TN	TN	
	Oscar E.	Son		M	W	6	S	TX	TN	GA	
	Robert	Son		M	W	5	S	TN	TN	GA	
Lawhorn,	Dewey	Head	R	M	W	19	M	TN	TN	TN	Coal Miner
	Ethel	Wife		F	W	18	M	TN	TN	TN	
Beaty,	Johnie F.	Head	R	M	W	39	M	TN	TN	TN	Coal Miner
	Nora P.	Wife		F	W	26	M	TN	TN	TN	
	Alex	Nephew		M	W	12	S	TN	TN	TN	
	Minnie	Niece		F	W	10	S	TN	TN	TN	
Simcox,	Lyda C.	Head	R	M	W	30	M	TN	VA	TN	Blacksmith
	Stella	Wife		F	W	24	M	TN	TN	TN	
Crownover,	Charlie P.	Head	R	M	W	61	M	TN	TN	TN	Stationary Engineer
	Sarah	Wife		F	W	45	M	AL	GA	TN	
	Charlie P.	Son		M	W	18	S	TN	TN	AL	Coal Mine Fireman
	Willie B.	Dau.		F	W	16	S	TN	TN	AL	
	Griphs A.	Son		M	W	15	S	TN	TN	AL	Coal Mine Trapper
	Minnie	Dau.		F	W	14	S	TN	TN	AL	
	Grasia	Dau.		F	W	11	S	TN	TN	AL	
	Pearl A.	Dau.		F	W	8	S	TN	TN	AL	
	Rollie L.	Son		M	W	5	S	TN	TN	AL	
Jones,	Wayman	Head	R	M	W	39	M	TN	TN	TN	Coal Miner
	Nannie	Wife		F	W	23	M	TN	TN	TN	
	Earl B.	Son		M	W	10	S	TN	TN	TN	
	Paulene	Dau.		F	W	7	S	TN	TN	TN	
	Carystine	Dau.		F	W	1-9/12	S	TN	TN	TN	

1920 Fentress Co. TN Census

Name		Relation-ship	House Own or Rent	Sex	Color or Race	Age	Married Single Widow	Birth Place	Fathers Birth Place	Mothers Birth Place	Trade
							Civil District No. 4				
Girdley,	Lawrence M.	Head	R	M	W	36	M	TN	TN	TN	Coal Miner
	Syntha V.	Wife		F	W	31	M	TN	TN	TN	
	Mitchel O.	Son		M	W	14	S	TN	TN	TN	
	Eddie	Son		M	W	11	S	GA	TN	TN	
	Charles F.	Son		M	W	8	S	GA	TN	TN	
	H.B.	Son		M	W	5	S	GA	TN	TN	
	John	Son		M	W	3	S	TN	TN	TN	
Holfaere,	Louis	Head	R	M	W	49	W	TN	TN	TN	Stationary Engineer
	Allen	Dau.		F	W	16	S	TN	TN	TN	
	Buphord	Son		M	W	14	S	TN	TN	TN	
	Minnie	Dau.		F	W	12	S	TN	TN	TN	
	Alford	Son		M	W	9	S	TN	TN	TN	
Reese,	William T.	Head	R	M	W	30	M	KY	KY	KY	Carpenter
	Frances E.	Wife		F	W	25	M	TN	TN	TN	
	Ida E.	Dau.		F	W	2-6/12	S	TN	KY	TN	
	Adam E.	Son		M	W	3/12	S	TN	KY	TN	
	Fredrick U.	Son		M	W	3/12	S	TN	KY	TN	
Cannon,	Other P.	Head	R	M	W	38	M	TN	TN	TN	Coal Miner
	Nora	Wife		F	W	26	M	TN	TN	TN	
	Irene A.	Dau.		F	W	10	S	TN	TN	TN	
	Pauline F.	Dau.		F	W	8	S	TN	TN	TN	
	John W.	Son		M	W	6	S	TN	TN	TN	
	Floy E.	Dau.		F	W	4-6/12	S	TN	TN	TN	
	Arthur G.	Son		M	W	1-7/12	S	TN	TN	TN	
Reeves,	Lizzie	Head	R	F	W	46	W	TN	TN	TN	
	General	Son		M	W	20	S	TN	TN	TN	Coal Miner
	Robert S.	Son		M	W	19	S	TN	TN	TN	Coal Miner
Neil,	John	Head	R	M	W	40	M	TN	TN	TN	Coal Miner
	Lener	Wife		F	W	23	M	TN	GA	GA	
	Paulene	Dau.		F	W	3/12	S	TN	TN	TN	
Conley,	James	Head	R	M	W	35	M	TN	TN	TN	Coal Miner
	Melvina	Wife		F	W	29	M	TN	TN	TN	
	Maggie M.	Dau.		F	W	4-2/12	S	TN	TN	TN	
	Panzy D.	Dau.		F	W	1-0/12	S	TN	TN	TN	
Wright,	David	Head	R	M	W	63	M	TN	TN	TN	
	Flora A.	Wife		F	W	43	M	TN	TN	TN	
	Ora L.	Dau.		F	W	18	S	TN	TN	TN	
	Fred R.	Dau.		M	W	16	S	TN	TN	TN	Coal Miner
	Mack C.	Son		M	W	12	S	TN	TN	TN	
	Ruby D.	Dau.		F	W	8	S	KY	TN	TN	
Hood,	Millard	Head	R	M	W	54	M	TN	TN	TN	Coal Miner
	Sarah	Wife		F	W	55	M	TN	TN	TN	
	Charlie	Son		M	W	23	S	TN	TN	TN	Grocery Store Driver
	William	Son		M	W	20	S	TN	TN	TN	Coal Miner
	Claudia	Dau.		F	W	17	S	TN	TN	TN	
	Mary	Dau.		F	W	12	S	TN	TN	TN	
	Bartley	Son		M	W	9	S	TN	TN	TN	
Cook,	Nick	Head	R	M	W	32	M	TN	TN	TN	Coal Miner
	Fannie	Wife		F	W	31	M	TN	TN	TN	
	Sylvia	Dau.		F	W	6	S	TN	TN	TN	

1920 Fentress Co. TN Census

Name		Relation-ship	House Own or Rent	Sex	Color or Race	Age	Married Single Widow	Birth Place	Fathers Birth Place	Mothers Birth Place	Trade
						Civil District No. 4					
Butram,	Nute	Head	R	M	W	36	M	TN	TN	TN	Coal Miner
	Rosie	Wife		F	W	21	M	TN	TN	TN	
Hood,	Enoch	Head	R	M	W	24	M	TN	TN	TN	Fireman
	Nancy J.	Wife		F	W	33	M	TN	TN	TN	
	Elsie	Dau.		F	W	9	S	TN	TN	TN	
	Johnie	Son		M	W	6	S	TN	TN	TN	
	Maggie	Dau.		F	W	5	S	TN	TN	TN	
Robertson,	Bill	Head	R	M	W	45	W	TN	TN	TN	Coal Miner
	May	Dau.		F	W	19	S	TN	TN	TN	
	Mattie B.	Dau.		F	W	15	S	TN	TN	TN	
	Ivora	Dau.		F	W	12	S	TN	TN	TN	
	James L.	Son		M	W	9	S	TN	TN	TN	
Williams,	Perry	Head	R	M	W	35	M	TN	TN	TN	Coal Miner
	Cora B.	Wife		F	W	30	M	TN	TN	TN	
	Rosie	Dau.		F	W	1-2/12	S	TN	TN	TN	
Randolph,	Jessey	Head	R	M	W	41	M	TN	TN	TN	Coal Miner
	Nancy	Wife		F	W	36	M	TN	TN	TN	
	Corance	Son		M	W	4-3/12	S	TN	TN	TN	
Hood,	Elbert	Head	R	M	W	40	M	TN	TN	TN	Coal Miner
	Fannie	Wife		F	W	30	M	TN	TN	TN	
	Lillie	Dau.		F	W	14	S	TN	TN	TN	
	Ednor	Dau.		F	W	10	S	TN	TN	TN	
	Elijah	Son		M	W	8	S	TN	TN	TN	
	Arzie L.	Son		M	W	5	S	TN	TN	TN	
	Clide B.	Son		M	W	3-1/12	S	TN	TN	TN	
Madewell,	Mary	Sis. in law		F	W	28	W	TN	TN	TN	
	Effie	Dau.		F	W	5	S	TN	TN	TN	
York,	Maynord	Head	R	M	W	52	M	TN	TN	TN	Coal Miner
	Mandy	Wife		F	W	27	M	TN	TN	TN	
	Mamanie	Dau.		F	W	8	S	TN	TN	TN	
Adkins,	Sary	Mother in law		F	W	66	W	AR	AL	AL	
McCloud,	Bill	Head	R	M	W	48	M	TN	TN	TN	Coal Miner
	Custa	Wife		F	W	22	M	TN	TN	TN	
	Bethel	Son		M	W	2-11/12	S	TN	TN	TN	
	Waymond M.	Son		M	W	5/12	S	TN	TN	TN	
Cartwright,	Will	Head	R	M	B	51	M	TN	TN	TN	Mine Supply Driver
	Rosie	Wife		F	B	50	M	TN	TN	TN	
Gracy,	Lack F.	Head	R	M	W	45	M	TN	TN	TN	Carpenter
	Mary	Wife		F	W	29	M	TN	TN	TN	
	Leonard	Son		M	W	17	S	TN	TN	TN	Coal Miner
	Carl E.	Son		M	W	8	S	TN	TN	TN	
	Howard M.	Son		M	W	6	S	TN	TN	TN	
	Max L.	Son		M	W	4-7/12	S	TN	TN	TN	
	Paul E.	Son		M	W	2-11/12	S	TN	TN	TN	
	Sam H.	Son		M	W	7/12	S	TN	TN	TN	
Smithson,	Bridge	Head	R	M	W	26	M	TN	TN	TN	Coal Miner
	Nellie	Wife		F	W	21	M	TN	TN	TN	
	James W.	Son		M	W	4/12	S	TN	TN	TN	

1920 Fentress Co. TN Census

Name		Relation -ship	House Own or Rent	Sex	Color or Race	Age	Married Single Widow	Birth Place	Fathers Birth Place	Mothers Birth Place	Trade
							Civil District No. 4				
Blevins,	John B.	Head	R	M	W	21	M	GA	TN	TN	Coal Mine Way Boss
	Notie B.	Wife		M	W	18	M	TN	TN	TN	
	Ruby	Dau.		F	W	2	S	TN	GA	TN	
	Boy	Son		M	W	1/12	S	TN	GA	TN	
Blevins,	William F.	Head	R	M	W	49	M	TN	TN	TN	Coal Mine Bank Boss
	Jannie	Wife		F	W	46	M	GA	GA	GA	
	Frank	Son		M	W	15	S	KY	TN	GA	
	Mattie M.	Dau.		F	W	9	S	GA	TN	GA	
Moss,	Walter	Boarder		M	W	19	S	TN	TN	GA	Coal Mine Driver
Derberry,	John	Boarder		M	W	17	S	GA	GA	GA	Coal Tipper
Handcock,	Amis E.	Head	R	M	W	39	M	TN	KY	MD	Coal Miner
	Lavinia	Wife		F	W	27	M	TN	NC	KY	
	Agnis	Dau.		F	W	11	S	TN	TN	TN	
	Jones M.	Son		M	W	9	S	TN	TN	TN	
	Zella	Dau.		F	W	6	S	TN	TN	TN	
	Edgar W.	Son		M	W	2-7/12	S	TN	TN	TN	
Dooley,	Bource	Head	R	M	W	28	M	TN	TN	TN	Coal Co. Bookeeper
	Clora	Wife		F	W	23	M	TX	TX	AL	
	James C.	Son		M	W	11/12	S	TX	TN	TX	
Patterson,	Ernest	Head	R	M	W	35	M	TN	TN	TN	Coal Co. Manager
	Lena J.	Wife		F	W	31	M	TN	TN	TN	
	Catherine E.	Dau.		F	W	5	S	TN	TN	TN	
Mans,	Duke M.	Head	R	M	W	22	M	GA	GA	GA	Coal Miner
	Ida M.	Wife		F	W	18	M	TN	TN	TN	
Mitchel,	Elmo W.	Head	R	M	W	35	M	TN	TN	TN	Doctor
	Ethel	Wife		F	W	30	M	TN	TN	TN	
Brown,	Will	Head	R	M	W	46	M	TN	TN	TN	Coal Miner
	Essie	Wife		F	W	42	M	TN	TN	TN	
	Grover G.	Son		M	W	17	S	TN	TN	TN	Coal Miner
	Fannie E.	Dau.		F	W	16	S	TN	TN	TN	
	Fred W.	Son		M	W	14	S	TN	TN	TN	
	Elmer	Son		M	W	10	S	TN	TN	TN	
	Hobert H.	Son		M	W	9	S	TN	TN	TN	
Heney,	John	Head	R	M	W	34	M	TN	TN	TN	Coal Miner
	Katy	Wife		F	W	28	M	TN	TN	TN	
	Delora	Dau.		F	W	9	S	TN	TN	TN	
	Woodrow	Son		M	W	7	S	TN	TN	TN	
	Basil	Son		M	W	5	S	TN	TN	TN	
	Ollie L.	Dau.		F	W	3-7/12	S	TN	TN	TN	
	Joe A.	Dau.		F	W	1-5/12	S	TN	TN	TN	
Emery,	Kate	Mother in law		F	W	73	W	TN	KY	KY	
Sells,	Henry	Head	R	M	W	55	M	TN	TN	TN	Coal Mine Blacksmith
	Winnie	Wife		F	W	44	M	TN	TN	TN	
	Porter	Son		M	W	20	S	TN	TN	TN	Coal Miner
	Lonzo	Son		M	W	18	S	TN	TN	TN	Coal Miner
Gardner,	Robert	Head		M	W	23	M	TN	TN	TN	Coal Miner
	Ida	Wife		F	W	23	M	TN	TN	TN	

1920 Fentress Co. TN Census

Name		Relation-ship	House Own or Rent	Sex	Color or Race	Age	Married Single Widow	Birth Place	Fathers Birth Place	Mothers Birth Place	Trade
						Civil District No. 4					
Hodge,	Lee	Head	O	M	W	43	M	TN	TN	TN	Farmer
	Missouria	Wife		F	W	40	M	TN	TN	TN	
	Luther	Son		M	W	17	S	TN	TN	TN	Coal Miner
	Mattie	Dau.		F	W	15	S	TN	TN	TN	
	Alvin	Son		M	W	13	S	TN	TN	TN	
	Dovie	Dau.		F	W	11	S	TN	TN	TN	
	Georgia	Dau.		F	W	9	S	TN	TN	TN	
	Arthur	Son		M	W	7	S	TN	TN	TN	
	Mary	Dau.		F	W	5	S	TN	TN	TN	
	Lewey	Son		M	W	3-11/12	S	TN	TN	TN	
	Willie	Son		M	W	1-8/12	S	TN	TN	TN	
Ashburn,	Maynard	Head	R	M	W	38	M	TN	TN	TN	Coal Miner
	Kissie	Wife		F	W	31	M	TN	TN	TN	
	Vennie M.	Dau.		F	W	10	S	TN	TN	TN	
	Nina A.	Dau.		F	W	9	S	TN	TN	TN	
	James H.	Son		M	W	6	S	TN	TN	TN	
	Horace T.	Son		M	W	3-2/12	S	TN	TN	TN	
	Myrtle L.	Dau.		F	W	1-8/12	S	TN	TN	TN	
Conley,	Braskey	Head	R	M	W	21	M	TN	TN	TN	Coal Miner
	Ozie	Wife		F	W	17	M	TN	TN	TN	
McCloud,	Sarah	Sis. in law		F	W	9	S	TN	TN	TN	
Miles,	Charles W.	Boarder		M	W	28	M	TN	TN	TN	Coal Miner
	Annie	Boarder		F	W	22	M	TN	TN	TN	
Whitaker,	Hasten	Head	R	M	W	30	M	TN	TN	TN	Coal Miner
	Emma	Wife		F	W	27	M	TN	TN	TN	
	Sethal	Son		M	W	6	S	TN	TN	TN	
Polson,	Bill	Head	R	M	W	36	M	TN	KY	KY	Coal Miner
	Eva	Wife		F	W	33	M	TN	TN	TN	
	Edna	Dau.		F	W	9	S	TN	TN	TN	
	John	Son		M	W	3-1/12	S	TN	TN	TN	
Hardcastle,	Emit	Head	R	M	W	33	M	TN	TN	TN	Hotel Keeper
	Dora	Wife		F	W	33	M	KY	KY	KY	Hotel Cook
	Ada L.	Dau.		F	W	10	S	TN	TN	KY	
	Ebby L.	Son		M	W	8	S	KY	TN	KY	
	Nellie M.	Dau.		F	W	1-11/12	S	TN	TN	KY	
Meadows,	Howard	Boarder		M	W	30	S	TN	TN	TN	Coal Miner
Ricketts,	Glenn	Boarder		M	W	27	M	IN	MO	IN	Electrican
Davis,	Monroe	Boarder		M	W	23	M	TN	TN	TN	Coal Miner
Moore,	James	Boarder		M	W	40	W	TN	TN	TN	Coal Miner
	Tom	Boarder		M	W	20	S	KY	TN	KY	Coal Miner
Walden,	Charles	Boarder		M	W	19	S	TN	TN	TN	Coal Miner
Swallows,	Walter J.	Boarder		M	W	18	M	TN	TN	TN	Grocery Store Delv.
	Eva J.	Boarder		F	W	20	M	TN	TN	TN	Teacher
Banko,	James	Boarder		M	W	19	S	TN	TN	TN	Coal Miner
Fay,	William	Boarder		M	W	24	M	TN	TN	TN	Coal Miner
	Lilda	Boarder		F	W	20	M	TN	TN	TN	
	Lora M.	Boarder		F	W	3-4/12	S	TN	TN	TN	
	William H.	Boarder		M	W	2/12	S	TN	TN	TN	
Spurlin,	Milton	Head	R	M	W	36	M	TN	TN	TN	Salesman
	Lillie	Wife		F	W	31	M	TN	TN	TN	

1920 Fentress Co. TN Census

Name		Relation-ship	House Own or Rent	Sex	Color or Race	Age	Married Single Widow	Birth Place	Fathers Birth Place	Mothers Birth Place	Trade
						Civil District No. 4					
Barrett,	George	Head	R	M	W	49	M	TN	TN	TN	Coal Miner
	Nancy N.	Wife		F	W	41	M	TN	TN	TN	
	Noble D.	Son		M	W	15	S	TN	TN	TN	
	Vernia	Son		M	W	11	S	TN	TN	TN	
	George E.	Dau.		F	W	9	S	TN	TN	TN	
Hall,	George B.	Head	R	M	W	29	M	TN	TN	TN	Coal Miner
	Rebecca J.	Wife		F	W	25	M	TN	TN	TN	
	Lillie M.	Dau.		F	W	6	S	TN	TN	TN	
	Johnie E.	Son		M	W	5	S	TN	TN	TN	
	Panzy L.	Dau.		F	W	9/12	S	TN	TN	TN	
Hall,	William A.	Head	R	M	W	26	M	TN	TN	TN	Coal Miner
	Franey E.	Wife		F	W	15	M	TN	TN	TN	
	Lillie M.	Dau.		F	W	0/12	S	TN	TN	TN	
Mathews,	George	Head	R	M	W	53	W	TN	TN	TN	Coal Miner
	Panzy P.	Dau.		F	W	13	S	TN	TN	TN	
	Ava E.	Dau.		F	W	10	S	TN	TN	TN	
	Ova E.	Dau.		F	W	10	S	TN	TN	TN	
	Lizzie M.	Dau.		F	W	6	S	TN	TN	TN	
Adkins,	George	Lodger		M	W	64	W	TN	TN	TN	
Ramsey,	Shirley	Head	R	M	W	32	M	TN	TN	TN	Coal Miner
	Mandy V.	Wife		F	W	35	M	TN	TN	TN	
	Lola E.	Dau		F	W	13	S	TN	TN	TN	
	Oscar P.	Son		M	W	11	S	TN	TN	TN	
	Bessie L.	Dau		F	W	9	S	TN	TN	TN	
	Icy E.	Dau		F	W	8	S	TN	TN	TN	
	Robert H.	Son		M	W	4-11/12	S	TN	TN	TN	
Matherny,	Sam	Head	R	M	W	40	M	TN	TN	TN	Coal Miner
	Kate	Wife		F	W	34	M	TN	TN	TN	
	Clark	Son		M	W	14	S	TN	TN	TN	
	Faulkner	Son		M	W	8	S	TN	TN	TN	
Kilby,	Bill	Head	R	M	W	40	S	TN	TN	TN	Farmer
	Mary	Mother		F	W	64	W	TN	NC	NC	
	John	Nephew		M	W	14	S	TN	TN	TN	
Owens,	Robert	Head	R	M	W	43	M	TN	TN	TN	Log Woods
	Mandy	Wife		F	W	26	M	TN	TN	TN	
	Blannie	Dau		F	W	8	S	TN	TN	TN	
	Margie	Dau		F	W	1-9/12	S	TN	TN	TN	
Phillips,	Jessie	Head	R	M	W	22	M	TN	TN	TN	Lumber Cutting
	Ruth	Wife		F	W	15	M	TN	TN	TN	
Masters,	Angeline	Sis. in law		F	W	11	S	TN	TN	TN	
Beaty,	Alex	Head	R	M	W	54	M	KY	TN	TN	Lumber Cutting
	Rena	Wife		F	W	34	M	TN	TN	KY	
	Marion A.	Son		M	W	10	S	TN	KY	TN	
	Gracy L.	Dau		F	W	8	S	TN	KY	TN	
	Delah B.	Dau		F	W	5	S	TN	KY	TN	
	Viola P.	Dau		F	W	3-6/12	S	TN	KY	TN	
	Denver	Son		M	W	1-1/12	S	TN	KY	TN	
Norris,	Terrie	Head	R	M	W	21	M	TN	TN	TN	Skidder Fireman
	Dora	Wife		F	W	21	M	TN	TN	TN	
	BB	Son		M	W	8/12	S	TN	TN	TN	

1920 Fentress Co. TN Census

Name		Relation -ship	House Own or Rent	Sex	Color or Race	Age	Married Single Widow	Birth Place	Fathers Birth Place	Mothers Birth Place	Trade
						Civil District No. 4					
Cravins,	Minnis	Head	R	M	W	28	M	TN	TN	TN	Skidder
	Altie	Wife		F	W	28	M	TN	TN	TN	
King,	William	Head	R	M	W	34	M	TN	TN	TN	Skidder Engr
	Margaret	Wife		F	W	39	M	TN	TN	TN	
	Morse	Son		M	W	12	S	TN	TN	TN	
	Sada	Dau		F	W	2-4/12	S	TN	TN	TN	
Franklin,	James	Head	R	M	W	44	M	TN	TN	TN	Logging Labor
	Laura	Wife		F	W	38	M	TN	TN	TN	
	Ina M.	Dau		F	W	12	S	TN	TN	TN	
	Ernest L.	Son		M	W	7	S	TN	TN	TN	
	Pearl	Dau		F	W	6	S	TN	TN	TN	
Lane,	Warren W.	Head	R	M	W	47	M	OH	WV	WV	Hotel Keeper
	Daisy A.	Wife		F	W	48	M	OH	OH	OH	
Stone,	William H.	S Son		M	W	18	S	PA	OH	OH	
Six,	Peary	Boarder		M	W	63	W	IN	IN	IN	Lumber Mill Labor
Wright,	Burdine	Boarder		M	W	58	W	TN	TN	TN	Lumber Mill Labor
Threet,	Cordell	Boarder		M	W	24	S	TN	TN	TN	Lumber Driver
Stone,	Earl H.	Head	R	M	W	22	M	OH	OH	OH	Lumber Mill Fireman
	Elma	Wife		F	W	23	M	WA	TN	TN	
Smith,	Casto	Head	R	M	W	29	M	TN	KY	TN	Lumber Mill Sawyer
	Lizzabeth	Wife		F	W	24	M	TN	TN	TN	
	Maxine	Dau		F	W	7	S	TN	TN	TN	
	William	Son		M	W	5	S	TN	TN	TN	
	Jimmie	Dau		F	W	3-2/12	S	TN	TN	TN	
	Ray	Son		M	W	1-2/12	S	TN	TN	TN	
Beaty,	Harve	Head	R	M	W	38	M	TN	TN	TN	Lumber Mill Fireman
	Susie	Wife		F	W	34	M	TN	TN	TN	
	Claton	Son		M	W	17	S	TN	TN	TN	Lumber Mill Blacsmith
	Frances	Dau		F	W	14	S	TN	TN	TN	
	William T.	Son		M	W	11	S	TN	TN	TN	
	Ray	Son		M	W	8	S	KY	TN	TN	
	Renzo	Son		M	W	4-11/12	S	TN	TN	TN	
	Lula	Dau		F	W	11/12	S	TN	TN	TN	
Miles,	Edward E.	Head	R	M	W	59	M	TN	TN	TN	Lumber Mill Nightwatch
	Ada F.	Wife		F	W	47	M	TN	NC	TN	
	Alma	Dau		F	W	15	S	TN	TN	TN	
	Seward	Son		M	W	12	W	TN	TN	TN	
	Stella	Dau		F	W	8	S	TN	TN	TN	
Beaty,	Evans	Head	R	M	W	24	M	TN	TN	TN	Lumber Driver
	Gussie	Wife		F	W	20	M	TN	TN	NC	
	Mitchel	Son		M	W	4-1/12	S	TN	TN	TN	
	Walter	Son		M	W	1-11/12	S	TN	TN	TN	
	Eveline	Dau		F	W	4/12	S	TN	TN	TN	
Browm,	Narvis	Head	R	M	W	22	M	TN	TN	TN	Lumber Cutter
	Alice	Wife		F	W	20	M	TN	TN	TN	
Gossage,	Dan	Head	R	M	W	71	M	TN	TN	TN	Lumber Mill Filler
	Sarah	Wife		F	W	69	M	TN	TN	TN	
Laycock,	Edith	Dau.		F	W	45	W	TN	TN	TN	
Mitchel,	Owen	Grandson		M	W	12	S	TN	TN	TN	

1920 Fentress Co. TN Census

Name		Relation-ship	House Own or Rent	Sex	Color or Race	Age	Married Single Widow	Birth Place	Fathers Birth Place	Mothers Birth Place	Trade
						Civil District No. 4					
Norris,	James	Head	R	M	W	23	M	TN	TN	TN	Lumber Mill Laborer
	Wayma	Wife		F	W	22	M	TN	TN	TN	
	Pauline	Dau.		F	W	7	S	TN	TN	TN	
Smith,	Walter	Head	R	M	W	35	M	TN	TN	TN	Team Car Driver
	Jane	Wife		F	W	32	M	TN	TN	TN	
	Clarance	Son		M	W	2-6/12	S	TN	TN	TN	
Copeland,	Ewell	Head	R	M	W	27	M	TN	TN	TN	Log Woods
	Paska	Wife		F	W	28	M	TN	TN	TN	
	Winson	Son		M	W	3-10/12	S	TN	TN	TN	
Smith,	Floyd	Head	R	M	W	39	M	TN	TN	TN	Lumber Mill Logger
	Ina	Wife		F	W	38	M	TN	TN	TN	
	Ben	Son		M	W	15	S	TN	TN	TN	
	Carre	Dau.		F	W	13	S	TN	TN	TN	
	Hoyt	Son		M	W	7	S	GA	TN	TN	
	Boy	Son		M	W	2/12	S	TN	TN	TN	
Cantrell,	Hellre	Head	R	M	W	23	M	TN	TN	TN	Team Car Driver
	Andie	Wife		F	W	20	M	TN	TN	TN	
	Aline	Dau.		F	W	2-6/12	S	TN	TN	TN	
Smith,	Pierce	Head	R	M	W	42	M	TN	TN	TN	Lumber Mill Laborer
	Lizzie	Wife		F	W	42	M	TN	TN	TN	
Handy,	Ervin	Nephew		M	W	21	S	TN	TN	TN	Lumber Mill Laborer
Norris,	James	Head	R	M	W	47	M	TN	TN	TN	Farmer
	Florance	Wife		F	W	37	M	TN	TN	KY	
Dodson,	James H.	Head	R	M	W	53	M	TN	TN	TN	Farmer
	Settie	Wife		F	W	44	M	TN	TN	TN	
	Ned C.	Son		M	W	16	S	TN	TN	TN	Farm Labor
	Ethel M.	Dau.		F	W	13	S	TN	TN	TN	
Copeland,	Charlie	Head	R	M	W	39	M	TN	TN	TN	Coal Miner
	Tiney	Wife		F	W	28	M	TN	TN	TN	
	Maggie	Dau.		F	W	11	S	TN	TN	TN	
	Lener	Dau.		F	W	8	S	TN	TN	TN	
	Linnie	Dau.		F	W	5	S	TN	TN	TN	
	Mitchel	Bro.		M	W	24	S	TN	TN	TN	Coal Miner
Moose,	Samuel F.	Head	R	M	W	39	M	OH	OH	OH	Coal Mine Operator
	Alice M.	Wife		F	W	44	M	IA	DE	OH	
Veach,	Nina	Sis. in law		F	W	47	S	OH	DE	OH	
Coldity,	Bernherd	Boarder		M	W	25	S	TN	Germany	Germany	Coal Mine Bookeeper
	Arnold	Boarder		M	W	22	S	TN	Germany	Germany	Coal Mine Machinist
Hood,	Elsie	Servant		F	W	17	S	TN	TN	TN	Cook
Grubb,	Harry J.	Head	R	M	W	32	M	TN	TN	TN	Coal Mine Bookeeper
	Bess S.	Wife		F	W	26	M	TN	TN	TN	
	Sada A.	Dau.		F	W	1-4/12	S	TN	TN	TN	
Hamilton,	Lee	Head	R	M	W	42	M	TN	TN	TN	Repair Shop Machinist
	Reanie	Wife		F	W	42	M	TN	TN	TN	
	Raymond L.	Son		M	W	7	S	TN	TN	TN	

1920 Fentress Co. TN Census

Name		Relation-ship	House Own or Rent	Sex	Color or Race	Age	Married Single Widow	Birth Place	Fathers Birth Place	Mothers Birth Place	Trade

Civil District No. 4

Name		Relation-ship	House Own or Rent	Sex	Color or Race	Age	Married Single Widow	Birth Place	Fathers Birth Place	Mothers Birth Place	Trade
Owens,	Alvin	Head	R	M	W	42	M	KY	KY	KY	Coal Mine Foreman
	Porthina	Wife		F	W	39	M	TN	TN	TN	
	Elma	Dau.		F	W	17	S	KY	KY	TN	Telephone Operator
	Delmer	Son		M	W	15	S	TN	KY	TN	
	Edna	Dau.		F	W	11	S	TN	KY	TN	
	Luster	Son		M	W	10	S	TN	KY	TN	
	Arnold	Son		M	W	7	S	TN	KY	TN	
	Opal	Dau.		F	W	5	S	TN	KY	TN	
	Hettie H.	Son		M	W	1-5/12	S	TN	KY	TN	
Dorley,	Brooks L.	Head	R	M	W	22	M	TN	TN	TN	General Store Saleman
	Virginia C.	Wife		F	W	21	M	KY	KY	KY	
	B.L.	Son		M	W	10/12	S	TN	TN	KY	
Young,	Oliver F.	Head	R	M	W	36	M	TN	TN	TN	General Store Salesman
	Anne A.	Wife		F	W	30	M	TN	TN	TN	
	Jane A.	Dau.		F	W	3-7/12	S	TN	TN	TN	
Dorley,	George W.	Head	R	M	W	60	M	TN	TN	TN	General Store Salesman
	Fanney B.	Wife		F	W	55	M	TN	TN	TN	
Forgy,	Goerge W.	Head	R	M	W	32	M	KY	KY	KY	General Store Manager
	Lula R.	Wife		F	W	24	M	TN	TN	TN	
	George W. Jr.	Son		M	W	2-0/12	S	TN	KY	TN	
Pope,	Walter	Head	R	M	W	39	M	TN	TN	GA	Coal Mine Superintendent
	Addie	Wife		F	W	36	M	TN	TN	TN	
	Carson	Son		M	W	12	S	TN	TN	TN	
	Emma J.	Dau.		F	W	9	S	TN	TN	TN	
	Carol	Son		M	W	6	S	TN	TN	TN	
	Walter Jr.	Son		M	W	4-5/12	S	TN	TN	TN	
Jellicorse,	Charles E.	Head	R	M	W	62	M	England	England	England	Lumber Co. Cashier
	Kate M.	Wife		F	W	47	M	TN	TN	KY	Post Master
	Harold	Son		M	W	12	S	TN	England	TN	
Measamer,	Thomas E.	Head	O	M	W	37	M	NC	NC	NC	General Store Manager
	Edna	Wife		F	W	33	M	TN	Germany	Germany	
	Schubert G.	Son		M	W	6	S	TN	NC	TN	
	Meta	Dau.		F	W	3-10/12	S	TN	NC	TN	
Smith,	James W.	Head	R	M	W	48	M	TN	VA	TN	Coal Mine Laborer
	Amand E.	Wife		F	W	41	M	TN	TN	TN	Washwoman
	Haskel	Son		M	W	17	S	TN	TN	TN	Coal Miner
	Pear	Dau.		F	W	13	S	TN	TN	TN	
	Myrtle Lee	Dau.		F	W	11	S	TN	TN	TN	
	Edward B.	Son		M	W	5	S	TN	TN	TN	
	Flossie	Dau.		F	W	1-8/12	S	TN	TN	TN	
Dixon,	Elria	Head	R	M	W	35	M	TN	TN	TN	Coal Miner
	Doshia	Wife		F	W	35	M	TN	TN	TN	
Prince,	Fownance	Step dau.		F	W	12	S	TN	TN	TN	
Dixon,	Clark	Boarder		M	W	25	M	TN	TN	TN	Coal Miner

1920 Fentress Co. TN Census

Name		Relation -ship	House Own or Rent	Sex	Color or Race	Age	Married Single Widow	Birth Place	Fathers Birth Place	Mothers Birth Place	Trade
						Civil District No. 4					
Griffith,	Martin	Head	R	M	W	52	M	TN	TN	TN	Coal Miner
	Vicie	Wife		F	W	45	M	TN	TN	TN	Hotel Keeper
	Nellie	Dau.		F	W	25	W	TN	TN	TN	
	Bettie	Dau.		F	W	14	S	TN	TN	TN	
	Nelson	Son		M	W	12	S	TN	TN	TN	
Smith,	Dellie	Granddau.		F	W	3-11/12	S	KS	AR	TN	
Sims,	George	Boarder		M	W	25	S	TN	USA	TN	Coal Miner
Aufdembink,	Walter	Boarder		M	W	25	S	OH	OH	OH	Brick Layer
Grimsley,	Alvis C.	Head	R	M	W	38	M	TN	TN	TN	RR Engineer
	Bertie E.	Wife		F	W	33	M	TN	TN	TN	
	Lucial	Dau.		F	W	13	S	TN	TN	TN	
	Alleen	Dau.		F	W	9	S	TN	TN	TN	
	Will N.	Son		M	W	5	S	TN	TN	TN	
	Elrod	Son		M	W	4-3/12	S	TN	TN	TN	
Murray,	John P.	Head	R	M	W	44	M	TN	TN	TN	Coal Mine Bank Boss
	Allie	Wife		F	W	37	M	TN	TN	TN	
	Frank	Son		M	W	20	S	TN	TN	TN	
	Rosco	Son		M	W	14	S	TN	TN	TN	
	Evelyn	Dau.		F	W	11	S	TN	TN	TN	
Buckner,	James O.	Head	R	M	W	29	M	TN	TN	TN	Coal Mine Blacksmith
	Selina	Wife		F	W	26	M	TN	England	England	
	Genevive	Dau.		F	W	5	S	TN	TN	TN	
	Mildred	Dau.		F	W	3-7/12	S	TN	TN	TN	
Mcasamia,	John W.	Head	R	M	W	65	M	NC	NC	NC	Farmer
	Ester C.	Wife		F	W	61	M	NC	NC	NC	
	Murray	Son		M	W	22	S	NC	NC	NC	Carpenter
Robbins,	Edgar	Head	R	M	W	32	M	TN	TN	TN	Coal Miner
	Maud	Wife		F	W	24	M	TN	TN	TN	
	Ader	Dau.		F	W	8	S	TN	TN	TN	
	Willie	Son		M	W	6	S	TN	TN	TN	
	Clea	Son		M	W	4-7/12	S	TN	TN	TN	
	Clayton	Son		M	W	1-2/12	S	TN	TN	TN	
Hood,	Henry M.	Head	O	M	W	44	M	TN	TN	TN	Farmer
	Nancy J.	Wife		F	W	42	M	TN	TN	TN	
	? C.	Son		M	W	20	S	TN	TN	TN	Coal Miner
	Herbert C.	Son		M	W	15	S	TN	TN	TN	Farm Laborer
	Ray R.	Son		M	W	13	S	TN	TN	TN	Farm Laborer
	Arthur D.	Son		M	W	10	S	TN	TN	TN	
	Edna	Dau.		F	W	8	S	TN	TN	TN	
	Minnie G.	Dau.		F	W	5	S	TN	TN	TN	
	Elbert	Son		M	W	3-8/12	S	TN	TN	TN	
	Egbert	Son		M	W	3-8/12	S	TN	TN	TN	
Lawhorn,	Grinwill	Head	O	M	W	27	M	TN	TN	TN	General Store Salesman
	Hassie	Wife		F	W	24	M	TN	TN	TN	
	Myrtle	Dau.		F	W	6	S	TN	TN	TN	
	Bula	Dau.		F	W	4	S	TN	TN	TN	
	Leo	Son		M	W	1-10/12	S	TN	TN	TN	
Borman,	William C.	Head		M	W	62	M	TN	KY	TN	General Store Salesman
	Mary B.	Wife		F	W	56	M	KY	TN	TN	
Ramsey,	Joseph E.	Head	O	M	W	54	W	TN	TN	TN	Farmer

1920 Fentress Co. TN Census

Name		Relation -ship	House Own or Rent	Sex	Color or Race	Age	Married Single Widow	Birth Place	Fathers Birth Place	Mothers Birth Place	Trade
						Civil District No. 4					
Kirby,	Frank L.	Head	R	M	W	30	M	TN	TN	TN	Coal Miner
	Lola I.	Wife		F	W	23	M	TN	TN	TN	Coal Miner
	Edna R.	Dau.		F	W	2-0/12	S	TN	TN	TN	
Hall,	Bob	Head	R	M	W	29	M	TN	TN	TN	Coal Miner
	Emma	Wife		F	W	26	M	TN	TN	TN	
	Dallas E.	Son		M	W	9	S	TN	TN	TN	
	James L.	Son		M	W	7	S	TN	TN	TN	
	Belvia J.	Dau.		F	W	4-5/12	S	TN	TN	TN	
	William D.	Son		M	W	1-4/12	S	TN	TN	TN	
Phillips,	Howard	Head	O	M	W	34	M	TN	TN	TN	Coal Miner
	Lillie B.	Wife		F	W	31	M	TN	TN	TN	
	Lee	Son		M	W	13	S	TN	TN	TN	
	Nora E.	Dau.		F	W	11	S	TN	TN	TN	
	Charlie	Son		M	W	9	S	TN	TN	TN	
	Pearl	Dau.		F	W	4-9/12	S	TN	TN	TN	
	William J.	Son		M	W	1-10/12	S	TN	TN	TN	
Morgan,	Clabe	Head	R	M	W	23	M	TN	TN	TN	Coal Miner
	Myrtle	Wife		F	W	19	M	TN	TN	TN	
Cook,	Will	Boarder		M	W	31	S	TN	TN	TN	Coal Miner
Glover,	Ned R.	Head	O	M	W	45	W	TN	TN	TN	Coal Miner
	Carrie	Dau.		F	W	20	S	TN	TN	TN	
	Ned R. Jr.	Son		M	W	18	S	TN	TN	TN	Coal Miner
	Saur H.	Son		M	W	16	S	TN	TN	TN	Coal Miner
	Lee A.	Son		M	W	14	S	TN	TN	TN	
Ferguson,	Charlie D.	Nephew		M	W	17	S	TN	TN	TN	Grocery Driver
	Chester W.	Nephew		M	W	15	S	TN	TN	TN	
Mascip,	Robert F.	Head	R	M	W	31	M	TN	Canada	NE	General Store Salesman
	Allie E.	Wife		F	W	28	M	KY	TN	TN	
	Elizabeth	Dau.		F	W	9	S	TN	TN	KY	
	Paul	Son		M	W	5	S	TN	TN	KY	
	Virginia W.	Dau.		F	W	3-9/12	S	TN	TN	KY	
	Maxine P.	Dau.		F	W	1-1/12	S	TN	TN	KY	
Boles,	Savage G.	Head	O	M	W	36	M	TN	TN	TN	Farmer
	Nicy L.	Wife		F	W	27	M	TN	TN	TN	
	Martha	Dau.		F	W	13	S	TN	TN	TN	
	Johnie	Dau.		F	W	10	S	TN	TN	TN	
	Alice	Dau.		F	W	8	S	TN	TN	TN	
	Ruby	Dau.		F	W	6	S	TN	TN	TN	
	Myrtle	Dau.		F	W	2-3/12	S	TN	TN	TN	
	Blane	Brother		M	W	34	S	TN	TN	TN	Farm Laborer
Burden,	John H.	Head	R	M	W	47	M	TN	AR	TN	Pool Room Manager
	Lillie	Wife		F	W	40	M	TN	TN	TN	
	Willie	Son		M	W	18	S	TN	TN	TN	Coal Miner
	Nellie	Dau.		F	W	12	S	TN	TN	TN	
	Dellie	Dau.		F	W	10	S	TN	TN	TN	
	Arnold	Son		M	W	7	S	TN	TN	TN	
	Katy	Dau.		F	W	5	S	AR	TN	TN	
	Lenne	Dau.		F	W	3-1/12	S	AR	TN	TN	
Kidwell,	McKinley	Step son		M	W	19	S	TN	TN	TN	Coal Miner
	Clay	Step son		M	W	17	S	TN	TN	TN	Coal Miner
Burden,	George	Father		M	W	70	W	AR	VA	VA	

1920 Fentress Co. TN Census

Name		Relation-ship	House Own or Rent	Sex	Color or Race	Age	Married Single Widow	Birth Place	Fathers Birth Place	Mothers Birth Place	Trade
						Civil District No. 4					
Beaty,	McKinley	Head	R	M	W	25	M	TN	TN	TN	Coal Miner
	Eva	Wife		F	W	25	M	TN	TN	TN	
	Ruby	Dau.		F	W	2-10/12	S	TN	TN	TN	
	Leonard	Son		M	W	9/12	S	TN	TN	TN	
Maddox,	Amlic W.	Head	R	M	W	37	M	TN	TN	TN	RR Agent
	Mattie V.	Wife		F	W	33	M	TN	TN	TN	RR Clerk
McLean,	Elizabeth	Head	R	M	W	71	W	TN	TN	TN	
	Burk E.	Son		M	W	27	S	TN	TN	TN	Coal Miner
Graham,	Oscar	Head	R	M	W	24	M	TN	TN	TN	Coal Miner
	Vestie	Wife		F	W	19	M	TN	TN	TN	
	Hurbert	Boarder		M	W	30	M	TN	TN	TN	Coal Miner
Goins,	Coy	Boarder		M	W	17	S	TN	TN	TN	Coal Miner
Rodgers,	Pat	Head	R	M	W	29	M	TN	TN	TN	Coal Miner
	Addie	Wife		F	W	25	M	TN	TN	TN	
	Robert L.	Son		M	W	8	S	TN	TN	TN	
	Mitchel	Son		M	W	6	S	TN	TN	TN	
	Haskel	Son		M	W	3/12	S	TN	TN	TN	
Harmon,	Charlie	Boarder		M	W	22	M	TN	TN	TN	Coal Miner
	Willie M.	Boarder		F	W	16	M	TN	TN	TN	
Williams,	Starlin	Head	R	M	W	26	M	TN	TN	TN	Coal Miner
	Ella	Wife		F	W	22	M	TN	TN	TN	
	Orine	Dau.		F	W	3-4/12	S	TN	TN	TN	
Greer,	Robert	Head	R	M	W	32	M	TN	TN	TN	Coal Miner
	Vady	Wife		F	W	28	M	TN	TN	TN	
	Ruth	Dau.		F	W	11	S	TN	TN	TN	
	Elvedia	Dau.		F	W	5	S	TN	TN	TN	
	Hazel	Dau.		F	W	3-9/12	S	TN	TN	TN	
Paton,	Robert L.	Head	R	M	W	42	M	TN	TN	TN	Coal Miner
	Susan L.	Wife		F	W	32	M	TN	TN	KY	
	Myrtle	Dau.		F	W	16	S	TN	TN	TN	
	Luther	Son		M	W	14	S	TN	TN	TN	
	Margie	Dau.		F	W	11	S	TN	TN	TN	
	Ralph	Son		M	W	9	S	TN	TN	TN	
	Jessie	Dau.		F	W	6	S	TN	TN	TN	
	Odell	Son		M	W	4-6/12	S	TN	TN	TN	
	Lois	Dau.		F	W	8/12	S	TN	TN	TN	
Crockett,	Gabe	Head	R	M	W	43	M	TN	TN	TN	Coal Miner
	Sarah	Wife		F	W	35	M	TN	TN	TN	
	Flossie	Dau.		F	W	14	S	TN	TN	TN	
	Gladys	Dau.		F	W	12	S	TN	TN	TN	
	Fred	Son		M	W	10	S	TN	TN	TN	
	Clay	Son		M	W	2-11/12	S	TN	TN	TN	
Sherrill,	Bill	Head	R	M	W	45	M	TN	TN	TN	Coal Miner
	Mary	Wife		F	W	44	M	TN	TN	TN	
	William	Son		M	W	19	S	TN	TN	TN	Coal Miner
	Grace	Dau.		F	W	13	S	TN	TN	TN	

1920 Fentress Co. TN Census

Name		Relation-ship	House Own or Rent	Sex	Color or Race	Age	Married Single Widow	Birth Place	Fathers Birth Place	Mothers Birth Place	Trade
						Civil District No. 4					
Harvy,	Wilburn	Head	R	M	W	41	M	KY	KY	KY	Coal Miner
	Neomia	Wife		F	W	39	M	KY	KY	KY	
	Hall W.	Son		M	W	17	S	KY	KY	KY	Coal Miner
	Clotil E.	Dau.		F	W	16	S	KY	KY	KY	
	Lucial W.	Dau.		F	W	15	S	KY	KY	KY	
	Robert M.	Son		M	W	14	S	KY	KY	KY	
	Caul J.	Son		M	W	3	S	TN	KY	KY	
Moles,	Charlie	Head	R	M	W	26	M	KY	KY	TN	Coal Miner
	Lether	Wife		F	W	21	M	KY	KY	TN	
	Cyntha	Mother		F	W	51	W	TN	TN	TN	
	Dortha	Sister		F	W	12	S	KY	KY	TN	
Dodson,	Stant	Head	R	M	W	46	M	TN	TN	TN	Coal Miner
	Sarah	Wife		F	W	42	M	TN	TN	TN	
Wilson,	Tom	Head	R	M	W	56	M	TN	TN	TN	Coal Miner
	Mary	Wife		F	W	59	M	TN	TN	TN	
	Henry R.	Son		M	W	21	S	TN	TN	TN	Coal Mine
	Shug	Son		M	W	30	D	TN	TN	TN	Coal Mine Fireman
Ford,	Oscar	Head	R	M	W	28	M	TN	TN	TN	Coal Miner
	Lizzie	Wife		F	W	26	M	TN	TN	TN	
	A.P.	Son		M	W	8	S	TN	TN	TN	
	Dasy	Dau.		F	W	5	S	TN	TN	TN	
Ledbetter,	Robert	Head	R	M	W	20	M	TN	TN	TN	Coal Miner
	Daisy	Wife		F	W	23	M	TN	TN	TN	
Wilson,	Moody	Head	R	M	W	30	M	TN	TN	TN	Coal Miner
	Eddie	Wife		F	W	32	M	TN	TN	TN	
	Fred	Son		M	W	8	S	TN	TN	TN	
	Vedra	Dau.		F	W	4	S	TN	TN	TN	
Wilson,	Ray L.	Head	R	M	W	23	M	TN	TN	TN	Coal Miner
	Ida U.	Wife		F	W	21	M	TN	TN	TN	
	Winnie H.	Dau.		F	W	3-6/12	S	TN	TN	TN	
	Noble P.	Dau.		F	W	1-3/12	S	TN	TN	TN	
Rodgers,	Robert L.	Head	R	M	W	41	W	TN	KY	KY	Coal Miner
	Katy	Mother		F	W	65	W	KY	VA	NC	
Gray,	Emes W.	Nephew		M	W	8	S	TN	TN	TN	
Conley,	Virgil	Head	R	M	W	27	M	TN	TN	TN	Coal Miner
	Katie	Wife		F	W	25	M	TN	TN	TN	
	Bula	Dau.		F	W	2-3/12	S	TN	TN	TN	
	Av	Son		M	W	7/12	S	TN	TN	TN	
McCloud,	George	Bro. in law		M	W	12	S	TN	TN	TN	
Westfelt,	Herman	Head	R	M	W	43	M	Germany	Germany	Germany	Coal Miner
	Alice	Wife		F	W	28	M	KY	TN	TN	
	Willie H.	Son		M	W	20	S	TN	Germany	TN	Coal Miner
	Ellen	Dau.		F	W	17	S	TN	Germany	TN	
	Eva O.	Dau.		F	W	10	S	TN	Germany	TN	
	Ethel A.	Dau.		F	W	5	S	TN	Germany	TN	
	Hazel A.	Dau.		F	W	3-8/12	S	TN	Germany	TN	
	Oscar C.	Son		M	W	1-10/12	S	TN	Germany	TN	
Sparks,	Andy	Head	R	M	W	25	M	TN	TN	TN	Coal Miner
	Zettie	Wife		F	W	22	M	TN	TN	TN	
	Evelyn	Dau.		F	W	10/12	M	TN	TN	TN	

1920 Fentress Co. TN Census

Name		Relation -ship	House Own or Rent	Sex	Color or Race	Age	Married Single Widow	Birth Place	Fathers Birth Place	Mothers Birth Place	Trade
						Civil District No. 4					
Welch,	James B.	Head	R	M	W	32	M	TN	MA	IA	Coal Miner
	Dona D.	Wife		F	W	32	M	NC	NC	NC	
	Clarance	Son		M	W	14	S	TN	TN	NC	Coal Miner
	Dortha	Dau.		F	W	6	S	TN	TN	NC	
	Jessie	Dau.		F	W	4-4/12	S	TN	TN	NC	
Conley,	Eston	Head	R	M	W	36	M	TN	TN	TN	Coal Miner
	Mandy	Wife		F	W	27	M	TN	TN	TN	
	Annie	Dau.		F	W	5/12	S	TN	TN	TN	
Elmore,	Wyatt	Head	R	M	W	33	M	TN	TN	TN	Coal Mine Driver
	Lola	Wife		F	W	30	M	TN	TN	TN	
	Elizabeth R.	Dau.		F	W	8	S	TN	TN	TN	
	Hazel M.	Dau.		F	W	6	S	TN	TN	TN	
	Andy C.	Son		M	W	4-0/12	S	TN	TN	TN	
Alexander,	Peary	Head	R	M	W	39	M	TN	TN	TN	Coal Miner
	Dora	Wife		F	W	28	M	TN	TN	TN	
	Robert L.	Son		M	W	13	S	TN	TN	TN	
Sullivan,	Henry	Head	R	M	W	49	M	TN	TN	TN	Coal Miner
	Mary	Wife		F	W	39	M	TN	TN	TN	
Bullard,	Isaac	Head	R	M	W	46	M	KY	KY	KY	Coal Miner
	Frona	Wife		F	W	30	M	KY	KY	KY	
	Susa	Dau.		F	W	12	S	KY	KY	KY	
	Rosco	Son		M	W	11	S	KY	KY	KY	
	Elmer	Son		M	W	8	S	TN	KY	KY	
	Cordin	Son		M	W	5	S	TN	KY	KY	
Adkins,	Alvin	Head	R	M	W	32	M	TN	TN	TN	Coal Miner
	Linnie	Wife		F	W	32	M	TN	TN	TN	
	Thelma	Dau.		F	W	10	S	TN	TN	TN	
	Edna	Dau.		F	W	8	S	TN	TN	TN	
	Donnie	Dau.		F	W	4-11/12	S	TN	TN	TN	
	Mattie	Dau.		F	W	2-7/12	S	TN	TN	TN	
Long,	Abram W.	Head	R	M	W	45	M	KY	KY	KY	Machine Shop Electrian
	Ova M.	Wife		F	W	22	M	TN	TN	TN	
	Gladys	Dau.		F	W	16	S	KY	KY	KY	
	John	Son		M	W	5	S	TN	KY	TN	
	Stanly	Son		M	W	4-4/12	S	TN	KY	TN	
	Charles	Son		M	W	3-1/12	S	TN	KY	TN	
	Theodore	Son		M	W	1-4/12	S	TN	KY	TN	
	Lendon	Son		M	W	2/12	S	TN	KY	TN	
Dillon,	Melton	Head	R	M	W	25	M	TN	TN	TN	Coal Miner
	Mary	Wife		F	W	24	M	TN	TN	TN	
	William	Son		M	W	8	S	TN	TN	TN	
	Arnold	Son		M	W	7	S	TN	TN	TN	
Conley,	Taylor	Head	R	M	W	38	M	TN	TN	TN	Coal Miner
	Panzy	Wife		F	W	29	M	TN	TN	TN	
	Herbert	Son		M	W	11	S	TN	TN	TN	
	Clide	Son		M	W	9	S	TN	TN	TN	
	Wetha	Dau.		F	W	6	S	TN	TN	TN	
	Clinton	Son		M	W	5	S	TN	TN	TN	
	Margret L.	Mother		F	W	72	W	TN	TN	TN	
Robison,	John	Bro. in law		M	W	19	S	TN	TN	TN	Coal Miner

1920 Fentress Co. TN Census

Name		Relation -ship	House Own or Rent	Sex	Color or Race	Age	Married Single Widow	Birth Place	Fathers Birth Place	Mothers Birth Place	Trade

Civil District No. 4

Name		Relation -ship	House Own or Rent	Sex	Color or Race	Age	Married Single Widow	Birth Place	Fathers Birth Place	Mothers Birth Place	Trade
Oxwendine,	Howard	Head	R	M	W	42	M	TN	KY	KY	Coal Miner
	Frances	Wife		F	W	34	M	TN	TN	TN	
	Evert H.	Son		M	W	15	S	TN	TN	TN	Coal Miner
	Ader L.	Dau.		F	W	13	S	TN	TN	TN	
	Girlie	Dau.		F	W	6	S	TN	TN	TN	
Eggart,	Hary	Head	R	M	W	52	M	TN	TN	TN	Coal Miner
	Frankey	Wife		F	W	47	M	TN	TN	TN	
Gantl,	Willie	Head	R	M	W	38	M	TN	TN	TN	Coal Miner
	Naomi	Wife		F	W	30	M	TN	TN	TN	
Sims,	General	Head	R	M	W	26	M	TN	TN	TN	Coal Miner
	Mary	Wife		F	W	31	M	TN	TN	TN	
	Dooley	Son		M	W	7	S	TN	TN	TN	
	Ethel	Dau.		F	W	2-11/12	S	TN	TN	TN	
Owens,	James	Head	R	M	W	45	M	TN	TN	TN	Coal Miner
	Lila J.	Wife		F	W	44	M	TN	TN	TN	
	May M.	Dau.		F	W	21	S	TN	TN	TN	
	Walter M.	Son		M	W	16	S	TN	TN	TN	Coal Miner
Sirber,	Henry	Head	R	M	W	53	W	TN	TN	TN	Coal Miner
	Cora B.	Dau.		F	W	17	S	TN	TN	TN	
	Elizabeth	Mother		F	W	82	W	TN	TN	TN	
Eldridge,	Curtis	Boarder		M	W	32	S	KY	KY	KY	coal Miner
Madewell,	Billie	Head	R	M	W	42	M	TN	TN	TN	Coal Mine Blacksmith
	Mattie	Wife		F	W	27	M	TN	TN	TN	
	Edna	Dau.		F	W	20	S	TN	TN	TN	
	Ernest	Son		M	W	18	S	TN	TN	TN	Coal Miner
	Edith	Dau.		F	W	16	S	TN	TN	TN	
	Maggie E.	Dau.		F	W	13	S	TN	TN	TN	
	Agnest	Dau.		F	W	5	S	TN	TN	TN	
	Hellen M.	Dau.		F	W	4	S	TN	TN	TN	
	Claudine	Dau.		F	W	2-8/12	S	TN	TN	TN	
Fritts,	Roy	Head	R	M	W	29	M	TN	TN	TN	Coal Miner
	Lue	Wife		F	W	30	M	TN	TN	TN	
	J.R.	Son		M	W	5	S	TN	TN	TN	
	Luceal	Dau.		F	W	3-1/12	S	TN	TN	TN	
	Carl E.	Son		M	W	1-1/12	S	TN	TN	TN	
	David	Father		M	W	55	W	TN	TN	TN	
Phillips,	John	Boarder		M	W	28	D	TN	TN	TN	Coal Miner
Stults,	James	Head	R	M	W	26	M	TN	TN	TN	Coal Miner
	Stella	Wife		F	W	22	M	TN	TN	TN	
	Ernest	Son		M	W	6	S	TN	TN	TN	
	Thelma	Dau.		F	W	5	S	TN	TN	TN	
	Hoppy F.	Mother		F	W	65	W	TN	TN	TN	
Banks,	William M.	Head	R	M	W	26	M	TN	TN	TN	Coal Miner
	Irene	Wife		F	W	24	M	TN	TN	TN	
	Luvenia	Dau.		F	W	7	S	TN	TN	TN	
	William R.	Son		M	W	5	S	TN	TN	TN	
	James W.	Son		M	W	1-8/12	S	TN	TN	TN	

1920 Fentress Co. TN Census

Civil District No. 4

Name		Relation-ship	House Own or Rent	Sex	Color or Race	Age	Married Single Widow	Birth Place	Fathers Birth Place	Mothers Birth Place	Trade
Pyham,	Robert	Head	R	M	W	28	M	GA	GA	GA	Coal Mine Foreman
	Mollie	Wife		F	W	25	M	TN	TN	TN	
	Charlie E.	Son		M	W	6	S	TN	TN	TN	
	Evert	Son		M	W	3-7/12	S	TN	GA	TN	
	Carlis	Son		M	W	1-3/12	S	TN	TN	TN	
Crockett,	Alma	Servant		F	W	19	S	TN	TN	TN	Cook
Frasier,	James	Head	R	M	W	40	M	TN	TN	TN	Coal Miner
	Mary L.	Wife		F	W	34	M	TN	TN	TN	
	May J.	Dau.		F	W	14	S	TN	TN	TN	
	Nellie F.	Dau.		F	W	11	S	TN	TN	TN	
	Susie M.	Dau.		F	W	4-7/12	S	TN	TN	TN	
Scarbrough,	Man	Head	R	M	W	48	M	TN	TN	TN	Coal Miner
	Maggie	Wife		F	W	40	M	TN	TN	TN	
	Henry	Son		M	W	17	S	TN	TN	TN	Coal Miner
	Effie	Dau.		F	W	15	S	TN	TN	TN	
	Arthur	Son		M	W	11	S	TN	TN	TN	
	Lula	Dau.		F	W	7	S	TN	TN	TN	
	Earl R.	Son		M	W	11/12	S	TN	TN	TN	
Watson,	Tom	Head	R	M	W	55	M	TN	TN	TN	Coal Miner
	Sarah	Wife		F	W	54	M	TN	TN	TN	
	George	Son		M	W	29	S	TN	TN	TN	Coal Miner
	Luther	Son		M	W	20	S	TN	TN	TN	Coal Miner
	Ethel	Dau.		F	W	18	S	TN	TN	TN	
	Thomas	Son		M	W	16	S	TN	TN	TN	Coal Miner
	May	Dau.		F	W	12	S	TN	TN	TN	
	Stacy	Son		M	W	9	S	TN	TN	TN	
	Hazel	Granddau.		F	W	7	S	TN	TN	TN	
	Agie	Granddau.		F	W	5	S	TN	TN	TN	
Wilson,	Esan	Head	R	M	W	41	M	TN	TN	TN	Coal Miner
	Ollie	Wife		F	W	41	M	KY	KY	TN	
	Bell	Dau.		F	W	10	S	TN	TN	KY	
	Woodrow	Son		M	W	3-3/12	S	TN	TN	KY	
	Admiral	Son		M	W	1-11/12	S	TN	TN	KY	
	Boy	Son		M	W	1/12	S	TN	TN	KY	
Moore,	Tom S.	Step son		M	W	22	S	KY	TN	KY	Coal Mine Motorman
	Will H.	Step son		M	W	18	S	KY	TN	KY	Coal Mine Motorman
	Ambro	Step son		M	W	16	S	KY	TN	KY	Office Janitor
Elmore,	Frank	Head	R	M	W	23	M	TN	TN	TN	Carpenter
	Laura L.	Wife		F	W	22	M	TN	TN	TN	
	David F. Jr.	Son		M	W	2-8/12	S	TN	TN	TN	
	Ruth	Dau.		F	W	3/12	S	TN	TN	TN	
Thomason,	Oscar W.	Head	R	M	W	68	M	TN	TN	TN	Bath House Keeper
	Mollie	Wife		F	W	44	M	TN	TN	TN	
	Fannebell	Son		M	W	15	S	TN	TN	TN	
	Louire	Dau.		F	W	11	S	TN	TN	TN	
	Arch E.	Son		M	W	5	S	TN	TN	TN	
Thomason,	Will	Head		M	W	23	M	TN	TN	TN	Coal Mine Motorman
	Willie	Wife		F	W	20	M	TN	TN	TN	
	Evel R.	Dau.		F	W	1-3/12	S	TN	TN	TN	
Beaty,	Dewey	Head	R	M	W	21	M	TN	TN	TN	Coal Miner
	Ellen	Wife		F	W	19	M	TN	TN	TN	
	Willard	Son		M	W	2/12	S	TN	TN	TN	

1920 Fentress Co. TN Census

Name		Relation-ship	House Own or Rent	Sex	Color or Race	Age	Married Single Widow	Birth Place	Fathers Birth Place	Mothers Birth Place	Trade
						Civil District No. 4					
Bryant,	Barzella	Head	R	F	W	60	W	TN	TN	TN	
	Marion	Son		M	W	22	S	KY	TN	TN	Coal Mine Motorman
	Rosco	Son		M	W	10	S	KY	TN	TN	
	Walter	Boarder		M	W	18	M	KY	TN	TN	Coal Miner
	Ellen,	Wife		F	W	20	M	KY	KY	KY	
	Lorane	Dau.		F	W	1-5/12	S	TN	KY	KY	
	Ruby	Granddau.		F	W	2-6/12	S	KY	KY	KY	
Burtnette,	Qunice	Head	R	M	W	22	M	TN	TN	TN	Coal Miner
	Alice	Wife		F	W	23	M	TN	TN	TN	
	Lavene	Dau.		F	W	1-2/12	S	TN	TN	TN	
Hoover,	Joe	Head	R	M	W	23	M	TN	TN	TN	Coal Miner
	Nettie	Wife		F	W	20	M	TN	TN	TN	
	Oliver	Son		M	W	2-3/12	S	TN	TN	TN	
Ashburn,	Donne	Head	R	M	W	30	M	TN	TN	TN	Coal Miner
	Dovie	Wife		F	W	30	M	TN	TN	TN	
	Ruby	Son		M	W	10	S	TN	TN	TN	
	J.L.	Son		M	W	4-3/12	S	TN	TN	TN	
Drewry,	Bill	Head	R	M	W	25	M	TN	TN	TN	Coal Mine Check Wayman
	Pearl	Wife		F	W	23	M	TN	TN	TN	
	Dolpy	Son		M	W	6	S	TN	TN	TN	
	Alice	Dau.		F	W	3-11/12	S	TN	TN	TN	
	Geneve	Dau.		F	W	1-6/12	S	TN	TN	TN	
Newcone,	Lou	Boarder		M	W	18	S	TN	TN	TN	Coal Miner
Umphrey,	Bige	Head	R	M	W	20	M	KY	KY	KY	Coal Miner
	Josie	Wife		F	W	15	M	TN	TN	TN	
Mathews,	Rogan	Servant		F	W	19	S	TN	TN	TN	Cook
	Virginia	Lodger		M	W	1-6/12	S	TN	TN	TN	
Umphrey,	Frank W.	Head	R	M	W	57	M	KY	KY	KY	Coal Miner
	Rebecca	Wife		F	W	44	M	KY	KY	KY	
	Nannie	Dau.		F	W	14	S	TN	KY	KY	
	Mary M.	Dau.		F	W	12	S	TN	TN	TN	
	Willard G.	Son		M	W	8	S	TN	TN	TN	
	Hattie O.	Dau.		F	W	5	S	TN	TN	TN	
	John W.	Son		M	W	2-11/12	S	TN	TN	TN	
Hoover,	William M.	Head	R	M	W	58	W	TN	TN	TN	Coal Mine Fireman
Williams,	Leeann	Head	R	F	W	64	W	TN	VA	TN	
	Conrad	Son		M	W	34	S	TN	TN	TN	
Kilby,	David	Head	R	M	W	36	M	TN	TN	TN	Coal Miner
	Carry	Wife		F	W	29	M	TN	TN	TN	
	Mary	Dau.		F	W	14	S	TN	TN	TN	
	Bonnie	Dau.		F	W	14	S	TN	TN	TN	
	James	Son		M	W	11	S	TN	TN	TN	
	Eva	Dau.		F	W	1-6/12	S	KY	TN	TN	
Worley,	Will	Head	R	M	W	25	M	TN	TN	TN	Coal Miner
	Maggie	Wife		F	W	19	M	TN	TN	TN	
	Ruby E.	Dau.		F	W	1-7/12	S	TN	TN	TN	
	Nannie	Dau.		F	W	5/12	S	TN	TN	TN	
Page,	Ray	Head	R	M	W	35	M	TN	TN	TN	Coal Miner
	Viney	Wife		F	W	30	M	TN	TN	TN	
	May E.	Dau.		F	W	7	S	TN	TN	TN	
	Vonie N.	Dau.		F	W	1-8/12	S	TN	TN	TN	

1920 Fentress Co. TN Census

Name		Relation -ship	House Own or Rent	Sex	Color or Race	Age	Married Single Widow	Birth Place	Fathers Birth Place	Mothers Birth Place	Trade
						Civil District No. 4					
Tipton,	Marthy	Head	R	F	W	51	W	TN	TN	KY	
	Evert	Son		M	W	26	S	TN	TN	TN	Coal Miner
	Hobert	Son		M	W	22	S	TN	TN	TN	Coal Miner
	Ester	Dau.		F	W	19	S	TN	TN	TN	
	Raymond	Son		M	W	16	S	TN	TN	TN	
Crockett,	David	Head	R	M	W	44	W	TN	TN	TN	Coal Miner
	Elsie	Dau.		F	W	14	S	TN	TN	TN	
	Ruby	Dau.		F	W	12	S	TN	TN	TN	
	Porter	Son		M	W	10	S	TN	TN	TN	
	James	Son		M	W	8	S	TN	TN	TN	
Duncan,	Harry	Head	R	M	W	32	M	TN	TN	TN	Coal Miner
	Lue	Wife		F	W	26	M	TN	TN	TN	
	Hary Jr.	Son		M	W	6	S	TN	TN	TN	
Hood,	John H.	Head	R	M	W	55	M	TN	TN	TN	Coal & Supply Driver
	Nancy C.	Wife		F	W	44	M	TN	TN	TN	
	Maggie	Dau.		F	W	17	S	TN	TN	TN	
	Johnie	Son		M	W	16	S	TN	TN	TN	
Burden,	Casto	Head	R	M	W	23	M	TN	TN	TN	Coal Miner
	Gertie	Wife		F	W	22	M	TN	TN	TN	
Franklin,	Grover	Head	R	M	W	26	M	KY	KY	KY	Coal Miner
	Martha	Wife		F	W	31	M	TN	TN	TN	
	Cliford	Son		M	W	2-1/12	S	TN	KY	TN	
	Edith M.	Dau.		F	W	1-1/12	S	TN	KY	TN	
Abston,	George W.	Head	R	M	W	53	M	TN	IA	KY	Farmer
	Mirtie R.	Wife		F	W	37	M	KY	TN	IL	
	Beecher	Son		M	W	5	S	KY	TN	KY	
	Robert E.	Son		M	W	4-10/12	S	KY	TN	KY	
	Ruby C.	Dau.		F	W	2-10/12	S	TN	TN	KY	
	Edith M.	Dau.		F	W	5/12	S	TN	TN	KY	
Franklin,	Van	Head	R	M	W	57	M	TN	TN	TN	Grocery Griver
	Liza J.	Wife		F	W	59	M	IL	KY	KY	
England,	Dimzy	Head	R	M	W	27	M	TN	TN	TN	Coal Mine Laborer
	Mattie	Wife		F	W	24	M	TN	TN	TN	
	Price	Son		M	W	1-3/12	S	TN	TN	TN	
Franklin,	Dick	Head	R	M	W	22	M	KY	KY	KY	Coal Miner
	Corry L.	Wife		F	W	20	M	KY	KY	KY	
Abston,	Joshua	Head	R	M	W	64	M	KY	MO	KY	Laborer
	Sarah	Wife		F	W	50	M	TN	TN	TN	
Elmore,	Bradford	Head	R	M	W	27	M	TN	TN	TN	Coal Miner
	Ida	Wife		F	W	27	M	TN	TN	TN	
	Eskell	Son		M	W	7	S	TN	TN	TN	
	Rufus	Son		M	W	1-1/12	S	TN	TN	TN	
England,	Corbet	Head	R	M	W	21	M	TN	TN	TN	Coal Miner
	Maud	Wife		F	W	20	M	TN	TN	TN	
	Alma	Dau.		F	W	8/12	S	TN	TN	TN	

1920 Fentress Co. TN Census

Name		Relation-ship	House Own or Rent	Sex	Color or Race	Age	Married Single Widow	Birth Place	Fathers Birth Place	Mothers Birth Place	Trade

Civil District No. 4

Name		Relation-ship	House Own or Rent	Sex	Color or Race	Age	Married Single Widow	Birth Place	Fathers Birth Place	Mothers Birth Place	Trade
Williams,	William H.	Head	R	M	W	52	M	TN	TN	TN	Coal Miner
	Ollie	Wife		F	W	36	M	TN	TN	TN	
	Audie O.	Son		M	W	19	S	TN	TN	TN	Coal Miner
	John T.	Son		M	W	17	S	TN	TN	TN	Coal Miner
	Lizzie D.	Dau.		F	W	13	S	TN	TN	TN	
	Walter D.	Son		M	W	6	S	TN	TN	TN	
	Lola M.	Dau.		F	W	5	S	TN	TN	TN	
	Arthur L.	Son		M	W	1-8/12	S	TN	TN	TN	
Hargus,	Tennessee	Head	R	F	W	57	W	TN	TN	TN	
	Herley	Grandson		M	W	18	S	TN	TN	TN	Coal Miner
Sims,	K.P.	Head	R	M	W	51	M	TN	TN	TN	Coal Miner
	Cinda L.	Wife		F	W	48	M	TN	TN	TN	
	Andrew S.	Son		M	W	17	S	TN	TN	TN	Motor Car Couplier
	Rosa L.	Dau.		F	W	11	S	TN	TN	TN	
	Walter J.	Son		M	W	8	S	TN	TN	TN	
Mullinix,	Vina S.	Head	R	F	W	43	S	TN	TN	TN	Post Mistress
Pogue,	Hattie M.	Neice		F	W	24	S	TN	TN	TN	Hotel Keeper
Anderson,	James E.	Lodger		M	W	12	S	TN	TN	TN	
	Charlie D.	Boarder		M	W	21	S	AR	AR	AR	Coal Miner
Stone,	Eanulas A.	Boarder		M	W	46	S	TN	TN	TN	Coal Miner
Alexander,	Sam	Boarder		M	W	26	S	TN	TN	TN	Coal Miner
	Charlie W.	Boarder		M	W	23	S	TN	TN	TN	Coal Miner
Burden,	Edgar	Boarder		M	W	28	S	TN	TN	TN	Coal Miner
Crownover,	James	Boarder		M	W	20	S	TN	TN	TN	Coal Miner
Beaty,	Lesley	Boarder		M	W	25	S	TN	TN	TN	Coal Miner
Newcone,	Parris	Boarder		M	W	19	S	TN	TN	TN	Coal Miner
Wilson,	Isaac	Boarder		M	W	42	M	TN	TN	TN	Coal Miner
	Lizzia	Boarder		F	W	35	M	TN	TN	TN	
West,	Wina L.	Servant		F	W	18	S	TN	TN	TN	Hotel Cook
Rutherford,	John W.	Head	R	M	W	32	M	TN	TN	TN	Coal Mine Bookeeper
	Isabell C.	Wife		F	W	25	M	OH	OH	OH	
	Carolyn M.	Dau.		F	W	6	S	GA	TN	OH	
	Sarah L.	Dau.		F	W	4-11/12	S	TN	TN	OH	
	Walter R.	Son		M	W	1-7/12	S	TN	TN	OH	
Gibson,	Edward E.	Head	R	M	W	27	M	TN	TN	TN	Coal Mine Cashier
	Clarice D.	Wife		F	W	25	M	TN	TN	OH	
	Frances D.	Dau.		F	W	6	S	TN	TN	TN	
	Hellen	Dau.		F	W	3-11/12	S	TN	TN	TN	
Crockett,	Odie P.	Head	R	M	W	39	M	TN	TN	TN	Coal Miner
	Sarah	Wife		F	W	39	M	TN	TN	TN	
	Ina	Dau.		F	W	17	S	TN	TN	TN	
	Hobert	Son		M	W	14	S	TN	TN	TN	
	Virgie	Dau.		F	W	12	S	TN	TN	TN	
	Shelley	Son		M	W	9	S	TN	TN	TN	
	Ernest	Son		M	W	7	S	TN	TN	TN	
	Pearl	Dau.		F	W	3-9/12	S	TN	TN	TN	
	Alva	Dau.		F	W	6/12	S	TN	TN	TN	
Nance,	Arthur	Head	R	M	W	36	M	TN	TN	TN	Coal Miner
	Daisy	Wife		F	W	36	M	TN	TN	TN	
	Charlie E.	Son		M	W	14	S	AR	TN	TN	
	Carol M.	Son		M	W	13	S	TN	TN	TN	
	Ernest A.	Son		M	W	8	S	TN	TN	TN	
	Eugene	Son		M	W	4-6/12	S	TN	TN	TN	
	Elizabeth	Dau.		F	W	1-6/12	S	TN	TN	TN	

1920 Fentress Co. TN Census

Name		Relation-ship	House Own or Rent	Sex	Color or Race	Age	Married Single Widow	Birth Place	Fathers Birth Place	Mothers Birth Place	Trade
						Civil District No. 4					
Montgomery,	Millard F.	Head	R	M	W	33	M	TN	TN	TN	Coal Miner
	Alta M.	Wife		F	W	27	M	TN	TN	TN	
	Elma L.	Dau.		F	W	9	S	TN	TN	TN	
	John R.	Son		M	W	8	S	TN	TN	TN	
	Estel	Dau.		F	W	6	S	TN	TN	TN	
	Millard R.	Son		M	W	3-11/12	S	TN	TN	TN	
Higdon,	Dovey	Head	R	F	W	35	W	TN	TN	TN	Boarding House Keeper
	Johnie H.	Son		M	W	15	S	TN	GA	TN	
	Marvin E.	Son		M	W	11	S	TN	GA	TN	
Wooton,	Caney	Boarder		M	W	20	S	TN	TN	TN	Coal Miner
Scarlet,	Elijah	Boarder		M	W	50	M	TN	TN	TN	Coal Miner
Smith,	Sherman	Head	R	M	W	49	M	TN	TN	TN	Coal Mine Trackman
	Sofa M.	Wife		F	W	25	M	TN	TN	TN	
	Patrick H.	Son		M	W	19	S	TN	TN	TN	Coal Mine Trackman
	Hugo	Son		M	W	15	S	TN	TN	TN	
	Myrtie M.	Dau.		F	W	12	S	TN	TN	TN	
	Casto W.	Son		M	W	10	S	TN	TN	TN	
	Aspert D.	Son		M	W	4-7/12	S	TN	TN	TN	
	Robert M.	Son		M	W	3-0/12	S	TN	TN	TN	
	Oplas	Son		M	W	1-0/12	S	TN	TN	TN	
Baldwin,	Rufus	Head	R	M	W	27	M	TN	TN	TN	Carpenter
	Bessie	Wife		F	W	24	M	TN	TN	TN	
	Amis	Son		M	W	3/12	S	TN	TN	TN	
Lancaster,	Sam S.	Head	R	M	W	51	M	TN	TN	TN	Coal Mine Pumper
	Sarah	Wife		F	W	46	M	TN	TN	TN	
	Gilbert	Son		M	W	21	S	TN	TN	TN	Coal Miner
	Dennis	Son		M	W	16	S	TN	TN	TN	Motor Car Couplier
	Louise	Dau.		F	W	13	S	TN	TN	TN	
	Lizzie	Dau.		F	W	8	S	TN	TN	TN	
	Geneva	Dau.		F	W	4-0/12	S	TN	TN	TN	
Scroggins,	Ira H.	Head		M	W	25	M	TN	TN	TN	Coal Miner
	Sarah M.	Wife		F	W	25	M	TN	TN	TN	
	Lena M.	Dau.		F	W	2-11/12	S	TN	TN	TN	
	Walter D.	Son		M	W	1-6/12	S	TN	TN	TN	
	Hazel I.	Dau.		F	W	3/12	S	TN	TN	TN	
Sims,	Captain	Head	R	M	W	27	M	TN	TN	TN	Coal Miner
	Dixie L.	Wife		F	W	25	M	TN	TN	TN	
Phillips,	Roe	Father in law		M	W	59	W	TN	TN	TN	
	Melvin	Bro. in law		M	W	15	S	TN	TN	TN	Coal Miner
Goad,	Pierce M.	Head	R	M	W	51	M	TN	TN	TN	Coal Miner
	Lillie	Wife		F	W	28	M	TN	TN	TN	
Ellis,	Kermit	Step son		M	W	6	S	TN	TN	TN	
Goad,	Lozena	Dau.		F	W	3-8/12	S	TN	TN	TN	
Miller,	Dug	Head	R	M	W	31	M	TN	TN	TN	Coal Miner
	Hanna	Wife		F	W	23	M	TN	TN	TN	
	Nellie L.	Dau.		F	W	7	S	TN	TN	TN	
	William M.	Son		M	W	2-6/12	S	TN	TN	TN	
	Esten D.	Son		M	W	11/12	S	TN	TN	TN	
Prater,	Waymon	Head	R	M	W	27	M	TN	TN	TN	Coal Miner
	Laura	Wife		F	W	28	M	TN	TN	TN	
	Waymon Jr.	Son		M	W	3-11/12	S	TN	TN	TN	
	William	Son		M	W	9/12	S	TN	TN	TN	

1920 Fentress Co. TN Census

Name		Relation-ship	House Own or Rent	Sex	Color or Race	Age	Married Single Widow	Birth Place	Fathers Birth Place	Mothers Birth Place	Trade
						Civil District No. 4					
Newman,	Willie	Head	R	M	W	32	M	TN	TN	TN	Coal Miner
	Ova	Wife		F	W	24	M	TN	TN	TN	
	George E.	Son		M	W	9	S	TN	TN	TN	
	Richie P.	Dau.		F	W	4-2/12	S	TN	TN	TN	
	Ona M.	Dau.		F	W	1-5/12	S	TN	TN	TN	
Scarbough,	Gilbert	Head	R	M	W	25	M	TN	TN	TN	Coal Miner
	Birchis	Wife		F	W	18	M	TN	TN	TN	
	Agnes	Dau.		F	W	2/12	S	TN	TN	TN	
Jenkins,	Dan T.	Head	R	M	W	42	M	TN	TN	TN	Coal Mine Inspector
	May	Wife		F	W	32	M	TN	TN	TN	
	Carol W.	Son		M	W	11	S	TN	TN	TN	
	Kate L.	Dau.		F	W	9	S	TN	TN	TN	
	Willie C.	Dau.		F	W	6	S	TN	TN	TN	
	Robert U.	Son		M	W	4-9/12	S	TN	TN	TN	
Neal,	William M.	Head	R	M	W	33	M	TN	TN	TN	Coal Miner
	Mary A.	Wife		F	W	32	M	TN	TN	TN	
	Martha L.	Dau.		F	W	11	S	TN	TN	TN	
	Georgia L.	Dau.		F	W	8	S	TN	TN	TN	
	James D.	Son		M	W	6	S	TN	TN	TN	
	Carol	Son		M	W	3-6/12	S	TN	TN	TN	
	Ruth	Dau.		F	W	1-0/12	S	TN	TN	TN	
Ellis,	Jeff D.	Head	R	M	W	55	M	TN	TN	TN	Coal Miner
	Mary L.	Wife		F	W	55	M	TN	TN	TN	
Custard,	Enliss K.	Head	R	M	W	49	M	PA	PA	PA	Coal Mine Superindent
	Catherine V.	Wife		F	W	46	M	WV	Ireland	Scotland	
	Clifford	Son		M	W	14	S	WV	PA	WV	
	Rose F.	Neice		F	W	4-10/12	S	WV	PA	WV	
Stults,	Monge L.	Head	R	M	W	33	M	TN	TN	TN	Coal Mine Motorman
	Mamy	Wife		F	W	27	M	TN	TN	TN	
	Lusus L.	Son		M	W	11	S	TN	TN	TN	
	Dovie	Dau.		F	W	9	S	TN	TN	TN	
	Earl	Son		M	W	7	S	TN	TN	TN	
	Odis	Dau.		F	W	1-11/12	S	TN	TN	TN	
Cravins,	Jackson B.	Head	R	M	W	31	M	TN	TN	TN	General Store Salesman
	May	Wife		F	W	25	M	TN	TN	TN	
Smith,	Byrd	Boarder		F	W	30	S	AL	VA	KY	Dry Goods Store Clerk
Elmore,	Joe C.	Head	R	M	W	28	M	TN	TN	TN	Carpenter
	Laura B.	Wife		F	W	29	M	NC	NC	NC	
	Paul	Son		M	W	2-5/12	S	TN	TN	NC	
	Carl E.	Son		M	W	1-2/12	S	TN	TN	NC	
Lawson,	Sue E.	Sister in law		F	W	18	S	NC	NC	NC	
Golemon,	Henry L.	Head	R	M	W	37	M	TX	MS	MS	Carpenter
	Josie B.	Wife		F	W	23	M	TX	TN	TN	
	Abbie V.	Dau.		F	W	2-9/12	S	TX	TX	TX	

1920 Fentress Co. TN Census

Name		Relation-ship	House Own or Rent	Sex	Color or Race	Age	Married Single Widow	Birth Place	Fathers Birth Place	Mothers Birth Place	Trade
						Civil District No. 4					
Hogue,	Albert R.	Head	R	M	W	46	M	TN	TN	TN	Teacher
	Josie	Wife		F	W	34	M	TN	TN	TN	
	Eula V.	Dau.		F	W	12	S	TN	TN	TN	
	Emma	Dau.		F	W	18	S	TN	TN	TN	
	Georgia	Dau.		F	W	11	S	GA	TN	TN	
	Woodrow	Son		M	W	8	S	TN	TN	TN	
	Ethel	Dau.		F	W	5	S	TN	TN	TN	
	Houston R.	Son		M	W	2	S	TN	TN	TN	
Evans,	Rufus E.	Head	R	M	W	37	W	AL	AL	SC	General Store Manager
	Mable A.	Dau.		F	W	14	S	AL	AL	AL	
	Eugene	Son		M	W	12	S	AL	AL	AL	
	Julie A.	Mother		F	W	76	W	SC	SC	SC	
Hannan,	Paul	Boarder		M	W	22	S	AL	AL	AL	
Miller,	Rebecca	Servant		F	W	45	W	KY	KY	KY	Cook
Dosley,	Walter S.	Head	R	M	W	34	M	TN	TN	TN	Doctor
	Lillie	Wife		F	W	30	M	TN	Germany	Germany	
Moles,	William W.	Head	R	M	W	37	M	TN	KY	TN	Coal Miner
	Della C.	Wife		F	W	32	M	KY	KY	KY	
	Ethel L.	Dau.		F	W	15	S	KY	TN	KY	
	Bula M.	Dau.		F	W	13	S	KY	TN	KY	
	Jess J.	Son		M	W	12	S	KY	TN	KY	
	Cora I.	Dau.		F	W	10	S	KY	TN	KY	
	Syntha J.	Dau.		F	W	8	S	KY	TN	KY	
	Porter H.	Son		M	W	7	S	TN	TN	KY	
	Corvel E.	Son		M	W	4-7/12	S	TN	TN	KY	
	Dollie	Dau.		F	W	2-7/12	S	TN	TN	KY	
	Girl	Dau.		F	W	2/12	S	TN	TN	KY	
Copeland,	James	Head	R	M	W	34	M	TN	KY	TN	Coal Miner
	Vennia	Wife		F	W	34	M	TN	TN	TN	
	Ethel	Dau.		F	W	12	S	TN	TN	TN	
	Herbert	Son		M	W	11	S	TN	TN	TN	
	Ava	Dau.		F	W	8	S	TN	TN	TN	
	Willie	Son		M	W	5	S	TN	TN	TN	
	Charlie	Son		M	W	3-5/12	S	TN	TN	TN	
	John M.	Son		M	W	8/12	S	TN	TN	TN	
Hicks,	Richard	Head	R	M	W	73	M	TN	KY	NC	Farmer
	Mary	Wife		F	W	65	M	TN	TN	TN	
	Edna	Granddau.		F	W	16	S	TN	TN	TN	
Wilson,	Frank	Head	R	M	W	35	M	TN	TN	TN	Coal Mine Fireman
	Jirley A.	Wife		F	W	29	M	TN	TN	TN	
	Jessey M.	Son		M	W	9	S	TN	TN	TN	
	Woodrow	Son		M	W	6	S	TN	TN	TN	
	Cledas	Son		M	W	4-6/12	S	TN	TN	TN	
	Lela	Dau.		F	W	1-4/12	S	TN	TN	TN	
Stephens,	Benton	Head	R	M	W	31	M	TN	TN	TN	Coal Miner
	Mattie L.	Wife		F	W	31	M	TN	TN	TN	
	Thelma	Dau.		F	W	8	S	TN	TN	TN	
	Edith F.	Dau.		F	W	6	S	TN	TN	TN	
	Leon	Son		M	W	2-1/12	S	TN	TN	TN	
Morgan,	John A.	Head	O	M	W	76	M	TN	TN	NC	Farmer
	Elizabeth	Wife		F	W	72	M	TN	TN	TN	
Huddleston,	Margret	Sister in law		F	W	55	W	TN	TN	TN	

1920 Fentress Co. TN Census

Name		Relation -ship	House Own or Rent	Sex	Color or Race	Age	Married Single Widow	Birth Place	Fathers Birth Place	Mothers Birth Place	Trade

Civil District No. 4

Name		Relation -ship	House Own or Rent	Sex	Color or Race	Age	Married Single Widow	Birth Place	Fathers Birth Place	Mothers Birth Place	Trade
Cook,	George W.	Head	R	M	W	38	M	TN	TN	TN	Farmer
	Sarah	Wife		F	W	37	M	TN	TN	TN	
	Elenes	Son		M	W	17	S	TN	TN	TN	Coal Miner
	James A.	Son		M	W	14	S	TN	TN	TN	Farm Laborer
	Farris	Son		M	W	11	S	TN	TN	TN	
	Wilburn D.	Son		M	W	8	S	TN	TN	TN	
	Tennessee	Dau.		F	W	6	S	TN	TN	TN	
	Clelis	Son		M	W	4-8/12	S	TN	TN	TN	
	Pearl	Dau.		F	W	3-4/12	S	TN	TN	TN	
	Rosey	Dau.		F	W	1-9/12	S	TN	TN	TN	
	Jack J.	Father		M	W	72	W	TN	AL	TN	
Goney,	George W.	Head	O	M	W	54	M	TN	TN	TN	Farmer
	Gerry B.	Wife		F	W	50	M	TN	TN	TN	
Beaty,	Andrew J.	Nephew		M	W	10	S	TN	TN	TN	
Stephens,	William J.	Head	R	M	W	37	M	TN	TN	TN	Farmer
	Ann	Wife		F	W	33	M	TN	TN	TN	Farm Laborer
	Pearl B.	Dau.		F	W	15	S	TN	TN	TN	Farm Laborer
	Sam D.	Son		M	W	12	S	TN	TN	TN	Farm Laborer
	Dollie M.	Dau.		F	W	11	S	TN	TN	TN	Farm Laborer
	Ester	Dau.		F	W	9	S	TN	TN	TN	
	Mary J.	Dau.		F	W	6	S	TN	TN	TN	
	Clytie L.	Dau.		F	W	5	S	TN	TN	TN	
Jones,	Sam	Head	R	M	W	38	M	TN	TN	TN	Farmer
	Jane	Wife		F	W	37	M	TN	TN	TN	
	Bessie I.	Dau.		F	W	13	S	TN	TN	TN	
	Lena M.	Dau.		F	W	12	S	TN	TN	TN	
	Walter R.	Son		M	W	7	S	TN	TN	TN	
	Roy E.	Son		M	W	4-11/12	S	TN	TN	TN	
	Joe A.	Dau.		F	W	2-11/12	S	TN	TN	TN	
	Sam	Son		M	W	8/12	S	TN	TN	TN	
Beaty,	James B.	Head	R	M	W	49	M	TN	TN	TN	Farmer
	Lottie A.	Wife		F	W	42	M	TN	TN	TN	
Bledsoe,	James W.	Head	R	M	W	67	M	TN	TN	TN	Saw Mill Laborer
	Mary A.	Wife		F	W	64	M	TN	TN	TN	
Jorden,	Joe	Head	R	M	W	32	M	TN	NC	NC	Hall Lumber Laborer
	Lizzie	Wife		F	W	27	M	TN	TN	TN	Farm Laborer
	Addie	Dau.		F	W	8	S	TN	TN	TN	
	Stella	Dau.		F	W	6	S	TN	TN	TN	
	William	Son		M	W	5	S	TN	TN	TN	
	Myrtle	Dau.		F	W	4-0/12	S	TN	TN	TN	
	Tomey	Son		M	W	11/12	S	TN	TN	TN	
Beaty,	Jess	Head	O	M	W	70	M	TN	TN	TN	Farmer
	Sarah J.	Wife		F	W	68	M	KY	KY	KY	
	David B.	Son		M	W	24	S	TN	TN	KY	Saw Mill Laborer
Bilbrey,	Noley L.	Granddau.		F	W	14	S	TN	TN	TN	
Beaty,	James	Head	R	M	W	43	M	TN	TN	TN	General Store Merchant
	Alice	Wife		F	W	27	M	TN	TN	TN	
	Blanch B.	Dau.		F	W	1-1/12	S	TN	TN	TN	
	High	Brother		M	W	47	M	TN	TN	TN	Teamster

Name		Relation -ship	House Own or Rent	Sex	Color or Race	Age	Married Single Widow	Birth Place	Fathers Birth Place	Mothers Birth Place	Trade
						Civil District No. 4					
Atkins,	Granvil	Head	R	M	W	55	W	TN	TN	TN	
	Dozie M.	Dau.		F	W	14	S	TN	TN	TN	
	Albert R.	Son		M	W	23	S	TN	TN	TN	Saw Mill Laborer
	Gardner	Son		M	W	20	S	TN	TN	TN	Saw Mill Laborer
Cook,	Tom	Head	O	M	W	40	M	TN	TN	TN	Farmer
	Liza	Wife		F	W	37	M	TN	TN	TN	
	Minnie	Dau.		F	W	17	S	TN	TN	TN	
	Martha	Dau.		F	W	14	S	TN	TN	TN	
	Myrtle	Dau.		F	W	13	S	TN	TN	TN	
	Walter	Son		M	W	11	S	TN	TN	TN	
	Duris	Son		M	W	9	S	TN	TN	TN	
	Tilda	Dau.		F	W	7	S	TN	TN	TN	
	Elsie	Dau.		F	W	5	S	TN	TN	TN	
	Wesley	Son		M	W	3-6/12	S	TN	TN	TN	
	Mary	Dau.		F	W	1-1/12	S	TN	TN	TN	
Bledsoe,	George	Head	R	M	W	30	M	TN	TN	TN	Saw Mill Laborer
	Amanda	Wife		F	W	21	M	TN	TN	TN	
	Kellie	Son		M	W	3-5/12	S	TN	TN	TN	
	Idus	Son		M	W	1-9/12	S	TN	TN	TN	
Overstreet,	Bill	Head	R	M	W	51	M	TN	TN	TN	Mail Carrier
	Bell	Wife		F	W	52	M	TN	TN	TN	
	Wyle	Son		M	W	16	S	TN	TN	TN	Grocery Driver.
	Marion	Son		M	W	14	S	TN	TN	TN	
	Maggie	Dau.		F	W	12	S	TN	TN	TN	
York,	Thomas L.	Head	R	M	W	48	M	KY	TN	TN	Farmer
	Mary E.	Wife		F	W	38	M	TN	TN	TN	
	Nora E.	Dau.		F	W	16	S	TN	KY	TN	
	Arnold	Son		M	W	13	S	TN	KY	TN	
	Raymond	Son		M	W	9	S	TN	KY	TN	
	Julie A.	Dau.		F	W	7	S	TN	KY	TN	
	Rose L.	Dau.		F	W	9/12	S	TN	KY	TN	
Carr,	George C.	Head	R	M	W	50	M	TN	TN	TN	Log Woods Laborer
	Sarah.L.	Wife		F	W	42	M	TN	TN	TN	
	Arthur	Son		M	W	4-11/12	S	TN	TN	TN	
Bilbery,	Joe	Step son		M	W	9	S	TN	TN	TN	
Jones,	Marion	Head	R	M	W	33	M	TN	TN	TN	Tie Woods Laborer
	Bertha	Wife		F	W	34	M	KY	KY	KY	
	Sidney	Son		M	W	10	S	TN	TN	KY	
	Cody	Son		M	W	9	S	TN	TN	KY	
	Conley	Son		M	W	6	S	TN	TN	KY	
	Stanley	Son		M	W	4-3/12	S	TN	TN	KY	
	Jannie	Dau.		F	W	2-4/12	S	TN	TN	KY	
Hicks,	Richard C.	Head	R	M	W	44	M	TN	TN	TN	Farmer
	Rissie R.	Wife		F	W	32	M	TN	TN	TN	
	David	Son		M	W	12	S	TN	TN	TN	
	Mary E.	Dau.		F	W	11	S	TN	TN	TN	
	Grover C.	Son		M	W	9	S	TN	TN	TN	
	Anney B.	Dau.		F	W	6	S	TN	TN	TN	
	Richard A.	Son		M	W	2-11/12	S	TN	TN	TN	

1920 Fentress Co. TN Census

Name		Relation-ship	House Own or Rent	Sex	Color or Race	Age	Married Single Widow	Birth Place	Fathers Birth Place	Mothers Birth Place	Trade
							Civil District No. 4				
Linder,	James	Head	O	M	W	49	M	TN	TN	TN	Farmer
	Rebecca	Wife		F	W	41	M	TN	TN	TN	
	Porter	Son		M	W	17	S	TN	TN	TN	Farm Laborer
	Liza	Dau.		F	W	14	S	TN	TN	TN	
	Russie	Son		M	W	11	S	TN	TN	TN	
	Carson	Son		M	W	9	S	TN	TN	TN	
	Rose L.	Dau.		F	W	7	S	TN	TN	TN	
	Stella M.	Dau.		F	W	4-4/12	S	TN	TN	TN	
	Queonia	Dau.		F	W	2	S	TN	TN	TN	
Todd,	George C.	Head	O	M	W	42	M	TN	VA	VA	Farmer
	Catherine	Wife		F	W	34	M	TN	TN	TN	
	Florance	Dau.		F	W	12	S	TN	TN	TN	
	Sam	Son		M	W	10	S	TN	TN	TN	
	Willis	Son		M	W	9	S	TN	TN	TN	
	Elsie	Dau.		F	W	7	S	TN	TN	TN	
	Hilda	Dau.		F	W	5	S	TN	TN	TN	
	Rufus	Son		M	W	3-7/12	S	TN	TN	TN	
	Johnie	Son		M	W	1-2/12	S	TN	TN	TN	
Todd,	William J.	Head	O	M	W	66	M	VA	VA	VA	Farmer
	Vandora	Wife		F	W	46	M	TN	TN	TN	
	Lloyd	Son		M	W	17	S	TN	VA	TN	Farm Laborer
	Ruly	Dau.		F	W	14	S	TN	VA	TN	
	Alte P.	Dau.		F	W	12	S	TN	VA	TN	
	Curtis A.	Son		M	W	9	S	TN	VA	TN	
	Ernest L.	Son		M	W	7	S	TN	VA	TN	
	Carman	Son		M	W	4-1/12	S	TN	VA	TN	
White,	Maggie	Dau.		F	W	19	M	TN	VA	TN	
Collins,	Lee	Head	O	M	W	45	M	KY	KY	KY	Farmer
	Lillie B.	Wife		F	W	36	M	KY	KY	KY	
	Laura E.	Dau.		F	W	16	S	KY	KY	KY	
	Myrtle B.	Dau.		F	W	15	S	KY	KY	KY	
	William W.	Son		M	W	13	S	TN	KY	KY	
	Porter L.	Son		M	W	11	S	KY	KY	KY	
	Virgil E.	Son		M	W	9	S	TN	KY	KY	
	Chancy	Son		M	W	6	S	TN	KY	KY	
	Delzie	Dau.		F	W	2	S	TN	KY	KY	
Young,	John C.	Head	O	M	W	44	M	TN	TN	TN	Farmer
	Matilda	Wife		F	W	32	M	TN	VA	TN	
	Mary F.	Dau.		F	W	16	S	TN	TN	TN	
	Dewey	Son		M	W	14	S	TN	TN	TN	Farm Laborer
	Sherman W.	Son		M	W	11	S	TN	TN	TN	Farm Laborer
	Chester R.	Son		M	W	9	S	TN	TN	TN	
	Teddie R.	Son		M	W	7	S	TN	TN	TN	
	Carrie E.	Dau.		F	W	5	S	TN	TN	TN	
	Isaac R.	Son		M	W	3-11/12	S	TN	TN	TN	
	Maggie M.	Dau.		F	W	1-0/12	S	TN	TN	TN	
	Jeriah	Mother		F	W	67	W	TN	TN	TN	
Stephens,	James T.	Head	O	M	W	30	M	TN	TN	TN	Farmer
	Viola D.	Wife		F	W	26	M	TN	TN	TN	
	Delta L.	Dau.		F	W	4-10/12	S	TN	TN	TN	
	Shirley	Son		M	W	3-1/12	S	TN	TN	TN	
	Cordell	Son		M	W	1-4/12	S	TN	TN	TN	

1920 Fentress Co. TN Census

Name		Relation-ship	House Own or Rent	Sex	Color or Race	Age	Married Single Widow	Birth Place	Fathers Birth Place	Mothers Birth Place	Trade
						Civil District No. 4					
Todd,	Martin L.	Head	O	M	W	44	M	TN	TN	VA	Farmer
	Rose B.	Wife		F	W	41	M	TN	TN	TN	
	Mary L.	Dau.		F	W	23	S	TN	TN	TN	
	Ina B.	Dau.		F	W	7	S	TN	TN	TN	
Todd,	Ira L.	Head	O	M	W	26	M	TN	VA	VA	Farmer
	Liza	Wife		F	W	23	M	TN	TN	TN	
	Charlie L.	Son		M	W	4-11/12	S	TN	TN	TN	
	Tobitha J.	Mother		F	W	64	W	VA	VA	VA	
	Tilda J.	Sister in law		F	W	36	W	TN	TN	TN	
	Mary B.	Niece		F	W	2-1/12	S	TN	TN	TN	
	Hiden	Nephew		M	W	17	S	TN	TN	TN	Stave Mill Laborer
Head,	John M.	Head	O	M	W	28	M	TN	TN	TN	Carpenter
	Clemire	Wife		F	W	17	M	TN	TN	TN	
Codey,	Virgil	Head	O	M	W	31	M	TN	TN	TN	Farmer
	Zonie	Wife		F	W	25	M	TN	TN	TN	
	Leonard	Son		M	W	7	S	TN	TN	TN	
	Luceal	Dau.		F	W	5	S	TN	TN	TN	
	Lensey	Son		M	W	3	S	TN	TN	TN	
Key,	Billie	Head	O	M	W	34	M	TN	TN	KY	Farmer
	Ida F.	Wife		F	W	25	M	TN	TN	IL	
	Stacy E.	Dau.		F	W	14	S	TN	TN	TN	
	Rufus L.	Son		M	W	10	S	TN	TN	TN	
	Ethel	Dau.		F	W	12	S	TN	TN	TN	
	Arnold	Son		M	W	7	S	TN	TN	TN	
	Coy S.	Son		M	W	4-6/12	S	TN	TN	TN	
	Gold	Dau.		F	W	1-1/12	S	TN	TN	TN	
Todd,	Bruns	Head	O	M	W	37	M	TN	VA	VA	Farmer
	Verina	Wife		F	W	36	M	TN	TN	TN	
	Earl	Son		M	W	15	S	TN	TN	TN	Farm Laborer
	Claud	Son		M	W	12	S	TN	TN	TN	Farm Laborer
	Herman	Son		M	W	10	S	TN	TN	TN	
	Lester	Son		M	W	9	S	TN	TN	TN	
	Nina	Dau.		F	W	6	S	TN	TN	TN	
	Willie	Son		M	W	4-4/12	S	TN	TN	TN	
	Carson	Son		M	W	2-2/12	S	TN	TN	TN	
Todd,	Steven R.	Head	O	M	W	51	M	VA	VA	VA	Farmer
	Gracie C.	Wife		F	W	50	M	IL	Italy	TN	
	Timey E.	Dau.		F	W	24	S	TN	VA	IL	
	Burton	Son		M	W	29	M	TN	VA	IL	Farm Laborer
	Ida M.	Dau. in law		F	W	21	M	TN	TN	TN	
	Philip A.	Grandson		M	W	1-6/12	S	TN	TN	TN	
Pierie,	Philip	Father in law		M	W	91	W	Italy	Italy	Italy	
Hill,	Benjae H.	Head	R	M	W	31	M	TN	TN	TN	Farmer
	Lula E.	Wife		F	W	32	M	TN	TN	TN	
	Edna V.	Dau.		F	W	10	S	TN	TN	TN	
	Bertha E.	Dau.		F	W	7	S	TN	TN	TN	
	M.C.	Son		M	W	5	S	TN	TN	TN	
	Lucion	Son		M	W	4-1/12	S	TN	TN	TN	
	Girl	Dau.		F	W	4/12	S	TN	TN	TN	

1920 Fentress Co. TN Census

Name		Relation -ship	House Own or Rent	Sex	Color or Race	Age	Married Single Widow	Birth Place	Fathers Birth Place	Mothers Birth Place	Trade
						Civil District No. 4					
Todd,	Daniel R.	Head	O	M	W	50	M	VA	VA	VA	Farmer
	Lottie	Wife		F	W	48	M	IL	Italy	TN	
	Thomas	Son		M	W	18	S	TN	VA	IL	Farm Laborer
	Ruth G.	Dau.		F	W	15	S	TN	VA	IL	
	Delcie M.	Dau.		F	W	11	S	TN	VA	IL	
	Mary B.	Dau.		F	W	9 .	S	TN	VA	IL	
	Carry C.	Dau.		F	W	4-9/12	S	TN	VA	IL	
Baldwin,	Columbus	Head	O	M	W	32	M	TN	TN	TN	Farmer
	Mary	Wife		F	W	28	M	TN	TN	VA	
	Amlet	Son		M	W	11	S	TN	TN	TN	
	Lawrance	Son		M	W	8	S	TN	TN	TN	
	Marie	Dau.		F	W	6	S	TN	TN	TN	
	Geneva	Dau.		F	W	2-8/12	S	TN	TN	TN	
	Merion	Son		M	W	1-1/12	S	TN	TN	TN	
White,	Sherman	Head	O	M	W	32	M	TN	NY	TN	Farmer
	Lawrence	Wife		F	W	30	M	TN	TN	TN	
	Ruth	Dau.		F	W	14	S	TN	TN	TN	
	Wanneta	Dau.		F	W	13	S	TN	TN	TN	
	Leffie	Dau.		F	W	10	S	TN	TN	TN	
	Clelie	Dau.		F	W	8	S	TN	TN	TN	
	Clifford	Son		M	W	2-4/12	S	TN	TN	TN	
McCormick,	Steve D.	Head	R	M	W	40	M	TN	TN	TN	Stave Mill Manager
	Maggie	Wife		F	W	28	M	TN	TN	TN	
	Ruthey	Dau.		F	W	6	S	TN	TN	TN	
	S.D.	Son		M	W	4	S	TN	TN	TN	
Piles,	Charlie	Head	R	M	W	25	M	TN	TN	TN	Stave Mill Laborer
	Ohia	Wife		F	W	26	M	TN	TN	TN	
	Lexie	Dau.		F	W	2-9/12	S	TN	TN	TN	
	Josie	Dau.		F	W	9/12	S	TN	TN	TN	
Gluff,	Charlie	Head	R	M	W	33	M	TN	TN	TN	Stave & Bolts Driver
	Ader	Wife		F	W	22	M	TN	TN	TN	
	Willie H.	Son		M	W	5	S	TN	TN	TN	
	Howard	Son		M	W	3-6/12	S	TN	TN	TN	
Ashburn,	Balant	Head	R	M	W	20	M	TN	TN	TN	Stave & Bolts Driver
	Winnie	Wife		F	W	22	M	TN	TN	TN	
	G.C.	Son		M	W	4/12	S	TN	TN	TN	
	Mae	Boarder		M	W	23	S	TN	TN	TN	Stave & Bolts Driver
Weeks,	Willie	Head	R	M	W	23	M	TN	TN	TN	Timber Cutter
	Avo B.	Wife		F	W	21	M	TN	TN	TN	
	Maggie L.	Dau.		F	W	6	S	TN	TN	TN	
	Rhoda E.	Dau.		F	W	3-0/12	S	TN	TN	TN	
Brown,	John C.	Head	R	M	W	37	M	TN	TN	TN	Stave Mill Fireman
	Arona	Wife		F	W	25	M	TN	TN	TN	
	Allenia	Dau.		F	W	5	S	TN	TN	TN	
	Selina	Dau.		F	W	5	S	TN	TN	TN	
	Albert	Son		M	W	4-4/12	S	TN	TN	TN	
	Avis	Dau.		F	W	1-8/12	S	TN	TN	TN	
Harvill,	Guss	Head	R	M	W	33	M	KY	TN	TN	Stave Mill Laborer
	Easter	Wife		F	W	16	M	TN	TN	TN	

1920 Fentress Co. TN Census

Name		Relation-ship	House Own or Rent	Sex	Color or Race	Age	Married Single Widow	Birth Place	Fathers Birth Place	Mothers Birth Place	Trade
						Civil District No. 4					
Baldwin,	Wyatt W.	Head	O	M	W	45	M	TN	TN	TN	Farmer
	Harriett L.	Wife		F	W	39	M	TN	TN	TN	
	Ernest P.	Son		M	W	15	S	TN	TN	TN	Farm Laborer
	Emmit L.	Son		M	W	12	S	TN	TN	TN	Farm Laborer
	Evert B.	Son		M	W	4	S	TN	TN	TN	
Norris,	Gibson	Head	O	M	W	19	M	TN	TN	TN	Farmer
	Lizzie	Wife		F	W	19	M	TN	TN	TN	
Norris,	Leonard	Head	O	M	W	22	M	TN	TN	TN	Farmer
	Ermin	Wife		F	W	20	M	TN	TN	TN	
Atkinson,	Fletcher	Head	O	M	W	40	M	TN	TN	TN	Farmer
	Lena	Wife		F	W	34	M	TN	TN	TN	
	Gertrude	Dau.		F	W	10	S	TN	TN	TN	
	Gladys	Dau.		F	W	8	S	TN	TN	TN	
	Parmly	Son		M	W	5	S	TN	TN	TN	
	Zola	Dau.		F	W	3-3/12	S	TN	TN	TN	
	Conrad	Son		M	W	10/12	S	TN	TN	TN	
Key,	John M.	Head	R	M	W	41	M	TN	TN	TN	Farmer
	Lottie J.	Wife		F	W	43	M	TN	TN	TN	
	Edwin	Son		M	W	20	S	TN	TN	TN	Farm Laborer
	Elbert	Son		M	W	18	S	TN	TN	TN	Farm Laborer
	Ida	Dau.		F	W	15	S	TN	TN	TN	
	Edgar	Son		M	W	11	S	TN	TN	TN	
	May	Dau.		F	W	9	S	TN	TN	TN	
	Junet	Dau.		F	W	4-6/12	S	TN	TN	TN	
	Maynard	Son		M	W	1-0/12	S	TN	TN	TN	
Stepp,	Millard	Head	O	M	W	34	M	TN	TN	TN	Farmer
	Emma	Wife		F	W	32	M	TN	TN	TN	
	Herman	Son		M	W	11	S	TN	TN	TN	
	Wetthey	Dau.		F	W	10	S	TN	TN	TN	
	Leonard	Son		M	W	7	S	TN	TN	TN	
	Bessie	Dau.		F	W	6	S	TN	TN	TN	
	Bula	Dau.		F	W	4-1/12	S	TN	TN	TN	
	Burris	Son		M	W	1-8/12	S	TN	TN	TN	
Key,	John W.	Head	O	M	W	66	M	TN	TN	TN	Farmer
	Sarah A.	Wife		F	W	56	M	TN	TN	TN	
	Carson	Son		M	W	23	S	TN	TN	TN	Tie & Bolts Laborer
	Lester	?		M	W	17	S	TN	TN	TN	Tie & Bolts Laborer
Elmore,	Matilda	Dau.		F	W	25	W	TN	TN	TN	
	Edith	Granddau.		F	W	10	S	TN	TN	TN	
	Annes	Granddau.		F	W	7	S	TN	TN	TN	
Norris,	Tom J.	Head	O	M	W	63	M	TN	NC	TN	Farmer
	Rhoda J.	Wife		F	W	56	M	TN	TN	TN	
	Bonnie G.	Dau.		F	W	13	S	TN	TN	TN	
Key,	William A.	Head	O	M	W	69	M	TN	TN	TN	Farmer
	Mahale	Wife		F	W	65	M	TN	TN	TN	
Atkinson,	Jackson	Head		M	W	36	M	TN	TN	TN	Farm Laborer
	Minte	Wife		F	W	29	M	TN	TN	TN	
	Ova	Dau.		F	W	13	S	TN	TN	TN	
	Foster	Son		M	W	11	S	TN	TN	TN	
	Fronia	Dau.		F	W	7	S	TN	TN	TN	
	Elmer	Son		M	W	4-8/12	S	TN	TN	TN	
	Luther	Son		M	W	1-1/12	S	TN	TN	TN	

1920 Fentress Co. TN Census

Name		Relation-ship	House Own or Rent	Sex	Color or Race	Age	Married Single Widow	Birth Place	Fathers Birth Place	Mothers Birth Place	Trade
						Civil District No. 4					
Key,	Mitchel	Head	R	M	W	41	M	TN	TN	TN	Farmer
	Lottie J.	Wife		F	W	44	M	TN	TN	TN	
	William E.	Son		M	W	20	S	TN	TN	TN	Farm Laborer
	James E.	Son		M	W	18	S	TN	TN	TN	Farm Laborer
	Ida	Dau.		F	W	15	S	TN	TN	TN	
	Edgar	Son		M	W	12	S	TN	TN	TN	
	May	Dau.		F	W	9	S	TN	TN	TN	
	Holey J.	Dau.		F	W	3-8/12	S	TN	TN	TN	
	Sam E.	Son		M	W	1-0/12	S	TN	TN	TN	
Vaughn,	Ed	Head	O	M	W	50	M	TN	TN	TN	Farmer
	Cinda	Wife		F	W	50	M	TN	TN	TN	
	Austin	Son		M	W	18	S	TN	TN	TN	Farm Laborer
	Hewey	Son		M	W	16	S	TN	TN	TN	Farm Laborer
	Flora	Dau.		F	W	14	S	TN	TN	TN	
	Horace	Son		M	W	11	S	TN	TN	TN	
	Eskel	Son		M	W	8	S	TN	TN	TN	
Howard,	Elise	Head	R	M	W	34	M	TN	TN	TN	Logging Teamster
	Florence	Wife		F	W	29	M	TN	TN	TN	
	Lillie	Dau.		F	W	12	S	TN	TN	TN	
	Berton	Son		M	W	10	S	TN	TN	TN	
	Burris	Son		M	W	7	S	TN	TN	TN	
	Stella	Dau.		F	W	6	S	TN	TN	TN	
	Lester	Son		M	W	4-2/12	S	TN	TN	TN	
	Gurdie	Dau.		F	W	9/12	S	TN	TN	TN	
King,	Matt	Head	R	M	W	38	M	TN	GA	GA	Saw Mill Stationary Engr
	Minnie	Wife		F	W	42	M	NC	TN	NC	
	Johnie	Son		M	W	16	S	TN	TN	NC	
	Frank	Son		M	W	13	S	TN	TN	NC	
	Rob	Brother		M	W	42	D	TN	TN	TN	Saw Mill Fireman
Akins,	Arthur	Boarder		M	W	20	S	TN	TN	TN	Saw Mill Laborer
Knole,	Daniel G.	Head	R	M	W	39	M	TN	TN	TN	Saw Mill Laborer
	Neley E.	Wife		F	W	39	M	TN	TN	TN	
	Rose L.	Dau.		F	W	3-9/12	S	TN	TN	TN	
	Boyed C.	Son		M	W	9/12	S	TN	TN	TN	
Wilson,	Ollie	Head	O	F	W	46	W	TN	TN	TN	Farmer
	Rasberry	Son		M	W	26	S	TN	TN	TN	Farm Laborer
	Mandy A.	Dau.		F	W	17	S	TN	TN	TN	
	Arthur	Son		M	W	8	S	TN	TN	TN	
Phillips,	Ras	Head	R	M	W	31	M	TN	TN	TN	Farmer
	Dora L.	Wife		F	W	28	M	TN	TN	TN	
	Norman	Son		M	W	5	S	TN	TN	TN	
	Laura J.	Dau.		F	W	3-2/12	S	TN	TN	TN	
	Tilman B.	Son		M	W	1-7/12	S	TN	TN	TN	
Brown,	Tim B.	Head	R	M	W	56	M	TN	TN	TN	Farmer
	Millie A.	Wife		F	W	52	M	TN	TN	TN	
	Cora B.	Dau.		F	W	22	S	TN	TN	TN	
	Elizabeth	Dau.		F	W	19	S	TN	TN	TN	
	Riar J.	Dau.		F	W	16	S	TN	TN	TN	
	Henry	Son		M	W	13	S	TN	TN	TN	Farm Laborer
	Dewey	Son		M	W	11	S	TN	TN	TN	Farm Laborer
	Floyd	Son		M	W	10	S	TN	TN	TN	
	Bertha	Dau.		F	W	6	S	TN	TN	TN	
	Mirtie	Dau.		F	W	3-4/12	S	TN	TN	TN	

1920 Fentress Co. TN Census

Name		Relation-ship	House Own or Rent	Sex	Color or Race	Age	Married Single Widow	Birth Place	Fathers Birth Place	Mothers Birth Place	Trade
							Civil District No. 4				
Brown,	Leoi E.	Head	R	M	W	17	M	TN	TN	TN	Lumber Cutter
	Roxie	Wife		F	W	17	M	TN	TN	TN	
Phillips,	Maferd	Head	O	M	W	32	M	TN	TN	TN	Farmer
	Cora	Wife		F	W	30	M	TN	TN	TN	
	Viola	Dau.		F	W	10	S	TN	TN	TN	
	Oscar	Son		M	W	7	S	TN	TN	TN	
	Laura	Dau.		F	W	5	S	TN	TN	TN	
	Dosmey	Dau.		F	W	3-3/12	S	TN	TN	TN	
	Ethel	Dau.		F	W	1-3/12	S	TN	TN	TN	
Conley,	Will	Head	R	M	W	20	M	TN	TN	TN	Stave Grader
	Fanney L.	Wife		F	W	16	M	TN	TN	TN	
	Denton	Brother		M	W	16	S	TN	TN	TN	Stave Mill Laborer
Short,	Milt	Head	R	M	W	35	M	KY	KY	KY	Stave Mill Sawer
	Ellen	Wife		F	W	37	M	TN	TN	TN	
	Cinda	Dau.		F	W	13	S	TN	KY	TN	
	Ulas A.	Son		M	W	11	S	TN	KY	TN	
	George W.	Son		M	W	9	S	TN	KY	TN	
	Ollie	Dau.		F	W	7	S	TN	KY	TN	
Johnson,	Amis	Head	R	M	W	50	M	TN	VA	VA	Stave Mill Overseer
	Hattie	Wife		F	W	42	M	TN	TN	TN	
	Laura	Dau.		F	W	14	S	TN	TN	TN	
	Elmer	Son		M	W	8	S	TN	TN	TN	
	Delmer	Son		M	W	8	S	TN	TN	TN	
	Elbert	Son		M	W	5	S	TN	TN	TN	
Price,	William	Head	R	M	W	63	M	TN	TN	TN	Stave Mill Fireman
	Sarah J.	Wife		F	W	41	M	TN	TN	TN	
	Horace	Son		M	W	17	S	TN	TN	TN	Stave Mill Laborer
	Sam	Son		M	W	12	S	TN	TN	TN	
	Earley	Son		M	W	10	S	TN	TN	TN	
Wilson,	James K.	Head	O	M	W	50	M	TN	TN	TN	Farmer
	Salley A.	Wife		F	W	53	M	VA	VA	VA	
	Lillie A.	Dau.		F	W	12	S	TN	TN	VA	
Shaver,	James M.	Head	O	M	W	39	M	TN	TN	TN	Timber Cutter
	Arrisia	Wife		F	W	37	M	TN	TN	TN	
	Thomas D.	Son		M	W	7	S	TN	TN	TN	
Hall,	Sam	Head	R	M	W	73	M	TN	TN	TN	Farmer
	Lucinda	Wife		F	W	66	M	TN	TN	TN	
	Lee Elen	Dau.		F	W	22	S	TN	TN	TN	
Milton,	Nora	Granddau.		F	W	15	S	TN	TN	TN	
Roberson,	Charles	Head	R	M	W	25	M	TN	TN	TN	Lumber Cutter
	Fannie	Wife		F	W	25	M	TN	TN	TN	
	Pearl	Dau.		F	W	5	S	TN	TN	TN	
	Daisy	Dau.		F	W	3-9/12	S	TN	TN	TN	
	Panzy	Dau.		F	W	3/12	S	TN	TN	TN	
Johnson,	Barker	Head	R	M	W	26	M	TN	TN	TN	Heading Mill Overseer
	Cora	Wife		F	W	21	M	TN	TN	TN	
	Woodrow	Son		M	W	5	S	TN	TN	TN	
	Dortha	Dau.		F	W	1-7/12	S	TN	TN	TN	

1920 Fentress Co. TN Census

Name		Relation-ship	House Own or Rent	Sex	Color or Race	Age	Married Single Widow	Birth Place	Fathers Birth Place	Mothers Birth Place	Trade

Civil District No. 4

Name		Relation-ship	House Own or Rent	Sex	Color or Race	Age	Married Single Widow	Birth Place	Fathers Birth Place	Mothers Birth Place	Trade
Hoover,	Mandy J.	Head	R	F	W	39	W	TN	TN	TN	Boarding House Keeper
	Ray	Son		M	W	16	S	TN	TN	TN	Heading Mill Laborer
	Ruby	Dau.		F	W	14	S	TN	TN	TN	
	Clara	Dau.		F	W	12	S	TN	TN	TN	
Wilson,	Jasper	Boarder		M	W	35	W	TN	TN	TN	Timber Cutter
Ashburn,	George	Boarder		M	W	16	S	TN	TN	TN	Heading Mill Laborer
Davis,	Bill	Boarder		M	W	39	W	TN	TN	TN	Timber Cutter
Riddle,	Joe	Head	R	M	W	23	M	TN	TN	TN	Timber Cutter
	Lou	Wife		F	W	32	M	TN	TN	TN	Boarding House Keeper
	Willie J.	Son		M	W	18	S	TN	TN	TN	Timber Cutter
	Veste L.	Son		M	W	14	S	TN	TN	TN	Timber Cutter
	Hester	Dau.		F	W	8	S	TN	TN	TN	
Walter,	Hubert	Boarder		M	W	29	S	TN	TN	TN	Heading Mill Overseer
Brown,	Ike	Head	R	M	W	49	M	TN	TN	TN	Heading Mill Laborer
	Mary	Wife		F	W	49	M	TN	TN	TN	
	Walter	Son		M	W	27	S	TN	TN	TN	Heading Mill Sawyer
	Bessie	Dau.		F	W	23	S	TN	TN	TN	
	Casto	Son		M	W	17	S	TN	TN	TN	Heading Mill Laborer
	Ray	Son		M	W	14	S	TN	TN	TN	Heading Mill Laborer
Roberson,	George	Head	R	M	W	29	M	TN	TN	TN	Timber Cutter
	Ader	Wife		F	W	23	M	TN	TN	TN	
	Allene	Dau.		F	W	5	S	TN	TN	TN	
	Hubert	Son		M	W	2-4/12	S	TN	TN	TN	
	Donald	Son		M	W	10/12	S	TN	TN	TN	
	Haskel	Nephew		M	W	15	S	TN	TN	TN	
Shilling,	Mashel	Head	R	M	W	25	M	TN	TN	TN	Timber Cutter
	Cassie	Wife		F	W	22	M	TN	TN	TN	
Howard,	Herthel	Head	R	M	W	38	M	TN	TN	TN	Heading Mill Filer
	Qiney	Wife		F	W	40	M	TN	TN	TN	
Phipp,	Curtis	Head	R	M	W	35	M	TN	TN	TN	Timber Cutter
	Malisse	Wife		F	W	30	M	TN	TN	TN	
	Lawrence	Son		M	W	9	S	TN	TN	TN	
	Pauline	Dau.		F	W	7	S	TN	TN	TN	
	Christene	Dau.		F	W	5	S	TN	TN	TN	
	Frank	Son		M	W	2-6/12	S	TN	TN	TN	
	Edgar	Son		M	W	3/12	S	TN	TN	TN	
Miller,	Hilary	Head	O	M	W	39	M	TN	TN	TN	Farmer
	Leona	Wife		F	W	34	M	TN	TN	TN	
	Addie	Dau.		F	W	16	S	TN	TN	TN	
	Owen	Son		M	W	13	S	TN	TN	TN	
	Luther	Son		M	W	11	S	TN	TN	TN	
	Laura	Dau.		F	W	6	S	TN	TN	TN	
	Chester	Son		M	W	5	S	TN	TN	TN	
	Vivan	Dau.		F	W	2-6/12	S	TN	TN	TN	
Ashburn,	Hilary	Head	O	M	W	41	M	TN	TN	TN	Farmer
	Panza	Wife		F	W	32	M	TN	TN	TN	
	Gladys V.	Dau.		F	W	12	S	TN	TN	TN	
	Claud	Son		M	W	8	S	TN	TN	TN	
	Fire	Brother		M	W	19	S	TN	TN	TN	Timber Cutter

1920 Fentress Co. TN Census

Name		Relation -ship	House Own or Rent	Sex	Color or Race	Age	Married Single Widow	Birth Place	Fathers Birth Place	Mothers Birth Place	Trade
						Civil District No. 4					
Miller,	Elisha W.	Head	O	M	W	43	M	TN	TN	TN	Farmer
	Maggie	Wife		F	W	39	M	TN	TN	TN	
	Horace	Son		M	W	17	S	TN	TN	TN	Coal Miner
	William D.	Son		M	W	15	S	TN	TN	TN	Farm Laborer
	Leeler	Dau.		F	W	12	S	TN	TN	TN	
	Clarence B.	Son		M	W	9	S	TN	TN	TN	
	Minnie B.	Dau.		F	W	7	S	TN	TN	TN	
	Clella G.	Dau.		F	W	3-3/12	S	TN	TN	TN	
Ashburn,	Robert	Head	O	M	W	55	S	TN	TN	TN	Farmer
	Angeline	Sister		F	W	45	S	TN	TN	TN	
	Alvin	Nephew		M	W	14	S	TN	TN	TN	Stave Mill Laborer
	Nellie L.	Neice		F	W	12	S	TN	TN	TN	
	Ella M.	Neice		F	W	12	S	TN	TN	TN	
	Dollie	Neice		F	W	10	S	TN	TN	TN	
Lowe,	William	Head	O	M	W	22	M	TN	TN	TN	Farmer
	May	Wife		F	W	21	M	TN	TN	TN	
Miller,	Charlie	Head	R	M	W	27	M	TN	TN	TN	Farmer
	Lula	Wife		F	W	21	M	TN	TN	TN	
	Rex	Son		M	W	4-1/12	S	TN	TN	TN	
	Envin	Son		M	W	3-3/12	S	TN	TN	TN	
	Rosie	Son		M	W	9/12	S	TN	TN	TN	
Jones,	Flem	Head	O	M	W	38	M	TN	TN	TN	Farmer
	Mary	Wife		F	W	25	M	TN	TN	TN	
	Vernon	Son		M	W	10	S	TN	TN	TN	
	Cecil	Dau.		F	W	8	S	TN	TN	TN	
	Gold	Dau.		F	W	6	S	TN	TN	TN	
	Laster	Son		M	W	4-5/12	S	TN	TN	TN	
Miller,	Burten	Head	O	M	W	33	M	TN	TN	TN	Farmer
	Liza	Wife		F	W	20	M	TN	TN	TN	
	Frank	Son		M	W	7	S	TN	TN	TN	
	Voilet	Dau.		F	W	5	S	TN	TN	TN	
	Joe	Son		M	W	1-7/12	S	TN	TN	TN	
Shelleto,	Frank M.	Head	O	M	W	53	M	PA	Ireland	OH	Stave Yard Overseer
	Laura	Wife		F	W	47	M	TN	NC	NC	
Ashburn,	John C.	Head	R	M	W	36	M	TN	TN	TN	Farmer
	Dozzie	Wife		F	W	27	M	TN	TN	TN	
	Alma	Dau.		F	W	5	S	TN	TN	TN	
	Flossie A.	Dau.		F	W	4-7/12	S	TN	TN	TN	
	Mima	Dau.		F	W	2-8/12	S	TN	TN	TN	
White,	Matilda	Head	O	F	W	54	W	TN	VA	TN	Farmer
	Emma J.	Dau.		F	W	28	S	TN	TN	TN	Farm Laborer
	Andrew J.	Son		M	W	21	M	TN	TN	TN	Farm Laborer
	Mary	Dau.		F	W	14	S	TN	TN	TN	Farm Laborer
	Hellen B.	Dau.		F	W	11	S	TN	TN	TN	
	Ervin S.	Son		M	W	8	S	TN	TN	TN	
Brumblough,	Wade	Head	R	M	W	31	M	TN	TN	TN	Farmer
	Trlda A.	Wife		F	W	27	M	TN	TN	TN	
	Benton C.	Son		M	W	9	S	TN	TN	TN	
	Ellen	Dau.		F	W	5	S	TN	TN	TN	
	Eva	Dau.		F	W	3-7/12	S	TN	TN	TN	
	Rosie	Dau.		F	W	1-1/12	S	TN	TN	TN	

1920 Fentress Co. TN Census

Name		Relation-ship	House Own or Rent	Sex	Color or Race	Age	Married Single Widow	Birth Place	Fathers Birth Place	Mothers Birth Place	Trade
						Civil District No. 4					
Neely,	James	Head	O	M	W	55	M	TN	VA	VA	Farmer
	Amanda	Wife		F	W	43	M	TN	TN	TN	
	John P.	Son		M	W	18	S	TN	TN	TN	Farm Laborer
	Laura E.	Dau.		F	W	14	S	TN	TN	TN	
	Cora	Dau.		F	W	12	S	TN	TN	TN	
	Bessie L.	Dau.		F	W	10	S	TN	TN	TN	
	Myrtle M.	Dau.		F	W	8	S	TN	TN	TN	
	Hurthel P.	Son		M	W	5	S	TN	TN	TN	
	Joseph L.	Son		M	W	4-7/12	S	TN	TN	TN	
McDonald,	Preston	Head	O	M	W	28	S	TN	TN	VA	Farmer
	Margret	Mother		F	W	70	W	VA	VA	VA	
	Viola	Sister		F	W	39	S	TN	TN	VA	
Linden,	James	Head	R	M	W	32	M	TN	TN	TN	Farmer
	Mranda	Wife		F	W	42	M	TN	TN	VA	
	Obiana	Dau.		F	W	5	S	TN	TN	TN	
	Mary L.	Dau.		F	W	3-4/12	S	TN	TN	TN	
	Girl	Dau.		F	W	7/12	S	TN	TN	TN	
	Girl	Dau.		F	W	7/12	S	TN	TN	TN	
Sells,	Walter	Head	R	M	W	22	M	TN	TN	TN	Farmer
	Flossie	Wife		F	W	20	M	TN	TN	TN	
	Nelma	Dau.		F	W	8/12	S	TN	TN	TN	
Whited,	Haley	Head	O	F	W	66	W	TN	TN	TN	Farmer
Todd,	Clark H.	Head	O	M	W	24	M	TN	TN	TN	Farmer
	Cora M.	Wife		F	W	19	M	WI	WI	KY	
	Willie E.	Son		M	W	3-7/12	S	TN	TN	WI	
	Panzy B.	Dau.		F	W	1-8/12	S	TN	TN	WI	
Dearman,	William T.	Head	O	M	W	48	M	WI	OH	VA	Farmer
	Eva A.	Wife		F	W	44	M	KY	TN	KY	
	Ray E.	Son		M	W	22	S	TX	WI	KY	Lumber & Stave Driver
	Lloyd	Son		M	W	14	S	WI	WI	KY	Farm Laborer
	Donald C.	Son		M	W	12	S	WI	WI	KY	
	Bob	Son		M	W	8	S	TX	WI	KY	
	Omga B.	Dau.		F	W	6	S	TX	WI	KY	
Little,	Oscar D.	Head	O	M	W	38	M	TN	TN	TN	Farmer
	Alice	Wife		F	W	35	M	TN	TN	VA	
	Herbert H.	Son		M	W	16	S	TN	TN	TN	
	Clide	Son		M	W	14	S	TN	TN	TN	
	Harvey V.	Son		M	W	12	S	TN	TN	TN	
	Vodell	Dau.		F	W	10	S	TN	TN	TN	
	Bonnie	Dau.		F	W	8	S	TN	TN	TN	
	Oscar D.	Son		M	W	6	S	TN	TN	TN	
	Claud	Son		M	W	4-5/12	S	TN	TN	TN	
	Joseph M.	Son		M	W	1-3/12	S	TN	TN	TN	
Reagan,	James H.	Head	R	M	W	26	M	TN	TN	TN	Farmer
	Ester	Wife		F	W	26	M	TN	TN	TN	
	Delbert	Son		M	W	5	S	TN	TN	TN	
	Gilbert F.	Son		M	W	3-0/12	S	TN	TN	TN	
	Clinton	Son		M	W	8/12	S	TN	TN	TN	

1920 Fentress Co. TN Census

Name		Relation -ship	House Own or Rent	Sex	Color or Race	Age	Married Single Widow	Birth Place	Fathers Birth Place	Mothers Birth Place	Trade
						Civil District No. 4					
Gillentine,	James M.	Head	R	M	W	37	M	TN	TN	TN	Carpenter
	Nannie	Wife		F	W	39	M	TN	TN	TN	
	Hubert H.	Son		M	W	17	S	TN	TN	TN	Lumber & Tie Driver
	Fred G.	Son		M	W	8	S	TN	TN	TN	
	Ola M.	Dau.		F	W	3-4/12	S	TN	TN	TN	
Walker,	Cangada	Servant		F	W	28	S	TN	TN	TN	Cook
Goney,	John	Head	R	M	W	39	M	TN	TN	TN	Farmer
	Bell	Wife		F	W	35	M	TN	TN	TN	
	Velve M.	Dau.		F	W	14	S	TN	TN	TN	
	Maggie J.	Dau.		F	W	5	S	TN	TN	TN	
	William D.	Son		M	W	3-1/12	S	TN	TN	TN	
	Tinsey	Dau.		F	W	11/12	S	TN	TN	TN	
Goney,	David W.	Head	R	M	W	29	M	TN	TN	TN	Farmer
	Emma J.	Wife		F	W	29	M	TN	TN	TN	
	Lydia	Dau.		F	W	3-7/12	S	TN	TN	TN	
	Woodrow	Son		M	W	11/12	S	TN	TN	TN	
	Fanney	Mother		F	W	62	W	TN	TN	TN	
	Roxann	Sister		F	W	26	S	TN	TN	TN	
	Flora L.	Niece		F	W	10/12	S	TN	TN	TN	
Richards,	Daniel	Head	O	M	W	56	M	TN	KY	KY	Farmer
	Mandy A.	Wife		F	W	52	M	TN	TN	TN	
	Charley B.	Son		M	W	20	S	TN	TN	TN	Lumber & Tie Driver
	David	Son		M	W	18	S	TN	TN	TN	Coal Miner
	Wilburn C.	Son		M	W	16	S	TN	TN	TN	Stave Yard Laborer
	Addie	Dau.		F	W	15	S	TN	TN	TN	
	Albert	Son		M	W	13	S	TN	TN	TN	
	Joe D.	Son		M	W	11	S	TN	TN	TN	
	Ova M.	Dau.		F	W	9	S	TN	TN	TN	

1920 Fentress Co. TN Census

Name		Relation -ship	House Own or Rent	Sex	Color or Race	Age	Married Single Widow	Birth Place	Fathers Birth Place	Mothers Birth Place	Trade
						Civil District No. 5					
Hull,	Levi C.	Head	O	M	W	70	M	TN	TN	NC	Farmer
	Rebecca A.	Wife		F	W	61	M	TN	TN	TN	
	Jacob Y.	Son		M	W	24	S	TN	TN	TN	Merchant
	William C.	Son		M	W	19	S	TN	TN	TN	Laborer
	Enock	Brother		M	W	66	?	TN	TN	NC	Miner
Brewister,	Walter	Head	O	M	W	28	M	TN	TN	TN	Farmer
	Qella	Wife		M	W	23	M	TN	TN	TN	
	Glydes Opal	Dau.		F	W	2	S	TN	TN	TN	
Brown,	Berry	Head	R	M	W	46	M	TN	TN	TN	Laborer
	Mary	Wife		F	W	48	M	TN	IN	TN	
	Wade H.	Son		M	W	22	S	TN	TN	TN	Laborer
	Maggie	Dau.		F	W	19	S	TN	TN	TN	
	William	Son		M	W	18	S	TN	TN	TN	Laborer
	Richard	Son		M	W	15	S	TN	TN	TN	Laborer
	Azlenia	Dau.		F	W	11	S	TN	TN	TN	
	John Benton	Son		M	W	6	S	TN	TN	TN	
Fritzsche,	Walter Gilbert	Nephew		M	W	7/12	S	TN	TN	TN	
Taubert,	Gus	Head	O	M	W	76	M	Germany	Germany	Germany	Farmer
	Alice	Wife		F	W	66	M	Germany	Germany	Germany	
Brown,	James	Head	R	M	W	49	M	TN	TN	TN	Laborer
	Qeba	Wife		F	W	46	M	TN	TN	TN	
	William	Son		M	W.	23	S	TN	TN	TN	Laborer
	Arthur	Son		M	W	19	S	TN	TN	TN	Laborer
	Luther	Son		M	W	17	S	TN	TN	TN	Laborer
	Edward	Son		M	W	13	S	TN	TN	TN	
	Bessie	Dau.		F	W	11	S	TN	TN	TN	
	Tilman	Son		M	W	10	S	TN	TN	TN	
	Ralph	Son		M	W	4	S	TN	TN	TN	
Pierce,	William S.	Head	O	M	W	32	M	TN	TN	TN	Farmer
	Arlie May	Wife		F	W	24	M	TN	TN	TN	
	Oscar O.	Son		M	W	5	S	TN	TN	TN	
	Cordovia G.	Dau.		F	W	4-1/12	S	TN	TN	TN	
	Benita O.	Dau.		F	W	7/12	S	TN	TN	TN	
Norman,	Leander J.	Head	O	M	W	40	M	TN	TN	TN	Farmer
	Miranda	Wife		F	W	41	M	TN	TN	TN	
	Esther	Dau.		F	W	18	S	TN	TN	TN	
	Naomi	Dau.		F	W	15	S	TN	TN	TN	
	Millard	Son		M	W	12	S	TN	TN	TN	
	Walter	Son		M	W	10	S	TN	TN	TN	
	Homer	Son		M	W	6	S	TN	TN	TN	
	Carnelia	Dau.		F	W	4	S	TN	TN	TN	
	Tina	Dau.		F	W	2-2/12	S	TN	TN	TN	
Norman,	Granville T.	Head	O	M	W	44	M	TN	TN	TN	Farmer
	Mary J.	Wife		F	W	35	M	TN	TN	TN	Laborer
	Otto	Son		M	W	15	S	TN	TN	TN	Laborer
	Gilbert	Son		M	W	14	S	TN	TN	TN	
	Hubert	Son		M	W	13	S	TN	TN	TN	
	Austin	Son		M	W	11	S	TN	TN	TN	
	Earl	Son		M	W	6	S	TN	TN	TN	
	Mabel	Dau.		F	W	4	S	TN	TN	TN	
	Willard	Son		M	W	1-7/12	S	TN	TN	TN	
	Nelson	Son		M	W	1-7/12	S	TN	TN	TN	

1920 Fentress Co. TN Census

Name		Relation-ship	House Own or Rent	Sex	Color or Race	Age	Married Single Widow	Birth Place	Fathers Birth Place	Mothers Birth Place	Trade
						Civil District No. 5					
Pierce,	James A.	Head	O	M	W	62	M	KY	KY	TN	Farmer
	Permilia J.	Wife		F	W	61	M	TN	TN	TN	
	Henry C.	Son		M	W	26	S	TN	KY	TN	Laborer
Pierce,	Alonzo L.		O	M	W	52	M	TN	KY	TN	Farmer
	Mary J.	Wife		F	W	51	M	TN	TN	TN	
	J. Cockley	Son		M	W	21	S	TN	TN	TN	Laborer
	Wilkelmina H.	Dau.		F	W	18	S	TN	TN	TN	
	Hall H.	Son		M	W	18	S	TN	TN	TN	Laborer
	Ray F.	Son		M	W	16	S	TN	TN	TN	Laborer
	Monta F.	Dau.		F	W	13	S	TN	TN	TN	
	Angie L.	Son		M	W	10	S	TN	TN	TN	
Norman,	William	Head	O	M	W	58	M	TN	TN	TN	Farmer
	Sarah	Wife		F	W	59	M	TN	TN	TN	
Brooks,	Ben H.	Head	O	M	W	30	M	TN	TN	TN	Farmer
	Fronza	Wife		F	W	21	M	TN	TN	TN	
	Ogle	Son		M	W	3-2/12	S	TN	TN	TN	
	Hazel	Dau.		F	W	1-4/12	S	TN	TN	TN	
	Laura	Mother		F	W	53	W	TN	TN	TN	
Janes,	John W.	Head	R	M	W	45	M	TN	GA	IN	Farmer
	Belle	Wife		F	W	38	M	TN	TN	IN	
	Roy	Son		M	W	16	S	TN	TN	TN	Laborer
	Verna	Dau.		F	W	14	S	TN	TN	TN	
	Loyd	Son		M	W	13	S	TN	TN	TN	
	Elsie	Dau.		F	W	6	S	TN	TN	TN	
Garrett,	Lafayette	Head	?	M	W	61	M	TN	TN	TN	Farmer
	Ada E.	Wife		F	W	43	M	NY	NY	NY	
Lynch,	May	Lodger		F	W	13	S	TN	TN	TN	
Garrett,	Benton	Son		M	W	21	S	TN	TN	KY	Salesman
Chase,	Ora	Mother-in-law		F	W	70	W	NY	NY	NY	Midwife
Chriswell,	Mary	Head	?	F	W	60	W	KY	KY	KY	Gardening
Blevins,	Joseph W.	Head	O	M	W	45	M	TN	TN	TN	Farmer
	Barbara	Wife		F	W	38	M	TN	TN	TN	
	Artie	Dau.		F	W	18	S	TN	TN	TN	Servant
	Autha	Dau.		F	W	16	S	TN	TN	TN	
	Arnold	Son		M	W	14	S	TN	TN	TN	
	Lafayette	Son		M	W	10	S	TN	TN	TN	
	Nettie	Dau.		F	W	8	S	TN	TN	TN	
	Daily W.	Son		M	W	5	S	TN	TN	TN	
	Chester	Son		M	W	3	S	TN	TN	TN	
Hull,	William E.	Head	R	M	W	4?	M	TN	TN	TN	Manager
	Myrtle	Wife		F	W	31	M	TN	TN	TN	
	Lena E.	Dau.		F	W	13	S	TN	TN	TN	
	Stella	Dau.		F	W	11	S	TN	TN	TN	
	Cleo E.	Son		M	W	9	S	TN	TN	TN	
	Grace R.	Dau.		F	W	7	S	TN	TN	TN	
	Hall H.	Son		M	W	5	S	TN	TN	TN	
	Ruth	Dau.		F	W	3-6/12	S	TN	TN	TN	
	Cecil	Son		M	W	6/12	S	TN	TN	TN	

1920 Fentress Co. TN Census

Name		Relation-ship	House Own or Rent	Sex	Color or Race	Age	Married Single Widow	Birth Place	Fathers Birth Place	Mothers Birth Place	Trade

Civil District No. 5

Name		Relation-ship	House Own or Rent	Sex	Color or Race	Age	Married Single Widow	Birth Place	Fathers Birth Place	Mothers Birth Place	Trade
Janes,	Thomas B.	Head	O	M	W	48	M	TN	GA	IN	Farmer
	Alice	Wife		F	W	43	M	TN	TN	TN	
	Delmer	Son		M	W	16	S	TN	TN	TN	Laborer
	Zora	Dau.		F	W	15	S	TN	TN	TN	
	Flora	Dau.		F	W	11	S	TN	TN	TN	
	Clark	Son		M	W	9	S	TN	TN	TN	
	Asbury	Son		M	W	6	S	TN	TN	TN	
Range,	James H.	Head	O	M	W	51	M	TN	TN	TN	Farmer
	Rebecca	Wife		F	W	42	M	TN	TN	TN	
	Dewey	Son		M	W	20	S	TN	TN	TN	Laborer
	Oscar	Son		M	W	18	S	TN	TN	TN	Laborer
	Earl	Son		M	W	15	S	TN	TN	TN	Laborer
	Harold	Son		...M	W	9	S	TN	TN	TN	
Tompkins,	Elcana	Head	O	M	W	38	M	TN	TN	TN	Farmer
	Martha	Wife		F	W	32	M	TN	KY	KY	
	Evaline	Dau.		F	W	4	S	TN	TN	KY	
	Vergie	Dau.		F	W	2-5/12	S	TN	TN	KY	
	Marie	Dau.		F	W	3/12	S	TN	TN	KY	
Burden,	Joseph S.	Father-in-law	M	W		66	W	KY	KY	KY	Laborer
Burden,	Joseph E.	Head	R	M	W	31	M	KY	KY	KY	Laborer
	Maggie	Wife		F	W	21	M	TN	TN	TN	
	Neasbit	Brother		M	W	29	S	KY	KY	KY	Fireman
Hull,	Truman A.	Head	O	M	W	37	M	TN	TN	TN	Farmer
	May	Wife		F	W	30	M	TN	TN	TN	
	Clarence	Son		M	W	13	S	TN	TN	TN	
	Haskel	Son		M	W	11	S	TN	TN	TN	
	Mona	Dau.		F	W	8	S	TN	TN	TN	
	Lucile	Dau.		F	W	6	S	TN	TN	TN	
	Travis	Son		M	W	3-3/12	S	TN	TN	TN	
	Tallant	Son		M	W	1/12	S	TN	TN	TN	
Hull,	Lewis A.	Head	O	M	W	66	M	TN	TN	NC	Farmer
	Marilda I.	Wife		F	W	59	M	TN	TN	TN	
	Arthur	Son		M	W	25	S	TN	TN	TN	Farm Laborer
	Vergil	Son		M	W	20	S	TN	TN	TN	Farm Laborer
	Charlie	Son		M	W	17	S	TN	TN	TN	Farm Laborer
	Laura	Dau.		M	W	17	S	TN	TN	TN	
Taubert,	May	Granddaughter		F	W	9	S	TN	Germany	TN	
Brooke,	Johnathan F.	Head	O	M	W	39	M	TN	TN	TN	Farmer
	Mary H.	Wife		F	W	39	M	TN	TN	TN	
	Theodore	Son		M	W	17	S	TN	TN	TN	Laborer
	Edna	Dau.		F	W	16	S	TN	TN	TN	
	Hugo	Son		M	W	14	S	TN	TN	TN	Laborer
	Omer	Son		M	W	13	S	TN	TN	TN	
	Sharon	Son		M	W	8	S	TN	TN	TN	
	Inas	Dau.		F	W	1-6/12	S	TN	TN	TN	
Voiles,	Joseph L.	Head	O	M	W	29	M	TN	TN	TN	Farmer
	Audie	Wife		F	W	25	M	TN	TN	TN	
	Flora M.	Dau.		F	W	5	S	TN	TN	TN	
	Wilson	Son		M	W	3-1/12	S	TN	TN	TN	
	Georgie	Dau.		F	W	9/12	S	TN	TN	TN	

1920 Fentress Co. TN Census

Name		Relation-ship	House Own or Rent	Sex	Color or Race	Age	Married Single Widow	Birth Place	Fathers Birth Place	Mothers Birth Place	Trade
						Civil District No. 5					
Voiles,	Daniel F.	Head	O	M	W	63	M	TN	TN	NC	Farmer
	Lydia	Wife		F	W	60	M	KY	NC	KY	
	Benton M.	Son		M	W	18	S	TN	TN	KY	Farm Laborer
	Eddie	Son		M	W	37	W	TN	TN	KY	Carpenter
Voiles,	Noah G.	Head	R	M	W	24	M	TN	TN	KY	Mill Laborer
	Lottie	Wife		F	W	23	M	TN	TN	TN	
Hull,	Cleavland	Head	O	M	W	29	M	TN	TN	TN	Farmer
	Minnie	Wife		F	W	23	M	TN	KY	TN	
	Rheba	Dau.		F	W	4	S	TN	TN	TN	
	Ovid	Son		M	W	2-2/12	S	TN	TN	TN	
	Owen	Son		M	W	11/12	S	TN	TN	TN	
Taylor,	Margarette	Niece		F	W	15	S	TN	TN	TN	
Jones,	Robert	Head	O	M	W	35	M	TN	GA	IN	Farmer
	Etta	Wife		F	W	35	M	TN	KY	TN	
	Ethel	Dau.		F	W	11	S	TN	TN	TN	
	Raymond	Son		M	W	10	S	TN	TN	TN	
	Albert	Son		M	W	9	S	TN	TN	TN	
	Fanny	Dau.		F	W	7	S	TN	TN	TN	
	Gertrude	Dau.		F	W	5	S	TN	TN	TN	
	Minnie	Dau.		F	W	3-2/12	S	TN	TN	TN	
	Annie	Dau.		F	W	1-1/12	S	TN	TN	TN	
Hull,	William D.	Head	O	M	W	41	M	TN	TN	TN	Farmer
	Josie	Wife		F	W	29	M	TN	TN	KY	
	Houston	Son		M	W	10	S	TN	TN	TN	
	Curtis	Son		M	W	6	S	TN	TN	TN	
	Carson	Son		M	W	6	S	TN	TN	TN	
	Arthur	Son		M	W	4	S	TN	TN	TN	
Buck,	Margaret J.	Mother-in-law		F	W	67	W	KY	NC	KY	
Potter,	William E.	Head	O	M	W	?	M	TN	TN	TN	Farmer
	Lydia	Wife		F	W	42	M	TN	KY	TN	
	Emsley	Son		M	W	19	S	TN	TN	TN	Farm Laborer
	Dolly	Dau.		F	W	16	S	TN	TN	TN	
	Clifford	Son		M	W	14	S	TN	TN	TN	Farm Laborer
	Chester	Son		M	W	11	S	TN	TN	TN	
	Dortha	Dau.		F	W	8	S	TN	TN	TN	
	Rhoda Ann	Dau.		F	W	5	S	TN	TN	TN	
Sells,	Andrew	Head	O	M	W	49	M	TN	TN	TN	Farmer
	Nancy	Wife		F	W	36	M	TN	TN	SC	
Potter,	Carl	Step-son		M	W	5	S	TN	TN	TN	
Hull,	Anderson	Head	O	M	W	60	M	TN	TN	NC	Farmer
	Mary	Wife		F	W	47	M	TN	TN	TN	
	Edith	Dau.		F	W	22	S	TN	TN	TN	Teacher
	Violet	Dau.		F	W	25	S	TN	TN	TN	Teacher
	Leland	Son		M	W	12	S	TN	TN	TN	
Norman,	Isaac L.	Head	O	M	W	43	M	TN	TN	TN	Farmer
	Lottie	Wife		F	W	34	M	TN	TN	TN	
	Clifford	Son		M	W	15	S	TN	TN	TN	Laborer
	Arnold	Son		M	W	13	S	TN	TN	TN	Laborer
	Delma	Dau.		F	W	9	S	TN	TN	TN	
	Agbert	Son		M	W	4	S	TN	TN	TN	

1920 Fentress Co. TN Census

Name		Relation-ship	House Own or Rent	Sex	Color or Race	Age	Married Single Widow	Birth Place	Fathers Birth Place	Mothers Birth Place	Trade

Civil District No. 5

Name		Relation-ship	House Own or Rent	Sex	Color or Race	Age	Married Single Widow	Birth Place	Fathers Birth Place	Mothers Birth Place	Trade
Murray,	Charlie	Head	O	M	W	36	M	TN	PA	KY	Farmer
	Amanda	Wife		F	W	30	M	TN	TN	TN	
	Vergie	Dau.		F	W	9	S	TN	TN	TN	
	Cleavland	Son		M	W	6	S	TN	TN	TN	
	Charles L.	Son		M	W	4	S	TN	TN	TN	
	William C.	Son		M	W	2-7/12	S	TN	TN	TN	
	Benjamin	Son		M	W	2/12	S	TN	TN	TN	
Beaty,	Dave	Head	O	M	W	34	M	TN	TN	TN	Farmer
	Janie	Wife		F	W	26	M	TN	TN	TN	
	Bessie	Dau.		F	W	4	S	TN	TN	TN	
	Jaunieda	Dau.		F	W	1-6/12	S	TN	TN	TN	
Voiles,	Jacob	Head	O	M	W	70	M	TN	TN	TN	Farmer
	Martilia	Wife		F	W	63	M	TN	TN	TN	
Range,	Fayette	Head	O	M	W	24	M	TN	TN	TN	Farmer
	Julia	Wife		F	W	25	M	TN	TN	TN	
	Marene	Dau.		F	W	2-4/12	S	TN	TN	TN	
	Kathleen	Dau.		F	W	2/12	S	TN	TN	TN	
Robins,	Nelson	Bro.-in-law		M	W	34	S	TN	TN	TN	Coal Miner
Range,	Balie	Head	R	M	W	27	M	TN	TN	TN	Farmer
	Viola	Wife		F	W	18	M	TN	TN	TN	
Range,	Taylor	Head	O	M	W	30	M	TN	TN	TN	Farmer
	Mary	Wife		F	W	30	M	TN	TN	TN	
	Clifton	Son		M	W	6	S	TN	TN	TN	
	Clyde	Son		M	W	4	S	TN	TN	TN	
	Claudia	Dau.		F	W	1-9/12	S	TN	TN	TN	
	Medlena	Mither		F	W	57	W	TN	TN	TN	
Tompkins,	Harison	Head	O	M	W	31	M	TN	KY	KY	Farmer
	Vina	Wife		F	W	33	M	TN	TN	TN	
	Clara	Dau.		F	W	7	S	TN	TN	TN	
	Clarron	Son		M	W	3-7/12	S	TN	TN	TN	
	Ovid	Son		M	W	3/12	S	TN	TN	TN	
Ward,	John H.	Head	?	M	W	38	M	TN	TN	TN	Laborer Mill
	Nona A.	Wife		F	W	29	M	TN	TN	KY	
	Zora	Dau.		F	W	14	S	TN	TN	TN	
	Tsisha	Dau.		F	W	11	S	TN	TN	TN	
	Eva	Dau.		F	W	9	S	TN	TN	TN	
	Gladys	Dau.		F	W	7	S	TN	TN	TN	
	William	Son		M	W	5	S	TN	TN	TN	
	Melvin	Son		M	W	2-11/12	S	TN	TN	TN	
Tompkins,	James	Head	?	M	W	63	M	KY	VA	KY	
	Lucinda E.	Wife		F	W	58	M	TN	TN	TN	Boarding House
	Mary	Dau.		F	W	18	S	TN	KY	TN	Cook
	Martha	Dau.		F	W	18	S	TN	KY	TN	Cook
Taylor,	Roy	Grandson		M	W	11	S	TN	TN	TN	
Tompkins,	Edward	Head	R	M	W	28	M	TN	KY	TN	Farmer
	Maudie	Wife		F	W	21	M	TN	TN	TN	
	Louise	Dau.		F	W	4	S	TN	TN	TN	
	Marjoy	Dau.		F	W	1-6/12	S	TN	TN	TN	

1920 Fentress Co. TN Census

Name		Relation-ship	House Own or Rent	Sex	Color or Race	Age	Married Single Widow	Birth Place	Fathers Birth Place	Mothers Birth Place	Trade
						Civil District No. 5					
Hull,	Horace M.	Head	O	M	W	32	M	TN	TN	TN	Foreman Mill
	Rebecca	Wife		F	W	27	M	TN	TN	KY	
	Chester	Son		M	W	3-9/12	S	TN	TN	TN	
Tompkins,	William D.	Head	O	M	W	34	M	TN	TN	TN	Farmer
	Mary E.	Wife		F	W	29	M	TN	TN	TN	
	Nelson	Son		M	W	8	S	TN	TN	TN	
	Madge	Dau.		F	W	6	S	TN	TN	TN	
	Clifford	Son		M	W	4	S	TN	TN	TN	
Tompkins,	John C.	Head	O	M	W	65	M	KY	KY	KY	Farmer
	Mary	Wife		F	W	50	M	KY	KY	KY	
	Dewy	Son		M	W	21	S	TN	KY	KY	Laborer Mill
Tompkins,	Andrew	Head	R	M	W	23	M	TN	KY	KY	Farmer
	Zona	Wife		F	W	24	M	TN	TN	TN	
	Earnest	Son		M	W	5	S	TN	TN	TN	
	Olen	Son		M	W	2-9/12	S	TN	TN	TN	
	Leland	Son		M	W	10/12	S	TN	TN	TN	
Tompkins,	Samuel A.	Head	O	M	W	69	W	KY	TN	KY	Farmer
Criswell,	Mckenley	Head	R	M	W	22	M	KY	KY	KY	Laborer Mill
	Stella	Wife		F	W	21	M	TN	TN	TN	
	Marie	Dau.		F	W	1-6/12	S	TN	KY	TN	
Goad,	Eaton	Head	O	M	W	42	M	TN	TN	TN	Farmer
	Rosa	Wife		F	W	32	M	TN	TN	TN	
	Lyda	Dau.		F	W	15	S	TN	TN	TN	
	Clifton	Son		M	W	11	S	TN	TN	TN	
	Treesie	Dau.		F	W	9	S	TN	TN	TN	
Sewell,	Alex	Head	R	M	W	39	M	TN	TN	TN	Fireman Coal Mine
	Emma	Wife		F	W	35	M	TN	TN	TN	
	Edward R.	Son		M	W	16	S	TN	TN	TN	
	Agnes	Dau.		F	W	14	S	TN	TN	TN	
	Ellen	Dau.		F	W	12	S	TN	TN	TN	
	Marie	Dau.		F	W	10	S	TN	TN	TN	
	Elmon	Son		M	W	8	S	TN	TN	TN	
	Cololis	Dau.		F	W	6	S	TN	TN	TN	
	Lena	Dau.		F	W	1-5/12	S	TN	TN	TN	
Garrette,	Isaac	Head	O	M	W	52	M	TN	TN	TN	Farmer
	Nannie	Wife		F	W	45	M	TN	TN	TN	
	Irwin	Son		M	W	21	S	TN	TN	TN	Laborer Wire Mill
	Walter	Son		M	W	17	S	TN	TN	TN	Laborer
	Delma	Dau.		F	W	6	S	TN	TN	TN	
	Ellen	Dau.		F	W	3-11/12	S	TN	TN	TN	
Abbott,	Harrison	Head	R	M	W	22	M	TN	TN	KY	Driver
	Myrtle	Wife		F	W	18	M	KY	KY	KY	
	Herman	Son		M	W	7/12	S	TN	TN	KY	
Goad,	Granville	Head	O	M	W	51	M	TN	TN	TN	Farmer
	Rosa J.	Wife		F	W	40	M	TN	TN	TN	
	Luster	Son		M	W	15	S	TN	TN	TN	Laborer
	Opha	Dau.		F	W	12	S	TN	TN	TN	
Jones,	Esther	Dau.		F	W	18	W	TN	TN	TN	
	Opal	Granddaughter		F	W	1-6/12	S	TN	TN	TN	

1920 Fentress Co. TN Census

Name		Relation -ship	House Own or Rent	Sex	Color or Race	Age	Married Single Widow	Birth Place	Fathers Birth Place	Mothers Birth Place	Trade

Civil District No. 5

Name		Relation -ship	House Own or Rent	Sex	Color or Race	Age	Married Single Widow	Birth Place	Fathers Birth Place	Mothers Birth Place	Trade
Smith,	Alex	Head	O	M	W	58	M	TN	TN	TN	Farmer
	Ryda Ann	Wife		F	W	48	M	TN	TN	TN	
	William	Son		M	W	24	S	TN	TN	TN	Laborer Wire Mill
	Samuel	Son		M	W	22	S	TN	TN	TN	Laborer Wire Mill
	Cora	Dau.		F	W	17	S	TN	TN	TN	
	Harvey	Son		M	W	15	S	TN	TN	TN	Laborer
	Nelson	Son		M	W	13	S	TN	TN	TN	
	Elihire	Son		M	W	11	S	TN	TN	TN	
	Roy	Son		M	W	9	S	TN	TN	TN	
Garrett,	Andrew	Head	O	M	W	58	M	TN	TN	TN	Farmer
	Sarah J.	Wife		F	W	56	M	TN	TN	TN	
	Joseph C.	Son		M	W	24	S	TN	TN	TN	Labor Lumber Mill
	Dewy	Son		M	W	21	S	TN	TN	TN	Labor Lumber Mill
	Gorden	Son		M	W	18	S	TN	TN	TN	Labor Lumber Mill
	Altha M.	Dau.		F	W	14	S	TN	TN	TN	
	Cleo	Son		M	W	12	S	TN	TN	TN	
Peters,	Charles A.	Head	R	M	W	42	M	TN	TN	TN	Minister
	Edna	Wife		F	W	25	M	TN	TN	TN	
	Lorena	Dau.		F	W	9	S	TN	TN	TN	
	Lawrence	Son		M	W	5	S	TN	TN	TN	
	Minnie	Dau.		F	W	3-2/12	S	TN	TN	TN	
	Aaron	Son		M	W	1/12	S	TN	TN	TN	
Robbins,	John	Head	R	M	W	30	M	TN	TN	TN	Carpenter
	Laura	Wife		F	W	23	M	TN	TN	TN	
	Freeda	Dau.		F	W	3-6/12	S	TN	TN	TN	
	Corine	Dau.		F	W	2-6/12	S	TN	TN	TN	
	John	Son		M	W	9/12	S	TN	TN	TN	
Smith,	George	Head	O	M	W	29	M	TN	TN	TN	Farmer
	Mary B.	Wife		F	W	28	M	TN	TN	TN	
	Elva	Dau.		F	W	8	S	TN	TN	TN	
	Mabel	Dau.		F	W	6	S	TN	TN	TN	
	Oloff	Son		M	W	2-7/12	S	TN	TN	TN	
	Vivian	Dau.		F	W	4/12	S	TN	TN	TN	
Ellis,	Buddie	Head	O	M	W	33	M	TN	TN	TN	Farmer
	Minnie M.	Wife		F	W	34	M	TN	TN	TN	
	Varos	Son		M	W	10	S	TN	TN	TN	
	Benton	Son		M	W	9	S	TN	TN	TN	
	Clarence	Son		M	W	7	S	TN	TN	TN	
	Welman	Son		M	W	5	S	TN	TN	TN	
Ellis,	Leonard	Head	O	M	W	54	M	TN	TN	TN	Carpenter
	Emly	Wife		F	W	54	M	TN	TN	TN	
	Levian	Dau.		F	W	21	S	TN	TN	TN	
	Freddie D.	Son		M	W	19	S	TN	TN	TN	Laborer
Ellis,	Walter	Head	O	M	W	37	M	TN	TN	TN	Coal Miner
	Trussie	Wife		F	W	33	M	TN	TN	TN	
	Annis	Dau.		F	W	8	S	TN	TN	TN	
	Jearles	Son		M	W	5	S	TN	TN	TN	
	Judith	Dau.		F	W	5	S	TN	TN	TN	
	Cordell	Son		M	W	2-8/12	S	TN	TN	TN	
	Lyney	Dau.		F	W	2/12	S	TN	TN	TN	

1920 Fentress Co. TN Census

Name		Relation-ship	House Own or Rent	Sex	Color or Race	Age	Married Single Widow	Birth Place	Fathers Birth Place	Mothers Birth Place	Trade
						Civil District No. 5					
Williams,	Della	Head	O	F	W	51	W	TN	TN	KY	Farmer
	Herbert	Son		M	W	26	S	TN	NC	TN	Laborer
Terry,	Fred	Son-in-law		M	W	23	M	TN	TN	TN	Labor Lumber Yard
	Esta	Dau.		F	W	22	M	TN	NC	TN	
Garrette,	Sarah	Mother		F	W	78	W	KY	KY	KY	
Garrette,	Abraham	Head	R	M	W	45	M	TN	TN	TN	Labor Lumber Yard
	Addie	Wife		F	W	35	M	TN	TN	TN	
	Virgie	Dau.		F	W	11	S	TN	TN	TN	
	Cora	Dau.		F	W	9	S	TN	TN	TN	
	Ina	Dau.		F	W	7	S	TN	TN	TN	
	Lenore	Dau.		F	W	5	S	TN	TN	TN	
	Marie	Dau.		F	W	3-6/12	S	TN	TN	TN	
	Egar	Son		M	W	1-6/12	S	TN	TN	TN	
Garrette,	Samuel	Head	O	M	W	39	M	TN	TN	KY	Farmer
	Lorinda	Wife		F	W	36	M	TN	TN	TN	
	Lucreta	Dau.		F	W	17	S	TN	TN	TN	
	Roxie	Dau.		F	W	16	S	TN	TN	TN	
	Elfie	Dau.		F	W	13	S	TN	TN	TN	
	Flora	Dau.		F	W	11	S	TN	TN	TN	
	Ruth	Dau.		F	W	5	S	TN	TN	TN	
Garrette,	Jack	Head	O	M	W	70	M	TN	VA	VA	Farmer
	Lottie	Wife		F	W	77	M	TN	TN	NC	
	Mary A.	Dau.		F	W	40	S	TN	VA	TN	Laborer
	Belle	Dau.		F	W	34	S	TN	VA	TN	
Loudin,	Perry	Head	O	M	W	36	M	TN	MI	TN	Farmer
	Lueller	Wife		F	W	37	M	TN	TN	TN	
	Delta	Dau.		F	W	12	S	TN	TN	TN	
	Delcie	Dau.		F	W	4	S	TN	TN	TN	
	Delonas	Son		M	W	2-6/12	S	TN	TN	TN	
Loudin,	Edward	Head	O	M	W	62	M	MI	PA	Germany	Farmer
	Anna	Wife		F	W	56	M	KY	AL	TN	
	Laura	Dau.		F	W	24	S	TN	MI	KY	
Morris,	Granville	Head	O	M	W	46	M	KY	KY	KY	Labor Lumber Mill
	Mamie	Wife		F	W	38	M	KY	KY	KY	
	Lizzie	Dau.		F	W	19	S	KY	KY	KY	
	Clint	Son		M	W	14	S	KY	KY	KY	
	William	Son		M	W	12	S	KY	KY	KY	
	Daisy	Dau.		F	W	5	S	KY	KY	KY	
Dishman,	Osco	Son-in-law		M	W	25	M	KY	KY	KY	Labor Lumber Mill
	Littie	Dau.		F	W	19	M	KY	KY	KY	
Wright,	John W.	Head	O	M	W	44	M	TN	TN	TN	Laborer Loging
	Ida E.	Wife		F	W	43	M	TN	TN	TN	
	Ethel	Dau.		F	W	18	S	TN	TN	TN	
	Douglas	Son		M	W	13	S	TN	TN	TN	
	Edna	Dau.		F	W	11	S	TN	TN	TN	
	Erna	Dau.		F	W	7	S	TN	TN	TN	
	Harris	Son		M	W	4	S	TN	TN	TN	
	Mona	Dau.		F	W	2-7/12	S	TN	TN	TN	
Brooks,	Perry L.	Head	O	M	W	45	M	TN	TN	?	Farmer
	Addie B.	Wife		F	W	27	M	TN	TN	TN	

1920 Fentress Co. TN Census

Name		Relation -ship	House Own or Rent	Sex	Color or Race	Age	Married Single Widow	Birth Place	Fathers Birth Place	Mothers Birth Place	Trade
						Civil District No. 5					
Upchurch,	Merclison	Head	O	M	W	27	M	KY	KY	KY	Labor Lumber Mill
	Arna	Wife		F	W	29	M	KY	KY	KY	
	Vena	Dau.		F	W	4	S	KY	KY	KY	
	Gleason	Son		M	W	3-7/12	S	KY	KY	KY	
	Atha	Dau.		F	W	2	S	KY	KY	KY	
Simpson,	William	Head	R	M	W	60	M	KY	TN	KY	Farmer
	Matilda	Wife		F	W	60	M	TN	NC	TN	
Koger,	Tilden	Head	O	M	W	45	M	KY	KY	KY	Labor Lumber Mill
	Alice	Wife		F	W	42	M	KY	KY	KY	
	Bosinie	Dau.		F	W	16	S	KY	KY	KY	
	Edna	Dau.		F	W	11	S	KY	KY	KY	
	Everett	Son		M	W	4	S	KY	KY	KY	
Dishman,	General M.	Head	O	M	W	35	W	KY	KY	KY	Labor Lumber Mill
	Bonnie	Dau.		F	W	13	S	KY	KY	KY	
	Wedsel	Son		M	W	10	S	KY	KY	KY	
Duvall,	Sam	Head	O	M	W	37	M	KY	KY	KY	Carpenter
	Rosy	Wife		F	W	22	M	KY	KY	KY	
	Lonnie	Son		M	W	8	S	KY	KY	KY	
	Clyde	Son		M	W	6	S	KY	KY	KY	
	Pearl	Dau.		F	W	4	S	KY	KY	KY	
	Herbert	Son		M	W	2-5/12	S	KY	KY	KY	
	Earl	Son		M	W	3/12	S	KY	KY	KY	
Brooks,	Kelly	Head	R	M	W	24	M	TN	TN	TN	Farmer
	Rosie	Wife		F	W	22	M	TN	TN	TN	
	Walbert	Son		M	W	2	S	TN	TN	TN	
Norman,	Johnathan A.	Head	O	M	W	46	M	TN	TN	TN	Merchant Grocery
	Leona	Wife		F	W	29	M	TN	TN	TN	Clerk Grocery
	Ordie	Dau.		F	W	8	S	TN	TN	TN	
	Otsie	Dau.		F	W	5	S	TN	TN	TN	
Hull,	Granville	Head	O	M	W	36	M	TN	TN	TN	Farmer
	Maggie	Wife		F	W	28	M	TN	TN	TN	
	Elsie	Dau.		F	W	9	S	TN	TN	TN	
	Herschel	Son		M	W	7	S	TN	TN	TN	
	Lonnie	Son		M	W	5	S	TN	TN	TN	
	Vesta	Dau.		F	W	4	S	TN	TN	TN	
	Hazel	Dau.		F	W	1-10/12	S	TN	TN	TN	
Monday,	Grover	Head	R	M	W	26	M	TN	TN	TN	Lumberman
	Minnie	Wife		F	W	22	M	TN	TN	TN	
	Paul	Son		M	W	11/12	S	TN	TN	TN	
Donehew,	Benjamin N.	Head	R	M	W	55	M	TN	TN	TN	Farmer
	Ellen	Wife		F	W	46	M	VA	TN	VA	
Woldo,	Robert	Head	R	M	W	23	M	TN	TN	TN	Labor Lumber Mill
	Lucy	Wife		F	W	25	M	TN	TN	TN	
	William	Son		M	W	5	S	TN	TN	TN	
	Andrew	Son		M	W	2-3/12	S	TN	TN	TN	
	Charlie L.	Son		M	W	1/12	S	TN	TN	TN	
Hull,	Truman	Boarder		M	W	19	S	TN	TN	TN	Labor Lumber Mill

1920 Fentress Co. TN Census

Name		Relation-ship	House Own or Rent	Sex	Color or Race	Age	Married Single Widow	Birth Place	Fathers Birth Place	Mothers Birth Place	Trade
						Civil District No. 5					
Hull,	Elmer	Head	R	M	W	26	M	TN	TN	TN	Labor Lumber Mill
	Myrtle	Wife		F	W	20	M	TN	TN	TN	
	Gladys	Dau.		F	W	2-10/12	S	TN	TN	TN	
	Hilma	Dau.		F	W	0/12	S	TN	TN	TN	
Hull,	Eddie	Head	R	M	W	30	M	TN	TN	TN	Fireman Lum. Mill
	Cora	Wife		F	W	26	M	TN	TN	TN	
Buck,	Nosh A.	Head	O	M	W	42	M	TN	TN	KY	Blacksmith
	Margaret	Wife		F	W	38	M	TN	TN	TN	
	Ethel	Dau.		F	W	16	S	TN	TN	TN	
	Edna	Dau.		F	W	11	S	TN	TN	TN	
	Annie	Dau.		F	W	8	S	TN	TN	TN	
	Clyde	Son		M	W	3-10/12	S	TN	TN	TN	
	Woodrow	Son		M	W	10/12	S	TN	TN	TN	
Tompkins,	Robert	Head	O	M	W	33	M	TN	KY	TN	Blacksmith
	Rosy	Wife		F	W	29	M	TN	TN	TN	
	May	Dau.		F	W	7	S	TN	TN	TN	
	Hobert	Son		M	W	3-2/12	S	TN	TN	TN	
	Holace	Son		M	W	1-2/12	S	TN	TN	TN	
Tompkins,	John C.	Head	O	M	W	42	M	TN	TN	KY	Farmer
	Florence	Wife		F	W	38	M	TN	TN	TN	
	Vergil	Son		M	W	17	S	TN	TN	TN	Laborer
	Lawrence	Son		M	W	15	S	TN	TN	TN	Laborer
	Donna	Dau.		F	W	12	S	TN	TN	TN	
	Danzie	Dau.		F	W	10	S	TN	TN	TN	
	Clarence	Son		M	W	7	S	TN	TN	TN	
	Everett	Son		M	W	4	S	TN	TN	TN	
	Willis	Son		M	W	2-10/12	S	TN	TN	TN	
	Wilda	Dau.		F	W	1	S	TN	TN	TN	
Voiles,	John C.	Head	O	M	W	47	M	TN	TN	TN	Farmer
	Synda J.	Wife		F	W	53	M	TN	TN	TN	
	Leva L.	Dau.		F	W	15	S	TN	TN	TN	
	Vergil	Son		M	W	18	S	TN	TN	TN	Laborer
	Lyda	Dau.		F	W	13	S	TN	TN	TN	
	Elda	Son		M	W	23	M	TN	TN	TN	Labor Lumber Mill
	Sarah	Dau.-in-law		F	W	15	M	TN	TN	TN	
Garrette,	Effie	Head	R	F	W	37	W	TN	TN	TN	
	Carlin	Son		M	W	18	S	TN	TN	TN	Labor Lumber Mill
	Elma	Dau.		F	W	13	S	TN	TN	TN	
	Chester	Son		M	W	9	S	TN	TN	TN	
	Lester	Son		M	W	9	S	TN	TN	TN	
	Geneva	Dau.		F	W	3-9/12	S	TN	TN	TN	
Ward,	Elijah	Lodger		M	W	20	S	TN	TN	TN	Lumber Mill Labor
Voiles,	William	Head	O	M	W	29	M	TN	TN	TN	Farmer
	Dilrey	Wife		F	W	19	M	TN	TN	TN	
Wright,	Edmond	Head	O	M	W	54	M	TN	TN	TN	Laborer
	Kizzie	Wife		F	W	53	M	TN	AL	TN	
	Clifton	Son		M	W	14	S	TN	TN	TN	
Piercy,	Julia	Mother-in-law		F	W	73	M	TN	VA	VA	
Garrette,	Martha	Aunt		F	W	75	S	TN	VA	VA	

1920 Fentress Co. TN Census

Name		Relation-ship	House Own or Rent	Sex	Color or Race	Age	Married Single Widow	Birth Place	Fathers Birth Place	Mothers Birth Place	Trade
								Civil District No. 5			
Wright,	Carl	Head	R	M	W	20	M	TN	TN	TN	Farmer
	Roxie	Wife		F	W	22	M	TN	TN	TN	
	Romah	Dau.		F	W	5/12	S	TN	TN	TN	
Dunington,	William F.	Head	O	M	W	45	M	KY	KY	KY	Framer
	Rebecca	Wife		F	W	36	M	TN	KY	KY	
	Velta	Dau.		F	W	16	S	TN	KY	TN	
	Loyd	Son		M	W	14	S	TN	KY	TN	Laborer
	Onas	Dau.		F	W	10	S	TN	KY	TN	
	Harlie	Son		M	W	8	S	TN	KY	TN	
	Osborn	Son		M	W	4	S	TN	KY	TN	
	Veria	Dau.		F	W	2-2/12	S	TN	KY	TN	
Wright,	Cletis	Son-in-law		M	W	20	M	TN	TN	TN	Labor Loging Camp
	Delpha	Dau.		F	W	18	M	TN	TN	TN	
	Orpha	Granddaughter		F	W	0/12	S	TN	TN	TN	
Brown,	Green	Head	O	M	W	50	M	TN	TN	TN	Farmer
	Florence	Wife		F	W	36	M	TN	TN	TN	
	Daily	Son		M	W	17	S	TN	TN	TN	Laborer
	Luemana	Dau.		F	W	15	S	TN	TN	TN	
	Floyd	Son		M	W	13	S	TN	TN	TN	
	Argolia	Dau.		F	W	10	S	TN	TN	TN	
	Dora	Dau.		F	W	5	S	TN	TN	TN	
	George	Son		M	W	8/12	S	TN	TN	TN	
Westmorland, Alex		Head	O	M	W	43	M	KY	KY	KY	Farmer
	Mary	Wife		F	W	60	M	KY	SC	KY	
	Marthew	Son		M	W	21	S	TN	KY	TN	Laborer
Wright,	Mary A.	Head	O	F	W	58	W	AL	TN	GA	Midwife
Patten,	Joseph	Son-in-law		M	W	35	W	KY	TN	TN	Laborer
	Bertha E.	Granddaughter		F	W	4	S	TN	KY	TN	
Brooks,	Russel	Head	O	M	W	28	M	TN	TN	TN	Farmer
	Lurilda	Wife		F	W	22	M	TN	TN	TN	
	Orvie	Son		M	W	4	S	TN	TN	TN	
	Edgar	Son		M	W	2-3/12	S	TN	TN	TN	
	Nancy	Mother		F	W	62	W	TN	TN	TN	
Gentry,	Herbert	Half Bro.		M	W	17	S	TN	TN	TN	Laborer
Brooks,	Anderson	Head	O	M	W	30	M	TN	TN	TN	Farmer
	Lillie	Wife		F	W	25	M	TN	TN	TN	
Tinch,	Alpha	Step Dau.		F	W	5	S	TN	TN	TN	
Brooks,	Opal	Dau.		F	W	0/12	S	TN	TN	TN	
Taubert,	Bruno	Head	O	M	W	29	M	TN	Germany	Germany	Farmer
	Ina	Wife		F	W	29	M	TN	TN	TN	
	Edith	Dau.		F	W	10	S	TN	TN	TN	
	Clarence	Son		M	W	8	S	TN	TN	TN	
	Earnest	Son		M	W	6	S	TN	TN	TN	
	Nola	Dau.		F	W	2	S	TN	TN	TN	
Brown,	Henry	Head	R	M	W	57	W	TN	TN	TN	Farmer
	Bud	Son		M	W	25	S	TN	TN	TN	Laborer
	Sanford	Son		M	W	17	S	TN	TN	TN	Laborer
	Lorie	Dau.		F	W	15	S	TN	TN	TN	
	Melvin	Son		Son	M	5	S	TN	TN	TN	

1920 Fentress Co. TN Census

Name		Relation -ship	House Own or Rent	Sex	Color or Race	Age	Married Single Widow	Birth Place	Fathers Birth Place	Mothers Birth Place	Trade
						Civil District No. 5					
Heines,	Otto	Head	O	M	W	42	M	Germany	Germany	Germany	Farmer
	Etta	Wife		F	W	32	M	TN	TN	TN	
	Willard	Son		M	W	2-6/12	S	TN	Germany	TN	
	Evateen	Dau.		F	W	11/12	S	TN	Germany	TN	
	Ida	Mother		F	W	83	W	Germany	Germany	Germany	
Huffmand,	Henry	Head	O	M	W	42	S	Germany	Germany	Germany	Farmer
Bloar,	William A.	Head	O	M	W	51	M	TN	KY	TN	Farmer
	Gertrude	Wife		F	W	45	M	TN	NY	Germany	
	May	Dau.		F	W	20	S	TN	TN	Germany	Teacher
	Herbert	Son		M	W	18	S	TN	TN	TN	Laborer
	Hurbert	Son		M	W	16	S	TN	TN	TN	Laborer
	Lilly	Dau.		F	W	13	S	TN	TN	TN	
	Bessie	Dau.		F	W	12	S	TN	TN	TN	
	Chester	Son		M	W	9	S	TN	TN	TN	
	Arthur	Son		M	W	7	S	TN	TN	TN	
	Carmen	Son		M	W	3-6/12	S	TN	TN	TN	
	Archie	Son		M	W	10/12	S	TN	TN	TN	
Taubert,	Max A.	Head	O	M	W	40	M	Germany	Germany	Germany	Farmer
	Elizabeth	Wife		F	W	27	M	TN	TN	TN	
	Auther	Son		M	W	13	S	TN	Germany	TN	
	Lawrence	Son		M	W	12	S	TN	Germany	TN	
	Hutsel	Son		M	W	5	S	TN	Germany	TN	
	Geneva	Dau.		F	W	8/12	S	TN	Germany	TN	
Chambers,	Homer	Step Son		M	W	10	S	TN	TN	TN	
Winingham,	Solomon	Head	O	M	W	60	M	TN	TN	TN	Farmer
	Mary	Wife		F	W	48	M	TN	TN	TN	
	Herbert	Grandson		M	W	15	S	TN	TN	TN	Laborer
Hicks,	Daniel	Head	R	M	W	52	M	TN	TN	TN	Farmer
	Sarah	Wife		F	W	51	M	TN	TN	TN	
	Lue	Dau.		F	W	22	S	TN	TN	TN	Teacher
	Joseph	Son		M	W	20	S	TN	TN	TN	Laborer
	Raymond	Son		M	W	17	S	TN	TN	TN	Laborer
	Nancy	Dau.		F	W	15	S	TN	TN	TN	
	Clara	Son		M	W	13	S	TN	TN	TN	
	Bessford	Son		M	W	9	S	TN	TN	TN	
Smith,	Artena	Head	O	F	W	27	M	TN	KY	KY	Laborer
	Edna	Dau.		F	W	10	S	TN	TN	TN	
	Sarah	Dau.		F	W	5	S	TN	TN	TN	
Miller,	Oshia	Sister		F	W	22	W	TN	KY	TN	
	John	Nephew		M	W	13	S	TN	TN	TN	
	Dalthon	Niece		F	W	6	S	TN	TN	TN	
Voiles,	Artena	Mother		F	W	72	W	TN	NC	TN	
Hicks,	Huge	Head	R	M	W	48	M	TN	TN	TN	Farmer
	Louisa	Wife		F	W	45	M	TN	TN	TN	
	Estella	Dau.		F	W	12	S	TN	TN	TN	
	Tolbert	Son		M	W	10	S	TN	TN	TN	
	Travis	Son		M	W	8	S	TN	TN	TN	
	Harris	Son		M	W	6	S	TN	TN	TN	
	Nelle	Dau.		F	W	3-1/2	S	TN	TN	TN	
	Ella	Dau.		F	W	6/12	S	TN	TN	TN	

1920 Fentress Co. TN Census

Name		Relation-ship	House Own or Rent	Sex	Color or Race	Age	Married Single Widow	Birth Place	Fathers Birth Place	Mothers Birth Place	Trade
						Civil District No. 5					
Hoover,	Henry	Head	O	M	W	74	M	TN	TN	TN	Farmer
	Nina	Wife		F	W	49	M	TN	TN	TN	
	Norman	Son		M	W	23	S	TN	TN	TN	Laborer
	Lueanna	Dau.		F	W	18	S	TN	TN	TN	
	Emma	Dau.		F	W	15	S	TN	TN	TN	
	Hattie	Dau.		F	W	13	S	TN	TN	TN	
	Wilburn	Son		M	W	9	S	TN	TN	TN	
	Madson	Son		M	W	31	M	TN	TN	TN	Farmer
	Maud	Step Dau.		F	W	25	M	TN	TN	TN	
Brooke,	Aaron	Head	R	M	W	67	M	TN	NC	NC	Farmer
	Mary J.	Wife		F	W	58	M	TN	TN	TN	
	Charlie	Son		M	W	20	S	TN	TN	TN	Laborer
Tinch,	Andrew	Head	?	M	W	31	M	TN	TN	TN	Farmer
	Flossie	Wife		F	W	29	M	TN	TN	TN	
	Jessie	Dau.		F	W	11	S	TN	TN	TN	
	Bethel	Son		M	W	9	S	TN	TN	TN	
	Delbert	Son		M	W	7	S	TN	TN	TN	
	Bradford	Son		M	W	4	S	TN	TN	TN	
	Haskel	Son		M	W	2-3/12	S	TN	TN	TN	
Hoover,	Daily	Head	R	M	W	27	M	TN	TN	TN	Farmer
	Nancy	Wife		F	W	24	M	TN	TN	TN	
	Ruby	Dau.		F	W	5	S	TN	TN	TN	
	Albert	Son		M	W	1-4/12	S	TN	TN	TN	
Hoover,	Martin	Head	R	M	W	25	M	TN	TN	TN	Soldier
	Ora	Wife		F	W	15	M	TN	TN	TN	
Evans,	Alvin	Head	O	M	W	36	M	TN	TN	TN	Farmer
	Mandy	Wife		F	W	41	M	TN	TN	TN	
	Clarence	Son		M	W	7	S	TN	TN	TN	
	Huldah	Dau.		F	W	3-10/12	S	TN	TN	TN	
Evans,	James	Head	R	M	W	45	M	TN	TN	TN	Farmer
	Dolly	Wife		F	W	39	M	TN	TN	TN	
	Herbert	Son		M	W	19	S	TN	TN	TN	Driver
	May	Dau.		F	W	3-7/12	S	TN	TN	TN	
Hicks,	Arthur	Step Son		M	W	19	S	TN	TN	TN	Laborer
Hall,	John	Head	R	M	W	37	M	TN	TN	TN	
	Annie	Wife		F	W	32	M	TN	TN	TN	
Evans,	Joseph	Head	O	M	W	73	M	TN	TN	TN	
	Elizabeth	Wife		F	W	73	M	TN	TN	TN	
	George	Grandson		M	W	21	M	TN	TN	TN	Laborer
Campbell,	Robert	Head	R	M	W	32	M	TN	NY	TN	Farmer
	Bulia	Wife		F	W	28	M	TN	TN	TN	
	John	Son		M	W	8	S	TN	TN	TN	
	Walter	Son		M	W	5	S	TN	TN	TN	
Anderson,	Andy J.	Lodger		M	W	73	W	TN	NC	NC	
Phillips,	Edward	Lodger		M	W	33	S	TN	TN	TN	Laborer
Jones,	Joseph	Head	O	M	W	34	M	TN	GA	IL	Farmer
	Aggie	Wife		F	W	26	M	TN	TN	TN	
	Kenneth	Son		M	W	6	S	TN	TN	TN	
	Lonnie	Son		M	W	4	S	TN	TN	TN	
	Manel	Dau.		F	W	2-1/12	S	TN	TN	TN	
	Miles	Father		M	W	65	M	GA	GA	GA	Laborer

1920 Fentress Co. TN Census

Name		Relation-ship	House Own or Rent	Sex	Color or Race	Age	Married Single Widow	Birth Place	Fathers Birth Place	Mothers Birth Place	Trade
						Civil District No. 5					
Hull,	John R.	Head	O	M	W	65	M	TN	TN	NC	Manager
	Louisa	Wife		F	W	57	M	TN	TN	TN	Postmaster
	Floya	Dau.		F	W	20	S	TN	TN	TN	Clerk
	Roy	Son		M	W	18	S	TN	TN	TN	Laborer
Buck,	James T.	Head	O	M	W	42	M	TN	TN	TN	Farmer
	Belle	Wife		F	W	37	M	TN	TN	NC	
	Rosamond	Dau.		F	W	15	S	TN	TN	TN	
	Desmond	Son		M	W	12	S	TN	TN	TN	
	Imogene	Dau.		F	W	4	S	TN	TN	TN	
Brooks,	Monroe	Head	O	M	W	50	M	TN	TN	NC	Farmer
	Ellen	Wife		F	W	47	M	TN	KY	KY	
	Gilbert	Son		M	W	27	S	TN	TN	TN	Laborer
	Lawrence	Son		M	W	19	S	TN	TN	TN	
	Minnie	Dau.		F	W	18	S	TN	TN	TN	
	Charlie	Son		M	W	15	S	TN	TN	TN	Laborer
	Flora	Dau.		F	W	12	S	TN	TN	TN	
	Chester	Son		M	W	10	S	TN	TN	TN	
	Clyde	Son		M	W	8	S	TN	TN	TN	
	Annie	Dau.		F	W	5	S	TN	TN	TN	
	Ruth	Dau.		F	W	3-6/12	S	TN	TN	TN	
Brown,	Ben	Head	R	M	W	36	M	TN	TN	AL	Farmer
	Elzia	Wife		F	W	32	M	TN	TN	TN	
	Riley	Son		M	W	13	S	TN	TN	TN	Laborer
	Oscar	Son		M	W	11	S	TN	TN	TN	Laborer
	Nancy	Dau.		F	W	6	S	TN	TN	TN	
	Nelson	Son		M	W	3-7/12	S	TN	TN	TN	
	Eli	Son		M	W	11/12	S	TN	TN	TN	
	Levi	Son		M	W	11/12	S	TN	TN	TN	
Brown,	William R.	Head	R	M	W	70	M	TN	KY	NC	Farmer & Laborer
	Martha K.	Wife		F	W	69	M	AL	SC	TN	
Howard,	Linsy	Head	O	M	W	34	M	TN	TN	TN	Farmer
	Cassie	Wife		F	W	26	M	TN	TN	TN	
	Truman	Son		M	W	7	S	TN	TN	TN	
Howard,	William H.	Head	R	M	W	42	M	TN	TN	TN	Farmer
	Virnie	Wife		F	W	27	M	TN	TN	TN	
	Wilton R.	Son		M	W	9	S	TN	TN	TN	
	Loyd E.	Son		M	W	4	S	TN	TN	TN	
Howard,	Eliza	Head	O	F	W	71	W	TN	TN	TN	
Brown,	James A.	Head	O	M	W	40	W	TN	TN	TN	Cutting Timber
Ward,	Mary J.	Head	O	F	W	66	W	TN	TN	TN	
	Pearl	Servant		F	W	22	S	TN	TN	TN	Laborer
Howard,	John	Head	O	M	W	29	M	TN	TN	TN	Farmer
	Sarah	Wife		F	W	19	M	TN	TN	TN	
	Bertha E.	Dau.		F	W	2	S	TN	TN	TN	
	Lelah B.	Dau.		F	W	3/12	S	TN	TN	TN	
Blair,	Lawrence	Head	O	M	W	25	M	TN	TN	MA	Farmer
	Mary A.	Wife		F	W	25	M	TN	TN	TN	
	Lucy A.	Dau.		F	W	2-11/12	S	TN	TN	TN	

1920 Fentress Co. TN Census

Name		Relation-ship	House Own or Rent	Sex	Color or Race	Age	Married Single Widow	Birth Place	Fathers Birth Place	Mothers Birth Place	Trade

Civil District No. 5

Name		Relation-ship	House Own or Rent	Sex	Color or Race	Age	Married Single Widow	Birth Place	Fathers Birth Place	Mothers Birth Place	Trade
Vanghon,	Walter	Head	O	M	W	36	M	KY	KY	KY	Farmer
	Kate	Wife		F	W	23	M	KY	KY	KY	
	Pansie	Dau.		F	W	7	S	KY	KY	KY	
	Henry	Son		M	W	3-3/12	S	KY	KY	KY	
	Wodrow	Son		M	W	2-2/12	S	TN	KY	KY	
Stigall,	Sallie	Mother-in-law		F	W	67	W	KY	VA	VA	
Guffee,	Manson	Head	R	M	W	57	M	TN	TN	TN	Farmer
	Margaret	Wife		F	W	54	M	TN	TN	TN	
	Harrison	Son		M	W	22	S	TN	TN	TN	Laborer
	James	Son		M	W	20	S	TN	TN	TN	Laborer
	Besty	Son		M	W	17	S	TN	TN	TN	Laborer
	Lucie	Dau.		F	W	16	S	TN	TN	TN	
	Shirley	Son		M	W	14	S	TN	TN	TN	Laborer
	Early	Son		M	W	14	S	TN	TN	TN	Laborer
Blair,	Rosco	Head	R	M	W	23	M	TN	TN	TN	Farmer
	Mae	Wife		F	W	20	M	TN	TN	TN	
Taylor,	Mahala	Head	O	F	W	79	W	TN	TN	TN	
Hicks,	Helen	Head	R	F	W	37	W	TN	TN	TN	Farmer
	Austin	Son		M	W	11	S	TN	TN	TN	
	Albg C.	Dau.		F	W	8	S	TN	TN	TN	
	Hudson	Son		M	W	4	S	TN	TN	TN	
Stephens,	Nannie	Wife	O	F	W	47	M	KY	KY	KY	Farmer
	Harold	Son		M	W	12	S	KY	TN	KY	
	Curtis	Dau.		F	W	10	S	KY	TN	KY	
	Dillard	Son		M	W	8	S	KY	TN	KY	
Brooks,	Robert	Head	O	M	W	26	M	TN	TN	KY	Salesman
	Nettie	Wife		F	W	21	M	TN	TN	TN	
	Ezra R. O.	Son		M	W	2-1/12	S	TN	TN	TN	
	Loid	Dau.		F	W	8/12	S	TN	TN	TN	
Lawhorn,	Eva	Half Aunt		F	W	14	S	TN	KY	TN	
Taubert,	Curt R.	Head	O	M	W	37	M	Germany	Germany	Germany	Farmer
	Ella M.	Wife		F	W	32	M	TN	TN	TN	
	Lilly	Dau.		F	W	12	S	TN	Germany	TN	
	Hubert	Son		M	W	10	S	TN	Germany	TN	
	Tena	Dau.		F	W	8	S	TN	Germany	TN	
	Luciana	Son		M	W	4	S	TN	Germany	TN	
	Reno	Son		M	W	2-3/12	S	TN	Germany	TN	
Janes,	Anderson	Head	O	M	W	36	M	TN	GA	KY	Farmer
	Louisa	Wife		F	W	34	M	TN	KY	KY	
	Esther	Dau.		F	W	8	S	TN	TN	TN	
	Herbert	Son		M	W	6	S	TN	TN	TN	
	Sylvester	Son		M	W	5	S	TN	TN	TN	
	Bigil	Son		M	W	4	S	TN	TN	TN	
	Dortha	Dau.		F	W	1-6/12	S	TN	TN	TN	
Dunford,	Marshall	Head	R	M	W	48	M	WV	VA	WV	Lumber Mill
	Cora A.	Wife		F	W	42	M	WV	WV	VA	
	C. Ray	Son		M	W	22	S	WV	WV	WV	Lumber Mill
	Cecil A.	Son		M	W	20	M	WV	WV	WV	Lumber Mill
	Anna M.	Dau.		F	W	13	S	WV	WV	WV	
	Sargent B.	Son		M	W	11	S	WV	WV	WV	
	Marshall W.	Son		M	W	7	S	WV	WV	WV	
	Rosa Lee	Dau.-in-law		F	W	18	M	WV	WV	WV	

1920 Fentress Co. TN Census

Name		Relation-ship	House Own or Rent	Sex	Color or Race	Age	Married Single Widow	Birth Place	Fathers Birth Place	Mothers Birth Place	Trade
						Civil District No. 5					
Garrette,	George	Head	O	M	W	38	M	TN	TN	TN	Farmer
	Artena	Wife		F	W	34	M	TN	TN	TN	
	William J.	Son		M	W	16	S	TN	TN	TN	Laborer
	Zacharian M.	Son		M	W	14	S	TN	TN	TN	Laborer
	Erna B.	Dau.		F	W	11	S	TN	TN	TN	
	Isaac M.	Son		M	W	9	S	TN	TN	TN	
	James L.	Son		M	W	5	S	TN	TN	TN	
	Floyd E.	Son		M	W	1-5/12	S	TN	TN	TN	
Buck,	John M.	Head	O	M	W	43	M	TN	TN	TN	Farmer
	Rosalia	Wife		F	W	37	M	TN	TN	TN	
	Thelbert	Son		M	W	19	S	TN	TN	TN	Laborer
	Clara	Dau.		F	W	17	S	TN	TN	TN	
	Walter	Son		M	W	15	S	TN	TN	TN	Laborer
	Cushbert	Son		M	W	12	S	TN	TN	TN	Laborer
	Melford	Son		M	W	9	S	TN	TN	TN	
	Ovlen	Dau.		F	W	6	S	TN	TN	TN	
	Florence	Dau.		F	W	4	S	TN	TN	TN	
	Willis	Dau.		F	W	10/12	S	TN	TN	TN	
Burls,	Mount	Head	R	M	W	44	M	TN	TN	TN	Loging
	Antie	Wife		F	W	42	M	KY	KY	KY	
	Isaac	Son		M	W	17	S	TN	TN	KY	Laborer
	Polly	Dau.		F	W	15	S	TN	TN	KY	
	Walter	Son		M	W	13	S	TN	TN	KY	Laborer
	Randy	Son		M	W	11	S	TN	TN	KY	
	Ola	Dau.		F	W	8	S	TN	TN	KY	
	Howard	Son		M	W	6	S	TN	TN	KY	
	Wm. H.	Son		M	W	5	S	TN	TN	KY	
	Duffie I.	Son		M	W	4	S	TN	TN	KY	
Piercy,	Green	Head	O	M	W	64	D	TN	KY	NC	Farmer
Garrette,	Marion	Head	O	M	W	35	M	TN	TN	TN	Farmer
	Della	Wife		F	W	36	M	TN	TN	TN	
	Everett	Son		M	W	13	S	TN	TN	TN	
	Ava	Dau.		F	W	11	S	TN	TN	TN	
	Macel	Dau.		F	W	9	S	TN	TN	TN	
	Earl	Son		M	W	4	S	TN	TN	TN	
	Hazel	Dau.		F	W	5/12	S	TN	TN	TN	
Duncan,	Manuel	Head	O	M	W	52	M	TN	TN	TN	Coal Miner
	Earnie	Wife		F	W	26	M	TN	TN	TN	
	Howard	Son		M	W	18	S	TN	TN	TN	Coal Miner
	Celia	Dau.		F	W	11	S	TN	TN	TN	
	Jacob	Son		M	W	7	S	TN	TN	TN	
	Juanita	Dau.		F	W	7	S	TN	TN	TN	
	Herbert	Son		M	W	4	S	TN	TN	TN	
Duncan,	Johnson	Head	R	M	W	20	M	TN	TN	TN	Coal Miner
	Lettie	Wife		F	W	17	M	TN	TN	TN	
Peters,	Wiley	Head	O	M	W	44	M	TN	TN	TN	Farmer
	Ada	Wife		F	W	35	M	TN	TN	TN	
	Bertha	Dau.		F	W	17	S	TN	TN	TN	
	Bitha	Dau.		F	W	15	S	TN	TN	TN	
	Leona	Dau.		F	W	13	S	TN	TN	TN	
	Freddie	Son		M	W	10	S	TN	TN	TN	
	Alva	Dau.		F	W	9	S	TN	TN	TN	
	Sarah	Dau.		F	W	4	S	TN	TN	TN	
	Flossie	Dau.		F	W	2-9/12	S	TN	TN	TN	

1920 Fentress Co. TN Census

Name		Relation-ship	House Own or Rent	Sex	Color or Race	Age	Married Single Widow	Birth Place	Fathers Birth Place	Mothers Birth Place	Trade
						Civil District No. 5					
Thompson,	James	Head	O	M	W	58	M	TN	TN	TN	Farmer
	Elmira	Wife		F	W	59	M	TN	NC	TN	
	John L.	Son		M	W	25	S	TN	TN	TN	Laborer
Garrette,	Omer	Head	R	M	W	19	M	TN	TN	TN	Farmer
	Effie	Wife		F	W	18	M	TN	TN	TN	
Goad,	Lamon	Head	O	M	W	37	M	TN	TN	TN	Farmer
	Nelma	Wife		F	W	27	M	TN	TN	TN	
	Flossie	Dau.		F	W	9	S	TN	TN	TN	
	Chester	Son		M	W	7	S	TN	TN	TN	
	Gladys	Dau.		F	W	5	S	TN	TN	TN	
	Nettie	Dau.		F	W	3-9/12	S	TN	TN	TN	
Goad,	Sylvester	Head	O	M	W	45	W	TN	TN	TN	Farmer
	Oscar	Son		M	W	16	S	TN	TN	TN	Laborer
	Roy	Son		M	W	14	S	TN	TN	TN	Laborer
	Clifford	Son		M	W	12	S	TN	TN	TN	
	Flona	Dau.		F	W	9	S	TN	TN	TN	
	Harvey	Son		M	W	6	S	TN	TN	TN	
	Margaret	Dau.		F	W	3-3/12	S	TN	TN	TN	
Ellis,	William M.	Head	R	M	W	27	M	TN	TN	TN	Farmer
	Pansy	Wife		F	W	29	M	TN	TN	TN	
	Winford	Son		M	W	5	S	TN	TN	TN	
	Casto	Son		M	W	3-7/12	S	TN	TN	TN	
	Stanford	Son		M	W	1-10/12	S	TN	TN	TN	
Garrette,	Lewis	Head	O	M	W	52	M	TN	TN	TN	Farmer
	Mary	Wife		F	W	38	M	TN	TN	TN	
	Oral	Son		M	W	17	S	TN	TN	TN	Laborer
	Clayton	Son		M	W	15	S	TN	TN	TN	Laborer
	Belle	Dau.		F	W	14	S	TN	TN	TN	
	Theodore	Son		M	W	12	S	TN	TN	TN	
	Elmer	Son		M	W	10	S	TN	TN	TN	
	Myrtle	Dau.		F	W	8	S	TN	TN	TN	
	Velma	Dau.		F	W	6	S	TN	TN	TN	
	Loyd	Son		M	W	2-10/12	S	TN	TN	TN	
	German	Son		M	W	2/12	S	TN	TN	TN	
Jones,	Emett	Head	O	M	W	43	M	TN	TN	TN	Farmer
	Maud	Wife		F	W	38	M	TN	TN	TN	
	Lester	Son		M	W	15	S	TN	TN	TN	Laborer
	Clarence	Son		M	W	12	S	TN	TN	TN	
	Flora	Dau.		F	W	10	S	TN	TN	TN	
	Earnest	Son		M	W	8	S	TN	TN	TN	
	Alfred	Son		M	W	5	S	TN	TN	TN	
Garrette,	Oliver	Head	O	M	W	45	M	TN	TN	TN	Farmer
	Rebecca Ann	Wife		F	W	43	M	TN	TN	TN	
	Gilbert L.	Son		M	W	17	S	TN	TN	TN	Laborer
	Viola	Dau.		F	W	16	S	TN	TN	TN	
	Wilborn E.	Son		M	W	14	S	TN	TN	TN	Laborer
	Ella	Dau.		F	W	10	S	TN	TN	TN	
	Vergie	Dau.		F	W	6	S	TN	TN	TN	
	Elbert	Son		M	W	4	S	TN	TN	TN	
	Robert	Son		M	W	4	S	TN	TN	TN	
	Floyd	Son		M	W	3/12	S	TN	TN	TN	

1920 Fentress Co. TN Census

Name		Relation -ship	House Own or Rent	Sex	Color or Race	Age	Married Single Widow	Birth Place	Fathers Birth Place	Mothers Birth Place	Trade

Civil District No. 5

Name		Relation -ship	House Own or Rent	Sex	Color or Race	Age	Married Single Widow	Birth Place	Fathers Birth Place	Mothers Birth Place	Trade
Storie,	Manuel	Head	?	M	W	29	M	TN	TN	TN	Farmer
	Lilian	Wife		F	W	26	M	TN	OH	KY	
	Christine	Dau.		F	W	3-8/12	S	TN	TN	TN	
	Imogine	Dau.		F	W	1-8/12	S	TN	TN	TN	
	Gleecin	Son		M	W	1/12	S	TN	TN	TN	
Storie,	Lewis	Head	O	M	W	63	W	TN	TN	TN	Farmer
	Cora	Dau.		F	W	22	S	TN	TN	TN	
	Carrie	Dau.		F	W	18	S	TN	TN	TN	
	Cleohlia	Son		M	W	14	S	TN	TN	TN	Laborer
	Eddie	Son		M	W	24	W	TN	TN	TN	Laborer
Jones,	Henry C.	Head	O	M	W	63	M	TN	TN	TN	Farmer
	Mary	Wife		F	W	68	M	TN	TN	TN	
Ellis,	Isle	Head	O	M	W	46	M	TN	TN	TN	Farmer
	Angusta	Wife		F	W	43	M	TN	TN	TN	
	Dewey	Son		M	W	19	S	TN	TN	TN	Laborer
	Hattie	Dau.		F	W	17	S	TN	TN	TN	
	Delmer	Son		M	W	15	S	TN	TN	TN	Laborer
	Dersir	Son		M	W	13	S	TN	TN	TN	Laborer
	Altie	Dau.		F	W	11	S	TN	TN	TN	
	Denton	Son		M	W	8	S	TN	TN	TN	
Kimbrell,	Berry	Head	O	M	W	50	M	TN	TN	TN	Farmer
	Balora	Wife		F	W	48	M	TN	TN	TN	
	Ova	Dau.		F	W	20	S	TN	TN	TN	
	Arnold	Son		M	W	19	S	TN	TN	TN	Laborer
	Arthur	Son		M	W	17	S	TN	TN	TN	Laborer
	Oma	Dau.		F	W	14	S	TN	TN	TN	
	Vera	Dau.		F	W	12	S	TN	TN	TN	
	Aurland	Son		M	W	7	S	TN	TN	TN	
Bow,	Albert	Head	O	M	W	69	M	KY	KY	TN	Farmer
	Martha	Wife		F	W	64	M	KY	TN	KY	
Bow,	Granville	Head	R	M	W	35	M	TN	KY	KY	Farmer
	Carrie	Wife		F	W	34	M	TN	TN	TN	
	Hubert	Son		M	W	12	S	TN	TN	TN	Laborer
	Richard	Son		M	W	11	S	TN	TN	TN	
	Lillie	Dau.		F	W	9	S	TN	TN	TN	
	Jewel	Dau.		F	W	7	S	TN	TN	TN	
	Pearlie	Dau.		F	W	5	S	TN	TN	TN	
	Laura	Dau.		F	W	4	S	TN	TN	TN	
	Rena	Dau.		F	W	2	S	TN	TN	TN	
Mullins,	George	Head	R	M	W	33	M	TN	TN	TN	Miner
	Laura	Wife		F	W	24	M	TN	TN	TN	
	Hurstle	Son		M	W	8	S	TN	TN	TN	
	Noble	Son		M	W	6	S	TN	TN	TN	
	Violes	Dau.		F	W	4	S	TN	TN	TN	
	William S.	Son		M	W	1-11/12	S	TN	TN	TN	
	Veda	Dau.		F	W	7/12	S	TN	TN	TN	
Byah,	Sylvester	Head	O	M	W	40	D	TN	TN	TN	Farmer

1920 Fentress Co. TN Census

Name		Relation -ship	House Own or Rent	Sex	Color or Race	Age	Married Single Widow	Birth Place	Fathers Birth Place	Mothers Birth Place	Trade
						Civil District No. 5					
Sewell,	Eldon	Head	O	M	W	41	M	TN	TN	TN	Farmer
	Lean	Wife		F	W	33	M	TN	TN	TN	
	Cletus	Son		M	W	15	S	TN	TN	TN	Laborer
	Golda	Dau.		F	W	13	S	TN	TN	TN	
	Kelley	Son		M	W	11	S	TN	TN	TN	
	Ruby	Dau.		F	W	9	S	TN	TN	TN	
	Vertte	Son		M	W	5	S	TN	TN	TN	
	Opal	Dau.		F	W	2-1/12	S	TN	TN	TN	
Ellis,	Lora	Head	O	M	W	50	M	TN	TN	TN	Farmer
	Elizabeth	Wife		F	W	50	M	TN	TN	TN	
	Vester	Son		M	W	18	S	TN	TN	TN	Laborer
	Gertie	Dau.		F	W	15	S	TN	TN	TN	
	Elmer	Son		M	W	9	S	TN	TN	TN	
	Thelma	Dau.		F	W	6	S	TN	TN	TN	
	Bertie	Dau.		F	W	4	S	TN	TN	TN	
Ellis,	Vergil	Head	O	M	W	25	M	TN	TN	TN	Farmer
	Etta	Wife		F	W	27	M	TN	TN	TN	
	Elma	Dau.		F	W	2-6/12	S	TN	TN	TN	
	Reba	Dau.		F	W	11/12	S	TN	TN	TN	
Bow,	Jesse	Head	O	M	W	63	M	TN	KY	KY	Farmer
	Mary E.	Wife		F	W	54	M	TN	TN	TN	
	Edith E.	Dau.		F	W	16	S	TN	TN	TN	
	Erby D.	Son		M	W	19	S	TN	TN	TN	Laborer
	Herschel D.	Son		M	W	14	S	TN	TN	TN	Laborer
	Wolford	Son		M	W	26	S	TN	TN	TN	Laborer
	Edgar	Son		M	W	22	S	TN	TN	TN	Clerk
Tompkins,	Calvin J.	Head	O	M	W	69	M	TN	TN	TN	Farmer
	Mary	Wife		F	W	69	M	TN	TN	TN	
	Nettie	Dau.		F	W	44	S	TN	TN	TN	
	Maude	Dau.		F	W	26	S	TN	TN	TN	Farmer
	Leander	Son		M	W	47	M	TN	TN	TN	Teacher
	Cinda	Dau.-in-law		F	W	36	M	TN	KY	TN	
	Vertie	Granddaughter		F	W	11	S	TN	TN	TN	
	Denver	Grandson		M	W	9	S	TN	TN	TN	
	Loyd	Grandson		M	W	7	S	TN	TN	TN	
Goad,	Margaret	Sister-in-law		F	W	77	S	TN	TN	TN	
Brown,	Sherman	Lodger		M	W	20	S	TN	TN	TN	Laborer
Sewell,	Elzie	Head	R	M	W	45	M	TN	TN	TN	Farmer
	Jane	Wife		F	W	38	M	TN	TN	TN	
	Harvey	Son		M	W	16	S	TN	TN	TN	Laborer
	Stephen	Son		M	W	14	S	TN	TN	TN	Laborer
	Edith	Dau.		F	W	12	S	TN	TN	TN	
	Anna B.	Dau.		F	W	8	S	TN	TN	TN	
	Jasper	Son		M	W	6	S	TN	TN	TN	
	Melvin	Son		M	W	3	S	TN	TN	TN	
Sewell,	Dillard	Head	O	M	W	32	M	TN	TN	TN	Farmer
	Ada	Wife		F	W	29	M	TN	TN	TN	
	Dortha	Dau.		F	W	7	S	TN	TN	TN	
	Rlieba	Dau.		F	W	3-10/12	S	TN	TN	TN	
	Lyda	Mother		F	W	76	W	TN	TN	TN	
Buck,	Phillip	Head	O	M	W	35	S	TN	TN	TN	Farmer
	Amanda	Mother		F	W	75	W	TN	TN	TN	
McClain,	Florence	Lodger		F	W	10	S	TN	TN	TN	

1920 Fentress Co. TN Census

Name		Relation -ship	House Own or Rent	Sex	Color or Race	Age	Married Single Widow	Birth Place	Fathers Birth Place	Mothers Birth Place	Trade
						Civil District No. 5					
Garrette,	William	Head	R	M	W	45	M	TN	TN	TN	Blacksmith
	Annie	Wife		F	W	38	M	TN	TN	TN	
	Ollie	Dau.		F	W	17	S	TN	TN	TN	
	George	Son		M	W	15	S	TN	TN	TN	Laborer
	James	Son		M	W	12	S	TN	TN	TN	Laborer
	Mary	Dau.		F	W	10	S	TN	TN	TN	
	John	Son		M	W	8	S	TN	TN	TN	
Brown,	Harrison	Head	O	M	W	32	M	TN	TN	TN	Farmer
	Katie	Wife		F	W	31	M	TN	TN	TN	
	Eva A.	Dau.		F	W	5	S	TN	TN	TN	
	Claudie F.	Son		M	W	3-1/12	S	TN	TN	TN	
Ward,	Jacob	Head	O	M	W	35	M	TN	TN	TN	Farmer
	Elsie	Wife		F	W	34	M	TN	Germany	Germany	
	William A.	Son		M	W	5	S	TN	TN	TN	
	Dora E.	Dau.		F	W	3	S	TN	TN	TN	
	William	Father		M	W	67	M	TN	TN	TN	
	Sarah	Mother		F	W	62	M	TN	TN	TN	
Tinch,	Jackson P.	Head	O	M	W	71	M	TN	VA	TN	Laborer
	Sarah A.	Wife		F	W	70	M	TN	TN	TN	
Tinch,	William H.	Head	O	M	W	35	M	TN	TN	TN	Farmer
	Ada	Wife		F	W	34	M	TN	TN	TN	
	Charlie E.	Son		M	W	12	S	TN	TN	TN	
	Ivan	Son		M	W	7	S	TN	TN	TN	
Tinch,	Alexander G.	Head	O	M	W	39	M	TN	TN	TN	Farmer
	Abbie	Wife		F	W	41	M	TN	TN	TN	
	Bertha	Dau.		F	W	22	S	TN	TN	TN	
	Proctor	Son		M	W	19	S	TN	TN	TN	Laborer
	Elvie	Dau.		F	W	17	S	TN	TN	TN	
	Truman	Son		M	W	16	S	TN	TN	TN	Laborer
Adkinson,	Brentford	Head	R	M	W	22	M	TN	TN	TN	Laborer
	Lyda	Wife		F	W	25	M	TN	TN	TN	
	Lillie	Dau.		F	W	4	S	TN	TN	TN	
	Otha	Son		M	W	2-2/12	S	TN	TN	TN	
Tinch,	Anderson	Head	O	M	W	47	M	TN	TN	TN	Farmer
	Amanda	Wife		F	W	44	M	TN	VA	TN	
	Hewie	Son		M	W	16	S	TN	TN	TN	Farm Labor
	Hazel	Dau.		F	W	13	S	TN	TN	TN	
	Ethel	Dau.		F	W	11	S	TN	TN	TN	
	Jaunita	Dau.		F	W	5	S	TN	TN	TN	
	Sanford	Son		M	W	28	D	TN	TN	TN	RR Laborer
	Stella	Dau.		F	W	20	S	TN	TN	TN	
Tinch,	Franklin	Head	O	M	W	47	M	TN	TN	TN	Sawyer-Lumber Mill
	Rhoda	Wife		F	W	46	M	TN	TN	TN	
	Hobert	Son		M	W	22	S	TN	TN	TN	Farm Labor
	Dora	Dau.		F	W	20	S	TN	TN	TN	
	Ruth	Dau.		F	W	17	S	TN	TN	TN	
	Mabel	Dau.		F	W	16	S	TN	TN	TN	
	Etha	Son		M	W	12	S	TN	TN	TN	
	Erna	Son		M	W	8	S	TN	TN	TN	
	Walter	Son		M	W	5	S	TN	TN	TN	
	Loma	Dau.		F	W	2-4/12	S	TN	TN	TN	

213

1920 Fentress Co. TN Census

Name		Relation-ship	House Own or Rent	Sex	Color or Race	Age	Married Single Widow	Birth Place	Fathers Birth Place	Mothers Birth Place	Trade
						Civil District No. 5					
Tinch,	Timothy G.	Head	?	M	W	51	M	TN	TN	TN	Framer
	Huldah	Wife		F	W	48	M	TN	TN	TN	
	Clara	Dau.		F	W	20	S	TN	TN	TN	Teacher
	John P.	Son		M	W	18	S	TN	TN	TN	Farm Labor
	Lola M.	Dau.		F	W	16	S	TN	TN	TN	
	Arthur E.	Son		M	W	13	S	TN	TN	TN	Farm Labor
	Hugo C.	Son		M	W	12	S	TN	TN	TN	
	Sadie C.	Dau.		F	W	10	S	TN	TN	TN	
Campbell,	Mentle A.	Granddaughter		F	W	12	S	TN	TN	TN	
Owens,	Zelphice	Head	R	F	W	72	W	TN	TN	TN	Farmer
	Rosetta	Dau.		F	W	25	S	TN	TN	TN	
	Flossy H.	Granddaughter		F	W	1-11/12	S	TN	TN	TN	
Owens,	Floyd	Head	R	M	W	27	M	TN	TN	TN	Loging Camp Labor
	Lula	Wife		F	W	19	M	KY	TN	KY	
	Henry F.	Son		M	W	2-6/12	S	TN	TN	KY	
Owens,	Milton	Head	R	M	W	30	M	TN	TN	TN	Farmer
	Gertie	Wife		F	W	21	M	KY	TN	KY	
	Osha	Dau.		F	W	4	S	TN	TN	KY	
	Olga	Dau.		F	W	3-6/12	S	TN	TN	KY	
	Blanche	Dau.		F	W	2-2/12	S	TN	TN	KY	
	Lois	Dau.		F	W	6/12	S	TN	TN	KY	
Owens,	Harrison	Head	R	M	W	47	M	TN	TN	TN	Farmer
	Lena	Wife		F	W	37	M	TN	TN	TN	
	Noma	Son		M	W	19	S	TN	TN	TN	Farm Labor
	Raymond	Son		M	W	16	S	TN	TN	TN	Farm Labor
	Travis	Son		M	W	14	S	TN	TN	TN	Farm Labor
	Lestille	Son		M	W	11	S	TN	TN	TN	
	Webster	Son		M	W	9	S	TN	TN	TN	
	Woodrow	Son		M	W	5	S	TN	TN	TN	
Owens,	Harm	Head	R	M	W	26	M	TN	TN	TN	Lumber Mill Labor
	Caneada	Wife		F	W	36	M	TN	TN	TN	
	Boyd	Son		M	W	2-6/12	S	TN	TN	TN	
	Loyd	Son		M	W	4/12	S	TN	TN	TN	
	Jessie	Dau.		F	W	15	S	TN	TN	TN	
Anderson,	James L.	Head	O	M	W	51	W	TN	TN	TN	Farm Labor
Patterson,	William	Lodger		M	W	36	M	TN	TN	TN	Teamster
	Frances	Lodger		F	W	47	M	TN	TN	TN	
Phillips,	James	Head	O	M	W	36	M	TN	TN	TN	Lumber Mill Labor
	Ethel M.	Wife		F	W	17	M	TN	TN	TN	
	Edward	Son		M	W	1-5/12	S	TN	TN	TN	
Brooks,	Jane	Mother-in-law		F	W	58	M	TN	TN	TN	
Sims,	William	Head	O	M	W	34	M	TN	TN	TN	Hauling Logs
	Ida F.	Wife		F	W	26	M	TN	MI	MI	
	William E.	Son		M	W	6	S	TN	TN	TN	
	Mary B.	Dau.		F	W	4	S	TN	TN	TN	
	Johnathan A.	Son		M	W	2-9/12	S	TN	TN	TN	
	James A.	Son		M	W	9/12	S	TN	TN	TN	
Loudin,	Mary E.	Mother-in-law		F	W	60	W	MI	MI	MI	
Sims,	Bernettie	Head	R	F	W	64	W	TN	TN	KY	Farmer
	Mack	Son		M	W	28	S	TN	TN	TN	Driving Team
	James G.	Son		M	W	16	S	TN	TN	TN	Farm Labor

1920 Fentress Co. TN Census

Name		Relation -ship	House Own or Rent	Sex	Color or Race	Age	Married Single Widow	Birth Place	Fathers Birth Place	Mothers Birth Place	Trade
						Civil District No. 5					
Tinch,	John C.	Head	O	M	W	36	M	TN	TN	TN	Farmer
	Mahala	Wife		F	W	39	M	TN	TN	TN	
	Vera	Dau.		F	W	14	S	TN	TN	TN	
	Dona	Dau.		F	W	12	S	TN	TN	TN	
	Gladys	Dau.		F	W	10	S	TN	TN	TN	
	Orville	Son		M	W	2-11/12	S	TN	TN	TN	
Campbell,	John	Head	R	M	W	65	M	NY	TN	TN	Farmer
	Nancy J.	Wife		F	W	44	M	TN	TN	TN	
	Vergil	Son		M	W	25	S	TN	NY	TN	Lumber Mill Labor
Anderson,	Dewey C.	Step Son		M	W	18	S	TN	TN	TN	Farm Labor
	James M.	Step Son		M	W	15	S	TN	TN	TN	Farm Labor
	John A.	Step Son		M	W	13	S	TN	TN	TN	
	Kelly D.	Step Son		M	W	9	S	TN	TN	TN	
	Orie H.	Step Son		M	W	7	S	TN	TN	TN	
Anderson,	George	Head	O	M	W	63	M	TN	TN	TN	Farmer
	Ida	Wife		F	W	51	M	MI	MI	Germany	
	Freddie	Son		M	W	18	S	TN	TN	MI	RR Laborer
	Nissa E.	Dau.		F	W	13	S	TN	TN	MI	
	Albert L.	Son		M	W	11	S	TN	TN	MI	
	Annie M.	Dau.		F	W	8	S	TN	TN	MI	
Blair,	Ephrim	Head	O	M	W	54	M	TN	TN	TN	Farmer
	Eva	Wife		F	W	51	M	MA	NY	Swiszerland	
	Carrie	Dau.		F	W	18	S	TN	TN	MA	Teacher
	James L.	Son		M	W	16	S	TN	TN	MA	Farm Labor
	Lueller	Dau.		F	W	13	S	TN	TN	MA	
	Walton W.	Son		M	W	10	S	TN	TN	MA	
Anderson,	Allen	Head	O	M	W	62	S	TN	NC	NC	Grist Miller
Tinch,	Anderson	Head	O	M	W	29	M	TN	TN	TN	Farmer
	Virginia	Wife		F	W	24	M	TN	TN	TN	
	Carby A.	Son		M	W	2-?/12	S	TN	TN	TN	
	Mary M.	Dau.		F	W	9/12	S	TN	TN	TN	
Stephens,	Dillard	Head	R	M	W	46	M	TN	TN	KY	Farmer
	Lina R.	Dau.		F	W	16	S	KY	TN	KY	
	Stella	Dau.		F	W	14	S	KY	TN	KY	

1920 Fentress Co. TN Census

1920 Fentress Co. TN Census

INDEX

Bolse	44
Booke	88
Borman	169
Bosure	130
Boswell	159
Bow	5,6,35,211,212
Bowden	2,4,5,15,17,19,21,39,53,94,105,117,121
Bowlin	48
Bowling	43
Bradford	25
Bramun	51
Brannon	6,14,31,45,53,146,149
Brewister	194
Brier	13
Brooke	196,206
Brooks	73,195,201,202,204,207,208,214
Browm	166
Brown	33,44,123,124,126,129,154,163,186,188,189,190,194,204,207,212,213
Browne	15
Brumblough	191
Brummett	79
Bryant	176
Buck	12,39,59,60,61,62,65,67,69,70,75,83,85,114,197,203,207,209,212
Buckner	169
Bullard	173
Bumbalough	135
Burchfield	33,34
Burden	146,170,177,178,196
Burks	146,158
Burls	209
Burnet	70
Burris	157
Burtnette	176
Bussells	149
Butram	148,150,162
Byah	211
Byrdine	35
Campbell	11,16,206,215
Cannon	161
Cantrell	167
Carney	54
Carr	183
Carroll	153,159
Carter	29,42
Cartwright	162
Case	13
Cesil	34
Chambers	151,205
Chapman	68,79,80

1920 Fentress Co. TN Census

INDEX

1920 Fentress Co. TN Census

INDEX

Dahuff	20
Daniel	48
Daniels	100
Davidson	65
Davis	3,7,9,43,49,60,68,78,112,136,164,190
Dearman	192
Delk	2,5,10,15,17,21,24,45,46,50,61,62,63,65,66,71,72,74,75,76,77,81,82
Demubra	157
Depperman	26
Derberry	163
Dickson	136
Dillon	173
Dishman	6,46,61,119,201,202
Disney	71
Dixon	168
Dodson	18,144,167,172
Donehew	202
Dooley	163
Dorley	168
Dosley	181
Doss	50,74
Downs	8,19,106
Drewry	144,176
Duerr	25
Duncan	9,29,69,70,80,86,92,113,177,209
Dunford	208
Dunington	204
Dunn	144
Durham	131,140
Duvail	23
Duvall	202
Dyer	52,154
Easterly	37
Edwards	150
Eggart	174
Eldridge	154,159,174
Ellis	35,179,180,200,210,211,212
Elmore	173,175,177,180,187
Emery	163
England	127,177
Essary	139
Evans	14,,20,21,44,56,58,59,66,93,139,181,206

1920 Fentress Co. TN Census

INDEX

1920 Fentress Co. TN Census

1920 Fentress Co. TN Census

1920 Fentress Co. TN Census

INDEX

Ricketts	164
Rictor	124
Riddle	190
Rigby	148
Riggley	27
Riley	56,57
Robbins	82,98,156,169,200
Roberson	189,190
Roberts	144
Robertson	148,157,162
Robins	198
Robinson	37
Robison	173
Rodgers	123,130,171,172
Roeark	38
Rogers	24
Roland	151
Rose	152
Rosenbaum	26,29
Ross	27,43,114
Roysden	41,42,43,46,49
Roysdon	143
Rtrunk	34
Ruben	94
Rum	5
Rutherford	178
Saddler	149
Sammons	33
Sanders	73,154
Scarbough	180
Scarbrough	175
Scarlet	154,179
Scott	56,86
Scroggins	69,80,86,179
Selby	38
Sells	1,22,99,156,163,192,197
Sewell	6,51,116,117,199,212
Shapero	15
Sharp	49,50,74,75
Shaver	189
Shay	49,50
Sheilds	35
Shelleto	191
Sheperd	31
Shepherd	30
Sherrill	171
Shilling	190
Shook	43
Shoopman	62

1920 Fentress Co. TN Census

Short	189
Simcox	160
Simmons	151
Simpson	92,202
Sims	20,137,147,169,174,178,179,214
Sirber	174
Six	166
Slagle	149
Slaven	12,32,33,34,42,44,49
Smith	1,2,3,4,17,18,19,20,27,28,30,33,38,39,47,49,79,80,84,85,87,89,92,93,94,97,98,99,101,102,103,106,108,111
	113,114,115,120,122,135,138,139,140,142,144,145,147,156,158,160,166,167,168,169,179,180,200,205
Smithson	162
Snellings	152
South	8,47,84,112,114
Sparks	172
Spock	49
Spooner	148
Sputlin	104,144,164
Staley	105
Stanley	3
Steinert	25
Stephen	,142,144
Stephens	3,9,16,19,28,38,43,74,78,79,92,94,97,98,99,100,101,102,103,104,106,107,108,119,133,135,145,181,182,184,208,215
Stepp	84,187
Steward	74
Stewart	21
Stigall	208
Stinson	21,37,79
Stockton	28,29
Stone	166,178
Storie	12,15,40,110,211
Stover	39
Stow	127
Stowers	124,125
Stull	156
Stults	174,180
Suddeth	124
Sullivan	173
Summers	33
Supurlin	93
Sussner	14
Swafford	11
Swallows	164
Swicegood	159
Sword	153

1920 Fentress Co. TN Census

INDEX

Tabor	30
Taubert	194,196,204,205,208
Taylor	16,18,26,32,41,47,110,124,140,141,146,197,198,208
Tays	22
Templeton	151
Terry	52,201
Thomason	160,175
Thompson	210
Threet	92,100,102,106,108,154,155,156,166
Tinch	30,126,127,204,206,213,214,215
Tipton	3,23,27,35,53,105,149,177
Todd	140,141,142,184,185,186,192
Tompkins	81,196,198,199,203,212
Townsend	77
Tresp	127
Tudor	44
Turner	18,51,90,92,99,107,135,138,141,142
Tye	42
Umphrey	176
Upchurch	35,44,57,59,60,61,62,64,73,75,80,202
Vale	32
Vance	124
Vanfanlt	124
Vanghon	208
Vaughn	188
Veach	167
Veene	150
Voiles	196,197,198,203,205
Voils	42
Wade	69
Wakefield	138
Walden	164
Walker	193
Wallick	23
Walter	190
Ward	29,198,203,207,213
Waters	36,38,40,108,134
Watson	127,175
Webb	150
Weeks	149,186
Welch	173
West	14,22,82,86,178
Westfelt	172
Westmorland	204
Wheaton	24,25,27,49
Wheeler	50,53
Whitaker	147,164

229

INDEX